DE LA

RECONNAISSANCE

DES

ENFANTS ILLÉGITIMES

SUIVANT LE CODE NAPOLÉON

MIS D'ACCORD AVEC LUI-MÊME

PAR

LE DOYEN HONORAIRE DE LA FACULTÉ DE DROIT DE DIJON

L.-R. MORELOT

Une régénération sociale n'est possible que par le mariage et la famille.

Un ouvrage qui n'établit pas quelque vérité utile, ou ne redresse pas quelque funeste erreur, n'est qu'un frivole et vain jeu d'esprit.

Un bon livre doit, avant tout, être une bonne action.

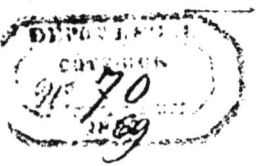

DIJON

LAMARCHE, LIBRAIRE, PLACE SAINT-ÉTIENNE

—

1869

DE LA RECONNAISSANCE

DES

ENFANTS ILLÉGITIMES

DIJON, IMPRIMERIE J.-E. RABUTÒT, PLACE SAINT-JEAN

DE LA

RECONNAISSANCE

DES

ENFANTS ILLÉGITIMES

SUIVANT LE CODE NAPOLÉON

MIS D'ACCORD AVEC LUI-MÊME

PAR

LE DOYEN HONORAIRE DE LA FACULTÉ DE DROIT DE DIJON

L.-R. MORELOT

———

Une régénération sociale n'est possible que par le mariage et la famille.

Un ouvrage qui n'établit pas quelque vérité utile, ou ne redresse pas quelque funeste erreur, n'est qu'un frivole et vain jeu d'esprit.

Un bon livre doit, avant tout, être une bonne action.

DIJON

LAMARCHE, LIBRAIRE, PLACE SAINT-ÉTIENNE

—

1869

A MON ANCIEN ÉLÈVE

PROCUREUR GÉNÉRAL

DANS LA SECONDE CAPITALE DE L'EMPIRE

———— ——

Monsieur le Procureur général,

Permettez que j'ose compter sur votre savante et éloquente parole pour le triomphe de salutaires doctrines, auxquelles vous avez, bon jeune homme, plein de mœurs et de sentiments chrétiens, naïvement applaudi il y a quelque trente ans. La belle Cour souveraine que vous dirigez est d'ailleurs, parmi ses rivales, celle qui me semble être entrée dans la meilleure voie; je reproduis deux de ses excellents arrêts*, comme résumant avec une admirable précision ce que j'enseigne longuement, trop

* Pages 514 et 525.

peut-être, sur deux points importants, bien que secondaires. — Mais après quelques succès d'avant-postes vivement disputés, l'imprenable Tour de Malakoff reste à emporter. Il vous appartiendrait de dire, comme cette vieille Moustache de la campagne de Crimée, héroïque acteur dans l'émouvant drame qui l'a terminée : Nous y voilà ; mais c'était tout de même impossible !

Celui qui mettra toujours son plus grand honneur à se dire, avec les sentiments de la plus affectueuse parenté, de la plus profonde estime, et de la plus haute considération,

Votre cher vieux premier Maître,

L.-R. MORELOT.

Dijon, 14 décembre 1868.

L'Auteur n'ayant pas cru devoir mettre de préface à son ouvrage, nous
avons pensé ne pouvoir mieux y suppléer qu'en reproduisant le discours suivant, où la carrière juridique de M. le Doyen Morelot est appréciée avec
autant d'autorité que de talent. — *L'ÉDITEUR.*

DISCOURS DE M. L. MONTY

RECTEUR

Extrait du Procès-Verbal de la Séance de rentrée des Facultés,
en l'Académie de Dijon, du 15 Novembre 1866.

MESSEIGNEURS[*], MESSIEURS,

La voix respectée qui ouvrait, depuis vingt-cinq ans,
nos séances solennelles de rentrée ne se fera pas entendre aujourd'hui. Après un demi-siècle des plus honorables services, M. Morelot, octogénaire, a demandé
et obtenu ce que nous appelons l'admission à la retraite,
ce qu'on appelait, dans la langue chrétienne du XVII⁰ siècle, l'autorisation de mettre un intervalle entre la vie et
la mort Toutefois, en faisant droit à cette supplique,

[*] Mgr Rivet, évêque de Dijon, et Mgr Forcade, évêque de Nevers.

M. le ministre n'a pas voulu que les vieux liens fussent
entièrement rompus entre M. Morelot et la Faculté qu'il
a si longtemps et si dignement administrée, l'Académie
qui se faisait honneur de le voir aux premiers rangs de
ses fonctionnaires, la population où il compte presque
autant de disciples que d'amis ; et son Excellence lui a
conféré le titre de doyen honoraire. Notre éminent doyen
nous reste donc attaché par l'honorariat, et bien plus
encore par de chers et sympathiques souvenirs.

Les cinquante années que M. Morelot a données à votre
École de Droit et à l'Université reconnaissante, ne constituent pas toute sa carrière parmi vous, messieurs : il a
rempli en outre, à Dijon, la libérale profession d'avocat
et les fonctions toujours délicates, plus délicates à la
suite des grandes commotions politiques, de conseiller de
préfecture. Conseiller de préfecture, il eut à procéder,
dans la mesure étendue de ses attributions, à la répartition des indemnités réclamées en vertu de la loi dite du
milliard, et les solutions données par ce jeune homme de
trente-quatre ans à des questions très complexes, firent
pour la plupart jurisprudence. Ainsi justifiait-il les paroles
que votre illustre Proudhon lui adressait à son premier
examen de doctorat : « Monsieur, vous en savez autant
et plus que vos maitres. » Avocat de 1810 à 1826, M. Morelot eut la plus honorable des clientèles, celle que lui
amenait un juste renom de talent, de scrupuleuse probité,
et souvent la recommandation des juges, visités alors,
comme au temps d'Alceste, par les plaideurs. Il eut aussi
et il mérita, dans beaucoup d'affaires considérables, des
triomphes éclatants et d'enviables bonnes fortunes de pro-

fession. Il n'arrive pas souvent, en effet, même aux plus
célèbres praticiens, de s'entendre dire, après plaidoirie,
par un Premier Président : « Maître Morelot, la théorie que
vous venez d'exposer sur les substitutions prohibées est
nouvelle ; nous remettons à huitaine, en vous priant de
rédiger un Mémoire qui nous mette à même de résoudre
la question en pleine connaissance de cause. » Moins souvent encore, ce me semble, advient-il à un avocat de
gagner son procès en *salant son écorce* d'épigrammes
contre... son client.

Si enivrantes que soient les victoires de la parole publique, M. Morelot en déclina l'honneur, à part une seule
et touchante exception, lorsque, à la suite du concours
dijonnais de 1826, il fut nommé professeur à notre Faculté de droit, et, à plus forte raison, lorsque, en 1841, il
joignit aux travaux journaliers et absorbants du professeur, les occupations multiples qu'impose le décanat.
L'Université le posséda seule alors, et le posséda tel que
la préfecture, tel que le barreau s'étaient applaudis de le
voir. Né en 1786, M. Morelot est un des hommes, rares
aujourd'hui, dont l'enfance a vu les dernières années,
troublées et malheureuses, du règne de Louis XVI, et
dont la carrière s'achève sous le règne de Napoléon III :
quatre-vingts ans, si l'on ne mesure que le temps écoulé ;
des siècles, si l'on veut tenir compte des vicissitudes de
notre histoire, de nos révolutions, de nos catastrophes,
de nos gloires et de nos malheurs : les nobles espérances de 89, la sanglante mêlée de 93, les hontes du Directoire, la résurrection de la France sous le Consulat, l'im-
mortelle épopée du premier Empire suivie des navrants

désastres et des humiliations de la patrie, les deux Res-
taurations, puis la crise politique de 1830, puis la crise
sociale de 1848, et la seconde République, et le second
Empire, en un mot, les plus étonnantes manifestations
de ce qu'un grand publiciste appelle « la divine bizarre-
rie des événements, » placées dans le cours et sous le regard d'une seule vie humaine. Heureux les hommes qui,
dans ces mystérieuses évolutions des sociétés, dans ce
prodigieux conflit d'idées et de principes, savent garder
leur unité morale et l'entière possession de leur âme!
Rester immuable sur les points essentiels, et recueillir
néanmoins les profitables leçons de l'expérience, maintenir ses convictions intactes, et admettre, et comprendre, et respecter des convictions contraires, ce serait l'i-
déal, messieurs. — L'idéal est bien difficile à atteindre
ici-bas, et M. Morelot ne me permettrait certes pas de
dire qu'il l'a pleinement réalisé; sa vigoureuse et vaillante nature répugne peut-être un peu trop aux simples
apparences d'une capitulation. Mais, quoi qu'il puisse y
avoir d'absolu dans cet esprit toujours jeune, tel est le
privilége des convictions sincères qu'elles inspirent les
égards et le respect à ceux mêmes qui ne les partagent
pas. M. Morelot en a eu la preuve en 1848, lorsqu'une
mesure, bientôt et heureusement réparée, l'atteignit
dans son titre sans l'atteindre dans ses fonctions de
doyen, et il a trouvé un éclatant témoignage de la haute
estime des honnêtes gens, sans distinction de partis ni
d'opinions, dans la sympathique déférence avec laquelle
vous l'avez toujours écouté. Il n'y a qu'un homme investi
de toute la considération publique qui ait pu dire ici, le

18 novembre 1850, que « le gouvernement républicain n'était pas précisément de son choix. » M. Morelot ajoutait, il est vrai, que « la timide légalité des monarchies constitutionnelles lui plaisait encore un peu moins. »

Je n'entreprendrai pas autrement, messieurs, de raconter la vie universitaire de M. Morelot, une vie qu'il a vécue sous vos yeux et que vous connaissez mieux que moi. Permettez-moi seulement de rappeler que ce maître dévoué, autorisé, religieusement écouté jusqu'au dernier jour par une jeunesse studieuse, a été, même en dehors des obligations de l'enseignement, un infatigable travailleur. Sans parler ni de vingt-cinq rapports, tous présents à vos souvenirs, ni de dix ou douze mille vers frappés au meilleur coin, bien que commis après la soixantaine, ni de judicieux et savants mémoires sur la *Réforme du régime hypothécaire*, M. Morelot a su trouver pendant l'exercice de ses laborieuses fonctions, assez de loisirs pour publier une œuvre juridique en trois volumes. J'ai tort de dire publier, je devrais dire simplement écrire et imprimer, car, une fois le livre mis au jour, M. Morelot paraît avoir ignoré le parti qu'on peut tirer d'un livre. Intituler tout bonnement un ouvrage *Dictée d'un professeur de droit français*, ce serait, aux yeux des éditeurs avisés d'aujourd'hui, dépasser les limites de la candeur provinciale. Deux sortes d'appréciateurs ne s'y sont pas trompés cependant : les hommes compétents et les étudiants désireux de s'instruire. Sous ce titre modeste à l'excès, ils ont trouvé une doctrine neuve, une théorie créatrice, des solutions précises, quelquefois hardies, toujours ingénieusement justifiées, enfin, ce qui fait le vrai jurisconsulte, des principes élevés et sûrs, dominant les législations variables. Le travail trouvera encore son compte à l'honorable repos que M. Morelot a sollicité, et des juges plus autorisés que je ne puis l'être rendront bientôt justice à un important traité, dont il m'a été donné de lire le manuscrit, sur *la reconnaissance et l'adoption des enfants illégitimes*. L'auteur ajoute, en un sous-titre dont je lui laisse la responsabilité : D'après le Code Napoléon *mis d'accord avec lui-même*.

Ce n'est donc pas un adieu que nous disons à M. Morelot. J'ai voulu seulement, au nom du Conseil académique, des Facultés de cette ville, des professeurs et des étudiants de l'École de droit, en votre nom à tous, messieurs, exprimer au fonctionnaire éminent qui reste heureusement un des nôtres, les sympathies respectueuses qui l'accompagnent dans sa retraite. Une vie si utilement occupée, si parfaitement honorable, d'une moralité si haute et si constante, c'est un exemple pour tout le monde, et je ne sache personne qui ne doive désirer de remplir sa carrière comme M. Morelot a su remplir la sienne.

TABLE ANALYTIQUE

Fautes typographiques qu'il importe le plus de signaler:

Pages 17, lignes 20 et 21, au lieu de : pouvait le reconnaître pour seigneur, lisez : pouvait les reconnaître pour seigneurs.

Page 414, ligne dernière, au lieu de : professionnelle, utile n'élever, lisez : professionnelle utile, élever.

Est-il nécessaire de prévenir nos lecteurs que l'ancien Élève à qui nous avons dédié cet Essai, est, depuis l'impression de notre volume, devenu, de Procureur général, Premier Président?

PROLOGUE

Plus un peuple s'avance dans les voies prospères de la civilisation chrétienne, plus il élève et doit élever la barrière qui sépare les enfants du mariage des fruits malheureux d'une union illégitime; et une législation serait très judicieusement logique, qui la rendrait infranchissable, après avoir consacré en principe l'inviolable unité du mariage, le plus haut degré de perfection morale que puisse atteindre la sociabilité humaine.

C'est ce qu'a fait Rome catholique, en se montrant d'ailleurs sincèrement et profondément touchée du sort de ces enfants qui portent les premiers la peine d'une faute ou d'un crime dont ils sont innocents; et en leur donnant à tous, quelle que soit la tache de leur origine, ce pain quotidien que leur refusent impitoyablement, sous des prétextes mensongers, les égoïstes et hypocrites apôtres du progrès philosophique.

Là où a régné la polygamie, cette lèpre morale du sensuel et despotique Orient, la ligne de démarcation entre les enfants de l'épouse et ceux d'une rivale autorisée par de contagieux exemples et des usages corrupteurs, a dû plus ou moins s'effacer. La famille ne peut être pure de tout alliage que lorsqu'elle a pour source unique le mariage tel qu'il a été institué par Dieu dans l'œuvre même de la création. — Lorsque les lois de Manou, que l'on croit être les plus anciennes des peuples de l'Inde, et sur lesquelles paraît en effet reposer toute leur primitive organisation religieuse et civile, admettent simultanément à la succession du chef de la famille les enfants de huit mariages de formes plus ou moins solennelles, contractés avec des femmes de conditions différentes, en attribuant à chacun des droits plus ou moins étendus, selon la caste à laquelle appartient la mère, elles ne pouvaient pas en exclure d'une manière absolue les bâtards dont la filiation paraît certaine, les enfants d'une concubine. Il arrivera même que ce bâtard, si le père est d'une certaine caste, probablement la dernière de toutes (1), héritera comme fils *légitime;* mais généralement les droits du fils d'une *concubine* sont réduits à la moitié de ceux qu'il aurait pu réclamer s'il était né d'une union consacrée par tel ou tel rite religieux. Ainsi cette bizarre légitimité partielle que les créateurs de notre Code ont attachée à la reconnaissance dite légale d'un enfant naturel, se trouve empruntée à l'antique code des Indiens, tant il est vrai qu'il n'y a rien de nouveau sous le soleil.

(1) C'était la caste dite de *Sudra.*

Les Chinois, que la polygamie a fait descendre au dernier degré de l'échelle sociale, la pratiquaient sans y mettre autant de cérémonies que leurs voisins. Ils avaient une sorte de femme *principale*, qui se chargeait de les pourvoir de concubines de tous rangs, autant qu'en réclamaient leurs besoins factices ou leur vaniteuse impudicité. C'est ce qu'a fait madame de Pompadour pour la majesté avilie de Louis XV. — La femme dite légitime, à qui se trouvait confiée cette honteuse souveraineté, et qui, suivant la façon de voir de M. de Montesquieu, *aurait joui dans la maison à peu près des honneurs qu'a dans nos climats une femme unique* (1), avait sur les autres cet avantage que la dignité du père échéait à son premier né. — Quant aux biens, ils étaient partagés, sans distinction de mère ni d'âge, entre les produits mâles de ce troupeau, tous considérés comme appartenant à la souveraine du harem. *A l'aide d'une telle fiction*, ajoute l'auteur de l'*Esprit des Lois*, *il n'y a plus de bâtards* (2). J'aimerais mieux dire qu'il n'y a plus d'enfants légitimes. En vérité, est-ce là une famille? Et devons-nous nous étonner de l'état de dégradation où est tombé ce pauvre peuple chinois, qui, premier inventeur de la poudre à canon, et pouvant mettre sur pied cinq à six millions de soldats, se laisse conquérir par cinq à six mille chétifs Anglais et Français (3)?

La famille égyptienne, si ce n'est dans la caste des

(1) *Esprit des Lois*, liv. XXIII, chap. v.
(2) Loc. cit.
(3) Expédition en Chine de 1860, débutant par la prise du fort de Takou, et se terminant par la bataille de Pali-Kao, qui oblige le céleste empereur à déserter sa capitale, où cette bande de soldats européens entre triomphante.

prêtres, n'était pas mieux constituée que la famille chinoise. Si l'on en croit Diodore de Sicile, enfants légitimes ou illégitimes, c'était tout un.

Les Hébreux, choisis par Dieu pour être les dépositaires de sa loi et en conserver au monde la sublime unité, ont eux-mêmes bien dévié de la tradition sacrée, en ce qui touche le mariage. Cette race était sans doute supérieure à toutes les autres par l'intelligence et le sens religieux de l'homme moral, non moins que par la force et la beauté de l'homme physique ; mais elle n'aurait pas valu la moindre de celles qui ont depuis entendu et goûté la parole du Christ. Il a fallu la main de fer de son grand législateur et la terrible pénalité de son Code pour dominer ses instincts idolâtres et la défendre du grossier polythéisme égyptien. Et cependant ne médisons pas trop d'un peuple à qui nous devons notre Dieu ! Qu'est-ce que nous a donné, qui vaille un tel bienfait, cette antiquité païenne pour qui nous avons épuisé toutes les formules d'une reconnaissante admiration ?

Moïse voulait certainement le mariage tel qu'il l'avait montré dans son naïf et touchant récit de la création. L'homme, dans l'esprit de sa loi, devait appartenir tout entier *à cet os de ses os, à cette chair de sa chair* : ET ERUNT DUO IN CARNE UNA. Mais, malgré l'énergique hardiesse de son génie, il ne crut pas pouvoir l'obtenir de ce peuple auquel, tout en proclamant sa mission sacrée, il reprochait si vivement sa dureté de cœur et d'esprit : CERNO QUOD ISTE POPULUS SIT DURÆ CERVICIS, dit Dieu lui-même à Moïse implorant sa clémence pour l'idolâtrie du veau d'or, d'ailleurs si terriblement réprimée par le glaive des Lévites (1).

Et il faut bien convenir qu'ici du moins son opiniâtreté semblait avoir une légitime excuse dans l'exemple de deux de ses grands patriarches.

Isaac est la figure biblique la plus pure ; Fils soumis jusqu'au sacrifice de sa vie même, il a été un fidèle époux jusqu'à paraître renoncer aux promesses du ciel. Son mariage avec Rébecca est une églogue de la plus charmante innocence, et à laquelle nous ne voyons rien de comparable dans tous les classiques anciens et modernes. Cette belle et forte jeune fille qui, après avoir fait avec une grâce touchante les honneurs de la maison paternelle, va courageusement trouver l'époux que Dieu lui destine, et qui, lorsqu'elle l'aperçoit de loin, se couvre instinctivement d'un voile pudique (2), a été aimée du plus chaste et plus constant amour : *L'affection d'Isaac pour elle fut si grande*, dit l'historien sacré, *que la douleur qu'il ressentait de la mort de sa mère en fut adoucie* (3). Et malgré une désespérante stérilité de vingt ans, aucune autre femme n'entra dans sa couche, que Dieu, touché de sa vertu, a enfin fécondée en lui accordant deux jumeaux, chefs futurs de deux puissantes nations (4).

Tel fut Isaac. Mais cette fidélité conjugale, dont il est un modèle accompli, il n'en avait point reçu l'exemple de son père, et il ne sut point l'imposer à ses fils.

(1) Exode, xxxii, 9, 28, 29.
(2) Genèse, xxiv.
(3) « In tantum dilexit eam, ut dolorem, qui ex morte matris ejus acciderat, temperaret. » (Genèse, xxiv, 67.)
(4) Genèse, xxv, 21, 26.

Abraham, à qui Dieu avait promis une innombrable
postérité (1), se persuadant qu'il n'aurait point d'enfants de Sara, parvenue avec toute sa force et même
toute sa merveilleuse beauté à un âge où les femmes
sont ordinairement affligées d'une irrémédiable stérilité, prit pour concubine une Égyptienne du nom
d'Agar. Et il le fit aux instances de Sara elle-même,
dont cette femme était l'esclave, et qui voulait ainsi devenir mère par une sorte d'adoption (2).

Sara fut punie de sa provocatrice complicité à cette
violation de la foi primitive du mariage par les mépris
insultants d'Agar devenant enceinte d'Ismaël; et Abraham, par les terribles épreuves auxquelles Dieu le soumit, après avoir rendu à la femme légitime, toujours
jeune et belle malgré ses neuf dixièmes de siècle, la faculté de concevoir. Sara nourrissant de son lait ce fils
inespéré qu'elle donnait à un mari déjà centenaire, exi-
gea impérieusement de lui qu'il purgeât la maison conjugale de l'Égyptienne et du fils né d'elle. Abraham en
fut très douloureusement ému, surtout à cause d'Ismaël,
digne souche du peuple arabe (3). Mais il dut obéir;
Dieu lui en fit un devoir; c'est d'Isaac et non d'Ismaël
que devait sortir le peuple élu : *cui dixit Deus : Non tibi
videatur asperum quæ tibi dixerit Sara, audi vocem ejus,
quia in Isaac vocabitur tibi semen* (4); c'est ce qu'explique encore plus énergiquement saint Paul : *Quid di-*

(1) « Suscipe cœlum, et numera stellas, si potes; sic erit semen tuum. »
(Genèse, xv, 5.)
(2) « Dixit marito suo : Ecce, conclusit me dominus, ne parerem; ingredere
ad ancillam meam, si forte saltem ex illa suscipiam liberos. » (Genèse, xvi,
1, 2.)
(3) « Dure accepit hoc Abraham pro filio suo. » (Gen., xvi, 11.)
(4) Genèse, xxi, 12.

cit scriptura? Ejice ancillam et filium ejus; non enim erit hæres filius ancillæ cum filio liberæ (1).

Veuf de Sara qu'il pleura trois ans, le patriarche, afin de multiplier les adorateurs du vrai Dieu, prit une seconde femme nommée Cétura, mais probablement peu digne de lui par sa condition; car il ne considéra comme devant être appelé à le représenter aucun des six fils qu'elle lui donna. Isaac est son unique héritier; les autres enfants ne sont point inhumainement oubliés; mais ils ne reçoivent que des dons particuliers, comme n'appartenant pas à la famille même (2). Cependant le premier né, Ismaël, partage avec Isaac l'honneur de conduire le deuil du père commun et de réunir ses restes mortels à ceux de la femme que Dieu lui avait donnée pour épouse (3). Ainsi, malgré une faute durement expiée, Abraham a rempli dignement et sévèrement peut-être ses devoirs de père de famille.

La justification de son petit-fils, chef prédestiné d'Israël, ne semble pas aussi facile. Nous supposerions volontiers que si Jacob, de mœurs douces, enfant gâté de Rebecca (4), eût obtenu tout d'abord pour épouse cette charmante sœur cadette qu'il croyait n'avoir pas trop chèrement achetée par sept ans d'un servage dévoué et très profitable à son futur beau-père, il se serait montré, comme mari, digne fils de son chaste père; et nous nous affligeons, pour l'honneur et la beauté du sang

(1) Epist. ad Galatos, c. IV, 30.
(2) Genèse, xxv, 1, 2, 5, 6.
(3) « Et sepelierunt eum Isaac et Ismaël in spelunca duplici, sita in agro Ephron quem emerat a filiis Heth; ibi sepultus est ipse, et Sara uxor ejus. » (Genèse, xxv, 9, 10.)
(4) « Jacob vir simplex..... Diligebat eum Rebecca. » (Genèse, xxv, 27, 28, 29.)

d'Israël, que par la déloyale substitution d'une sœur à l'autre, le fils d'Isaac se soit trouvé avoir épousé, sans s'en douter, Lia (*quæ lippis erat oculis*) (1), dont il n'avait voulu à aucun prix, au lieu de Rachel (*decora facie et venusto aspectu*) (2), pour laquelle il avait soupiré avec une constance sans exemple même dans les romanesques fictions de notre grand siècle. — Bien que nés tardivement, Joseph et Benjamin auraient, avec les bénédictions du ciel, pu suffire à multiplier sa race autant que les étoiles du firmament ou les sables de la mer.

Nous ne nous en tiendrons pas à cette hypothétique cause d'excuse. — Jacob, cruellement déçu, aurait sans doute très légitimement renvoyé Lia introduite dans la couche nuptiale par une fraude dont cette fille mal dotée de sa personne, et probablement jalouse de sa jeune sœur, ne pouvait pas ne pas être complice (3). Vainement le beau-père répondait aux justes reproches du gendre *qu'il n'était pas d'usage au pays de pourvoir les cadettes avant les aînées* (4); le consentement matrimonial de celui-ci n'en était pas moins vicié par une

(1) Genèse, XXIX, 17. — « Ayant des yeux *chassieux*, c'est-à-dire des yeux rouges, d'où sortait une humeur gluante. » (Traduction de l'abbé Glaire.)

(2) Eod. loc.

(3) Voici comment quelques auteurs ecclésiastiques prétendent justifier Lia :

« Laban fut très coupable dans cette action, comme ayant trompé Jacob contre la parole formelle qu'il lui avait donnée, et ayant en quelque sorte *déshonoré sa fille*, la donnant à celui qui ne pensait point à elle, et en avait épousé une autre. Lia, néanmoins, peut être *un peu* excusable, en ce qu'*apparemment* son père l'avait trompée, lui faisant croire que Jacob voulait bien l'épouser comme sa sœur, n'étant pas EXTRAORDINAIRE *alors* qu'un homme épousât plusieurs femmes. » (Bible traduite, avec explications tirées des saints Pères et des auteurs ecclésiastiques, t. Ier, 711, édit. de 1692.)

(4) « Non est consuetudinis in loco nostro, ut minores ante tradamus ad nuptias. » (Gen., XXIX, 26.)

erreur substantielle des mieux caractérisées. Il s'écriait avec raison : *Pourquoi m'avez-vous trompé ? N'est-ce pas pour Rachel que je vous ai servi sept ans ?* (1).

Mais en faisant un tel affront à la famille, Jacob devait renoncer à Rachel que Laban était disposé à lui donner par surcroît, et qu'il lui donna, en effet, après la semaine des néfastes noces de Lia. Il lui aurait fallu, pour faire le sacrifice d'un bonheur rêvé et poursuivi pendant sept ans, une vertu surhumaine que Dieu ne lui avait pas donnée. Il se soumit même avec joie à la condition qui lui fut imposée d'un second servage de sept ans ; lourde charge qu'il sut, au surplus, instruit à l'école du beau-père, rendre profitable à lui-même par des procédés d'une probité équivoque.

Voilà donc le fils d'Isaac avec deux femmes dites *légitimes* ; car, bien qu'il n'estimât ni n'aimât Lia, il avait nécessairement, par sa volontaire cohabitation de sept jours avec elle, ratifié ce malheureux mariage : *Achevez*, avait dit Laban, *les sept jours de noces de l'aînée, et je vous donnerai ensuite la cadette pour le temps de sept autres années que vous me servirez encore.* — Jacob, ajoute l'historien sacré, *consentit à ce que voulait Laban, et au bout des sept jours, il épousa Rachel* (2). Il doit être permis de croire que s'il n'a pas été, comme son ancêtre Lamech, maudit de Dieu (3), c'est parce que ce ne fut

(1) « Quare imposuisti mihi ? nonne pro Rachel septem annis servivi tibi ? » (Genèse, XXIX, 25.)

(2) « Imple hebdomadam dierum hujus copulæ, et hanc quoque tibi dabo pro opere quo serviturus est mihi septem aliis annis acquievit ; Jacob placito, et hebdomada transacta, Rachel duxit uxorem. » (Genèse, XXIX, 27, 28.)

(3) « Lamech a Deo maledictus qui primus duabus maritatus contra Dei præceptum tres in unam carnem efficit. » (Tertullien, *De exhort. cast.*, cap. 5.)

pas d'une volonté spontanée, mais, au contraire, bien à contre-cœur, qu   viola la sainte unité du mariage. — Nos jurés verraient certainement dans ce cas de bigamie des circonstances atténuantes.

Et par une autre fatalité qui était probablement dans les desseins de Dieu, et comme une première peine de la faute, la femme méprisée se trouve de la plus heureuse fécondité, tandis que la femme préférée semble, comme sa mère et son aïeule par alliance, devoir renoncer au bonheur d'être mère.

Rachel, offerte comme modèle à toutes les jeunes épouses chrétiennes, avait les défauts d'une fille gâtée par les hommages prodigués à sa beauté. Elle porte envie à sa sœur, et demande impatiemment à son mari des enfants, le menaçant de mourir si son vœu n'est point exaucé (1). A quoi Jacob, sortant de son caractère, répond d'une voix irritée : *Suis-je donc comme Dieu, qui donne la fécondité à qui il lui plaît?* (2).

Que fait alors Rachel, qui ne meurt pas? Au lieu de s'arrêter, pour se conduire par l'exemple d'autrui, à la sage Rebecca, elle remonte à Sara; et, comme celle-ci, elle jette dans la couche nuptiale une suivante, afin d'avoir des enfants qui lui appartiennent (3).

Et voici que Lia, dont la fécondité paraissait épuisée par quatre couches, ne voulant rien perdre de ses avantages sur sa rivale, met aussi sa suivante entre les bras

---

(1) « Da mihi liberos ; alioquin moriar. » (Genèse, xxx, 1.)

(2) « Cui iratus respondit Jacob : Num pro Deo ego sum, qui privavit te fructu ventris tui. » (Gen., xxx, 2.)

(3) « Ingredere ad famulam meam, ut pariat super genua mea, et habeam ex illa liberos. » (Eod. loc., 3.)

de son mari, afin d'augmenter le nombre de ses enfants (1). Et le faible Jacob cède encore à cette coupable
séduction.

Ce patriarche, d'ailleurs plein de foi religieuse, ado-
rateur fervent du vrai Dieu, s'est-il en cela, comme le
dit naïvement notre bon Pothier d'après quelques commentateurs de la Bible, conduit par les inspirations du
ciel (2)? L'historien sacré ne permet pas une telle supposition. Dieu a pu vouloir que les douze tribus d'Israël
sortissent de ces douze frères dont la conception était
plus ou moins entachée d'inceste et d'adultère, et entre
lesquels, comme on va le voir, il était difficile de faire
un choix ; si sa mystérieuse justice frappe trop souvent
le père dans la personne même de l'enfant, elle peut

---

(1) « Sentiens Lia, quod parere desiisset, ancillam suam marito tradidit. »
(Gen., xxx, 9.)

(2) « Il n'est pas douteux que ces saints patriarches (Abraham et Jacob),
qui se conduisaient par les inspirations dont Dieu les favorisait, n'aient contracté ces mariages avec plusieurs femmes en même temps, avec la permission et l'approbation de Dieu. » (Contrat de Mariage, n° 100.)

« Lamech, qui a le premier introduit la polygamie, c'est-à-dire la plura-
lité des femmes, est condamné de tout le monde, parce qu'il n'en usa de la
sorte que pour sa passion. — Abraham, au contraire, ne prit Agar pour sa
seconde femme qu'à la prière de Sara, et par une inspiration secrète de
Dieu, qui voulait marquer de grands mystères par les enfants de ces deux
femmes; mais l'exemple de ce patriarche, non plus que celui de Jacob et
des autres, ne justifie pas pour cela la polygamie, qui est certainement contraire à l'institution divine du mariage. » (Bible traduite, t. Ier, p. 477.)

Quoi ! C'est par une inspiration secrète de Dieu qu'Abraham prend une concubine, condamnée par Dieu à errer dans le désert, avec une miche de pain et
une cruche d'eau ? Comment croire à cette inspiration purement devinatoire,
lorsqu'elle est démentie par un ordre rigoureux de séparation ? « Toutes les
ACTIONS des saints, dit très bien la Bible traduite (p. 686), NE SONT PAS
SAINTES. »

J'admettrai, si l'on veut, qu'en prenant une concubine de la main de sa
femme, Abraham n'a commis qu'une faute digne d'excuse, ou, dans le lan
gage des casuistes, qu'un péché véniel ; mais si véniel que soit un péché, il
ne devient pas un acte légitime. L'adultère a trop souvent aussi chez nous
ses circonstances atténuantes, mais n'en reste pas moins l'adultère.

aussi faire remise à celui-ci d'une faute dont il est innocent : c'est ainsi que l'Eglise accorde libéralement aux bâtards des dispenses pour entrer dans le sanctuaire, et les admet aux plus hautes dignités du sacerdoce (1).

Mais une dérogation même temporaire à la loi fondamentale du mariage, une abolition de l'élément essentiel de cette sainte institution, est la dernière explication qu'on pourrait admettre du quadruple mariage de Jacob. Il y a des choses impossibles à Dieu même, comme de révoquer le passé; et celle-ci nous paraît du nombre. Si Dieu a voulu que le mariage fût le type et la figure de l'union de son fils avec l'Eglise, un mari aura-t-il plusieurs femmes, quand Jésus-Christ n'a et ne peut avoir qu'une Eglise? — Il est curieux de voir comment Pothier, cet esprit si net et si clair, si judicieusement logique, s'embarrasse et se contredit en cherchant à établir la thèse que nous repoussons (2).

(1) Que Dieu ait promis de bénir Ismaël (Genèse, xvii, 20), l'a-t-il fait par là enfant légitime ? Ne pouvait-il pas bénir un bâtard, innocent et première victime de la faute de son père?

(2) « Dieu ayant institué le mariage pour être l'union d'un homme avec une seule femme, il n'est pas permis à un homme de s'écarter de cet ordre que Dieu a établi, ni à aucune autorité humaine de l'en dispenser; mais Dieu, qui a établi le mariage pour être l'union d'un homme avec une seule femme, était le maître de l'établir autrement; il était le maître d'établir le mariage, sans qu'il dût être nécessairement l'union d'un homme avec une seule femme, et de permettre aux hommes d'avoir plusieurs femmes ensemble. *Il est vrai que Dieu ayant destiné le mariage pour être le type et la figure de l'union de son Fils avec son Eglise, son unique épouse, il était* NÉCESSAIRE *que le mariage fût l'union d'un homme avec une seule femme;* mais Dieu était le maître de ne pas faire servir le mariage à ce type et à cette figure. — De même donc que Dieu eût pu, s'il l'eût voulu, établir dès le commencement le mariage sans qu'il dût être l'union d'un homme avec une seule femme, et permettre à tous les hommes d'avoir plusieurs femmes en même temps; de même il a pu par la suite, pour des raisons particulières, permettre à certains particuliers et même à un peuple entier d'avoir plusieurs femmes..... Tout ce qui vient d'être dit peut servir à concilier ceux qui soutiennent que la polygamie est contraire au droit naturel et ceux qui pré-

Que Jacob ait été, dans sa triple chute, digne de l'excuse humaine et du pardon céleste; que sa polygamie n'ait pas été un cas pendable, à la bonne heure; mais il n'en a pas moins, par faiblesse, plus ou moins volontairement méconnu la loi de Dieu; et il en est sévèrement puni dans ce monde, suivant l'esprit de la législation qui devait régir le peuple sorti de lui avec un opiniâtre attachement à la matière. Voyez, en effet, quelle profonde différence existe entre sa destinée terrestre et celle de son irréprochable père.

tendent qu'elle n'y est pas contraire : en considérant le mariage dans son institution primitive, et en prenant pour droit naturel l'ordre que Dieu, auteur de la nature, a établi en instituant le mariage pour être l'union d'un homme avec une seule femme, on peut dire que la polygamie est contraire au droit naturel; mais en considérant le mariage seulement en tant que mariage et indépendamment de son institution primitive, et en ne prenant *pour droit naturel que ces lois invariables du droit naturel* dont il n'est pas possible que la sagesse divine s'écarte jamais, et que saint Thomas appelle *prima præcepta*, on peut dire que la polygamie n'est pas contraire au droit naturel, puisque Dieu, dans un temps, l'a permise, comme on le voit par l'exemple d'Abraham et de Jacob. »

L'inviolable unité du mariage n'est-elle pas précisément un de ces premiers préceptes qui, suivant saint Thomas, constituent l'invariable droit naturel?

La Bible traduite dit, pour justifier la pauvre Lia de sa participation intéressée à la fraude de Laban, qu'*il n'était pas alors extraordinaire qu'un homme épousât plusieurs femmes.* (T. 1er, page 711.) Eh! mon Dieu, il n'était et il n'est encore malheureusement pas extraordinaire qu'un homme assouvisse une passion brutale sur un autre homme ou sur un animal; témoin Sodôme; témoins les *enfants de Jacob* eux-mêmes; la révélation que fait à ce sujet Joseph à leur père était certainement une des causes de la haine jalouse que ses frères avaient conçue contre lui. Est-ce à dire que ces crimes monstrueux de sodomie ou de bestialité deviendraient par là licites?

« Il est visible, dit encore la Bible traduite, que l'intention de Jacob avait été de n'avoir pour femme que Rachel seule. L'injustice de Laban y ajouta Lia, et chacune des deux sœurs lui donna sa servante pour l'épouser; ainsi, ayant eu le dessein de n'avoir qu'une seule femme, il se trouva engagé à en avoir quatre. »

Sont-ce aussi des *inspirations du ciel* que cette injustice de Laban et cette rivalité jalouse des deux sœurs? Il faudra bien en venir là pour faire du triple concubinage de Jacob autant de mariages légitimes.

Jusqu'à son dernier jour, Isaac, malgré l'affaiblisse-
ment de sa vue, a toutes les joies du foyer domestique.
Jacob, élevé sur les genoux de sa mère, charme sa vie
intérieure (1); Esaü, qui a reçu une éducation tout
agreste, a d'autres soins : il pourvoit la table paternelle
au goût du vieillard (2); il accourt à la voix de ce père
qui l'entend mieux qu'il ne le voit : *Filii mi*, s'écrie
l'un ; *Adsum*, répond l'autre à l'instant : *Prends donc
ton arc et ton carquois*, continue le premier, *et apporte-
moi l'espèce de gibier que tu sais que j'aime* (3). Ce ro-
buste homme d'armes est, sans doute, peu capable des
procédés délicats de son frère ; et cependant, voyant que
les filles de Chanaan déplaisent à Isaac, il va, pour lui
être agréable, chercher une femme du sang d'Abraham (4).

Et remarquez bien que ce fils dévoué avait alors vainement imploré, avec des larmes (5), une bénédiction
qu'il regardait comme la prérogative la plus précieuse
du droit d'ainesse, et que le vieux père, presque aveugle,
avait donnée par erreur à son puîné. Esaü n'avait même
réclamé pour lui, premier-né, que le second rang. —
Cette scène est d'une touchante simplicité ; où trouve-

---

(1) « Jacob vir simplex quem diligebat Rebecca habitabat in tabernaculis. »
(Gen., XXV, 27, 28.)

(2) « Esaü gnarus venandi, et homo agricola, quem amabat Isaac, eo quod
venationibus illum vesceretur. » (Eod. loc.)

(3) « Sume arma tua, pharetram et arcum ; et egredere foras ; cumque
venatu aliquid apprehenderis, fac mihi inde pulmentum, sicut me velle nos-
ti. » (Gen., XXVII, 1, 2, 3, 4.)

(4) « Probans quod pater suus non libenter aspiceret filias Chanaan,
ivit ad Ismaelem filium Abraham, et duxit uxorem filiam ejus. » (Gen., XXVIII,
8, 9.)

(5) « Flens cum ejulatu magno. » (Gen., XXVII, 30.)

rait-on chez nous un fils durement exhérédé qui tiendrait un si respectueux suppliant langage?

ESAU.

« Donnez-moi aussi votre bénédiction, mon père

ISAAC.

« Votre frère est venu me surprendre et il a reçu la bénédiction qui vous était due.

ESAU.

« N'avez-vous donc, mon père, qu'une seule bénédiction? — Je vous en conjure, donnez du moins la seconde à votre aîné (1). »

Esaü se punissait ainsi lui-même d'avoir dit légèrement à Jacob, en dévorant ses lentilles mal accommodées : *Prends-le, ce droit d'aînesse! qu'en ferai-je quand je meurs de faim (2)?*

Ce double incident du droit d'aînesse vendu pour un plat de lentilles, et de la bénédiction solennelle surprise au bon Isaac par un travestissemen¹ dont la frauduleuse substitution de Lia à Rachel pourrait bien être le vengeur pendant, semblait devoir troubler profondément le calme heureux de cette famille patriarcale. Mais tout s'arrange pour le mieux; la tendresse inquiète de Rébecca éloigne momentanément Jacob : *Hâtez-vous,* lui dit-elle, *d'aller à Haran, chez mon frère, et restez-y jusqu'à ce que le vôtre s'apaise (3).* La mère passionnée

---

(1) « Benedic etiam et mihi, mi pater. — Venit germanus tuus *fraudulenter*, et accepit benedictionem meam. — Num unam tantum benedictionem habes, pater? mihi quoque obsecro ut benedicas. » (Genèse, XXVII, 34, 35, 38.)

(2) « En morior! Quid mihi proderunt primogenita! » (Gen., XXIII, 32.)

(3) « Fuge ad Laban fratrem meum, donec frater tuus obliviscatur eorum quæ fecisti in eum. » (Gen., XXVII, 44, 45.)

se voit, par cette séparation qui est un deuil pour
son cœur, punie de sa coupable participation au drame
mensonger de la bénédiction (1). Mais le père, si bé-
névolement trompé par la peau des chevreaux, conserve le fils qui lui était le plus agréable, et qui se
montre toujours auprès de lui aussi respectueusement
empressé. Rébecca, pour ne point l'affliger, lui cache
même la véritable cause de cet éloignement; elle lui
fait entendre que Jacob ne va en Mésopotamie que pour
y prendre, comme son frère, une femme du sang de ses
aïeux (2). Puis, l'exilé revenant au pays natal, use de sa
timide habileté pour rétablir entre les jumeaux les liens
de leur native amitié. Tandis que, pour trouver grâce
aux yeux de son aîné, il le nomme son seigneur et lui

(1) « Cur utroque orbabor filio, in uno die? »
La conduite de Rébecca et de Jacob a été diversement appréciée par les
Pères de l'Eglise, les théologiens et les interprètes; — elle a été jugée coupable par le plus grand nombre : *Le mensonge*, ont-ils dit, *en la bouche de
qui que ce soit, est toujours un mal, grand ou petit; et il ne peut être justifié
par le mérite de celui qui le commet, quelque saint qu'il puisse être; toutes
les actions des saints ne sont pas saintes.* (Bible traduite, page 686.) Mais la
plupart n'y ont vu pour Jacob qu'un péché véniel d'autant plus excusable
qu'il l'aurait commis contre son inclination, pour obéir au commandement de
sa mère, *et il en aurait été puni par la crainte et l'effroi que lui inspirèrent
pendant longtemps les menaces d'Esaü.* (Bible Vengée, note 64.) — Nous
croyons, nous, que la faute est surtout imputable à Rébecca, mais Jacob
n'en est point innocent; malgré sa simplicité, il savait parfaitement qu'il
trompait son père; et encore nous admettrions très bien qu'il a été puni par
l'effroi que lui causait Esaü et par le trouble de sa conscience : « *Erue me
de manu fratris mei, quia valde eum timeo*, dit-il à Dieu en allant au-devant
d'Esaü pour la réconciliation. » (Gen., XXXII, 11.)

(2) En la maison de Laban. (Genèse, XXVII, 46.) Rébecca était trop sage
pour dire à Isaac qu'il fallait envoyer Jacob en Mésopotamie de peur qu'il
ne fût maltraité par Esaü, ce qui n'aurait pu qu'affliger Isaac très sensible-
ment; mais en supprimant la principale raison du dessein qu'elle avait pris,
elle lui en propose une autre qui était vraie et très favorable, qui est
qu'ayant reçu tant de mécontentement de leurs premières belles-filles, qui
étaient *helthléennes* (filles de *Heth*, de *genere Chanaan*), il fallait envoyer
Jacob en *Mésopotamie* afin qu'il épousât une fille de la race et de la religion
de ses ancêtres. (Bible traduite, p. 684.)

donne des témoignages peut-être exagérés de son respect (1), Ésaü, qui, comme l'avait prévu Rébecca, semble
avoir tout oublié, accourt au-devant du suppliant, lui
ouvre ses bras, le serre étroitement sur son sein, et l'embrasse en versant des larmes de joie (2). Il refuse généreusement le présent qui lui est offert : «J'ai du bien
« en abondance, mon frère, gardez pour vous ce qui
« est à vous » (3). Et s'il l'accepte sur de nouvelles et
pressantes instances, c'est pour ne pas humilier son
frère (4) : « Ne le veuillez pas ainsi, je vous prie, avait
« repris Jacob; recevez de ma main ce petit présent,
« vous rendrez parfaite ma joie d'avoir vu votre visage,
« comme si c'était celui de Dieu, plein de douceur et de
« bonté pour moi (5). »

Ainsi, malgré une fâcheuse erreur bien innocente
de sa part, mais non moins regrettable, Isaac voit pendant sa longue vieillesse l'union régner dans sa famille, et tous travailler de concert à lui alléger le
poids de l'âge, bonheur dont, en tous les siècles, ont
joui peu de grands-parents; et il s'éteint plein de
jours, sans douleur, dans les bras de sa femme dévouée,

---

(1) « Elevans autem Jacob oculos suos, vidit venientem Esaü, et cum eo
quadragentos viros; divisitque filios Liæ et Rachel, ambarumque famularum.
Et posuit utramque ancillam, et liberos earum in principio; Liam vero, et
ejus filios in secundo loco; Rachel autem et Joseph novissimos ; et ipse pro-
grediens *adoravit pronus in terram septies*, donec appropinquaret fratri
ejus. » (Gen., XXXIII, 1, 2, 3.)

(2) « Currens itaque Esaü obviam fratri suo, amplexatus est eum, stringens-
que collum ejus et osculans flevit. » (Eod. loc., 4.)

(3) « Habeo plurima, frater mi; sint tibi tua. » (Eod. loc., 9.)

(4) « Vix compellente fratre, Esaü suscipit. » (Eod. loc., 11.)

(5) « Noli ita, obsecro; sed si inveni gratiam in oculis tuis, accipe munus-
culum de manibus meis; sic enim vidi faciem tuam, quasi viderim vultum
Dei; esto mihi propitius. » (Eod. loc., 10.)

2

entre deux fils qui lui ferment pieusement les yeux (1).

Le polygame Jacob sera-t-il un père de famille aussi digne d'envie que le monogame Isaac? — Écoutons-le lui-même répondre à Pharaon qui l'interroge sur son âge : « Il y a cent trente ans que je suis voyageur; mes « jours n'égaleront pas ceux de mes pères (2), ils auront « été *courts et mauvais* » (3).

Et il ne disait que trop vrai : il pleure un demi-siècle le premier-né de Rachel, avec le pressentiment affreux que ce fils, attendu si longtemps, beau et aimé comme la mère, a été la sanglante victime de la jalousie de ses frères, jalousie haineuse qu'il se reproche avec raison d'avoir excitée et portée à son comble par des préférences tellement marquées et blessantes qu'elles l'excuseraient s'il pouvait y avoir une excuse au parricide. Et quel est celui de ses fils, tous plus ou moins complices du crime, sur lequel se reposera son cœur désolé? Sera-ce Judas, quatrième fils de Lia, persuadant aux autres qu'il sera plus avantageux de vendre Joseph comme esclave que de le tuer ou de le laisser mourir de faim dans la citerne sans eau où le pauvre vaniteux enfant avait été descendu (4)? Sera-ce Siméon ou Lévi, deuxième et troisième fils de la même, qu'à ses derniers moments il repousse avec horreur comme les instruments d'un car-

---

(1) « Consumptusque ætate mortuus est Isaac; et appositus est populo suo senex et plenus dierum; et sepelierunt eum Esaü et Jacob filii sui. » (Gen., XXXV, 29.)

(2) A 180 ans, Isaac était encore plein de vie et de joie. (Gen., XXXV, 28.)

(3) « Dies peregrinationis meæ, centum triginta annorum sunt, *parvi et mali*; non pervenerunt usque ad dies patrum meorum. » (Gen., XLVII, 9.)

(4) « Quid nobis prodest, si occiderimus fratrem nostrum? Melius est ut venundetur Ismaelis. » (Gen., XXXVII, 26, 27.)

nage plein d'iniquité (1)? Ils avaient, en effet, traîtreuse-
ment massacré toute une ville, sous prétexte de venger
l'honneur d'une sœur, avec laquelle le séducteur, fils
d'un prince, demandait, par la voix de son père, à contracter une légitime et solennelle union (2)? Sera-ce,
enfin, Ruben, l'aîné de tous? Celui-ci a de plus nobles
sentiments ; il a fait tous ses efforts pour sauver Joseph
de la mort ou de l'esclavage ; lorsqu'il ne le retrouve pas
dans la citerne où il l'avait fait mettre avec l'intention
de l'en retirer après le départ de ses autres frères, son
désespoir est sincère et profond (3). Mais il a souillé
la couche paternelle (4), et Jacob est comme contraint
de maudire ce fils incestueux. «Mon premier né, dit-il à
« son dernier jour, vous deviez être ma force, et vous
« m'avez comblé de douleur par votre crime » (5). —
Mais son dernier né, le second fils de Rachel, l'enfant
miraculeux de sa vieillesse avancée, ne va-t-il pas cica-
triser toutes ses plaies? Hélas! c'est la plus cruelle de
toutes ses déceptions. La naissance de ce fils coûte la
vie à la mère et prive le vieillard des soins consolateurs
de la seule femme qu'il ait aimée (6). Puis, quelles seront les joies de cette paternité en deuil de la mère? Une
douloureuse anxiété de chaque jour, de chaque heure ;
la crainte déchirante que cet enfant de Rachel, égale-

(1) « Vasa iniquitatis bellantia; in consilium eorum non veniat anima
mea. » (Gen., XLIX, 5, 6.)
(2) Gen., XXXIV.
(3) Gen., XXXVII, 21, 22, 29.
(4) Gen., XXXV, 22.
(5) « Ruben primogenitus meus, tu fortitudo mea, et principium doloris
mei; quia ascendisti cubile patris tui, et maculasti stratum ejus. » (Genèse,
XLIX, 34.)
(6) Gen., XXXV, 17, 18.

ment envié par des frères parricides, n'ait le sort du premier (1). Et qu'est-ce enfin, pour Jacob, que cet enfant de sa droite, *filius dextræ*, ce type des enfants chéris, en un mot, ce Benjamin ? Suivant son propre témoignage dans ses adieux solennels, *un loup ravissant dévorant le matin la proie de la veille* (2).

Jacob ne méritait pas, comme nous l'avons dit, la malédiction qui a frappé le bigame Lameth. Les sentiments pieux qui prévalaient chez lui ont même pu appeler sur sa tête les plus grandes faveurs du ciel ; mais le souverain justicier ne l'a pas moins rudement châtié dans ce monde, sans doute afin de n'avoir pas à le faire dans le sein d'Abraham et d'Isaac.

Dieu n'a point certainement aboli pour ces saints patriarches la loi fondamentale du mariage, dont il punissait ainsi dans leurs personnes la plus ou moins coupable violation. Mais les enfants et petits-enfants de Jacob, tels que nous les voyons dominés par leurs instincts grossiers, n'étaient guère capables de l'appréciation morale que nous venons de faire de son quadruple mariage, et confondant le fait délictuel avec le droit légitime, ils ont cru pouvoir, à son exemple, prendre plusieurs femmes ou concubines.

Moïse a toléré et dû prudemment tolérer la polygamie entrée profondément dans les habitudes de ce peuple sensuel d'une indomptable ténacité. Mais il ne l'a point admise en principe, et, loin de là, s'il en fait mention

(1) Gen., XLII, XLIII, XLIV.
(2) « Benjamin, lupus rapax mane comedens prædam. » (Gen., XLIX, 27.) — Saint Augustin cherche à ne voir là qu'une prophétie s'appliquant à la postérité de Benjamin ; mais cette prévision ne serait-elle pas fondée sur le caractère de la souche ?

dans quelques-uns de ses règlements, c'est pour la proscrire ou la restreindre dans les limites les plus étroites. Ainsi, prévoyant que les Hébreux établis dans la terre promise en corps de nation, se donneront un roi, et que ce roi pourra, comme on l'a dit de notre Louis XIV, se croire par sa souveraineté au-dessus des lois qui obligent les sujets, il lui interdit d'avance d'avoir un nombre illimité de concubines (1). Ainsi, il prescrit au grand-prêtre de prendre pour unique épouse une vierge (2), et il confirme le précepte par son exemple. Il ne pouvait pas, aux yeux d'un peuple tel que les Hébreux, lui donner plus d'autorité. Il n'a jamais eu, en effet, d'autre femme que Séphora, fille de Raguel (3). Mahomet se faisait apporter par l'ange Gabriel des permissions de dépasser indéfiniment le nombre rond de quatre femmes que lui permettait le Koran; Moïse s'applique la règle évangélique dans toute sa bienfaisante rigueur, et s'il n'a point, par une sanction pénale qu'il a sans doute jugée impossible, généralement ramené le mariage à sa primitive unité, il aura du moins, avec une vive et sévère sollicitude législative, garanti la famille des poisons mortels de l'adultère et de l'inceste : *Que l'homme adultère ou incestueux et la femme sa complice meurent tous deux* (4). Ruben, chef de la première tribu d'Israël, *major imperio* (5), aurait donc été impitoyablement la-

---

(1) « Non habebit plurimas uxores quæ alliciant animum ejus. » (Deutéron., XVII, 17.)

(2) Lévitiq., XXI, 13.

(3) Exode, II, 18, 21.

(4) « Si mœchatus quis fuerit cum uxore alterius moriantur et mœchus et adultera. — Qui dormierit cum noverca sua et revelaverit ignominiam patris sui morte moriantur ambo. » (Lévit., XX, 10, 11.)

(5) Gen., XLIX, 3.

pidé, ainsi que Bala, la suivante de Rachel, qui l'avait reçu dans le lit de Jacob. *Et que leur sang retombe sur eux-mêmes*, ajoute l'énergique code pénal (1). Moïse y fait bien évidemment allusion lorsqu'en son prophétique testament il dit, en appliquant le grand principe de la non-rétroactivité des lois : « Que Ruben ne meure pas; « mais qu'il n'ait qu'un petit nombre de descendants, « pour le punir de l'inceste qu'il a commis » (2).

Le double mariage de Jacob avec Lia et Rachel n'aurait pas été puni de la peine de mort; nous ne croyons pas qu'on puisse jamais suppléer dans la loi une telle sanction; mais cette union avec la sœur d'une première épouse encore vivante est condamnée comme criminelle dans les termes les plus formels et les plus directs : « Vous ne prendrez point la sœur de votre épouse pour « la rendre sa rivale » (3).

L'on peut regretter que Moïse n'ait point rendu au mariage et à la famille toute leur sainte et conservatrice unité; mais il faut reconnaître qu'il s'est rapproché du principe monogame infiniment plus qu'aucun autre législateur de l'Orient, et qu'il a préparé, avec une profonde et prévoyante sagesse, ce retour à la loi primitive que devait accomplir le Christ. Il s'en est, en cela, particulièrement montré le digne précurseur.

Passant de l'Orient à l'Occident, et nous arrêtant un

---

(1) « Et sit super eos sanguis eorum. » (Lév., xx, 11.)
(2) « Vivat Ruben et non moriatur; at sit parvus in numero. » (Deutér., xxxiii, 6.)
(3) « Sororem uxoris tuæ in pellicatum illius non accipies; nec revelabis turpitudinem ejus, adhuc illa vivente. » (Lévit., xviii, 18.)

instant dans la Grèce, dont les lois privées nous sont peu connues, nous y voyons partout, sous le toit conjugal, une seule femme légitime qui semble formée sur le pur et touchant modèle de la Pénélope de l'Odyssée. Affranchie, si ce n'est à Lacédémone, de toutes les préoccupations de la place publique, elle se renferme modestement dans les soins du ménage, et se dévoue pieusement à l'éducation de ses enfants. Hésiode la représente maîtresse vigilante, distribuant dans le logis la tâche aux laborieux serviteurs ; et Xénophon la compare à la mère abeille qui ne sort jamais de la ruche, afin d'y exercer une active surveillance de tous les moments (1).

Cependant, plus ou moins en arrière de la chaste épouse, apparaît la voluptueuse concubine. La pudique réserve de l'épouse d'Ulysse ne suffisait plus aux passions des Grecs civilisés du siècle de Périclès. Ces maris, qui exigent de leurs femmes l'exercice de toutes les vertus, leur donnent l'exemple de tous les vices. C'est par là que périra la nationalité grecque, et que l'héroïque et intelligent courage de tous ces peuples libres tombera sous la domination de l'austérité romaine. — Outre la concubine, il leur fallait la courtisane. Ces femmes pleines d'attrayants artifices, dont quelques-unes, comme notre Ninon de Lenclos, joignaient au déréglement des mœurs un esprit brillant et très cultivé, étaient fort recherchées, par les Athéniens surtout. Le plus sage des sages de la Grèce, Socrate, suivant le récit de Xénophon, visite une de ces femmes libres, nommée Théodote, dont la rare beauté faisait alors grand bruit ;

(1) Xénophon, *Economie politique.*

et il lui donne même des préceptes, étranges leçons de philosophie, pour s'entourer d'une cour nombreuse, et enlacer ses amants en des piéges dont ils ne puissent se débarrasser (1). Le bon Rollin, en terminant son long éloge du philosophe athénien par ce trait de mœurs, dit *qu'il en passe bien d'autres sous silence*(2).

Mais les politiques grecs, qui voulaient avant tout le gouvernement populaire, reconnaissant, comme l'a professé depuis Montesquieu, *qu'il n'y avait pas d'autre force qui pût le soutenir que celle de la vertu* (3), devaient légalement flétrir le concubinage, et, pour le flétrir, ils n'ont rien trouvé de mieux que de flétrir les enfants qui en étaient nés. *Dans les républiques, où il est nécessaire que les mœurs soient pures*, dit l'auteur de l'Esprit des Lois, *les bâtards doivent encore être plus odieux que dans les monarchies* (4). Ainsi, les nombreux bâtards athéniens n'étaient pas admis aux exercices publics avec leurs frères nés de la femme légitime; ils devaient se réunir dans une enceinte particulière, le Cynosarque consacré au plus illustre bâtard de l'antiquité (5), Hercule; ils avaient même été retranchés du nombre des citoyens, à l'occasion d'une distribution de blé, dont le peuple trouva bon de les exclure (6). Et généralement cette sorte de mort politique était, dans la Grèce, la condition des bâtards; si le peuple les a reçus quel-

(1) Xénophon, *Memorat.*, lib. III.
(2) *Histoire ancienne*, t. IV, p. 15.
(3) *Esprit des Lois*, liv. III, chap. III (du Principe de la démocratie).
(4) *Esprit des Lois*, liv. XIII, chap. VI (des Bâtards dans les divers gouvernements).
(5) Dio Chrysost., orat. 15, *De servit. et libert.*
(6) *Esprit des Lois*, loc. cit.

quefois comme citoyens dans ses assemblées , c'était afi.1 de mieux résister par le nombre à la puissance envahissante des grands (1).

A plus forte raison étaient-ils considérés comme étrangers à la famille, et incapables d'y exercer aucun droit de succession. Bien plus, une loi d'Athènes interdisait au père de leur léguer au-delà de cinq mines (2).

Cette politique, d'une inhumaine rigueur pour l'enfant, notamment en ce qui touche le. droits de cité, avait plus justement frappé la mère par de flétrissants règlements de police. Les lois de Solon défendirent à la courtisane d'avoir les mêmes noms que son honnête rivale, et lui imposaient des habits d'une forme qui la faisait connaître pour ce qu'elle était; elle avait dans les jeux publics, comme son Cynosarque, un siége séparé de tous les autres par une infamante barrière; enfin ces femmes, dont la scandaleuse célébrité est venue jusqu'à nous, qui offraient de rebâtir à leurs frais Thèbes détruite par Alexandre, payaient, comme nos obscures prostituées, une espèce de patente, pour être autorisées à ruiner les familles.

Mais cette pénalité du mépris public n'atteignait pas le républicain ou le philosophe esclave des plus viles passions. Démosthènes court à Corinthe acheter les faveurs de la fameuse Laïs; il ne recule que devant le prix qu'elle y mettait (4,000 fr. environ). Le philosophe Aristippe, disciple immédiat de Socrate, et chef de la secte cyrénaïque, tenant moins à l'argent que le

(1) Arist., *Politiq.*, liv. VI, chap. IV.
(2) Schol., *ad Aristophan. aves.*

grand orateur, sacrifie à cet amour vénal la meilleure
partie d'un riche patrimoine. C'est en faisant allusion
à cette avide courtisane de Corinthe que l'épicurien
Horace a dit, en forme de proverbe :

Non licet omnibus adire Corinthum.

Tout ce qu'a fait ici Solon pour les bonnes mœurs,
qui, dans sa pensée législative, importent tant à une
république, c'est que l'enfant né d'une courtisane sera
dispensé de nourrir son père tombé dans l'indigence, à
supposer qu'il le connaisse, pénalité d'une moralité plus
que douteuse.

L'homogène unité du mariage et de la famille était
entrée plus profondément dans les institutions politiques
et dans les habitudes sociales des Romains; et elle a été
pour eux comme la source de ces vertus humaines qui
leur ont mérité l'empire du monde : la religieuse fidélité à la parole donnée, le courageux dévouement à
Rome même, l'indomptable constance dans les revers,
la piété envers les dieux de la patrie..... Leurs justes
noces, même cimentées par le rite sacré du gâteau de
sel, n'étaient point, sans doute, le mariage chrétien ; si
la loi des XII Tables n'autorisait par aucun texte précis le divorce proprement dit, c'est-à-dire la rupture
des liens du mariage par le consentement mutuel des
époux ou par la volonté isolée de l'un d'eux, la souveraineté ou propriété quiritaire qu'elle attribuait au mari
sur la personne même de la femme (1), par la reli-

(1) Tab. VI, cap. v.

gieuse *confarréation* (1), ou par la solennelle *coemp-*
tion (2), ou, à défaut de l'une et l'autre, par une année
de cohabitation (3), entraînait pour ce maître investi du
droit de vie et de mort, la despotique répudiation (4).
Mais ce mode de dissolution du mariage jette moins de
désordre dans la famille que le divorce mutuel : *l'un*, a
très bien dit M. de Bonald, *n'est que l'abus du pouvoir,*
tandis que l'autre est l'anarchie. Puis, de vieilles traditions
qui remontaient à la fondation même de Rome, une
sévère discipline domestique, une héroïque simplicité de
mœurs (5), ont, pendant de longs siècles, dominé l'œuvre législative des Décemvirs empruntée à la Grèce, et
rendu de fait au mariage sa primitive religieuse indissolubilité. L'usage semblait avoir aboli la loi écrite.
Le grand créateur de la nationalité romaine n'aurait, si
nous en croyons Plutarque (6), permis la répudiation au
mari que lorsque la femme s'était rendue indigne du
titre d'épouse par l'adultère ou par quelque autre grave
attentat aux mœurs; et d'après Ulpien, il n'y avait de
grave attentat aux mœurs que l'adultère même (7). Enfin, en admettant que la loi des XII Tables n'eût pas,

(1) Ulp., Fragm., tit. IX. — Plin., lib. XVIII, cap. II.
(2) Ulp., Fragm., tit. XIX, § 4.
(3) L. XII Tab., tab. VI, cap. V.
(4) Loc. cit., cap. VIII.
(5)   Praestabat castas humilis fortuna latinas
        Quondam ; nec vitiis contingi parva sinebant
        Tecta labor somnique breves et vellere thusco
        Vexatae duraeque manus ac proximus urbi
        Annibal et stantes Collina in turre mariti.
                            (Juvén., sat. VI, vers 210-215.)
(6) *Vie de Romulus.*
(7) « Graviores mores sunt, adulteria tantum ; leviores omnes reliqui. »
(Ulp., Fragm., tit. VI, § 12.)

comme la loi antique, limité les causes de répudiation,
du moins faut il reconnaître qu'elle aurait soumis la
faculté de répudier à une solennité qui devait en prévenir, et en aurait en effet, pendant des siècles, prévenu
le criminel abus. Cette solennité était un libelle
légalement motivé (1), qui exigeait l'intervention d'un
patricien juriste, et devait être signifié par un affranchi,
en présence de sept citoyens pubères, dont cinq repré-
sentaient les cinq classes primitives du peuple romain (2). A défaut de ce libelle, il n'y avait pas de
répudiation ; et celui qui, sachant que la femme n'avait
pas été légalement répudiée, la prenait pour épouse,
était adultère (3). L'opinion publique allait plus loin, et
voulait qu'une épouse ne fût répudiée que de l'avis
d'une sorte de conseil de famille. Valère Maxime rapporte qu'un certain Lucius Antoninus fut expulsé du
Sénat pour avoir répudié scandaleusement (*temere*), sans
consulter aucun de ses amis (*nullo amicorum in consilium
adhibito*), une jeune fille qu'il avait épousée vierge (*vir-
ginem quam in matrimonium duxerat*) (4). Au témoignage des plus anciens historiens de Rome, le premier
exemple de répudiation se serait produit dans la trente-

(1) « Si vir mulieri repudium mittere volet, causam dicito. » (L. XII Tab.,
tab. VI, cap. VIII.)

(2) « Nullum divortium ratum est, nisi septem civibus romanis puberibus
adhibitis, præter libertum. » (Paul., lib. II, *De adult.*; Fragm. IX, Dig., *De
divort. et repud.*)

(3) Gaius, lib. III, ad leg. XII Tab. — « Si ex lege repudium missum non
sit, et idcirco mulier adhuc nupta videatur; tamen si quis eam uxorem du-
xerit, adulter non erit, quia *adulterium sine dolo malo non committitur;*
quamquam dicendum, *ne is qui sciret eam ex lege non esse repudiatam, dolo
malo committat.* » (Fragm. XLIII, Dig., *Ad legem Juliam de adulteri coer-
cendis.*)

(4) Pandect. Just. de Pothier, proleg., *Ad tab sext.*, cap. VIII, § 3.

troisième année du VI° siècle de sa fondation, et dans des circonstances qui témoignent au plus haut degré de l'esprit moral et religieux qui régnait encore chez ce peuple prédestiné à l'empire du monde. Carvilius Ruga avait une femme qu'il aimait tendrement (*quam egregie diligebat*), mais dont il ne pouvait espérer avoir des enfants (*liberi ex ea vitio corporis non gignerentur*) ; et les censeurs avaient exigé de lui le serment qu'il ne la conserverait pour épouse qu'autant qu'el'• • rendrait père (*a censoribus coactus erat jurare se uxorem liberorum quærendorum gratia habiturum*). La religion du serment l'emporta sur son amour (*jurisjurandi religionem animo atque amori prævertit*) (1). L'on peut dire de lui et de cette femme chérie, ce que Tacite a dit de Titus et de Bérénice : *Invitus invitam dimisit*.

Ce drame touchant, auquel toutes les dames romaines du temps ont probablement applaudi les larmes aux yeux, n'en a pas moins porté une grave atteinte à la sévère discipline du mariage quiritaire, et a été comme le signal du monstrueux abus que dans l'âge suivant devaient faire du divorce les femmes aussi bien que les maris.

Après la première impression produite par le sacrifice héroïque de Carvilius Ruga, la répudiation pour cause de stérilité a dû se présenter aux femmes comme une loi dure et injuste ; elle les punit, par la perte de leur existence sociale, des torts de la nature, et rejette sur elles seules un malheur imputable peut-être aux maris eux-mêmes. Et cette équivoque cause de répudiation

(1) Gellius, *Noct, att.*, IV, 3 ; Val. Maxime, II, 1, 4.

ayant souvent paru n'être qu'un prétexte pour se sépa-
rer d'une épouse qui, par un travers de l'esprit ou un
caprice du cœur, avait cessé de plaire, il y eut une violente réaction contre la tyrannie maritale. A quelques
vingt-cinq ou trente années de là, vers le milieu de ce
sixième siècle de la fondation de Rome, nous voyons les
femmes en pleine possession du droit de rompre le lien
conjugal par leur propre volonté. Plaute, qui a fleuri
de l'an 550 à l'an 570, nous en fournira des preuves
géminées, s'il est vrai que le théâtre soit l'expression des
mœurs. La *Syra* du *Mercator* réclame pour l'épouse la
loi qu'invoque le mari :

Utinam lex esset eadem uxori, quæ est viro (1).

Et dans l'*Amphytrion*, Alcmène, irritée du langage of-
fensant que lui a tenu son malheureux vrai mari, donne
au faux Amphytrion, sans être touchée des suppliantes
excuses qu'il lui adresse, un libelle de répudiation dans
la forme légale :

Tibi habeas res tuas, reddas meas (2).

A la vérité, quand la femme se trouvait constituée en
puissance par la *confarréation* ou la *coëmption*, le divorce
ne pouvait être consommé que par la *diffarréation* ou la
rémancipation, qui exigeaient le concours du mari. Mais
ces unions solennelles étaient dès lors peu pratiquées.
Et quant à l'usucapion par une année de cohabitation,

(1) *Mercator*, vers 825.
(2) *Amphit.*, vers 928.

la femme avait dans la loi des XII Tables même un moyen facile d'y échapper. Elle interrompait cette pres- cription annale par une absence de trois nuits du toit conjugal (1). Enfin, tous ces modes d'acquisition d'un droit de propriété sur la personne même de la femme étant complètement tombés en désuétude sous les Cé- sars, à commencer par la confarréation déjà à peu près abandonnée du temps de Tibère (2), il n'y eut plus au- cun frein à cette faculté de dissoudre le mariage par le divorce.

Et cependant, dans cette profonde décadence des mœurs que le satirique Juvénal et le stoïcien moraliste Sénèque pourraient bien avoir exagérée (3), le foyer do-

_____

(1) « Mulieris quæ annum matrimonii ergo apud virum mansit, *ni trinoc- tium ab eo usurpandi ergo abescit, usus esto.* » (L. XII Tab., tab. VI, cap. v.)

(2) Tacit., *Annal.*, lib. IV, cap. XVI.

(3) Juvénal et Martial nous feraient croire à des unions rompues et renou- velées en quelques jours :

> Sic crescit numerus, sic fiunt octo mariti
> Quinque per autumnos.
>
> (JUVÉNAL.)

> Julia lex populi ex quo, faustine, renata est
>   Atque intrare domos jussa pudicitia est,
> Aut minus aut certe non plus tricesima lux est;
>   Et nubit decimo jam thelesina viro
> Quæ nubit toties, non nubit, adultera lege est :
>   Offendor mœcha simpliciore minus.
>
> (MARTIAL, lib. VI, ép. vii, *de Thelesina*.)

> A peine avons-nous eu trois fois le consulat,
> Depuis que la pudeur, par décret du sénat,
> Dut rentrer triomphante au foyer domestique,
>   Et déjà, si ma statistique
> Compte bien vos amants devenus vos maris,
> Vous en êtes, madame, au nombre rond de dix.
> Dans les honteux écarts de votre humeur volage,
> Prétendez-vous serrer les nœuds d'un mariage :
>   Non, non, vous n'êtes sur ma foi
>   Qu'adultère de par la loi;
> Vous vous couvrez en vain d'un titre respectable :
> L'adultère illégal me semble le moins coupable.

Il y a évidemment là l'exagération de la satire et de l'épigramme; la loi défendait le nouveau mariage avant un an; elle fut sans doute violée. Saint

mestique romain n'a jamais été souillé de la présence
d'une concubine ; la légitime épouse y a constamment
joui, sans blessante et honteuse rivalité, de toutes les
nobles prérogatives de la mère de famille. Bien plus,
telle fut toujours à Rome l'énergique et salutaire autorité
de ses héroïques traditions, que l'épicurien César Auguste, cet étrange réformateur des mœurs, qui, par un
odieux divorce imposé à Tibérius Néro, se donne pour
épouse la belle Livie alors enceinte de six mois (1), instituant sous la dénomination de *concubinat* une sorte
de mariage *libre*, y maintient rigoureusement le principe
monogame. En autorisant plusieurs femmes, même à
titre de simples concubines, il aurait gravement compromis sa prudente popularité. C'est surtout par ses
multiples concubinats simultanés que le favori de Né-
ron, Tigellin, excite l'indignation de la plèbe romaine,
qui, à la chute du tyran parricide, accourant de tous les
quartiers de la ville, demande avec emportement la
mort du tyran subalterne, bigame concubinaire ; et Tigellin, dit Tacite (2), meurt honteusement dans les bras
luxurieux et sous les lascives caresses de ses femmes ser-
vilement dévouées : *Inter stupra concubinarum et oscula.*

De là celui qui ayant une légitime épouse se serait
permis une concubine aurait été considéré et puni
comme étant tout à la fois adultère et bigame (3). Les

Jérôme (contra Jov., I) cite des exemples de mariages contractés à un intervalle de cinq mois ; mais il y a loin de là à *dix maris* dans l'espace de *trois
ans*, ou trois mois. (Comte Franz de Champagny, *Césars*, lib. III, ch. II, § 11.)
    (1) « Aufert marito cupidine formæ. » (Tac., *Ann.*, lib. V, cap. 1.)
    (2) Tacit., *Hist.*, lib. I, cap. 72.
    (3) « Nemini licentia concedatur, constante matrimonio, concubinam penes
se habere. » (C., *De concub.*, l. unic.)

divorces quotidiens (*quotidiana repudia*) (1) et les mille
mariages de Mécènes (*uxorem millies ducens*) (2) étaient
assurément en fait la plus scandaleuse polygamie; mais
l'habile ministre et favori de César Auguste avait su,
comme le maître, couvrir ses désordres du voile d'une
menteuse légalité; et pour le peuple de Rome, la légalité
était dans la lettre de la loi plutôt que dans son esprit.
C'était aussi l'une de ses vieilles traditions juridiques et
comme un principe consacré par la loi des XII Tables (3).

. Sous la puissante action du christianisme marchant à
grands pas à la conquête du monde romain, les grands
jurisconsultes de l'école classique comprirent que le
divorce conduisait à la polygamie, et que, pour se défendre de l'une, il fallait réagir contre l'autre. C'est alors
que Modestin donna cette belle définition du mariage :
Consortium omnis vitæ, divini humanique juris communi-
catio. — *Omnis vitæ!* C'était, en attendant mieux, une éloquente protestation contre la répudiation et le divorce.
Modestin florissait sous Septime Sévère, cet empereur fils
d'une mère presque chrétienne, à moitié chrétien lui-
même, qui adorait Jésus-Christ à côté d'Abraham et faisait inscrire au fronton de son palais et des monuments
publics de Rome les sublimes maximes de l'Évangile (4).

La famille romaine est donc, sous les Césars mêmes
et jusque dans les derniers temps de l'empire, restée
avec son organisation primitive plus ou moins humani-
sée par les édits prétoriens et les constitutions d'Antonin

(1) Sénèq., lett. 114.
(2) Sénèq., *De provident.*, chap. III.
(3) « Uti lingua nuncupassit, ita jus esto. » (L. XII Tab., tab. VI, cap. I.)
(4) Lamprid., in *Vita Alexandri Severi.*

3

et de Marc-Aurèle. Bien que le *concubinat monogame*
eût, par la volonté de César Auguste, revêtu un caractère de *demi-légalité* (1), les enfants nés de cette union
inégale comparable au mariage *morganatique* (de la main
gauche) des Allemands, n'avaient point ce que l'on
pourrait appeler avec les Anglais *le sang successible (he-
reditable blood)* ; leurs frères nés d'un *juste* mariage
antérieur ou postérieur au concubinat, n'avaient point
à partager avec eux l'héritage paternel, bien qu'ils se
trouvassent eux-mêmes en dehors de la famille *quiritaire* par l'émancipation, et qu'ils ne succédassent que
par l'humaine *possession de biens prétorienne*, conformément ou contrairement aux dispositions testamentaires
du père de famille (2). A défaut d'enfants du mariage,
ceux du concubinat auraient-ils dans la succession
ab intestat obtenu contre des successibles collatéraux la
possession de biens prétorienne, sinon comme enfants
(*unde liberi*), du moins comme tenant au défunt par les
liens du sang (*unde cognati*)? C'est une question que Cujas semble résoudre affirmativement; mais ce serait encore la confirmation de notre proposition. Pour trouver
dans la législation romaine les enfants du concubinat
admis *civilement* à la succession *ab intestat* de leur père
concurremment avec des membres de la famille légitime, il faut aller jusqu'à Justinien. Et l'on pourrait s'é-
tonner à plus d'un titre de cette tardive innovation. Depuis que le christianisme était avec Constantin monté
sur le trône impérial, cette union, que la seule volonté

---

(1) « Per leges concubinatus nomen assumpsit. » (Dig., *De concubinis*,
fragm. 3, § 1.)
(2) *Dite secundum vel contra tabulas.*

des parties suffisait pour créer et dissoudre (1), était vue d'un œil moins indulgent que sous les empereurs païens. Ce n'était plus le temps où Marc-Aurèle, veuf de Faustine, prenait, tout imbu qu'il était d'un religieux et austère stoïcisme, une vulgaire concubine pour ne pas donner une marâtre à ses enfants. Constantin et ses successeurs s'étaient efforcés d'abolir le concubinat, soit en instituant pour le passé seulement la légitimation, par de justes noces, des enfants nés de cette union précaire dite de pur droit naturel, soit en autorisant le mariage civil avec les femmes de la plus infime condition, telles que les affranchies et les esclaves mêmes. Aussi Justinien demande-t-il en quelque sorte pardon à ses peuples d'une concession législative à des sentiments d'équité naturelle et d'humanité en ce qui touche les droits de succession *ab intestat* de ces enfants dits *enfants naturels*, comme nés d'une union dépourvue de toute solennité : *vivement ému de leurs prières et de leurs pleurs* (2), il leur accorde, *la rougeur sur le front, ce qui n'avait aucun précédent dans la loi* (3), deux douzièmes de la succession paternelle à partager avec la mère (4), mais alors seulement qu'il n'y a ni épouse ni descendants légitimes; sinon, des aliments dans une juste mesure, en rapport avec la fortune et la condition sociale de la famille (5). Il déclare d'ailleurs, dans les

(1) Concubinam a sola animi destinatione æstimari oportet. » (Dig., *De concub.*, fragm. 4.)

(2) Ad solam naturam clemens, considerans preces crebras et fillos fleutes.» (Nov. XVIII, cap. v, initio.)

(3) « Quia non hoc cum lege agimus, *erubescimus*, » (Loc. cit.)

(4) « Duas uncias paternæ substantiæ, cum matre partiendas, eis damus habere. » (Nov. cit., cap. v, § *Nunc*.)

(5) « Pasci naturales a legitimis sancimus, ut decet eos, secundum mensuram bono viro arbitratam. » (Nov. LXXXIX, cap. xii, § 6.)

termes les plus énergiques, qu'il n'entend pas que sa
constitution soit applicable à l'hypothèse d'une réunion
scandaleuse de plusieurs concubines (1). Dans sa pensée
législative, les enfants nés de ces multiples adultères au
petit pied, bravant l'indignation publique, n'auraient
pas même droit à des aliments. C'est ce qu'il décide, au
surplus, généralement avec une rigueur qui nous paraît
excessive pour les malheureux fruits d'un mariage civil
entaché d'inceste ou d'adultère, en leur déniant d'ailleurs avec raison la qualité d'enfants naturels donnée
aux enfants du concubinat (2). Lui-même, cependant,
avait dit que l'enfant adultérin ou incestueux naissait
innocent de la faute qui lui donnait le jour (*inculpabi-
lis*) (3), et que le père, *impie violateur des lois, n'en était
pas moins père* (4). Qu'on ne doive pas à cet enfant, qui
ne peut sortir du cloaque où il est né, une éducation
libérale ou des aliments dans un large sens juridique, à
la bonne heure; mais qu'on le laisse inhumainement
mourir de faim, c'est un autre oubli criminel des lois
de la nature; nous ne pouvons croire que notre grand
législateur ait entendu aller jusque là.

En ce qui touche les successions testamentaires, les
enfants du concubinat n'ont été jusqu'à Constantin frap-

(1) « Si autem confusa concupiscentia ita fiat, ut priori superinducat alias
concubinas, odibilis nobis est iste, et procul ab hac lege expellatur. — Non
præbemus luxurientibus, sed caste viventibus legem. » (Nov. XVIII, cap. v,
§ *Si autem*; Nov. LXXXIX, cap. xii, § 5.)

(2) « Omnis qui ex complexibus (non enim hoc vocamus nuptias) aut
nefariis aut incestis processerit, iste neque naturalis nominatur, neque alen-
dus est parentibus; neque habebit quoddam ad præsentem legem partici-
pium. » (Nov. LXXXIX, cap. xv.)

(3) Nov. XII, præf.

(4) « Licet legum contemptor et impius sit, *tamen pater est.* » (Ibid.,
cap. ii.)

pés d'aucune incapacité légale. Ils pouvaient, comme tout Romain, être institués héritiers par la volonté souveraine du père de famille, ou, pour mieux dire, du peuple qui, dans l'origine, votait le testament comme une loi dérogative à celle des successions *ab intestat*. Leur qualité d'enfants naturels ne devait juridiquement ni leur nuire ni leur profiter. Ainsi, elle ne les aurait point défendus contre la plainte d'*inofficiosité* que les jurisconsultes investis de la confiance publique, appelés *prudents*, et un usage universel ayant par le temps acquis force de loi, accordaient aux héritiers légaux, enfants, ascendants, ou frères et sœurs injustement exhérédés ou omis; ni contre les possessions de biens à titre héréditaire par lesquelles le droit prétorien amendait les logiques rigueurs de la loi des XII Tables. Ils étaient en tout restés soumis au droit commun.

Mais Constantin, voulant abolir le concubinat, déclara les enfants nés de cette union incapables de rien recevoir des biens de leur père qui laissait des *enfants légitimes* ou *son père*, ou *sa mère*, ou des *frères et sœurs*. Sa constitution, tombée en désuétude, si l'on en croit Justinien (1), est rapportée dans la loi première, au Code *De naturalibus liberis* (2).

Arcadius et Honorius, à la suite de Valentinien Ier, dont l'ordonnance ne figure pas au Code Justinien, apportent un adoucissement à ce droit sévère de Constantin, qu'ils semblent d'ailleurs confirmer. Ils permettent à celui qui a des enfants légitimes, ou sa mère ou des

---

(1) Nov. LXXXIX, cap. xv, prœm.
(2) « Quidquid talibus liberis pater donaverit, totum retractum legitimæ soboli reddatur, aut patri, aut matri, aut fratri, aut sorori. »

neveux, de donner à ses enfants naturels le douzième de ses biens, partageable avec la concubine leur mère, ajoutant que tout ce qui excéderait cette limite serait rendu aux enfants du mariage, à la mère ou autres successeurs (1).

Justinien va plus loin. La limite du douzième rigoureusement maintenue pour le cas où il existe un ou plusieurs enfants légitimes, le testateur est autorisé à disposer en faveur de ses enfants naturels non pas seulement du *quart*, comme l'avait encore permis Valentinien I", mais de la *moitié* de son patrimoine s'il ne laisse que des ascendants, et de la *totalité* s'il ne laisse ni enfants du mariage ni ascendants (2). C'est encore dans la pensée de ce grand législateur un droit excessif blessant la majesté des lois (*licentia*), enfin une nouvelle concession dont il devrait rougir, si elle n'était point dans le droit antérieur à Constantin. L'on ne peut du moins lui reprocher ici que son ordonnance n'ait point un appui dans les lois.

Les dispositions législatives que nous venons d'analyser étaient certainement étrangères aux bâtards proprement dits, que désignaient les expressions flétrissantes de *spurii* ou *vulgo quæsiti*. Il n'y avait pour ceux-ci, du moins depuis Constantin, ni succession *ab intestat*, ni

---

(1) L. 3, C., *De natur. lib.* — « Quidquid vero ultra modum concessum relictum sit, legitimis liberis, vel matri, vel cæteris successoribus reddatur. »

(2) « Testari naturalium filiorum patribus dedimus; legitima quidem existente prole, usque ad *unam solam unciam*, quam habebunt una cum matre; filiis autem non existentibus legitimis, usque ad medietatem totius substantiæ. » (Nov. XVIII, cap. v, § 5; — C., *De natur. lib.*, l. 8.) — « Si vero filios non habuerit quispiam legitimos, aut quemquam ascendentium quibus est necessitas legis relinquere partem propriæ substantiæ competentem, testatori *licentia* sit etiam in duodecim uncias scribere filios naturales hæredes. » (Nov. LXXXIX, cap. xii, § 3)

successions testamentaires. Évidemment Justinien n'avait
point entendu que ces fruits d'une honteuse prostitution ou d'un criminel libertinage fussent mieux traités
que les enfants d'un double concubinat.

Cependant il faut reconnaître que, dans la succession
maternelle, tous les enfants illégitimes étaient de la même
condition et jouissaient des mêmes prérogatives préto-
riennes, qu'ils fussent *spurii* ou *vulgo quæsiti* ; la mère
les élevait au rang d'enfants naturels en remplissant envers eux les devoirs de la maternité, et en leur donnant
par là une sorte de possession d'état. S'ils étaient encore
sine patre, spurii, l'on ne pouvait dire qu'ils fussent *sine
matre* (1).

Les prudents et les préteurs avaient-ils poussé leurs
interprétations d'équité naturelle jusqu'à leur donner la
plainte d'*inofficiosité* et la possession de biens héréditaires en concours avec des enfants légitimes? Justinien
résout législativement la question par une double distinction empruntée à la qualité de l'enfant et à la position
sociale de la mère. Celle-ci appartenait-elle à l'une de
familles où les justes noces se distinguent du concubinat par une possession d'état bien caractérisée, et notamment par un contrat de mariage solennel (*instru-
mento dotali*), le bâtard (*spurius*) ne pouvait, en présence
d'enfants légitimes, prétendre à aucune partie des biens
soit *ab intestat,* soit testamentairement, soit même en
vertu d'une donation entre vifs. Cette apparition dans
une famille honorable d'un enfant qui accuse les mœurs

_____

(1) « Novissime sciendum est etiam illos liberos qui vulgo quæsiti sunt, ad
matris hæreditatem admitti. » (Inst., lib. III, tit. IV, *De senatusconsulto or-
phitiano*, § 3.)

de la mère de famille est un scandale qu'il faut prévenir (1). Une ingénue de cette condition ne pouvait d'ailleurs, hors du mariage, avoir que des *spurii*, le concubinat lui étant légalement interdit (2). Mais la mère
était-elle soit une affranchie, soit une ingénue d'une
basse condition ou dégradée par le plus vil des mé-
tiers (3), les enfants qu'elle aurait eus d'un concubinat
licite, non cette fois ses *spurii* ou *vulgo quæsiti*, étaient
admis à lui succéder concurremment avec ceux que lui
auraient donnés de *justes noces* antérieurement ou postérieurement contractées (4).

Justinien, dans ses solutions souveraines, se montre,
il faut en convenir, un sage et pudique observateur des
convenances sociales ; c'est le témoignage qu'il se rend
à lui-même (5).

Ainsi, soit dans la Rome républicaine, soit dans la
Rome impériale, c'est sur le mariage que reposaient civilement les droits de successibilité et généralement tous
les droits de famille. Ceux qui ont vu dans l'*omnipotente*
autorité du *paterfamilias* la base de la famille romaine
se sont fait une étrange illusion ; ils ont pris l'effet pour
la cause.

(1) « Sancimus ut neque ex *testamento* neque ab *intestato* neque ex *libe-
ralitate inter vivos*, justis liberis existentibus, aliquid penitus ab illustribus
matribus, ad spurios perveniat ; cum in ingenuis (quibus castitatis observatio
præcipuum est debitum) nominari *spurios* injuriosum et indignum nostris
temporibus judicemus. » (L. 3, C., *Ad senat. orph.*, lib. VI, tit. LVI.)

(2) « In concubinatu non potest esse ingenua, nisi obscuro loco nata. »
(Dig., *De concub.*, fragm. 3 ; — *De ritu nupt.*, fragm. 24.)

(3) « Quæ quæstum corpore fecerat. » (Dig., *De concub.*, fragm. cit.)

(4) « Sin autem concubina liberæ conditionis filium vel filiam *ex licita
consuetudine cum homine libero* procreavit, eos etiam cum legitimis liberis ad
materna venire bona quæ jure legitimo in suo patrimonio sunt, nulla dubitatio est. » (Dict. l. 3, C., *Ad senat. orphit.*)

(5) « Hanc legem ipsi pudicitiæ quam semper colendam censemus, merito
dedicamus. » (Præd. l. 5.)

Déshérité des droits de famille, l'enfant illégitime romain naît libre, ingénu et a la pleine jouissance des droits politiques; il est citoyen avec toutes les prérogatives attachées à ce titre; il peut aspirer aux fonctions publiques et aux honneurs municipaux; *l'on ne saurait élever un doute*, dit Ulpien, *sur son éligibilité comme décurion* (1), fût-il né d'une union incestueuse; car, ajoute Papinien, *l'on ne peut lui imputer le crime de sa naissance* (2). Seulement un rescrit impérial veut que, s'il a pour compétiteur un enfant du mariage, celui-ci, toutes choses égales, lui soit préféré. C'était d'ailleurs une règle générale que lorsqu'il s'agit de donner à la cité un administrateur, un magistrat, il faut avant tout s'enquérir avec soin de l'origine, des mœurs et de la fortune de celui qui réclame cette charge ou cet honneur (3); et si sa prudente application devait souvent écarter des emplois ces enfants sans famille et sans patrimoine, du moins ne créait-elle pas contre eux une incapacité légale.

Le droit canonique, qui devait, comme le droit romain, s'imposer au monde civilisé, a rendu au mariage toute son inviolable et chaste unité, et néanmoins fait avec la plus judicieuse humanité, une condition essentiellement meilleure à ces malheureux fruits d'une passion criminelle ou d'un honteux égarement. L'Eglise,

---

(1) « Spurios posse in ordinem allegi, nulla dubitatio. » (Ulp., *De decurionibus*, fragm. 3, § 2.)

(2) « Non enim impedienda dignitas ejus qui nihil admisit. » (Dig., eod. tit., fragm. 6, prœm.)

(3) « De honoribus sive muneribus gerendis cum quæritur, in primis consideranda persona ejus cui defertur honor, sive muneris administratio, item origo natalium. » (Eod. tit., fragm. 11, § 3.)

après une lutte de plusieurs siècles, a enfin triomphé, par son invincible constance, du concubinat qui, depuis et par César Auguste, profondément enraciné dans les mœurs de Rome asservie, avait résisté à tous les efforts des plus puissants empereurs chrétiens. Elle ne pouvait reconnaître comme union légitime des liens que rompait du jour au lendemain une volonté capricieuse, et consacrer par son autorité une sorte de transaction entre l'acte animal de la satisfaction brutale des sens, et la sainte institution devenue le symbole de sa propre union avec Jésus-Christ. A ses yeux, le concubinat était une violation permanente et préméditée de la loi de Dieu, encore plus coupable que l'entraînement irréfléchi de la passion.

Et elle efface par là toute ligne de démarcation humiliante entre les enfants illégitimes : tous ayant en naissant acquis le *droit de vivre*, elle leur attribue à tous des aliments dans une plus ou moins large mesure ; et, ce qui n'est pas moins précieux, tous, à moins que le mariage ne soit légalement impossible entre le père et la mère, pourront, par un réparateur repentir, être rétroactivement investis des prérogatives les plus complètes de la légitimité, faveur exclusivement réservée par le droit romain aux enfants de la concubine.

Quant aux droits civils en dehors de la famille et aux droits politiques, tous seront également aptes à les exercer : s'ils naissent avec le *droit de vivre*, ils naissent aussi avec le droit d'être libres et citoyens. Cependant, suivant les sages traditions du droit romain, ils ne seront promus aux dignités et aux honneurs de l'Eglise qu'après une prudente appréciation que le souverain pontife s'est réservée; leur capacité, en fait, doit être déclarée par des dispenses que le pape octroie d'ailleurs très libéralement. C'est ce que marque expressément une décrétale de Grégoire IX, adressée à l'archevêque de Tours, formant le chapitre dernier du titre : *De filiis præsbyterorum ordinandis vel non;* et même, aux termes du chapitre premier de ce même titre, leur entrée dans une congrégation religieuse les rendra de droit admissibles aux ordres sacrés.

Nos primitives multiples coutumes, fortement empreintes de l'esprit des législations germaniques, ont plus ou moins méconnu dans les bâtards les droits mêmes de l'humanité. Ces rudes peuples du Nord, qui ont envahi et se sont partagé l'empire romain, avaient instinctivement compris et pratiqué le mariage tel que Dieu l'a institué; et ils se sont trouvés par là dans les meilleures conditions pour repousser le joug voluptueux du despotique Alcoran, et embrasser les dogmes austères du libre christianisme. L'on n'y rencontre aucune trace de la polygamie, si ce n'est chez les chefs ou princes, qui, au témoignage de Tacite, se donnaient le luxe de plusieurs femmes, non par une corruption du cœur ou pour la honteuse satisfaction des sens, mais par une vaniteuse ostentation et comme pour mieux afficher la supériorité de leur rang (1). Ils n'avaient pas d'imitateurs parmi leurs humbles sujets. — C'est ainsi qu'en

(1) « Singulis uxoribus contenti sunt, exceptis admodum paucis qui non libidine sed ob nobilitatem plurium nuptiis ambiuntur. » (*De Germ. Morib.,* cap. xviii.)

notre grand siècle, Louis XIV a su nous persuader que ses fastueux adultères étaient comme une prérogative de sa souveraineté ; et que, si c'était faillir, lui seul en avait le droit. Le régent, Louis XV, et la philosophie du XVIII° siècle nous ont bien *dégermanisés*.

Dans cette héroïque simplicité de mœurs, la bâtardise était très rare ; et, si elle n'était de race princière, sa condition sociale très dure. Le droit germanique avait pour principe fondamental que l'*enfant né d'une union illégitime devait être considéré comme un étranger*. Les bâtards, suivant l'expression de Bacquet, n'avaient *ne race, ne ligne, ne gent* (1). De là est sorti pour les seigneurs féodaux le *droit de bâtardise*, triste pendant du *droit d'aubaine*. La bâtardise roturière, de même que l'extranéité, vivait et mourait *serve* ; elle pouvait avoir une possession attachée à la personne, mais non une propriété transmissible héréditairement ; il lui était étroitement interdit de disposer par testament, *fors*, ajoutait dérisoirement le procès-verbal de la coutume de Laon, *de cinq sols*. Et dans l'enfantement des coutumes, sous l'influence des seigneurs (2) et des préjugés populaires qui prodiguaient aux bâtards les plus insultantes qualifications, c'était comme le droit commun du royaume. Nous en avons la preuve dans l'*ancienne*

---

(1) « Nec genus habent, nec gentem, nec agnationem, nec cognationem, » avaient dit nos docteurs, sur la loi *Spurius* 4, *Unde cogn.*

(2) Cette pression des seigneurs se fait sentir même dans la rédaction *officielle*. — Comment s'expliquer autrement l'article 477 des *Coutumes générales des pays et duchés de Bretagne, réformées et rédigées en écrit par les commissaires du Roi et députés des Etats dudit pays en l'an 1580* ?

« Bâtard peut faire testament et donner ses meubles à qui bon lui sem- « blera, *jusqu'à la moitié, mais qu'il ne le fasse en haine contre la sei- gneurie.* »

coutume de Champagne (1) ; et nous en trouvons encore des vestiges frappants dans la rédaction *officielle*
des coutumes de Clermont (2), de Bourbonnais (3) et
de Bretagne (4), qui sembleraient ne permettre aux bâtards, celles-ci que des dispositions entre vifs, celles-là
que des dispositions testamentaires restreintes *à la moitié des biens meubles, si ce n'est que ces biens fussent si
petits qu'ils ne valussent que peu de chose.* — En conséquence, à la mort de ces possesseurs précaires, dans
toutes ou presque toutes les provinces, le fisc seigneurial du territoire s'emparait de tous leurs biens, comme
de biens *vacants*, au mépris de leurs volontés dernières
les plus sacrées et des droits mêmes de la femme et des
enfants.

Le bâtard royal pouvait, en fait, échapper à la loi
commune, et même prétendre droit au partage de la
couronne, par la volonté toute-puissante du père qui
l'avait *avoué*, et par là *quasi-légitimé* :

Que ne prouve-t-on pas lorsqu'on est le plus fort ?

Mais il n'est point vrai, comme le dit assez légèrement
Daguesseau (5), *que dans les races royales il n'y eût aucune
différence entre les enfants légitimes et ceux qui ne l'é-
taient pas.* — Cette usurpation *partielle* du trône par un
bâtard ne passait pas sans de vives et énergiques protestations de la part de ceux dont la naissance était sans

(1) Art. 58.
(2) Art. 153. — L'on doutait que cette coutume dût être suivie, même dans
l'étendue de son territoire.
(3) Art. 181.
(4) Art. 477.
(5) *Dissertation sur les Bâtards*, p. 550. (Edition in-8° de 1772.)

tache. — C'est ainsi que Hermanfroy, époux de Almeberge, fille légitime de Clovis, refuse de reconnaître roi un frère illégitime de sa femme, ajoutant qu'il ne peut assez s'étonner que Thierry, ce prétendant, *aspirât à commander comme roi, lorsque par sa naissance il était esclave* (1). Et c'était bien l'opinion régnante, comme le prouverait au besoin la belle et courageuse réponse de saint Colomban à Brunehaut, qui le pressait de donner sa bénédiction aux bâtards de Thierry II (2), qu'elle appelait *fils de roi* (3) : *Sache que jamais ceux-là ne porteront le sceptre qui sont sortis d'un bouge honteux* (4).

Il appartenait au digne fondateur d'une dynastie qui a duré neuf siècles, malgré ses erreurs politiques et ses faux pas en morale, d'asseoir le trône sur l'immuable base de la légitimité. Hugues Capet, considérant *le mal qui était autrefois advenu à la France de ce que les bâtards, estans avoués, partageoient également avec les légitimes, ordonna que de là en avant aucun bâtard ne seroit* AVOUÉ *en la maison de France et ne pourroit porter le surnom d'icelle, ni pareillement l'armoirie tant fût-elle brisée* (5) ; et cette ordonnance fut étendue, par la coutume et usance générale de France, à tous les bâtards *nobles* reconnus par le père. Il leur fut seulement permis de porter son nom et de prendre ses armes, mais avec une

---

(1) « Respondens mirari non satis posse, quomodo vellet usurpare prius imperium quam libertatem, servus natus. » (Witikind, lib. I.)

(2) Brunehaut avait corrompu ses mœurs pour le mieux gouverner. (*Abrégé chron.* du président Hénault.)

(3) « Filios regis. » (Frédégaire, chap. XXVII.)

(4) « Nequaquam ipsos regalia sceptra suscepturos scias, qui de lupanaribus emergerunt. » (Loc. cit.)

(5) *Traité de la Bâtardise* de Jean Bacquet, chap. II, n° 7.

barre humiliante qui témoignait de l'illégitimité de leur
naissance et de leur incapacité de succéder (1). Il ne
paraît pas que depuis Hugues Capet aucun bâtard, quelque fût le rang du père qui l'a avoué, ait été admis à la
succession des fiefs. Les Assises de Jérusalem, qui sont
comme le code du droit coutumier français au XI° siècle, n'y appellent que les enfants légitimes; le Plé-
déant (2) dit formellement que l'usage de la haute Cour
ne permet pas que les bâtards *avoués* y prennent jamais
part.

Voilà les grandes maisons sauvées des usurpations de
la bâtardise *avouée*. Mais la bâtardise *roturière* restera-
t-elle esclave des seigneurs féodaux, inhabile à transmettre les biens qu'elle possède, même à des enfants
légitimes?

Les successeurs de Hugues Capet, tous animés de son
esprit, en travaillant à l'émancipation des communes,
ne firent pas moins pour l'affranchissement de l'aubain
et du bâtard roturier. — Leurs hommes de lois firent
admettre en principe que le bâtard *serf* pouvait le reconnaître pour *seigneur,* et acquérir par là sa pleine
liberté et franchise, à l'exemple du roturier qui, s'a-
vouant bourgeois du roi, cessait, par cette reconnaissance, d'être sous la domination du seigneur féodal ; et,
par la sage modération avec laquelle le souverain *fief-
feux* (comme appelaient le roi quelques-unes de nos
coutumes), usa de ses droits de nouvel aveu, ce mode
indirect d'affranchissement passa tellement en coutume,
d'abord dans l'Orléanais et la Sologne, et, de proche en

---

(1) Jean Bacquet, eod. cap., n°° 11 et 12.
(2) Chap. xxxix.

proche, dans toutes les provinces du royaume, que, du temps de saint Louis, un bâtard était considéré comme ne pouvant *par aveu se choisir d'autre seigneur que le roi.* — C'est ce que témoigne l'un des monuments les plus anciens et les plus respectables de notre droit français, les Établissements de saint Louis : *Les bâtards ou aubains ne peuvent faire autre seigneur que le roi, ne en autre seigneurie, qui vaille ne qui soit stable, selon l'usage d'Orléanois et de Soloigne* (1). Ces coutumes, en déférant l'aveu de franchise au roi seul, l'avaient par là mis en droit de soustraire tous les bâtards à l'avide domaine des seigneurs territoriaux; et son *aveu tacite* de plein affranchissement était devenu comme une loi universelle. — C'est ainsi que le droit de succéder aux bâtards, qui n'était dans l'origine que l'exercice d'une odieuse servitude personnelle et un droit exclusivement seigneurial et féodal, est devenu un droit royal et domanial presqu'entièrement réuni au domaine de la couronne.

Cependant ces seigneurs, encore tout-puissants, regimbèrent contre l'autorité royale qui était ainsi parvenue à s'attribuer l'honneur et le profit de leur violente et inhumaine usurpation. — Ils obtinrent de Philippe-le-Bel, trop préoccupé de ses différends avec Rome, que le droit fût réglé par le fait de la possession; ces enquêtes furent généralement, mais non sans exception, favorables au roi; et il fut arrêté, comme par forme de transaction, que les seigneurs haut-justiciers n'exerceraient leur prétendu droit de bâtardise que

(1) Liv. II, chap. xxx.

lorsque le bâtard *serait né dans l'étendue de leur justice,
y aurait été domicilié, et y serait décédé.* Sur quoi
Daguesseau faisait cette réflexion : « Les seigneurs ne
« doivent-ils pas s'estimer heureux de ce que l'on leur
« conserve encore le droit de succéder aux bâtards
« *dans le concours des trois cas?* Au lieu qu'il y a très
« longtemps qu'ils sont entièrement déchus du droit
« d'aubaine, dans les coutumes mêmes qui le leur don-
« naient expressément » (1).

Et ce droit déjà fort amoindri subit, par l'usage plein
d'humanité et de justice que fit du sien le seigneur des
seigneurs, une transformation radicale.

Les seigneurs haut-justiciers ne s'emparèrent plus
des biens du bâtard, à titre de *confiscation* ou de *main-
morte,* par l'*anéantissement* d'un possesseur qui ne laisse
après lui aucune trace de sa propriété (*per annihilatio-
nem personæ*). Ils ne furent, à l'exemple du roi, admis
à les recueillir que par droit de *déshérence,* alors que le
bâtard *né, domicilié* et *décédé* sur leur territoire, était
mort sans enfants légitimes et sans testament. — Ils ne
se soumirent pas à cette nouvelle restriction de leur
droit usurpé de bâtardise, sans une vive résistance. On
les voit encore aux XIII° et XIV° siècles empêcher l'exécution des testaments des bâtards, et s'attribuer leurs
biens, sans égard à leurs dernières volontés. Mais lorsque
les héritiers testamentaires résistèrent aux agents fiscaux
et réclamèrent contre cette spoliation, par la voie judiciaire, les parlements du roi condamnèrent l'avidité du

---

(1) Daguesseau, *Vingtième Requête sur la succession des bâtards de Bretagne.* (T. X, p. 476.)

4

fisc seignourial, et ordonnèrent l'exécution des testaments. Daguesseau (1) cite deux arrêts qui ont solennellement reconnu le droit du bâtard de disposer de ses biens soit entre vifs, soit par acte testamentaire, l'un de l'année 1270, l'autre de l'année 1327 ou 1328. — Loisel (2), rapportant ce dernier, dit que ce fut désormais chose ferme et stable que *bâtards peuvent acquérir et disposer tant entre vifs que par testament.* Les coutumes réformées abondèrent dans le même sens (3), si ce n'est celles du Bourbonnais (4) et de Bretagne (5), qui, en contradiction avec elles-mêmes, maintiennent plus ou moins l'incapacité des bâtards, tout en effaçant dans leur personne toute marque de servitude, comme si le droit prétendu de bâtardise avait été autre chose qu'une suite de la qualification de serf donnée aux bâtards.

Une seule coutume, d'ailleurs très locale, celle de Saint-Pol (6), excluait les enfants de la succession des bâtards; et Daguesseau ne pensait pas qu'elle dût être exécutée, même dans son exigu territoire (7).

Les Valois, poursuivant l'œuvre de leurs aînés, consacrèrent par leurs actes législatifs cette résurrection *civile* du bâtard. C'est ainsi qu'une ordonnance de Charles VI, de l'année 1383, érige en principe que le droit du roi ou des seigneurs ne pourra s'exercer contre

(1) *Dissertation sur les Bâtards*, p. 534.
(2) *Instit. coutum.*, liv. 1er, XLII.
(3) Orléans, 311; Lorris, 6; Bourges, 7; Berry, 30, etc. (rédaction officielle). — *Le bâtard peut disposer de son héritage comme personne libre*, disait la Coutume de Normandie, art. 270.
(4) Art. 184.
(5) Art. 177.
(6) Tit. II, art. 27.
(7) *Dissertation sur les Bâtards*, p. 609.

des enfants *légitimes;* qu'une autre ordonnance de François I", de 1584, confirme aux hommes d'armes *bâtards* ou *étrangers* le droit de disposer par testament.

En rendant au bâtard des droits dont le malheur de sa naissance ne devait pas l'exclure, les ordonnances royales et les coutumes se gardèrent bien d'en faire un *enfant légitime* ou *quasi-légitime.* L'ancien droit germanique, qui le considérait comme étranger à la famille et l'excluait de la succession de ses parents, s'est conservé intact et a été autorisé par presque toutes les coutumes du royaume : celles d'Artois (1), de Normandie (2), de Bretagne (3), de Bourgogne (4), de Bourbonnais (5), d'Orléans (6), et cent autres, établissaient cette règle par les textes les plus précis et les plus énergiques; et on ne lui épargnait aucune des applications rigoureusement logiques du principe. C'est ainsi qu'il n'était pas admis à exercer le retrait lignager (7); que, par sa naissance, il ne portait aucune atteinte aux donations qu'auraient faites antérieurement les père et mère...

Et que le bâtard fût nommément appelé par les coutumes d'Orléans (8), de Bretagne (0), d'Auxerre (10), et quelques autres, à la succession de ses enfants *nés en*

(1) Art. 150.
(2) Art. 273.
(3) Art. 470.
(4) Chap. VIII, art. 3.
(5) Art. 185.
(6) Art. 310.
(7) « Qui n'est habile à succéder comme un bâtard ne peut venir à retrait lignager. » (Coutume de Paris, art. 158.)
(8) Art. 313.
(9) Art. 481.
(10) Art. 32.

loyal mariage ou *de sa loyale épouse*, lorsqu'il a le malheur de leur survivre, ce n'était point évidemment une exception à la règle; un bâtard n'est point bâtard pour sa femme et pour les enfants de son mariage; *sa parenté avec eux est très légitime*, dit avec grande raison Pothier sur l'art. 310 de la coutume d'Orléans (1).

Cette inhabileté juridique du bâtard à l'exercice des droits de famille était tellement dans les mœurs et dans les traditions des peuples germaniques, que les coutumes de Beauvoisis, publiées en 1283 par Philippe de Beaumanoir, lui faisaient un devoir de conscience, dans le cas où seul il connaîtrait la tache de son origine, de ne point profiter de l'erreur publique. — Après l'avoir prévenu qu'il n'avait droit *en nul descendement*, on l'adjurait, *s'il voulait faire ce qu'il devait selon Dieu*, de révéler sa vraie condition, et, en cas de possession indue, de restituer au légitime héritier les biens qu'il aurait détenus à tort, *et contre Dieu et au péril de son âme*.

Quant à la faculté de disposer en faveur d'un enfant illégitime par acte entre vifs ou par testament, les coutumes l'avaient très diversement réglementée, mais toutes dans le même esprit, qui était de mettre obstacle à ce que la famille fût dépouillée par des affections déréglées, d'autant plus vives qu'elles sont plus condamnables aux yeux de la saine raison. *Si les lois nous accordent la disposition de nos biens*, dit à ce sujet Auroux des Pommiers sur la coutume du Bourbonnais, *c'est pour*

(1) Daguesseau fait observer que c'était un droit général; que si toutes les Coutumes ne le consacraient pas par des dispositions textuelles, aucune n'y était contraire. (*Dissert. sur les Bâtards*, p. 551.)

que nous en usions avec prudence et sagesse, et non pour assouvir les injustes dérèglements de nos passions.

Quelques-unes ne permettaient aux père et mère que ce genre de dispositions qui répugne le plus à l'égoïsme humain, la donation qui *dépouille actuellement et irrévocablement* (1).

D'autres, sans leur interdire les dispositions testamentaires, limitaient la donation à *la nourriture et à l'entretien de l'enfant suivant son état*(2); ou à *un usufruit suffisant aux aliments qui lui sont dus* (3); ou à *une somme mobilière modérée* (4). *Nul ne peut donner à son fils naturel partie de son héritage,* disait la coutume de Normandie (5); mais l'action des héritiers, pour faire rentrer le fonds dans leurs mains était soumise à une prescription exceptionnelle très-courte: *Que les héritiers,* ajoutait la même coutume, *ne le puissent révoquer que dans l'an et jour du décès du donateur.*

La disposition *à titre universel* était partout prohibée. Une seule coutume, celle de la Marche (6), autorisait la mère *nommément,* à donner à son fils illégitime le *tiers* de ses biens; et les jurisconsultes dont le nom avait le plus d'autorité ne pensaient pas que cette faculté pût être étendue au père.

Ces restrictions à l'habileté de recevoir par donation entre vifs ou testamentaire, s'appliquaient rigoureusement surtout aux bâtards adultérins ou incestueux, qui

---

(1) Coutume d'Anjou, art. 345, et Coutume du Maine, art. 357.
(2) Coutume de Poitou, art. 297.
(3) Coutume de Bretagne, art. 476.
(4) Coutume de Melun, art. 297.
(5) Art. 437.
(6) Art. 221.

sont pour la famille une tache indélébile, une sorte de plaie incurable, et dont il importe dans l'intérêt de l'ordre et de la moralité publique, que l'existence reste obscure et ignorée.

Les bâtards même adultérins ou incestueux n'étaient d'ailleurs incapables de recueillir des legs universels ou des dons particuliers considérables, que de leurs père et mère. « C'est dans la personne des pères « et mères, faisait très-bien observer Daguesseau, que « la naissance des bâtards doit être punie particulière- « ment par la prohibition qu'on leur fait d'avantager et « d'enrichir les fruits de leur débauche ; mais les autres « personnes, quand même elles seraient de la famille, « peuvent leur faire tels avantages qu'elles jugeront à « propos, parce que, comme elles n'ont pas de part au « crime, elles semblent ne devoir pas être comprises « dans la prohibition de la loi (1). »

Cependant la coutume de Melun (2) voulait que le bâtard ne pût recevoir un don *immodéré*, non-seulement de ses père et mère, mais aussi de ses *autres parents*. Et d'après quelques graves auteurs, *l'aïeul* du moins aurait été partout frappé de cette sorte d'incapacité relative. La grande majorité condamnait l'interprétation *exten- sive*, et décidait que la coutume de Melun devait être *strictement* renfermée dans son territoire.

Enfin, si les père et mère s'étaient, comme il arrive aussi trop souvent, montrés indifférents au sort de ces malheureux fruits de leur coupable incontinence, et ne

(1) *Dissertation sur les Bâtards*, p. 889, 890.
(2) Art. 298.

leur avaient pas de leur vivant assuré des moyens d'existence, leur négligence inhumaine devait être réparée à
leur mort, et des aliments pris sur leur succession. La
coutume de Bretagne, l'une des moins favorables aux
enfants illégitimes, en avait une disposition formelle
dans son article 478 : « Si aucun avait enfants bâtards
« jeunes et non puissants d'eux, pour user de leurs corps,
« ils doivent être pourvus sur les biens de leur père
« ou de leur mère. » Loysel en a fait une maxime générale du droit coutumier, quoique beaucoup de coutumes n'en parlassent pas : *Qui fait l'enfant, le doit
nourrir*(1).

Bien plus, la règle du droit canonique qui attribuait
des aliments aux bâtards incestueux ou adultérins, s'é-
tait imposée à toute la France, aux pays de droit écrit
comme à ceux de droit coutumier; seulement, on les
réduisait alors au plus strict nécessaire (2). Basnage,
sur les coutumes de Normandie (3), rapporte un arrêt
du 12 juillet 1661, qui adjuge à un bâtard adultérin
cent livres de rente viagère sur la succession de son
père; *quelqu'odieuse que soit la naissance, la dette sacrée
des aliments doit l'emporter sur le sentiment de pudeur le
plus respectable*(4).

L'enfant exclu de la famille par l'illégitimité de sa
naissance, ne doit pas pour cela l'être de la cité même.
Les coutumes féodales si hostiles à la bâtardise ont, par
l'influence salutaire de l'autorité royale, fini par le re-

(1) Règle XLIe, Ier liv.
(2) La Thaumassière, sur l'art. 30 de la Cout. de Berry.
(3) Art. 477.
(4) « Alimentorum præstatio pulsat verecundiam. » (Loc. cit.)

connaître à peu près unanimement. « L'on ne peut
« s'empêcher de convenir, dit Daguesseau, que nos
« coutumes ont regardé le bâtard comme citoyen, puis-
« qu'elles lui ont accordé différents priviléges qui n'ap-
« partiennent qu'à ceux qui sont revêtus de cette qua-
« lité (1). » Les progrès de ce droit réparateur les plus
marqués sont du règne de saint Louis, qui fut pour la
France féodale celui de l'humanité et de la justice (2).

Néanmoins on a longtemps douté que les bâtards fussent capables de posséder des *offices de robe et d'épée*,
tant cette image de leur ancienne servitude exerçait
d'influence sur les esprits. — Mais les derniers vestiges
de leur état de servage ayant disparu, et n'y ayant ni
loi, ni ordonnance qui les déclarât incapables d'exercer
des fonctions publiques, la question se trouvait par là
même résolue en leur faveur, la capacité étant la règle,
et l'incapacité, l'exception. L'usage a confirmé le droit.
« Nous voyons en France que les bâtards, dit Dac-

---

(1) *Dissert. sur les Bâtards*, p. 572.

(2) Voici, sans trop sortir de notre sujet, un exemple frappant des ré-
formes législatives de ce grand Roi. — Il ne suffisait pas pour constituer la
famille germanique qu'il y eût un mariage; il fallait que les époux eussent
respectivement ce que les Romains appelaient *jus connubii*, c'est-à-dire
qu'ils fussent de la même condition sociale: s'ils étaient d'une condition
différente, l'état des enfants nés de leur union était de la moindre. — D'a-
près la loi ripuaire, lorsqu'un homme ingénu ou une femme ingénue épou-
sait la serve ou le serf d'un Ripuaire, les enfants tombaient dans le servage
de celui-ci : *Eorum generatio semper ad inferiora declinetur.* (Loi ripuaire,
tit. LVIII, §§ 11, 15, 16.) C'est ce que le primitif droit coutumier des Francs
exprimait par cette maxime : *En formariage le pire emporte le bon.* — Un
des premiers actes législatifs de saint Louis a été d'abroger ce principe
barbare, en établissant que l'enfant d'un serf et d'une femme libre serait
franc. (Etablissements, liv. II, chap. XXXI.) Dans le même temps, les bâtards commençaient la conquête de leur franchise. Les mêmes Etablissements de ce pieux législateur (liv. Ier, chap. XCXVII) leur permirent d'au-
môner leurs meubles par testament, et autorisèrent leurs femmes à prendre
leur douaire sur ces mêmes biens.

« quet(1), encore qu'ils ne soient pas légitimés par le
« roi, tiennent tous états et offices royaux, tant de judi-
« cature, des armes, des finances qu'autres.» —Legrand
et plusieurs autres commentateurs des coutumes, s'en
expliquent à peu près dans les mêmes termes.

Telle était au moment de cette révolution qui a tout
renversé dans le sang, pour ne rien édifier qui pût tenir
debout, la condition sociale des enfants illégitimes. Tout
ce qu'il y avait à faire pour eux, c'était de consacrer par
des textes clairs et précis les traditions les mieux établies en ce qui touchait leur droit à des aliments dans
une plus ou moins libérale proportion, et à la pleine
jouissance des prérogatives nationales. Mais malheureusement dans leur propre intérêt, il n'en fut pas ainsi ;
de soi-disant lois d'un effroyable despotisme, après en
avoir fait pendant dix ans la terreur et le fléau des familles, ne leur ont en définitive laissé des faveurs antiso-
ciales dont elles paraissaient les avoir comblés, que les
plus amères déceptions; jusque là que leur droit sacré à
des aliments s'en trouverait lui-même gravement compromis; ils ne le tiendraient plus aujourd'hui, d'après
l'opinion commune des jurisconsultes praticiens, que des
affections capricieuses et de la volonté intéressée du
père débiteur.

L'assemblée constituante qui a fait bien des faux pas,
mais dont la saine majorité avait un sentiment profond
du juste et de l'honnête, et voulait d'un cœur sincère le

(1) *Traité de la Bâtardise,* chap. II, § 5.
(2) Sur l'article 117 de la Coutume de Troyes, § 18.

bonheur et la liberté de tous, débuta ici, comme en presque tous ses actes, par une disposition moralement et juridiquement à peu près irréprochable. Elle déclara législativement en avril 1791, que *le droit de bâtardise n'aurait plus lieu en faveur des ci-devant seigneurs, à compter de la publication des décrets du 4 août 1789* (1).

Cet odieux droit de bâtardise n'était plus exercé en France depuis bien des siècles, ainsi que nous l'avons précédemment expliqué; il avait été généralement, par l'autorité de nos rois, transformé en un simple droit de *déshérence*. Cependant, il y en avait encore, dans la coutume de Bretagne notamment (qui ne permettait au bâtard de disposer au préjudice du seigneur haut justicier que de la moitié de ses meubles), quelques vestiges qu'il convenait de faire disparaître. Et cette suppression étant d'ailleurs une conséquence directe et immédiate de l'abolition entière du régime féodal votée avec un si généreux entraînement dans la célèbre nuit du 4 août 1789, en reporter l'effet jusque-là, ce n'était pas réellement la faire rétroagir au mépris de droits légalement acquis; et d'autant mieux que ces seigneurs féodaux étaient depuis la même époque *déchargés*, par la même disposition, *de l'entretien des enfants trouvés;* obligation onéreuse, corrélative au droit dont ils se trouvaient déchus. Au surplus, ce qu'il aurait surtout fallu faire, et ce qui n'a pas été fait, du moins régulièrement, sinon douze ans plus tard par le Code Napoléon, c'était de transporter exclusivement à l'État ce droit de *déshérence* partagé entre le roi et les seigneurs féodaux, sur les

---

(1) Article 7 de la loi des 13-20 avril 1791.

biens des bâtards morts sans enfants légitimes et sans testament.

Mais la Convention, succédant à la Constituante et à la Législative, ne s'en tint pas là. Dans cette troisième assemblée pullulaient les pires éléments des deux premières, et ces utopistes révolutionnaires qui, pour rédiger leur code *immortel* réclamaient *d'urgence* les fabuleuses lois de Minos, ne voyant, ou affectant de ne voir dans les bâtards que des victimes à venger de quinze ou seize siècles d'outrages immérités, imaginèrent de leur faire une condition qui serait enviée par les enfants légitimes eux-mêmes, et sans exemple dans les législations les plus philosophiques, à moins qu'elle ne fût dans ce code crétois que le conservateur de la bibliothèque nationale ne pût leur donner, par la bonne raison que l'œuvre législative du fils de Jupiter et d'Europe était bien perdue dans la nuit des temps, à supposer qu'elle eût jamais existé.

Ils établirent d'abord en principe, le 4 juin 1703, *que les enfants nés hors mariage succéderaient à leurs père et mère;* c'était comme un ballon d'essai; puis *deux mois après*, à la date néfaste du 12 brumaire an II, ils décrétèrent audacieusement que *ces droits de successibilité seraient les mêmes que ceux des autres enfants*, avec une spoliatrice rétroactivité de plus de quatre années, au 14 juillet 1789, jour de la prise de la Bastille; le peuple français par cette mémorable victoire de cent mille hommes valides et bien armés contre vingt vétérans mutilés, à qui la consigne royale défendait de faire usage de leurs armes, *ayant,,* disaient-ils, *reconquis ses droits imprescriptibles*. Le futur second consul, ou archichan-

celier Cambacérès, ce *rapporteur général*, comme le qua-
lifiait Napoléon I", avait dit moins ridiculement, mais
sans plus de raison et de vérité, pour justifier ces ini-
ques énormités législatives : « Que dans un gouverne-
« ment fondé sur la liberté, les individus ne peuvent
« être la victime des fautes de leur père ; que l'exhéré-
« dation est la peine de grands crimes que l'enfant qui
« naît n'a point commis ; et que si le mariage est une
« institution *précieuse* [l'aveu est curieux], son empire
« ne peut s'étendre jusqu'à la destruction de l'homme
« et des droits du citoyen. »

Que les enfants illégitimes eussent le *droit de vivre*, et
dussent être investis de la pleine jouissance des *droits de
l'homme et du citoyen*, c'est ce qu'avait décidé en termes
moins emphatiques l'Assemblée Constituante, les 13-
20 avril 1791 ; mais qu'ils eussent tous les droits de famille, sans avoir de famille, et que le père, hors de
cette institution *précieuse* du mariage qui ne figurerait
plus au nouveau code que *pour mémoire*, pût se donner
tous les honneurs et les avantages de la paternité légitime, et imposer à ses propres parents directs ou collatéraux des héritiers sortant d'une maison de prostitution, c'est où devait échouer la logique aventureuse
du complaisant rapporteur. Nos législateurs crétois, suivant, dans ses dernières conséquences, le principe qu'ils
avaient décrété, décidaient en effet, comme de raison,
*qu'à l'avenir, il y aurait successibilité réciproque entre les
enfants naturels et les parents de leurs père et mère, à
défaut d'héritiers directs* (dite loi, art. 9).

Nous signalerons encore dans cette loi du 12 brumaire an 11, une disposition exceptionnelle profondé-

ment hypocrite et plus subversive peut-être qu'aucune
autre de l'ordre public et des mœurs. — Une prudente
majorité émit le sage avis de ménager encore un peu les
préjugés populaires, en maintenant du moins en apparence la distinction traditionnelle des bâtards simples et
des bâtards adultérins ; l'art. 13 n'accorda en effet à
ceux-ci que des aliments, mais très largement fixés *au
tiers en toute propriété de la portion à laquelle ils auraient eu droit, s'ils étaient nés d'un mariage.* C'est précisément ce que le Code Napoléon attribue à titre de
droits successifs aux enfants naturels simples légalement
reconnus. — « L'on a pensé *presqu'*unanimement, dit
« à ce propos Cambacérès, rapporteur du décret même,
« que le respect des mœurs, la foi du mariage, les
« convenances sociales ne permettaient pas de com-
« prendre dans la disposition de la loi, les enfants nés
« de ceux qui étaient déjà liés par des engagements. »

Mais quand l'enfant sera-t-il adultérin ? — L'on ne
devra (écoutez bien ceci) le considérer comme tel que
lorsque le père ou la mère, coupable d'adultère, aura
négligé de faire dissoudre son mariage par le divorce avant
la naissance. Voici en effet comment est conçue cette
concession législative faite, suivant le rapporteur futur
archichancelier, *au respect des mœurs, à la foi du mariage, aux convenances sociales.* « Sont exceptés ceux de
« ces enfants dont le père ou la mère était, *lors de leur
« naissance,* engagés dans les liens du mariage ; il leur
« sera accordé, à titre d'aliments, le tiers en propriété
« de la portion à laquelle ils auraient droit s'ils étaient
« nés du mariage. » (Art. 13.)

Ainsi le bâtard conçu du plus cynique adultère devenait un enfant de la bonne et simple nature, et acquérait tous les droits de l'enfant le plus solennellement légitime, si, avant sa naissance, le parent engagé dans les liens d'un malencontreux mariage était parvenu à s'en affranchir; et rien de plus facile et de plus expéditif. Il pouvait suffire d'une simple et toute inoffensive allégation d'incompatibilité d'humeur ou de caractère; une procédure sommaire, quelques épreuves dérisoires amenaient rapidement le dénouement désiré. Ce pouvait être pour la Convention dite Nationale un moyen de populariser le divorce, institution à ses yeux bien autrement *précieuse* que le mariage, dont il était le correctif nécessaire. Il s'ensuivait de là que l'état de l'enfant dépendait de la volonté passionnée de ceux qui lui avaient donné le jour par un crime, et que ce respect de Cambacérès pour la foi jurée n'était qu'une invitation patriotique à se jouer scandaleusement de la sainte indissolubilité du mariage, après en avoir outrageusement violé l'ineffable unité.

Nous avons supposé que, pour que le bâtard conçu dans l'adultère devînt enfant naturel simple, il fallait, si le mode de rupture du mariage était un divorce, que le jugement fût intervenu avant sa naissance; mais une simple demande en justice n'aurait-elle pas suffi pour que ce mariage fût dès lors considéré comme dissous, et l'enfant *né* depuis, blanc comme neige?

L'article 14 de notre loi de brumaire semble prêter à l'affirmative un argument péremptoire; c'est comme une solution législative. Cet article limitant la disposition exceptionnelle relative aux bâtards qui se trouvent accidentellement adultérins par le fait de leur nais-

sance pendant le mariage, « néanmoins, dit-il, s'il s'agit
« de personnes séparées de corps par jugement ou actes
« authentiques, leurs enfants nés hors du mariage exer·
« ceront tous les droits de successibilité énoncés dans
« l'article 1er (c'est-à-dire les mêmes droits de succes-
« sibilité que les enfants légitimes), pourvu que leur
« naissance soit postérieure à la demande en sépara-
« tion. » — Si le mariage est réputé dissous par une
demande en séparation qui ne tend pas à le dissoudre,
comment pourrait-il ne pas être également réputé dissous par une demande en divorce qui tend en effet à
le dissoudre? Sans doute les législateurs de brumaire ont
supposé que si le père ou la mère, époux adultère, n'avait
formé qu'une demande en séparation, c'est qu'il ne lui
avait pas été possible de mieux faire, avant leur loi (1)
qui substituait, au double point de vue *permissif* et
prohibitif, le divorce à la séparation de corps; mais cela
même établirait que dans leur pensée la demande en
divorce devait produire la même *innocence rétroactive*
que la demande en séparation. Puis aurait-il été *patriotique* que celui qui avait préféré une union libre et féconde à un mariage tyrannique et peut-être stérile,
souffrît dans ses affections naturelles d'une erreur
d'homme de loi, d'un incident de procédure, qui aurait
retardé le jugement de quelques jours? Ne fallait-il pas
qu'il pût, jusqu'au dernier moment, relever par un acte
de sa volonté, le malheureux enfant, d'une inhumaine
déchéance? Sa propre négligence à se pourvoir à temps,
pour que jugement fût rendu avant la naissance, devait-

(1), Loi du 20 septembre 1792, art. 6.

elle nuire d'une manière irrémédiable à cette victime des préjugés populaires?

Cependant cette solution qui semblait commandée par le texte et par l'esprit de la loi, n'a pas prévalu. Les hommes alors chargés d'appliquer le droit au fait, se sont, bien qu'imbus des principes révolutionnaires, effrayés des conséquences pratiques de la théorie; ils ont considéré l'art. 14 comme ne s'appliquant qu'à un passé irrévocablement consommé par l'abolition absolue de la séparation de corps; les juges de cassation sont même allés jusqu'à dire qu'*étendre cet article aux personnes divorcées, ce serait provoquer au divorce les époux infidèles qui verraient exister des traces de l'oubli de leurs devoirs* (1); motif qui aurait bien une autre portée que celle qu'ils entendaient lui donner; et, en conséquence, ils ont décidé que les enfants nés pendant l'instance en divorce, à la différence de ceux qui étaient nés pendant l'instance en séparation, n'en seraient pas moins, malgré le jugement survenu depuis, inhabiles à recueillir rien au-delà du tiers assuré par l'art. 13 aux enfants *nés* d'une personne *actuellement* liée par un autre engagement légal.

Et la jurisprudence avait certainement pour elle, nous le pensons, la raison juridique comme la raison morale. Une disposition aussi contraire au droit commun des nations civilisées que l'était l'art. 14 de la loi de brumaire, devait, s'il y avait nécessité de l'appliquer, être du moins rigoureusement renfermée dans ses termes. L'on ne pouvait l'en faire sortir par aucun raisonnement, quelque concluant qu'il parût. La logique avec ses argu-

(1) Arrêt de cassation du 5 nivôse an IX.

ments *a pari* ou *a fortiori*, n'avait ici rien à faire. *Quæ contra jus commune recepta sunt, ad consequentias non sunt trahenda.*

Tout le monde a remarqué que la loi de brumaire n'avait aucune disposition sur les enfants incestueux. Était-ce un oubli ou une réhabilitation tacite préméditée de l'inceste? « Un oubli ! a répondu la jeune École, pas « du tout; le législateur de brumaire a dit tout ce qu'il « voulait dire et comme il voulait le dire. Il établit en « principe que tous les enfants nés hors le mariage au- « ront les mêmes droits que s'ils étaient nés d'une union « légitime; il n'en excepte que ceux dont le père ou la « mère était, lors de leur naissance, engagé dans les « liens du mariage; donc les enfants de personnes pa- « rentes au degré prohibé pour le mariage, comme ceux « qui sont adultérins par leur conception seulement, « restent compris dans la règle générale; toute excep- « tion est essentiellement limitative. » D'autres ont pensé que le législateur de brumaire avait reculé devant l'en- couragement à l'inceste, non peut-être par respect pour les mœurs, mais par une considération physiologique, dans la crainte d'altérer la beauté du sang français; et que, par son silence, il n'a rien accordé aux enfants in- cestueux, pas même des aliments.

Nous ne croyons pas que la Convention nationale se soit beaucoup préoccupée de l'abâtardissement de la race française par l'inceste, elle qui a autorisé le mariage aux plus proches degrés de parenté collatérale, si ce n'est entre le *frère* et la *sœur* (1). Nous présumerions

(1) Loi des 20-25 septembre 1792, tit. IV, sect. 1, art. 11.

plutôt qu'ayant aboli tous les empêchements de mariage pour cause de parenté ou d'alliance collatérale, elle s'est imaginée avoir par là aboli l'inceste même. La satisfaction brutale des sens, d'un père sur une fille, d'un frère sur une sœur, lui aurait paru humainement impossible, ou un crime si rare, si monstrueux, que la loi ne devait point le prévoir. C'est ainsi que l'inceste n'est puni ni par la loi criminelle de 1791, ni par le Code pénal napoléonien de 1810.

Très bien. Mais un enfant est né d'un frère et d'une sœur; il a été, dans l'effervescence des passions révolutionnaires solennellement reconnu; il a la possession publique, incontestable et incontestée de son état. N'aura-t-il pas le droit de vivre? le libertinage criminel qui lui a donné le jour pourra-t-il le laisser inhumainement mourir de faim? Telle n'a pu être la volonté des auteurs de la loi de brumaire qui, par quelques-unes de ses dispositions, témoigne encore d'un esprit d'ordre et de justice. D'un autre côté, élèvera-t-on ce déplorable fruit d'un commerce également condamné par les lois divines et par les lois humaines au niveau de ceux d'une union consacrée par l'autorité publique et bénie par le ciel? Entre ces deux extrêmes dont, à nos yeux, l'un n'est pas moins que l'autre moralement impossible, nous nous serions ici volontiers résignés à l'argument d'analogie qui eût fait aux incestueux la même condition qu'aux adultérins gratifiés, à titre d'aliments, d'un tiers de la portion héréditaire d'un enfant du mariage. Cela aurait d'ailleurs été dans l'esprit de ces vieilles traditions que la loi de brumaire a voulu paraître respecter. Tous les peuples germaniques ont eu une égale

horreur de l'adultère et de l'inceste, et exclu des droits
de famille avec la même rigueur les enfants entachés
de l'un ou de l'autre de ces crimes.

Mais, en admettant sur ces points accessoires les solutions qui répugnent le moins à la saine raison et à la
morale universelle, la loi de brumaire y est tellement
contraire, par ses dispositions fondamentales, qu'elle ne
pouvait s'imposer à un peuple qui avait reçu une éducation chrétienne, quelque profondément qu'eût été altéré
son noble caractère par les doctrines philosophiques du
XVIII° siècle. Et, chose étrange! ce sont les construc-
teurs mêmes de cette monstrueuse Babel législative qui,
sans trop avoir conscience de ce qu'ils faisaient, l'ont
démolie pièce à pièce, et ont comme écrasé sous ses
débris les malheureux déshérités qu'elle devait élever
au pinacle du temple.

Ce qui, dans la loi du 12 brumaire, frappa d'abord
tous les esprits et révolta surtout l'opinion publique,
bien qu'étrangement égarée par les sophismes dont on
l'abreuvait chaque jour, c'est que des enfants d'une
origine incertaine et suspecte pussent, après une pai-
sible possession de quatre ans, dépouiller de son patrimoine l'enfant né sous l'égide du mariage.

Après de longues et violentes discussions, la rétroactivité est abolie, ou du moins reportée au jour où le
nouveau droit de successibilité des enfants naturels a
été établi et promulgué autrement que par la prise de la
Bastille. Une loi du 3 vendémiaire an IV, art. 13, dé-
crète d'abord en termes absolus que la loi du 12 brumaire an II, *concernant le droit de succéder des enfants*
nés hors le mariage, n'aura d'effet qu'à compter du jour de

sa publication. Le 20 du même mois, la Convention suspend l'exécution de cette disposition réparatrice, et renvoie l'examen de la question de savoir *s'il y a lieu d'abroger la loi du 12 brumaire à son comité de législation pour en faire un rapport sous trois jours.*

Enfin, après onze mois, le 15 thermidor, le Conseil des Cinq Cents, assemblée où dominaient, en peu moins que dans la Convention, les anarchistes régicides, prend une résolution ainsi conçue : « Le droit de succéder à « leur père et mère accordé aux enfants nés hors le « mariage, par la loi du 4 juin 1793, n'aura d'effet que « sur les successions *échues postérieurement à ladite loi.* « L'effet rétroactif attribué à ce droit par la première « disposition de l'art. 1er de la loi du 12 brumaire an II « est aboli. »

Il y avait encore là un vestige de la primitive rétroactivité, mais qui pouvait se justifier, si le droit à exercer avait pu l'être lui-même. La loi du 4 juin 1793 avait au moins décrété en principe la successibilité réglementée *deux mois après* par la loi du 12 brumaire. C'est ainsi que nous avons vu que la Constituante avait fait remonter l'abolition de ce qui restait du droit de bâtardise au jour où elle avait voté par acclamation celle du régime féodal tout entier.

Voilà donc la loi du 12 brumaire an II sans application au passé ; les enfants naturels déchus ne recevront qu'une indemnité *alimentaire*, à la place de la portion héréditaire qu'elle leur avait attribuée au mépris des droits des enfants du mariage, confirmés par une possession de quatre ans. Maintenant, régira-t-elle l'avenir ? Non, certainement, depuis le jour de la *promulgation*

du Code civil, son art. 10 disant en termes exprès :
« Qu'à l'égard des enfants nés ou à naître hors le ma-
« riage, dont les père et mère seront *alors* encore *exis-*
« *tants*, leur état et leurs droits seront *en tous points*
« réglés par les dispositions de ce Code. »

Mais les enfants naturels ne devront-ils pas, du
moins dans la mesure réglée et sous les conditions prescrites par la loi de brumaire, succéder à leurs *père et*
mère ou à leurs *parents collatéraux* décédés, ceux-ci du
12 brumaire an II, ceux-là du 4 juin 1793, à la promulgation du Code civil? Ni les textes, ni les arguments, ni les autorités ne manquaient pour établir ces
droits de successibilité intermédiaires.

L'art. 1er de la loi du 12 brumaire, après avoir appelé les enfants *actuellement existants*, nés hors du mariage, aux successions des père et mère ouvertes depuis
le 14 *juillet* 1789 (effet rétroactif aboli), ajoute « qu'ils
« seront également admis à celles qui s'ouvriront à l'a-
« venir, sous la réserve portée en l'art. 10, » c'est-à-
dire avec cette seule limitation que « si ces successions
« ne se sont ouvertes qu'après la promulgation du Code
« civil, leurs droits de successibilité seraient réglés par
« les dispositions de ce Code, » au lieu de l'être par
celles de la loi transitoire, bien qu'ils fussent nés et
existants à l'époque où cette dernière avait été promulguée (le 12 brumaire an II). C'était l'application d'un
principe incontestable, à savoir que l'on ne peut acquérir des droits sur une succession qu'au moment même
de son ouverture. — De même, l'art. 9 déclare formellement qu'à partir « du 12 brumaire an II, il y aura
« successibilité réciproque entre les enfants nés hors le

« mariage et leurs parents collatéraux, à défaut d'héri-
« tiers directs, » et sans soumettre l'exercice de ce droit
à aucune condition, et, en particulier, sans le subordonner à aucune disposition législative ultérieure.

Toutes les lois votées d'urgence qui ont suivi n'ont
fait, malgré leur incohérence inouïe et leur quotidienne
instabilité, que confirmer ces dispositions de la loi du
12 brumaire an II.

Nous n'insisterons pas sur l'art. 13 de la loi du 3 vendémiaire an IV, ni sur l'art. 1ᵉʳ de celle du 15 thermidor, qui a fait définitivement justice de la rétroactivité
au jour néfaste du 14 juillet 1780. L'on pourrait, ce
nous semble, raisonnablement soutenir que ces deux
dispositions n'ont pas d'autre portée législative que l'a-
bolition du célèbre effet rétroactif. En disant, l'une :
« que la loi du 12 brumaire an II, concernant le droit
« de succéder des enfants nés hors mariage, n'aura d'ef-
« fet qu'à compter du jour de sa publication ; » l'autre :
« que le droit de succéder à leurs père et mère, accordé
« aux enfants nés hors le mariage par la loi du 4 juin
« 1793, n'aura d'effet que sur les successions échues
« postérieurement à la publication de ladite loi, » elles
supposent bien, si l'on veut, l'exécution de la loi de brumaire an II dans l'avenir, mais elles ne l'imposent pas
nécessairement ; ce ne sont plus, à ce point de vue, que
des dispositions purement énonciatives.

Mais nous trouvons quelque chose de plus dans la loi
du 15 thermidor. Celle de brumaire (art. 16) reconnaissait aux enfants et descendants d'enfants nés hors du
mariage le droit de *représentation* dans les successions
qu'elle leur déférait, soit en ligne directe, soit en ligne

collatérale. Par un motif que l'auteur de la proposition n'a point jugé à propos de faire connaître, et qui a paru fort énigmatique (peut-être, hélas ! l'intérêt personnel d'un de ces faiseurs et défaiseurs de lois urgentes), ce décret, grand justicier de thermidor, décidait capricieusement (art. 4) « que le droit donné aux enfants « naturels de représenter leurs père et mère, dans les « successions ouvertes depuis le 12 brumaire an II, « n'aurait lieu qu'autant que le décès de ceux-ci serait « postérieur à la loi du 4 juin 1793. » Quelque peu juridique que fût cette restriction du droit de représentation, sorte de fiction légale tout à fait indépendante par sa nature même de l'époque où est décédé le *représenté*, pourvu que ce soit avant l'ouverture de la succession, elle était une confirmation non équivoque des droits de successibilité généralement attribués aux enfants naturels par la loi de brumaire, dans l'intervalle de la promulgation de cette loi à celle du Code civil, qui alors se faisait attendre depuis deux ans. Et puis, si ces enfants n'avaient pas dû succéder, à quoi bon limiter arbitrairement pour eux le droit de représentation ?

Ce n'est point tout. Cette limitation du droit de représentation, dans des successions ouvertes depuis deux ans, excita de vives réclamations. L'on accusa le conseil des Cinq Cents de l'an IV d'avoir impudemment violé le grand principe de la non rétroactivité des lois par le décret même qui le proclamait et l'appliquait à la loi de brumaire ; sur quoi le conseil des Cinq Cents de l'an VI :

« Considérant que l'article 4 de la loi du 15 thermidor an IV, concernant les droits successifs des enfants nés hors du ma-

riage, a restreint leurs droits de successibilité réciproques avec
leurs parents collatéraux, et celui qu'ils ont eux et leurs descendants de représenter leurs père et mère, au cas où leurs père
et mère ne seraient décédés qu'après la publication de la loi du
4 juin 1793 ; — que cette condition *qui a pu être exigée pour l'a-
venir*, emporte pour le passé dans les successions directes et collatérales ouvertes depuis le 12 brumaire an II, jusqu'au 15 thermidor an IV, un effet rétroactif qu'il importe de faire cesser; »

Déclare qu'il y a urgence et prend, le 2 ventôse, la
résolution suivante :

« Les enfants nés hors du mariage de personnes libres, à
leur défaut, leurs enfants et descendants, ont été appelés à recueillir soit immédiatement de leur chef, soit par représentation
de leurs père et mère, les successions directes et collatérales ouvertes depuis la publication de la loi du 12 brumaire an II,
jusqu'à celle du 15 thermidor an IV, *quoique leurs père et mère
fussent morts avant le 4 juin 1793.* »

Cette déclaration, qualifiée de loi interprétative de
celle du 15 thermidor, n'est pas seulement une confirmation, c'est une nouvelle consécration législative des
droits de successibilité des enfants naturels depuis le
12 brumaire an II jusqu'au Code civil.

Quelle inconsistance d'ailleurs dans ces droits de succession dont les enfants naturels avaient été *saisis* par
la loi du 12 brumaire an II, *dessaisis* par celle du
15 thermidor an IV, et *ressaisis* par la déclaration interprétative du 2 ventôse an VI ! C'était une image assez fidèle
de l'état social de l'époque ; nous pourrions dire avec
Tacite : *Ut antehac flagitiis, ita tunc legibus laborabatur.*

Cependant une sorte de pudeur, peu soucieuse de l'u-
nité législative, maintient, comme on l'a vu, pour les
successions ouvertes depuis le 15 thermidor an IV, la

condition de survie des père et mère au 4 juin 1793, à laquelle avait été subordonné par cette loi rétroactive le droit des enfants naturels de succéder *par représentation*, condition que ne leur avait pas imposée la loi du 12 brumaire (art. 16).

Enfin, à l'appui de la thèse que nous venons d'établir par de multiples documents législatifs, l'on pourrait encore invoquer la rare unité d'opinion des deux corps alors constitutifs de l'autorité législative, si profondément partagés sur presque toutes les théories sociales qui étaient à l'ordre du jour.

Une question capitale s'était élevée sur la forme de la reconnaissance nécessaire pour constater la filiation de l'enfant naturel et le rendre habile à exercer les droits de successibilité si libéralement décrétés en sa faveur. Cette question reviendra plus loin avec des développements d'un intérêt pratique encore présent. Il nous suffira ici de dire qu'elle divisait en deux camps à peu près égaux les ci-devant avocats, les ci-devant magistrats, enfin tout ce qui en France était jurisconsulte ou prétendait l'être; que le conseil des Anciens tout entier était dans l'un et le conseil des Cinq Cents dans l'autre. Ce qu'il importe de remarquer quant au point qui nous préoccupe en ce moment, c'est que les deux camps opposés reconnaissaient nécessairement l'un et l'autre aux enfants nés hors du mariage le droit de recueillir, en vertu de la loi de brumaire, les successions ouvertes sous son empire. Si ce droit n'existait pas, disputer sur la forme de l'acte qui devait en donner l'exercice, c'eût été imiter ces bons chevaliers qui se pourfendaient à qui mieux mieux pour prouver la vertu sans tache

d'une belle imaginaire. « Plus la discussion sur la
« forme extérieure de la reconnaissance était vive, — a
« dit avec raison le Tribunat, — plus se manifestait la
« conviction commune de l'existence du droit attaché à
« cet acte soit solennel soit privé. » (1)

Pendant plusieurs années, de l'an II à l'an VI, le Tribunal de cassation jugea que jusqu'à la promulgation
du Code civil, c'était la loi de brumaire qui devait en
effet régler, sinon la forme de la reconnaissance, du
moins la nature et la quotité des droits successifs des
enfants nés hors du mariage ; et les tribunaux de dé-
partement entrèrent avec plus ou moins d'hésitation
dans la voie que leur ouvrait cette autorité judiciaire,
souverainement régulatrice, bien que portant la même
modeste dénomination de *Tribunal*, pour obéir à la loi
d'une menteuse égalité.

Ce que l'on n'a pas assez remarqué, c'est qu'en déclarant les enfants naturels investis *dans l'avenir* des
droits successifs que l'effet rétroactif de la loi de brumaire leur donnait *dans le passé*, la magistrature du
temps croyait ne faire autre chose que leur appliquer
d'avance les dispositions du Code civil si solennellement
annoncé, qui devait en définitive régler ces droits. Ce
Code du 24 août 1793, condensé en 711 articles (2),
dont la dernière lecture avait eu lieu le 13 brumaire, et
qui, dans la pensée de ses auteurs, allait être immédiatement promulgué, donnait, comme la loi rétroactive
de la veille, à l'enfant né hors le mariage absolument
les mêmes droits qu'à l'enfant né d'une union contrac-

(1) Observations du Tribunat sur la loi du 14 floréal an XI.
(2) Un autre Code fut proposé en 297 *articles.*

tée en face de la société avec les solennités et sous les conditions prescrites par la loi. Mais, bien qu'il eût fait du mariage un simple contrat, dissoluble par le consentement mutuel des parties qui l'avaient formé ou par la volonté d'une seule en cas d'incompatibilité d'humeur; qu'il eut, comme on vient de le dire, assimilé aux enfants de cette union précaire, mais enfin légale, ceux d'un commerce entièrement libre et fortuit, il ne fut pas encore trouvé assez philosophique par une imposante minorité; et la Convention, pour donner satisfaction à tous, le renvoya, le jour même de la dernière lecture, à une nouvelle commission de six jurisconsultes philosophes, pour être *révisé* et *retouché*, bien entendu, *d'urgence*. Cette révision philosophique ne devait assurément rien ôter aux enfants naturels; peut-être même aurait-elle encore amélioré leur condition aux dépens des enfants légitimes, déjà trop heureux d'avoir les soins assidus de leurs père et mère réunis sous le même toit. Mais la commission se divisa. La discussion se prolongea au-delà de toutes les plus lointaines prévisions; de graves évènements politiques, des révolutions transformant l'ordre social, des proscriptions en masse, des élections réactionnaires..... apportèrent chaque jour de nouvelles entraves à l'adoption définitive et à la publication de ce Code civil si prochain, qui se trouva de la sorte indéfiniment ajourné. Pendant ce long provisoire, il y eut, dans les provinces et à Paris même, un retour bien marqué vers des idées d'ordre et de morale; et, dès l'an VI ou l'an VII, l'on prévoyait que le Code, dont les hommes qui se succédaient au pouvoir promettaient de doter la France, ne serait plus celui du 24 août 1793. L'on s'aperçut alors qu'il y avait dans la loi du 12 brumaire an II une lacune que chaque jour élargissait, et qui ne pouvait être comblée que par une loi *déclarative*; et, dans le strict droit, rien de plus vrai.

La loi transitoire du 12 brumaire était tout entière dans son effet rétroactif au 14 juillet 1789; elle n'avait pas d'autre objet que de conférer aux enfants naturels dans la succession de leurs père et mère décédés depuis ce mémorable jour de l'un des plus inhumainement ridicules exploits de nos héros parisiens, les mêmes droits que leur assurait dans l'avenir ce Code civil qui devait être promulgué le lendemain, et qui l'aurait été sans les scrupules philosophiques de quelques membres de la Convention. Si elle parlait des enfants naturels dont les père et mère étaient encore existants, ce n'était qu'occasionnellement, et pour renvoyer, par son article 18, à la loi définitive et fondamentale; disposition d'ailleurs superflue, une succession devant, de droit commun, être réglée par la loi existante au moment de son ouverture. Deux hypothèses seulement, et non pas trois, comme l'ont prétendu plus tard les opposants d'ailleurs assez accommodants du dernier Tribunat, étaient prévues par la loi de brumaire : celle des successions ouvertes du 14 juillet 1789, au jour de sa promulgation, et celle des successions devant s'ouvrir dans un avenir qui, aux yeux de ses rédacteurs, n'était pas autre que celui du nouveau code, pour eux jurisconsultes praticiens suffisamment philosophique; la possibilité d'un avenir *intermédiaire*, par l'ajournement imprévu de la publication officielle de ce Code dès lors armé de toutes pièces, ne s'était point présentée à leur esprit.

Il résulte de là que la loi de brumaire est, comme l'ont dit les trois orateurs du Tribunal et du Corps législatif, réellement muette sur les successions qui se sont ouvertes entre sa publication et celle du nouveau Code civil, et que la France s'est trouvée, pendant ce long intervalle, sans législation sur les droits successifs des enfants naturels. Ces droits pompeusement décrétés le 4 juillet 1793, n'auront été, l'effet rétroactif au 14 juillet aboli, qu'une décevante aptitude à succéder sans successibilité réelle. L'on a fini, toujours en leur reconnaissant les plus beaux droits, par les laisser mourir de faim devant la plus opulente succession. — De l'an VII à l'an XI, quelques tribunaux démocratiques, persistant à leur appliquer pour les successions ouvertes depuis le 4 juin 1793, ou depuis le 12 brumaire an II, les dispositions de cette loi rétrospective, le Tribunal suprême a cassé leurs jugements par le motif « qu'ils avaient sup-« posé une loi là où il n'en existait pas, et par là em-« piété sur le pouvoir législatif (1). — Des raisonne-« ments, des inductions, des faits judiciaires, disait « Treilhard au Corps législatif de l'an XI, ne peuvent pas « tenir lieu dans une loi d'une disposition qui n'y est « pas écrite, et bien mieux, qu'on n'a pas eu l'intention « d'y insérer, parce qu'on la jugeait inutile dans l'espé-« rance d'une loi qu'on croyait alors assurée et pro-« chaine. Ce n'est point par des dispositions présumées « que le sort des citoyens peut être réglé ; et quelque fâ-« cheux que soit le défaut d'une disposition dans la loi

(1) Arrêt du 14 fructidor an XI.

« de brumaire par la longue incertitude dans laquelle
« les citoyens ont été depuis retenus, la supposition
« d'une loi, qui n'a pas existé en effet, serait encore
« plus fâcheuse. »

D'autre part, appliquer le code avorté du 24 août
1793, c'eût été bien plus ouvertement encore usurper
les fonctions législatives. « Ce code, disait le tribun
« Huguet au Tribunat même, n'avait point un caractère
« de loi, n'étant pas promulgué, et qui plus est, ayant
« été de nouveau renvoyé à l'examen d'une nouvelle
« commission chargée de le reviser et de le retoucher,
« de telle sorte qu'on pouvait dire, qu'en fait comme
« en droit, il n'existait pas. »

Dans cette phase révolutionnaire rétrograde, pendant
les cinq ou six ans qui ont précédé le Code civil consulaire, l'exercice des droits successifs des enfants nés
hors le mariage a été généralement comme suspendu ;
les tribunaux, ou se sont abstenus de juger, ou ont or-
donné *par avant faire droit* qu'il en serait référé à l'autorité législative par l'intermédiaire du ministre de la
justice, ou ont renvoyé leurs décisions définitives après
la promulgation du Code en discussion. « Le doute a
« augmenté successivement, dit le tribun Grenier, au
« point que les organes de la justice ont senti qu'ils
« étaient sans guide et ont déclaré qu'ils ne pouvaient
« appliquer une loi qui n'existait pas. La justice sur ce
« point a été comme paralysée. »

En laissant les enfants nés hors du mariage dans l'état
d'indétermination où les avait placés le décret du 4 août
1793, on les avait néanmoins, dans le principe, admis
à réclamer de nécessiteux aliments, jusqu'au moment

où leurs droits pourraient être définitivement réglés. C'était l'avis de Merlin, ministre de la justice, dans un rapport du 12 ventôse an V, auquel nous aurons à revenir. — Des aliments paraissaient en effet leur être dus, au moins à titre de provision. Cependant beaucoup de jurisconsultes, même du nouveau régime, devenus *conservateurs*, considérant la condition faite aux enfants naturels par la loi de brumaire comme un monstrueux défi à la morale publique, et comme profondément subversive de tout ordre social, ont été d'un avis contraire ; et trop souvent l'on a refusé même le pain de la pitié à ces autres victimes des théories de 93.

Il a bien fallu mettre enfin un terme à cette anarchie législative, et rendre la loi déclarative que toute la France réclamait à grands cris ; et les familles dont les droits de la plus haute justice se trouvaient paralysés, et les enfants naturels eux-mêmes, qui après s'être nourris des plus riches espérances, commençaient à ne voir dans le décret du 4 juin 1793, et dans la loi du 12 brumaire an II, qu'une cruelle mystification. — Ce fut l'objet de la tardive loi du 14 floréal an XI, qui combla la lacune signalée dans la législation révolutionnaire par les dispositions mêmes du nouveau Code civil ; « l'état et les droits des enfants hors le mariage « (porte-t-elle, art. 1"), dont les père et mère sont morts « depuis la promulgation de la loi du 12 brumaire an II, « jusqu'à la promulgation des titres du Code civil *sur la « paternité et la filiation et sur les successions*, seront ré- « glés de la manière prescrite par ces titres. »

Ainsi, les enfants nés hors du mariage malgré les assurances géminées des lois de brumaire, de thermidor,

de nivôse, de ventôse, etc., et quelle qu'ait été la forme
de la reconnaissance, n'auront jamais eu, soit immédiatement de leur chef, soit par représentation, le moindre
droit dans les successions des parents en ligne directe ou
collatérale de leurs père et mère prédécédés; et ils n'auront jamais eu dans la succession de ceux-ci que des
droits restreints par le Code civil consulaire, à ce que la
loi de brumaire considérait comme les aliments dus aux
enfants naturels, adultérins par l'accident de leur naissance durant le mariage du parent adultère; c'est-à-dire
que cette loi de brumaire n'aura pas eu plus d'exécution dans l'avenir que, par l'abolition de l'effet rétroactif,
elle n'en a eu dans le passé; que ce ne sera plus qu'une
loi *morte-née*, ou, si l'on veut que la sinistre lueur d'un
rapide éclair laissant à tout jamais dans une nuit profonde ceux qui s'en promettaient une éclatante et sécu-
laire clarté. C'est le Code civil consulaire qui aura de
fait et de droit régné depuis le 12 brumaire an II; qui
sera réputé avoir été promulgué ce jour-là même à la
place de celui du 24 août 1793.

Le Tribunat consulaire a timidement reproché à cette
loi déclarative du 14 floréal an XI, de faire ainsi rétroagir à dix ans le Code fondamental qui proclamait si
solennellement, si énergiquement le principe de la non
rétroactivité des lois : « Ne craint-t-on pas, disait-il,
« d'affaiblir les sentiments avec lesquels doit être ac-
« cueilli le Code civil, si, au moment de son appari-
« tion, on viole ouvertement une des grandes maximes
« tutélaires gravées sur son frontispice? L'exécution des
« lois même reconnues mauvaises est le plus sûr ga-
« rant du respect qui doit environner les bonnes. » Et

celte critique n'était pas sans quelque apparence de raison ; les lois de brumaire, de thermidor, de nivôse, de
ventôse, avaient dû .' nner aux enfants naturels des
espérances étrangement déçues par la loi déclarative. —
Peut-être y aurait-il eu quelque justice relative, quelque
sagesse de circonstance, à ne pas prononcer contre eux
une déchéance aussi radicale de droits successifs, que de
bonne foi ils pouvaient croire certains ; à en graduer la
restriction eu égard aux décisions judiciaires et aux
transactions du moment où la succession se serait ouverte ; à suivre enfin dans cette espèce d'arbitrage législatif les progrès de l'opinion publique. En effet, d'une
part les droits successifs des enfants naturels de l'an II
ou de l'an III devaient à leur origine paraître beaucoup
plus assurés que ceux de l'an X ou de l'an XI ; d'autre
part une loi n'est juridiquement rétroactive que lorsqu'elle
enlève des droits irrévocablement acquis au moment de
sa promulgation ; et pouvait-on considérer comme *droits
acquis* ces intérêts apparaissant de l'aveu de tous, de plus
en plus indécis sous un déluge de lois incohérentes et
contradictoires ? Puis lorsqu'il s'agit d'abroger une loi
aussi attentatoire à l'ordre moral, civil et politique que
l'était celle de brumaire, la rétroactivité n'est-elle . as
permise au législateur ? Bien plus, n'est-elle pas pour
lui un devoir impérieux ? C'eût été l'avis de Bacon (1).

Nous ferons, dans l'intérêt des enfants illégitimes, un
reproche plus grave aux aveugles redresseurs de cette
détestable erreur législative, dont le décret du 4 juin 1793
était le digne précurseur.

(1) *De Justitia univ.*, sect. vi.

La loi du 12 brumaire an II n'allait pas, dans son philantropique amour pour les enfants naturels, jusqu'à les autoriser à la recherche d'une paternité incertaine, sans aucune notoriété publique; mais elle leur permettait, par la plus sage de ses dispositions (art. 8), d'établir la preuve de leur filiation sur *des écrits privés, et même sur une suite de soins donnés sans interruption, à titre de paternité, à leur entretien et à leur éducation.* Eh bien! nos législateurs philosophes revenant sur cette concession d'une humaine équité, ont, dès l'an IV ou l'an V, prétendu que cela était bon pour le passé (passé nul par l'abolition de l'effet rétroactif), mais que dans l'avenir, l'enfant né hors du mariage n'avait pu fonder ses droits que sur une reconnaissance authentique. Le célèbre Merlin, alors ministre de la justice, établit très savamment cette thèse dans un rapport au Directoire du 12 ventôse an V, auquel nous avons déjà deux fois fait allusion. Suivant ce grand jurisconsulte, malheureux rédacteur des décrets de spoliation les plus odieux de l'assemblée régicide, les dispositions définitives du Code de 1793, qui devaient être promulguées avec les dispositions transitoires du 12 brumaire, ne reconnaissaient de paternité naturelle que « celle qui était authentique-« ment avouée; l'enfant ne pouvait tenir ses droits que « de la volonté spontanée du père, manifestée par un « acte public, dans la forme la plus irréfragablement « probante; ce serait une recherche prohibée de la pa-« ternité, toutes les fois que cette paternité n'aurait pas « été librement et solennellement reconnue par le père.» L'avis de Merlin a, comme nous l'avons dit plus haut, rencontré autant de rudes contradicteurs que de zélés

partisans, mais l'a emporté dans les conseils des éphé-
mères souverains du moment. L'assemblée conservatrice, dite *Conseil des Anciens*, voulait au moins que la
reconnaissance par un écrit privé, ou consistant en des
faits caractéristiques de la possession d'état, pût suffire
à l'enfant pour obtenir des aliments ; et Merlin semblait
accéder à cette charitable limitation de son principe ;
mais de plus intrépides logiciens ont soutenu « que la
« paternité est essentiellement indivisible ; qu'il serait
« absurde qu'un homme ne fût pas père pour un cas,
« et qu'il le fût pour un autre ; et que, puisqu'il résulte
« de la loi de brumaire, en restreignant son art. 8 au
« passé, qu'à compter de sa publication toute recherche
« de la paternité non avouée est abolie, cela devait né-
« cessairement s'appliquer aux aliments réclamés par
« l'enfant, comme aux droits successifs. »

Et cette logique aurait, dit-on, partout triomphé,
convaincu toute la tourbe des jurisconsultes praticiens !
Ainsi, les beaux sentiments d'humanité de nos philan-
tropiques révolutionnaires pour ces enfants, innocentes
victimes de vingt siècles de barbares préjugés, se seraient
réduits à donner sur eux *droit de vie et de mort* à un
père, hélas ! trop disposé à méconnaître les droits de la
simple nature, après avoir violé toutes les lois divines
et humaines ! L'on aurait, en foulant aux pieds les principes conservateurs de tout ordre social, favorisé non
l'innocence malheureuse de l'enfant, mais bien les passions égoïstes du père, libre de donner pleine satisfaction à ses affections déréglées, ou de s'affranchir de
toute réparation, même purement pécuniaire, enverss es
déplorables victimes.

Combien la législation *rétrograde* des chefs de l'Eglise catholique a mieux compris et mieux servi les intérêts de ces malheureux, déshérités, à leur naissance même, des droits de famille !

Qu'est-ce qu'a voulu et résolu en effet le Code civil consulaire, devenu Code Napoléon? c'est ce que, guidé par l'histoire et par la philosophie chrétienne, nous allons loyalement rechercher dans ce hasardeux essai, dont nous aurons, pendant un demi-siècle, développé oralement les théories et les solutions pratiques, mais que les devoirs mêmes de notre profession ne nous ont pas permis de donner plus tôt au public, avec les artifices de style que le siècle demande aux plus graves discussions sur les sujets les plus sévères. *Un grain de coquetterie paradoxale sied bien à la vérité*, a dit un des bons esprits littéraires de notre époque (1). Et nous osons espérer qu'après nous avoir lu avec quelqu'attention, les plus prévenus diront :

Paradoxes hier, aujourd'hui vérités.

(1) Pontmartin (*Semaine littéraire*).

CODE NAPOLÉON

DE L'ÉTAT ET DES DROITS DES ENFANTS ILLÉGITIMES

LÉGALEMENT OU NON LÉGALEMENT RECONNUS

Napoléon Bonaparte, consul d'une république expirante (à supposer qu'elle fût née viable), avait encore à compter avec ces farouches régicides, dont, empereur, il a peuplé ses antichambres en les affublant de masques nobiliaires empruntés à l'ancien régime; il dut ici, comme ailleurs, pour faire accepter sa dictature impériale, se résigner à des concessions que repoussaient sa saine raison et son esprit éminemment conservateur. En outre, ses ambitieuses vues politiques triomphèrent sur deux points importants de ses sages conceptions législatives; il voulut, dans ses vives préoccupations dynastiques, avoir à choisir entre le divorce et l'adoption, pour se donner au puissant empire, qui était dès lors dans sa pensée, un héritier qu'il ne pouvait espérer de son infécond mariage avec la veuve de Beauharnais.

Mais, s'il accueille favorablement le divorce par *consentement mutuel*, il combat éloquemment la dissolution

du mariage par la mort civile, ce divorce légal imposé
tyranniquement à deux époux qui veulent rester unis ;
jamais il n'a mieux parlé le langage de la raison et du
sentiment ; et il a fallu toute la haine que les révolutionnaires portaient à l'émigration pour qu'il échouât
dans cette lutte généreuse.

De même, s'il se prononce pour la récente institution
déjà dégradée de l'adoption, il se détache des novateurs
qui la voulaient à toute force (1), pour revenir aux
conservateurs qui n'en voulaient pas (2), ou en voulaient
bien peu (3), lorsque ceux-ci, contraints de l'admettre
en principe, demandent qu'elle soit au moins soumise à
des conditions sévères qui ne permettent plus d'en faire
un criminel et scandaleux usage. Le Conseil d'Etat, où
s'élaborait le nouveau Code fondamental de la société
civile française, avait, comme la Rome de César-Auguste,
deux sectes de jurisconsultes animées d'un esprit différent, et partant de deux points diamétralement opposés.
L'une recevait son mot d'ordre de Treilhard, vif et in-
génieux orateur, chaud partisan des institutions nouvelles ; et, dans son radicalisme, ne faisant grâce à
aucune des anciennes. Elle comptait dans ses rangs
Réal, Regnaud de Saint-Jean-d'Angely, Crétet, Berlier,...
tous hommes diserts, sinon éloquents, et, comme leur
chef, ayant plus de valeur par la parole que par l'étude.
A la tête de l'autre, se trouvait placé Portalis, éminent
jurisconsulte, orateur solide et brillant, fervent catholique et homme de bien par excellence. Venaient à sa

(1) Treilhard et sa phalange.
(2) Malleville, Bigot-Préamenen.
(3) Tronchet, Portalis.

suite Tronchet, profondément versé dans la connaissance des lois civiles, et aussi intrépide que sévère logicien; Bigot-Préameneu, qui, avec beaucoup de science
et de lettres, était le plus arriéré dans les voies nouvelles; Malleville, esprit facile, imbu de saines doctrines,
mais sans fortes convictions. Le premier Consul a joué
ou paru jouer dans ces débats le rôle de médiateur;
mais il a presque constamment fait pencher la balance
en faveur du parti hostile aux innovations; et c'est ainsi
que son Code a remis en vigueur le droit éprouvé par
l'expérience les siècles, bien plus qu'il n'a consacré les
théories révolutionnaires. Portalis, homme de l'ancienne
monarchie, noblement rallié à un gouvernement réparateur, avait surtout son estime et sa confiance; c'est
lui qu'il charge de la mission aussi délicate qu'élevée
et importante de réconcilier la France avec Rome. Notre
appréciation des travaux législatifs du premier consul
est celle d'un historien de la plus profonde et judicieuse
originalité :

« Nul esprit ne fut moins novateur que Napoléon Iᵉʳ. Dans
l'ordre civil, ses actes les plus glorieux, que sont-ils, sinon un
retour vers le passé? Qu'a fait le Concordat, sinon anéantir
l'œuvre soi-disant religieuse de l'Assemblée constituante, et .
l'œuvre ouvertement anti-religieuse de la Convention? que rétablir autant qu'il était possible les anciens rapports de l'Eglise
catholique avec l'Etat? Qu'a fait à son tour le Code civil, sinon,
malgré une part plus ou moins grande qu'il fallait faire à la
Révolution, revenir aux errements de la jurisprudence passée,
faire reculer la nouveauté révolutionnaire jusqu'à l'obstacle invincible? Le Concordat et le Code Napoléon ont été des œuvres
de réparation; et c'est là leur vraie gloire » (1).

(1) M. de Champagny sur le *César* de Napoléon III, au *Correspondant* du
25 avril 1865.

Cependant ce Code typique qui, par l'éclatante popularité du nom qu'il portait, s'est comme imposé aux deux mondes, a été et est encore trop vanté; il n'a point la majestueuse et logique unité des belles ordonnances des L'Hospital, des Colbert, des Daguesseau; son prétendu éclectisme est trop souvent le langage confus de la tour de Babel; et, qui pis est, la rédaction écourtée d'un grand nombre de ses dispositions manque de franchise; il semble que ceux à qui elle se trouvait confiée se soient complus à des locutions incorrectes, peu juridiques, équivoques, se prêtant avec une égale souplesse aux interprétations les plus contradictoires.

C'est là surtout l'esprit caractéristique des titres ou chapitres qui règlent l'état et les droits des enfants illégitimes. La gauche ou la droite du Conseil d'État emporte ou croit emporter le principe; les vainqueurs se garderont bien d'insister sur des conséquences plus ou moins éloignées qui le mettraient trop en relief; mais ils glisseront dans leur article quelques expressions, sans portée apparente, où leurs solutions aux questions accessoires élevées dans la discussion, leur paraîtront se trouver en germe : et ils laisseront au temps et à la magistrature du futur gouvernement républicain ou impérial le soin d'achever leur victoire.

Portalis lui-même, malgré sa haute moralité, a donné ce triste exemple de dissimulation. Ainsi, les conservateurs auraient très vraisemblablement obtenu une disposition décidant textuellement qu'un enfant naturel, *légalement* reconnu, ne pourrait être adopté. Leur plus redoutable adversaire, Treilhard, admettait cette concession à la morale publique : mais ils voulaient plus;

ils entendaient que l'incapacité s'étendît même au bâtard dont la filiation ne serait prouvée que par de simples faits de possession d'état; et c'était suivant eux une suite nécessaire des conditions substantielles de l'adoption. Mais ici l'appui de Napoléon Bonaparte devait leur manquer; et Portalis, plein de confiance dans la vigoureuse logique de Tronchet, qui trouvait au titre projeté de l'adoption la défense absolue d'adopter un enfant illégitime, et même un *enfant quelconque qui n'aurait point de parents connus*, proposa de garder le silence sur l'adoption des enfants naturels; et c'est ce qui fut fait.

Par ces textes tourmentés, amendés et réamendés dans des vues antipathiques; par cet ambigu laconisme renouvelé des oracles grecs; par ce silence évasif sur des points capitaux, le sujet dont nous traitons se trouve plus que tout autre hérissé de questions qui semblent insolubles par la voie régulière de l'interprétation doctrinale; et là-dessus, l'on s'est demandé si, dans le doute, il fallait se prononcer *contre les enfants naturels* ou *en leur faveur*.

Beaucoup ont pensé que la maxime *in dubio pro naturalibus* devait, comme étant d'une humaine équité, servir ici de boussole aux interprètes.

Il a paru à d'autres que la maxime contraire, *in dubio contra liberos naturales*, devait l'emporter, comme étant plus conforme à l'esprit conservateur des droits de famille, dans lequel la loi du Code avait été conçue.

Un tiers parti est survenu qui a dit à ceux-ci : Votre règle est périlleuse et pourrait vous amener à des sévérités outrées, blessant tout à la fois l'équité naturelle et la justice civile. Le législateur ayant lui-même, pour fixer l'état et les droits de l'enfant naturel, pris en considération la défaveur qui s'attachait à leur qualité, en argumenter dans la discussion d'une question controversée, ce serait s'exposer à dépasser le but de la loi. Nous croyons dès lors que pour se conformer à ce qu'elle a voulu, il est plus sûr de ne prendre d'avance aucun parti, ni pour ni contre, et de s'attacher exclusivement, autant que possible, dans les cas douteux, à l'intention probable de ses auteurs, telle que la révèlent ses dispositions d'une précise et incontestable clarté (1).

Ce tiers parti, n'ayant aucun goût pour les généralités qui peuvent le gêner dans ses étroites argumentations, ou en mettre à nu l'impuissante faiblesse, laisse ainsi prudemment notre question préalable indécise. Nous la résoudrons, nous, par une distinction de souveraine justice, puisée dans les entrailles mêmes du sujet.

Nous ne voyons guère de ces cas douteux où, malgré les ambiguïtés ou les réticences affectées du Code, l'on ne puisse, par les principes indiscutables qui dominent les matières les plus exceptionnelles, et par une haute et impartiale logique, donner une solution qui satisfasse tout à la fois la froide raison et les généreux instincts du cœur humain. Mais, enfin, admettons avec ceux qui n'ont pas d'autre loi qu'un Code, qu'il puisse ici se présenter des problèmes, où le pour et le contre paraîtraient également probables ; où l'on se trouverait, comme l'âne de Buridan, entre deux boisseaux d'avoine d'une capa-

(1) *Recherches sur les Droits successifs des enfants naturels*, par Louis Gros. Préface, page 8, édition de 1849.
Traité des Successions, par Demolombe, doyen de la Faculté de Caen. Nº 22, page 22 du tome II, édition de 1857.

cité arithmétiquement la même, en faveur de qui fera-
t-on pencher la balance?

Voici notre réponse :

Dans les rapports de l'enfant illégitime avec son père
ou sa mère, toute la faveur de l'interprétation doit être
pour lui; il faut donner à ses droits toute l'extension
que peut autoriser l'obscurité ou l'insuffisance de la loi
qui, en principe, les lui reconnaît. Dans ses rapports
avec la famille légitime, ce sera tout le contraire; la
disposition exceptionnelle, qui l'admet à concourir avec
elle au partage d'un patrimoine dont, par le droit commun des nations chrétiennes, devrait l'exclure l'illégitimité de [sa naissance, sera soumise à l'interprétation
qualifiée *limitative*, c'est-à-dire renfermée dans ses termes avec une parcimonieuse rigueur.

Voilà pourquoi, d'une part, nous lui donnerons des
aliments, quelle que soit la tache de sa naissance, et de
quelque manière que sa filiation se trouve constatée; et
qui plus est, un impérieux droit de réserve qui ne permette pas au caprice de la passion de répudier *en fait*
une paternité *légalement* reconnue.

Voilà pourquoi, d'autre part, nous repousserons toutes
ces explications sophistiques, tous ces calculs algébri-
ques, auxquels les rédacteurs du Code n'ont certainement jamais pensé, qui tendraient à exagérer ses droits
héréditaires de nouvelle création vis-à-vis des enfants
du mariage, ou des autres membres de la famille appelés à défaut de ceux-ci à la succession *ab intestat*.

L'enfant innocent a droit à toute la protection de la
loi; mais le père coupable doit être puni; il faut qu'il
soit frappé au cœur; qu'il lui soit interdit de donner

une entière et libre satisfaction à ses sentiments les plus
chers; qu'il ne puisse enfin transmettre son patrimoine,
le produit même de ses sueurs, à ces enfants qu'il ai-
mera souvent d'une affection d'autant plus vive qu'elle
est plus sévèrement condamnée par la loi civile et ré-
prouvée par la loi morale. Il n'aura pu, en méconnaissant, en violant plus ou moins scandaleusement les lois
fondamentales de toute société humaine, se donner une
famille et les pures joies ou les ineffables consolations
du foyer domestique. De quoi se plaindrait-il? Ne l'aura-t-il pas voulu lui-même?

A la vérité, cette juste punition infligée au père re-
jaillira contre les enfants; mais on ne punit pas ceux-ci
en les laissant dans la position sociale où ils sont nés;
c'est un malheur qu'ils doivent subir par la force même
des choses; l'on ne saurait, pas plus aujourd'hui qu'autrefois, donner des droits de famille à ceux qui n'ont
pas de famille.

Et cette triste condition, faite aux fruits d'une passion aveugle plus ou moins criminelle, est encore une légitime et efficace sanction de la loi du mariage : *Et le
premier homme, justement puni dans ses enfants*, s'est
écrié Bossuet en son sublime Discours sur l'histoire universelle; pensée qu'il développe ailleurs en fouillant
profondément dans le cœur humain : « Punir les pères
« dans la personne de leurs enfants, c'est, dit-il, les
« punir dans une partie d'eux-mêmes que la nature
« leur a rendue plus chère que leurs propres membres
« et même que leur propre vie. »

Le Code Napoléon a fait au génie révolutionnaire une

concession des plus regrettables, et nous dirions des plus
déplorables, s'il fallait admettre toutes les conséquences
qu'en a tirées une abusive interprétation. Il n'a point,
comme avait fait le Code avorté d'août 1793, mis sur la
même ligne, investi des mêmes 'prérogatives, les enfants
du mariage et les bâtards ; personne au Conseil d'Etat ni
au Tribunal même n'a osé le demander ; mais il institue
en faveur des derniers, sous la forme d'une reconnaissance authentique, une sorte de légitimation imparfaite
ou de *quâsi légitimité*, leur donnant le nom de famille
du père ou de la mère qui a voulu se lès attacher par ce
titre légal, et avec l'honneur du nom, des droits héródi-
taires d'une nature équivoque ; plus ou moins étendus,
eu égard à la qualité des héritiers réguliers en présence
desquels ils se trouvent placés.

L'enfant naturel reconnu, dit vaguement l'art. 338, *ne
pourra réclamer les droits d'enfant légitime ;* et l'art. 756,
tout en lui accordant des droits restreints sur l'hérédité
du père ou de la mère qui l'a reconnu légalement, lui
dénie formellement la qualité d'*héritier*, et de plus, l'exclut de la famille en lui interdisant toute prétention sur
les biens des parents, même en ligne directe, de son père
ou de sa mère légale. Enfin l'art. 757 réglant ses droits
de successibilité *ab intestat* si étrangement définis, dé-
crète en termes assez clairs et précis que sa portion héréditaire sera, en dépit de la disposition précédente (*les
enfants naturels ne sont point héritiers*), soit du *tiers*, soit
de la moitié, soit des *trois quarts* de ce qu'elle aurait été
en le supposant enfant légitime, suivant que l'auteur de
la reconnaissance aura laissé, soit des descendants légitimes, soit des ascendants ou des frères et sœurs, soit

des collatéraux plus éloignés, de telle sorte que, comme le proclame surabondamment l'art. 758, il ne peut prétendre à la totalité des biens qu'à défaut de parents au degré successible.

C'est cette confusion d'éléments hétérogènes et de dispositions disparates que l'on a qualifiée de sage et heureuse transaction entre le droit ancien qui, dit-on, refusait tout aux enfants naturels, et le droit intermédiaire qui leur donnait trop; de *balance ingénieuse donnant à la société ce qu'elle exige sans blesser la nature, et à la nature ce qu'elle demand· ans révolter la société* (1).

Nous nous proposons de satisfaire en effet, par le rapprochement et la conciliation doctrinale de ces textes, qui semblent se heurter *prima fronte*, à tout ce que peut réclamer l'humanité pour ces malheureux enfants du crime ou du libertinage, sans trop compromettre la dignité du mariage, et les droits sacrés de la famille. Nous aurons, c'est notre conviction bien sincère, beaucoup mieux compris qu'aucun de ceux qui nous ont devancé dans l'explication de cette partie du Code, les véritables intérêts de la société, qui sont de maintenir sans tache l'honneur du mariage, en assurant autant que possible des moyens d'existence aux enfants qui ne sont pas nés sous son égide protectrice.

Sans doute, en quelque limite étroite que nous le renfermions, ce concours au partage du patrimoine de la famille d'un enfant dont l'existence, jusqu'alors mystérieuse, accuse une mémoire honorée, portera encore une grave atteinte à la native innocence du foyer domes-

_____

(1) Le tribun Duveyrier au Corps législatif, séance du 23 mars 1803. (Locré, t. VI, p. 316.)

tique, en brisera la morale unité, et altérera plus ou moins profondément les sentiments d'amour et de respect qui doivent y régner. Ce sera une tache et un élément de désordre. — La reconnaissance légale, authentique, solennelle d'un bâtard, lui conférant des droits rivaux de ceux de l'enfant du mariage, est une malheureuse et fausse conception législative. — Nous en écarterons les plus fâcheuses conséquences, en simplifiant par une saine et loyale interprétation de ces dispositions anormales, les rapports d'intérêts qu'elles établissent entre deux classes d'enfants, dont l'une est presque toujours animée contre l'autre d'une haineuse envie, payée en témoignages de mépris. — Et puis si le parent coupable a le sentiment de sa faute et le désir sincère de l'effacer autant qu'il peut lui être donné de le faire, une heureuse disposition due aux conservateurs lui offre le moyen d'épargner aux enfants de la chaste et pieuse épouse, la honte d'une rivalité qui les blesserait au cœur plus encore que dans leurs intérêts de fortune. Il ne s'agit pour lui, comme on le verra, que de se résigner à un sacrifice actuel qui n'est pas bien lourd et qui conservera d'ailleurs à sa famille une portion plus forte de son patrimoine.

Quels enfants peuvent être investis de la quasi-légitimité résultant d'une reconnaissance légale?

Entrant sans plus tarder dans l'explication doctrinale de cette espèce de transaction législative dont nous venons de retracer la laborieuse conception, nous reconnaîtrons d'abord qu'elle a maintenu avec plus de sincérité que ne l'avait fait la loi du 12 brumaire an II, la distinction traditionnelle et profondément morale du bâtard simple et du bâtard adultérin ou incestueux. Les art. 335, 342 et 762 consacrent en principe que celui-ci ne peut dans aucun cas aspirer aux honneurs et aux prérogatives de la reconnaissance légale ; voici le texte même de ces trois dispositions fondamentales :

« Cette reconnaissance ne pourra avoir lieu au profit « des enfants nés d'un commerce incestueux ou adul- « térin. » (335.)

« Un enfant ne sera jamais admis à la recherche soit « de la paternité, soit de la maternité, dans le cas où « suivant l'article 335, la reconnaissance n'est point ad- « mise. » (342.)

« Les dispositions des art. 757 et 758 (qui fixent la « quotité des droits héréditaires de l'enfant naturel léga- « lement reconnu), ne sont point applicables aux en- « fants adultérins ou incestueux. La loi ne leur accorde « que des aliments. » (762.)

Une première proposition qui semble hors de contro- verse, c'est que, pour juger de la condition de l'enfant au point de vue de l'inceste et de l'adultère, l'on doit s'attacher exclusivement à l'époque de la conception. — Que dans la législation classique de Rome païenne, l'enfant conçu par une femme esclave fût en naissant salué comme *libre et ingénu*, lorsqu'en ce moment la mère était devenue libre, c'est ce que demandaient l'hu- manité et la saine raison du droit. L'enfant dans le sein de sa mère n'est point encore, en dehors de toute fiction, une personne civile ; ce n'est que par la naissance qu'en fait et en droit, il prend place dans la famille et dans la société; jusque là, il n'est qu'une portion des entrailles mêmes de celle qui doit lui donner le jour, *pars viscerum ejus*. Si l'esclave enceinte était affranchie avant l'accouchement, l'enfant naissait donc bien réellement *libre* et par suite *ingénu*. — Que si dans l'hypothèse contraire, à savoir lorsque la mère, accouchant esclave, avait été libre à l'époque présumée de la conception, ou pendant la grossesse, ne fût-ce qu'un jour, une heure, l'enfant était encore légalement libre et ingénu (1), c'était par une fiction hors du droit commun, mais tellement dans la raison et le cœur humain, que toutes les législations modernes l'ont favorablement accueillie. L'enfant est réputé né, lorsque le requiert son intérêt; *Conceptus pro nato habetur, quoties de ejus commodis interest* (2).

L'on se demande avec étonnement comment, à l'exemple de quelques canonistes relâchés, un jurisconsulte tel que Lebrun (3) a pu expliquer par cette théorie du dr romain la condition des bâtards; jamais l'on n'a fait peut-être une plus fausse application de ce droit modèle qui, faute d'être bien compris, nous a plus souvent égaré, qu'il ne nous est venu en aide pour l'intelligence de nos Codes.

L'état d'ingénuité d'un enfant dépendait uniquement de la condition de personne libre qu'avait ou devait avoir sa mère au moment où il acquérait ou était ré-

---

(1) L. 5, § 2 et 3, L. 18, Dig., *De stat. homin.*, lib. I, tit. V.
(2) Voici les termes mêmes de la loi qui établit cette fiction juridique : « Qui in utero est, perinde ac si in rebus humanis esset, custoditur, quoties de ipsius commodis partus quæritur; quanquam alii, antequam nascatur, nequaquam prosit. » (L. 7, loc. cit.)
(3) *Des Successions*, liv. I, ch. 1, sect. 1, distinct. 1, n° 8.

puté acquérir une personnalité qui lui fût propre ; tandis que sa capacité d'être, comme bâtard, légalement reconnu ou légitimé, est essentiellement subordonnée au caractère *moins criminel* de l'union illicite dont il est né. Le législateur paraît d'ailleurs avoir pensé que la douloureuse perspective d'enfants irrémédiablement plongés dans la misère et la honte, pourrait prévenir les désordres les plus affligeants pour la société et les plus attentatoires aux mœurs et à l'ordre public (1).

Il résulte invinciblement de là que c'est par sa conception, et sa conception seule, qu'un bâtard est incestueux ou adultérin ; et que cette tache indélébile ne peut être effacée par une dispense obtenue ou par un mariage dissous avant la naissance. — Qu'une femme ait conçu d'un mari adultère, elle n'en sera pas moins coupable (peut-être le sera-t-elle encore davantage), lorsque son complice se trouvera, par la mort de la femme légitime, libre avant qu'elle donne le jour au fruit de son crime. Un adultère de fait et d'intention ne cesse pas d'être un adultère par la dissolution postérieure du lien légal qui enchaînait la liberté du coupable ; et de même, l'enfant adultérin demeure tel, quoi qu'il puisse arriver, dans l'intervalle de sa conception à sa naissance. C'est ce qu'exprime nettement notre art. 335, qui semble, par sa rédaction précise et énergique, avoir voulu écarter tous les doutes. Cette disposition établit, en effet, comme un principe absolu qui n'admet aucune limitation, que la tache est, sans qu'il y ait lieu de se préoccuper des événements ultérieurs, imprimée à l'enfant

(1) Locré, *Esprit du Code Napoléon*, sur l'art. 331, édit. de 1807, t. V, p. 117. — Proudhon, *État des personnes*, 3e édit., t. II, p. 181.

par le commerce même auquel il devra sa malheureuse existence.

Et cependant (que n'imagine pas un systématique esprit de chicane?) n'a-t-on pas, pour faire prévaloir l'époque de la naissance sur celle de la conception, opposé au mot *nés*, qui est dans l'article, le mot *conçus*, qui n'y est pas (1), comme si des enfants *nés d'un commerce incestueux* ou *adultérin*, n'étaient pas par là même *conçus* dans l'inceste ou l'adultère? Il faut bien, au surplus, reconnaître que l'enfant conçu de deux personnes libres ne deviendrait pas *adultérin* par le mariage que son père ou sa mère contracterait avant sa naissance avec une tierce personne. Il n'est ni *conçu* dans l'adultère, ni *né* d'un commerce adultérin.

Mais comment déterminera-t-on l'époque précise de la conception? Sera-ce une question de fait dans le domaine du juge? ou appliquera-t-on, par analogie, les dispositions du Code Napoléon (312 et suiv.), qui réputent conçu dans le mariage l'enfant né, soit le cent quatre-vingtième jour, ou plus tard, depuis celui de la célébration, soit le trois centième, ou plus tôt, depuis celui de la dissolution? Le bâtard sera-t-il, lui, réputé bâtard simple, habile au bénéfice de la reconnaissance légale et de la légitimation, s'il naît plus de cent quatre-vingts jours après la dissolution, ou moins de trois cents après la célébration du mariage du concubinaire avec une tierce personne? La durée de la grossesse étant, en dépit du fait, supposée, dans le premier

(1) Richefort, *Traité de l'État des Familles*, t. II, n° 216, p. 63, édit. 1812. — Bedel, *De l'Adultère et des Enfants adultérins*, n° 68 in fine, p. 117, édit. de 1826.

cas, de six mois de trente jours, et dans le second de dix, aura-t-il été, en vertu de cette fiction légale, conçu de deux *personnes libres*?

Pour mettre mieux en relief la difficulté, figurons une double hypothèse qui ne s'est que trop souvent réalisée sur la scène du monde.

Une demoiselle portant un nom aristocratique, mais grande lectrice des romans de Georges Sand, et à qui une mère vaniteuse faisait depuis trop longtemps attendre un mari — (*qui prostitue sa fille*, disait à ce sujet la sagesse orientale, *si ce n'est celui qui ne la marie pas ou qui la marie à un vieillard?*) — s'échappe des mains gardiennes de sa pureté virginale, et se met à courir le monde. Elle rencontre à Paris un artiste limonadier dont elle fait son romantique Télémaque; et elle commence, avec cet homme qui avait femme et enfants, un roman réaliste, dont le dénouement assez brusque est une grossesse. La famille s'émeut, la découvre à Paris; et l'aventureuse noble demoiselle est ramenée dans le manoir féodal où, trompant la surveillance de ses duègnes, elle recommence avec l'honnête limonadier un roman épistolaire digne de ces trois ou quatre mille cabinets *littéraires* qui font l'éducation des portières et des femmes de chambre. Toutes ces lettres témoignent de l'état de grossesse; ce ne sont que peintures dramatiques des capricieuses souffrances d'une femme enceinte et qu'allusions sentimentales *à ce gage vivant d'un éternel amour* que l'on porte dans son sein. L'un des plus éloquents chefs-d'œuvre de ce cœur sensible tombe entre les mains de l'épouse, mère de quatre enfants, qui se consume de chagrin et meurt des violences du mari

adultère. L'amante fidèle poursuit heureusement sa grossesse et accouche d'une fille, vigoureusement constituée,
le cent quatre-vingt-unième jour du décès de la femme
légitime. (C'est littéralement l'espèce d'un arrêt de la
Cour royale de Dijon que nous citerons plus tard.) —
Ferons-nous de cet enfant un bâtard simple, en le supposant conçu le lendemain du jour où le père est devenu
libre, par la criminelle dissolution de son mariage?

Un homme du grand monde épouse pour sa fortune
une orpheline dont la personne même lui agréait peu.
Après avoir donné une semaine à ses devoirs maritaux,
il prend une maîtresse du demi-monde, qu'il entretient
luxueusement du revenu de la riche dot. Cette concubine adultère devient enceinte, et accouche au terme
extrême, à la dernière heure des dix mois depuis la célébration du mariage de son honnête et malheureuse
rivale. L'enfant sera-t-il encore un bâtard simple, comme
étant légalement conçu la veille du jour, où le père a
civilement et religieusement engagé sa foi à une autre
femme que l'ignoble et coupable mère?

L'affirmative est généralement admise, et sans discussion, soit pour les brèves, soit pour les longues gesta-
tions; l'ample dernier commentateur du Code, qui reproduit et développe tout ce qui a été dit avant lui, l'auteur
de cet immense traité juridique *de omnibus rebus et qui-
busdam aliis*, semble ne pas y soupçonner un doute (1).
Nous protesterons avec une conviction profonde contre
cette aveugle application au concubinage, d'une présomption exorbitante établie, après beaucoup d'hésitation, pour

(1) *Cours de Code civil*, par C. Demolombe, t. V, n° 351, édit. de 1848.

écarter des débats judiciaires mortels à la dignité du mariage.

Nous admettrons, et peut-être pourrait-on le contester, que les grossesses d'un criminel concubinage ne sont pas soumises à d'autres lois physiologiques que celles d'un chaste hymen ; que la nature n'a pas une marche plus régulière pour les bâtards que pour les enfants légitimes. Mais une gestation de cent quatre-vingts jours commencés ou de trois cents révolus est, en la supposant possible, au moins extrêmement rare, une sorte de phénomène médical ; et elle n'a pu devenir règle générale, que par une de ces présomptions absolues dites *juris et de jure*; qu'en point de droit, les plus frappantes raisons d'analogie ne peuvent autoriser à faire sortir de l'hypothèse pour laquelle elles ont été législativement créées. Or, la double présomption des art. 312 et suivants n'a été établie que pour le cas où il y a un mariage auquel il n'est pas absolument impossible que l'enfant appartienne ; donc elle ne saurait s'étendre à ceux où il n'y a qu'un concubinage plus ou moins coupable, de telle sorte que l'enfant est de toute nécessité un bâtard simple ou adultérin. Ces dispositions du droit positif ne sauraient alors constituer pour le juge qu'une de ces présomptions dites humaines (*hominis*) qui s'évanouissent devant l'évidence ou la preuve des faits contraires.

C'est ce qu'avait entrevu la Cour royale de Dijon dans une espèce où se présentait cette question, que le dispositif de son arrêt ne résout pas nettement : « Vouloir « appliquer, dit-elle, les règles tracées pour les enfants « du mariage aux enfants nés hors le mariage, c'est « absolument méconnaître leur esprit ; elles supposent

« un mari ; et l'enfant naturel n'est pas l'enfant d'un
« mari ; d'où il suit que cet enfant ne saurait invoquer
« une présomption légale de naissance accélérée, qui
« s'oppose à l'examen des faits (1). »

Nous nous ferons cependant une objection qui, bien
que blessant profondément le sens intime, semble devoir
résister à tous les efforts de la logique. La femme légitime expirante, le mari veuf d'un jour, d'une heure, se
hâte de donner, par un scandaleux convol, le titre d'é-
pouse à sa concubine enceinte qui accouche d'un enfant très viable, le cent quatre-vingt-unième ou le cent
quatre-vingt-deuxième jour, de ce second mariage célébré dans la *quinzaine* — et pourquoi pas dans la *huitaine
et moins?* — de la dissolution du premier. Il serait, en effet,
légalement possible que le décès qui rend au concubinaire sa liberté ayant eu lieu un *samedi*, le mariage fût
publié le lendemain *dimanche*, et, avec une dispense de
la seconde publication, régulièrement reçu par l'officier
de l'état civil le *mercredi* qui suit immédiatement. L'enfant, en ce cas, dirait-on, étant réputé légitime par sa
conception même, il faudra bien renfermer la gestation
dans la limite légale des *six mois* de trente jours. Et s'il
n'y a pas eu de mariage, ajouterait-on, l'on pourrait la
faire remonter à deux ou trois mois au-delà! La déclaration faite par le père ou la mère devant l'officier de
l'état civil, de se prendre pour époux, reporterait l'é-
poque de la conception en deçà de cette cérémonie, et
abrégerait ainsi plus ou moins la durée de la grossesse!

(1) Arrêt de la Cour de Dijon du 29 août 1818. (Dalloz, 1820, I⁰ part., 184.)

Nons pourrions nous contenter do répondre par cette règle fondamentale du raisonnement, que *l'on ne doit pas abandonner une proposition bien établie pour quelques difficultés dont l'on ne verrait pas clairement la solution* ; — mais avec quelques saines hardiesses d'interprétation l'on arrivera, sans se perdre en do longs et subtils raisonnements, à concilier la raison juridique et la loi morale, le droit positif et le sens intime.

Il résulte sans doute implicitement de l'art. 314 (Code Nap.), que l'enfant né le cent quatre-vingtième jour du mariage ne peut être désavoué, c'est-à-dire que 'o mari ne peut être admis à prouver que cet enfant est conçu d'un autre que lui. Mais était-il également dans la pensée des rédacteurs de la loi que cette présomption établie *contre le mari dans l'intérêt de l'enfant*, pût être invoquée par le mari lui-même, dans l'intérêt de sa passion, pour légitimer le fruit de l'adultère? Qui oserait le dire? Or, est-il permis d'entendre et d'appliquer une loi précisément en sens inverse de ce qu'elle a évidemment voulu? *Etsi maxime verba legis hunc habeant intellectum*, disent nos maîtres en législation, *tamen mens legislatoris aliud vult* (1). — *Prior ac potentior est quam vox mens dicentis* (2).

L'on insistera peut-être par un argument en forme et l'on dira: *D'après l'art. 314, l'enfant né le cent quatre-vingtième jour, ou plus tard, de la célébration du mariage est réputé conçu du mari, et dès lors légitime; or, celui dont il s'agit est reconnu en fait né depuis l'expiration de ce terme de rigueur; donc il est légalement légitime.*

(1) L. 13, § 2, Dig., *De excusat. tut.*
(2) L. 7, Dig., *De supell. leg.*

Le syllogisme est parfait ; majeure, mineure, conclusion, rien n'y manque ; tout est strictement dans les
règles. Mais combien de syllogismes irréprochables en
la forme conduisent directement à l'absurde? En veut-
on un exemple frappant pris dans la matière même qui
est l'objet de cette étude ?

Une femme accouche le jour ou le lendemain de la
mort de son mari ; puis elle accouche encore deux cent
quatre-vingt-dix-neuf jours après ; ce second enfant sera-
t-il lui aussi, présumé conçu du mari et réputé légitime?
Eh ! mon Dieu, oui, par la vertu de l'argument en forme.

D'après l'art. 313 (Code Nap.), dirait-on, l'enfant né
dans les trois cents jours de la dissolution du mariage
est présumé conçu du mari et partant légitime ; or,
celui dont il s'agit est bien reconnu en fait né avant
l'expiration de ce terme extrême ; donc il est encore légalement du mari défunt, et partant habile à lui succéder comme légitime.

Cette hypothèse, que la matrone d'Ephèse aurait pu
réaliser, est certainement dans la lettre de l'art. 315 ;
mais elle n'est pas moins certainement en dehors de ses
prévisions. La science la plus aventureuse n'admettra
jamais le phénomène d'une double conception à un intervalle de *neuf mois vingt-neuf jours;* et le plus intrépide logicien reculerait devant la tâche qui lui serait
imposée de soutenir la prétention du second enfant à la
même paternité légitime que celle du premier.

Le bâtard adultérin ou incestueux, tel que nous venons
de le caractériser, est donc par les dispositions du Code
Napoléon incapable de la légitimation imparfaite atta-

chée à une reconnaissance légale; mais la reconnaissance libre et spontanée d'un tel bâtard sera-t-elle à
considérer juridiquement comme non existante, de telle
sorte qu'il n'en puisse sortir ni devoirs ni droits ?

La Cour de cassation semble avoir consacré par sa
jurisprudence cette doctrine résumée dans son arrêt
du 4 décembre 1837 : « Que la prohibition de recon-
« naître un enfant incestueux ou adultérin est absolue
« et d'ordre public; qu'en conséquence la reconnais-
« sance volontaire d'un tel enfant par acte authentique
« ou sous seing privé est radicalement nulle, et ne peut
« produire aucun effet, soit contre ce bâtard incestueux
« ou adultérin gratifié de libéralités excessives, soit dans
« son intérêt, pour obliger l'auteur de cette recon-
« naissance qui l'abandonne, à lui fournir les plus
« étroits moyens d'existence (1). »

Nous croyons, et c'est encore notre conviction profonde, que la Cour de cassation n'a pas seulement encouru le reproche sévère de méconnaître ici les premières
notions de la morale et du droit; mais, ce qu'il y a de pis
pour ces juges suprêmes dont la mission est de nous
rappeler à la stricte observation de la loi positive, qu'elle
est hautement désavouée par cette loi-là même prise
à la lettre.

Le projet du Code civil accordait par son art. 64 des
aliments aux enfants adultérins ou incestueux; mais, par
son art. 68 restreignait cette faveur à ceux qui auraient
été *légalement* reconnus, — sur quoi, s'écriait la Cour
d'appel de Lyon (2) :

(1) Dalloz, 1838, 1, p. 14.
(2) Locré, *Esprit du Code Napoléon*, t. V, p. 229, 230.

« Serait-il donc possible que la loi autorisât la déclaration publique et authentique de l'inceste et de l'adultère? »

Et elle ajoutait :

« Ce ne sont pas précisément les actions immorales qui anéantissent les mœurs ; si elles demeurent couvertes d'un voile impénétrable, le mystère lui-même sera un hommage aux mœurs ; ce n'est pas même leur publicité, si l'opinion publique les flétrit, si elle voue au mépris les êtres immoraux. Mais si l'opinion publique, si la loi elle-même les tolère, si elle n'en proscrit pas les fruits, l'immoralité triomphe, la vertu est dédaignée; et bientôt, par une contagion funeste, il n'y a plus de mœurs, plus de vertu. »

Elle demandait en conséquence une disposition ainsi conçue :

« La loi prohibe la reconnaissance des enfants adultérins et incestueux; celles qui pourraient être faites *seront nulles, comme non avenues, et ne pourront donner aucune action;* elles seront biffées à la diligence du commissaire du gouvernement. — Le père ou la mère qui les auront faites *seront condamnés correctionnellement à six mois de détention, et à une amende égale à deux années de leur revenu;* l'officier civil qui les aurait sciemment reçues sera destitué et condamné à six mois de détention. »

Ce ne serait pas, au triple point de vue de la morale, de l'humanité et de l'intérêt social, une disposition saine que celle qui interdirait à un enfant, quelle que soit la tache de sa naissance, toute action, même en purs secours alimentaires, contre l'homme qui s'est plus ou moins solennellement reconnu l'auteur de son existence. — Cependant l'article que proposait la Cour d'appel de Lyon devait au moins, par sa double sanction pénale, prévenir les plus révoltantes déclarations d'inceste et d'adultère; et l'on aurait pu abstractivement le justifier en disant qu'il importe peu qu'une chose soit, lorsqu'il n'en existe aucunc traco : *de his quæ non sunt, et de his quæ non appa-rent, idem est judicium*. Mais réputer non avenue et pri-ver de tout effet juridique, la reconnaissance d'un en-fant incestueux ou adultérin, sans édicter aucune peine contre celui qui s'est effrontément joué de la pudique prohibition légale, c'est exclusivement favoriser les pas-sions égoïstes des père et mère coupables, au grand dé-triment et de l'enfant innocent et des mœurs pu-bliques.

Le législateur, a-t-on dit, devait et sans doute a voulu punir l'inceste et l'adultère, dans la personne des père et mère, plutôt qu'en celle de l'enfant même ; or, pour atteindre ce but, deux moyens s'offraient à sa sagesse : il pouvait, en permettant la reconnaissance légale, dé-fendre la transmission des biens, à quelque titre que ce fût ; ou au contraire, prohiber la reconnaissance d'une manière absolue, en autorisant ainsi tacitement la dispo-sition des biens par acte entre vifs ou testamentaire. Eh bien ! les spiritualistes auteurs du Code ont mis l'intérêt moral au-dessus de l'intérêt matériel ; ils ont pensé qu'en privant irrémissiblement le coupable des honneurs et des joies d'une paternité légale, la société le punirait plus dignement, plus énergiquement même, qu'en lui interdisant de gratifier de son patrimoine l'objet de ses secrètes affections. *Cet enfant que tu chéris*, disent-ils au père, *tu pourras bien le combler de tes richesses, mais il n'aura légalement ni ton nom, ni tes soins, ni tes ca-resses* (1).

Ceux qui élèvent aux nues ce système de *punition mo-*

(1) *Eléments de Droit civil français*, par Marcadé, t. II, p. 486 à 489, édit. de 1842.

rale, comme une répudiation des théories matérialistes, et l'adoptent sans restriction aucune, comme plus humainement expiatoire et plus favorable au progrès des mœurs que celui de *punition pécuniaire*, se font en vérité d'étranges illusions.

Et d'abord, en ce qui touche l'intérêt privé de l'innocente victime : un enfant a été reconnu comme bâtard par un acte authentique, tel que le demande notre art. 334 ; il aura, en outre, si l'on veut, la plus complète possession publique de son état. Cependant celui qui l'a ainsi reconnu doublement, devenu dans son incontinente vieillesse l'esclave d'une autre passion criminelle, ou mécontent de la conduite de ce fils illégitime, le repousse de son sein, et après avoir, pendant un plus ou moins grand nombre d'années, pourvu avec prodigalité à ses luxueux besoins, lui avoir donné une éducation des plus libérales, il lui refuse tout. L'enfant, son acte de reconnaissance à la main, demande des aliments. L'humanité aura-t-elle lieu d'être bien satisfaite, lorsque le père lui répondra avec la Cour de cassation : « L'acte « dont vous vous prévalez est radicalement nul, et ne « peut produire aucun droit, aucune action, car vous « n'êtes qu'un bâtard adultérin ; et en voici la preuve « irrécusable dans l'acte de célébration de mon ma- « riage et l'acte de décès de ma femme légitime, l'un « antérieur, l'autre postérieur à votre acte de nais- « sance. Je ne vous connais donc point ; allez, je m'en « lave les mains, mourir de faim sur un fumier. »

Voici maintenant ce que nous aurons de spécial pour hâter le progrès des mœurs. Au lieu d'un seul bâtard, notre homme marié en a authentiquement reconnu deux, l'un né avant son mariage, l'autre depuis ; il aura de plus donné à celui-ci, comme à celui-là, la possession publique de son état. Il persiste à l'endroit de tous deux dans ses sentiments d'amour paternel ; et à sa mort, il les institue ses légataires universels, à l'exclusion d'un neveu germain. La moralité publique aura-t-elle beaucoup à gagner, lorsqu'on verra l'enfant simplement illégitime réduit à la moitié de son legs, tandis que l'autre, par le crime même qui a souillé sa conception, recevra le sien tout entier ? « L'acte de reconnais-« sance qui m'attribue la qualité d'enfant adultérin, « dira en effet celui-ci au neveu germain odieusement « exhérédé du patrimoine de ses pères, est nul, radica-« lement nul ; et dès lors, à la différence de ce demi-« frère, pauvre bâtard simple, je ne suis légalement « pour vous qu'un étranger, auquel le défunt a pu va-« lablement donner tout son patrimoine. » Ainsi, il y aura contre la famille légitime, pour le concubinage *doublé d'inceste ou d'adultère*, un privilége dont ne jouira jamais celui que l'on serait le plus porté à excuser.

Voilà le fangeux abîme où conduit inévitablement, suivant ses partisans mêmes (1), le système de la punition purement morale.

Mais ces solutions monstrueuses, qui révoltent le sens intime, et que repousse la raison même du droit, trouveront-elles au moins quelqu'appui dans la loi positive ? Aurons-nous à nous écrier douloureusement : *Per quam durum, sed ita lex scripta est ?* C'est tout le contraire ; elles

---

(1) *Cours de Code civil*, par Ch. Demolombe, t. V, n° 583, p. 592.

sont formellement condamnées par des textes précis et par les explications vraiment surabondantes qu'en ont données solennellement deux des orateurs chargés de cette mission par l'un des corps qui constituaient alors l'omnipotence législative, et précisément celui (le Tribunat) où se trouvaient les plus ardents propagateurs de ces innovations législatives, subsersives de tout ordre social.

En établissant pour la bâtardise une légitimation partielle par un acte de reconnaissance revêtu des caractères de l'authenticité, les auteurs du Code Napoléon ont voulu que les fruits de l'inceste et de l'adultère ne pussent, en aucun cas, réclamer les avantages de cette anormale institution. « Cette reconnaissance, dit « nettement l'article 335, ne pourra avoir lieu au « profit des enfants nés d'un commerce incestueux ou « adultérin. » *Cette reconnaissance*, c'est-à-dire, comme l'indique encore sans ambiguité l'ordre des articles, *la reconnaissance à laquelle seront désormais attachés des droits de famille plus ou moins étendus.* A ce point de vue, la prohibition est certainement radicale et d'ordre public. Oui, sans doute, le mari adultère ne pourra, par les reconnaissances les plus authentiques, les plus solennelles, les plus multipliées, les mieux caractérisées, faire entrer dans sa famille les fruits de son crime, les donner pour cohéritiers aux enfants de son mariage ; nous ne reculerons pas, nous, ici, comme ceux-là même que nous combattons (1), devant l'application nette et franche de la célèbre maxime de Dumoulin : « Negativa

---

(1) *Cours de Droit civil*, par Ch. Demolombe, loc. cit., n° 587.

« verbo *potest* præposita, tollit omnem potentiam juris
« et facti, et inducit necessitatem præcisam, designans
« actum impossibilem. » Nous la croyons plus vraie,
d'une application plus sûre dans son énergique simplicité, qu'elle ne l'est avec les timides atténuations ou savantes distinctions des modernes docteurs. Oui, encore
une fois, un acte que la loi prohibe, est de droit et de
fait un acte *en lui-même* impossible ; c'est-à-dire impossible dans l'ordre de choses que règle le législateur
par la disposition dont il s'agit ; impossible au cas particulier, comme devant opérer une sorte de demi-légitimation (1). Mais cette déclaration de paternité, impuissante à conférer des droits de famille, n'aura-t-elle
aucune existence juridique, de sorte qu'elle ne puisse
servir de fondement même à une simple réclamation
de secours alimentaires? C'est ce qui n'est ni dans la
lettre, ni dans l'esprit de l'art. 335. Il ne dit pas, avec
celui qu'avait proposé la Cour d'appel de Lyon, que *ces
recommaissances seront comme non avenues et biffées, à la
diligence du commissaire du gouvernement ;* il laisse au
contraire entendre, ce que l'art. 762 va d'ailleurs proclamer en termes exprès, que l'enfant incestueux ou
adultérin ayant le droit de vivre, peut réclamer des aliments, mais rien au-delà. Loin que ces deux articles
soient en contradiction, comme on le suppose généralement, l'un est le complément de l'autre ; ils nous disent
ensemble avec une clarté qui ne laisse rien à désirer :

---

(1) C'est ainsi que nous décidons que le mariage contracté par une femme
veuve est nul, d'une nullité absolue, lorsqu'il peut produire une filiation incertaine, cette *confusio partuum* que le législateur a certainement voulu prévenir par la disposition prohibitive de l'art. 228. La prohibition, dans la limite
que nous indiquons, est évidemment et au plus haut degré d'ordre public.

« Les enfants adultérins ou incestueux ne pourront, en
« aucun cas, en vertu de quelqu'acte ou de quelque
« possession d'état que ce soit, prétendre aux honneurs
« et aux bénéfices de la reconnaissance légale ; *la loi ne
« leur accorde que des aliments.* » C'est précisément
l'explication que donne de la loi le tribun Chabot dans
un rapport à ses collègues: « La loi ne s'occupe qu'à re-
« gret des enfants adultérins et incestueux; mais ils exis-
« tent; il faut bien qu'elle leur assure des aliments : elle
« ne leur confère aucun autre droit (1). »

Mais cela est trop simple pour les commentateurs qui
veulent à toute force avoir à concilier deux dispositions,
dont l'une interdirait, dans un sens absolu, la reconnaissance des enfants adultérins ou incestueux, et l'autre,
leur attribuant des aliments, supposerait nécessairement
par là-même qu'ils peuvent être reconnus.

Si la disposition de l'art. 762 n'était pas écrite dans
le Code, la doctrine l'y aurait suppléée. Et voilà que
pour triompher d'une antinomie imaginaire, on l'en efface, ou à peu près, en en restreignant l'application à
quelques cas exceptionnels. L'enfant adultérin ou incestueux ne serait admis à réclamer des aliments que lorsque sa filiation se trouverait, abstraction faite de toute
reconnaissance volontaire, constatée par un mariage déclaré nul pour cause de bigamie ou d'inceste, ou par
un désaveu judiciaire de paternité légitime, ou par une
erreur de fait ou de droit que consacrerait une sentence
passée en force de chose jugée (2).

(1) Rapport au Tribunat, dans la séance du 26 germinal an XI. (Locré, X,
p. 248-249.)
(2) Locré, *Esprit du Code Napoléon*, t. V, p. 232 à 235. — Demolombe, loc.
cit., n° 587, p. 599. — Zachariæ, t. IV, p. 93, édit. de 1844.

8

Supposons encore ici, pour un instant, que les rédacteurs de l'art. 762 aient, par une vue particulière, indiqué spécialement pour l'application de leur disposition une des espèces figurées par les commentateurs; certainement la doctrine et la pratique l'auraient généralisée comme étant l'expression d'un principe universel de raison et d'humanité. Et lorsque cette disposition ne comporte par son texte ni limitation, ni exception, on la restreindra arbitrairement à quelques savantes hypothèses, plus ou moins péniblement imaginées! Assurément, c'est bien le cas de dire avec le palais : *Ubi lex non distinguit nec nos distinguere debemus; quod generaliter dicitur, generaliter accipiendum est.* Jamais l'on n'aura invoqué plus à propos ces brocards dont abusent les praticiens.

Et c'est ainsi que l'ont entendu et exposé deux des meilleurs esprits du Tribunat, Siméon, beau-frère de Portalis, et Jaubert. Le premier dit :

« Quoique les enfants adultérins ou incestueux, ne puissent être légalement reconnus, leur existence est un fait qui peut être quelquefois évident. Un enfant désavoué par un mari a été jugé le fruit de l'adultère de l'épouse; le crime de la mère ne saurait la dispenser de lui donner des aliments. Un homme a signé, comme père, un acte de naissance sans faire connaître qu'il est marié à une autre femme que la mère du nouveau-né, ou que la mère est sa sœur. Il aura voulu faire fraude à la loi. L'enfant ignorant le vice de sa naissance se présentera dans la succession pour y exercer les droits de l'enfant naturel; on le repoussera par la preuve qu'il est né d'un père qui ne pouvait *légalement* l'avouer; mais *l'aveu de fait écrit dans son acte de naissance lui restera, et lui procurera des aliments.* Cette disposition est conforme à l'ancien droit; il était nécessaire de la conserver; car, enfin, les enfants adultérins ou incestueux n'en sont pas moins des hommes; et tout homme a droit de recevoir au moins des aliments de ceux qui lui ont donné le jour (1). »

Le second considère également « une *reconnaissance* ILLÉGALE, » comme devant généralement attribuer des aliments à l'enfant adultérin ou incestueux (2).

A la vérité, un autre tribun des temps néfastes, du nom peu connu de Lahary, fait comme un crime aux enfants incestueux ou adultérins de troubler la quiétude de leur honnête homme de père, en lui réclamant des aliments qu'ils pourraient trouver dans une maison de charité; mais il suffira de citer les paroles mêmes de ce jurisconsulte humanitaire pour ôter toute autorité à sa dissidente opinion : « Y aurait-il rien de plus immoral et de « plus contraire aux convenances sociales, que d'assurer « la protection de la loi à cet *enfant monstrueux, qui pour* « *quelques aliments qu'il peut se procurer ailleurs*, accu- « serait les auteurs de ses jours de lui avoir donné nais- « sance par un crime (3)? »

Un quatrième orateur donne, des articles 335 et 762, une explication qui n'a point la précision et l'exactitude juridique de celles que nous devons aux tribuns Siméon et Jaubert, mais dont nous croyons que se prévaut à tort le système d'interprétation que nous combattons, comme tranchant la question en sa faveur.

« Cette reconnaissance, dit Duveyrier, sera impos-

(1) Siméon, orateur du Tribunat, dans la séance du Corps législatif du 29 germinal an XI. (Locré.X, p. 291.)

(2) Rapport au Tribunat du 9 floréal an XI, par Jaubert, sur le titre *Des Donations et Testaments.* (Locré, XI, n° 16, p. 442.)

(3) Rapport au Tribunat, par Lahary (de la Gironde), séance du 28 ventôse an XI. (Locré, VI, p. 269, n° 40.)

sible s'il faut l'appuyer sur l'inceste ou l'adultère. »
Oui sans doute, impossible, comme reconnaissance légale conférant à l'enfant des droits de famille; nous en
sommes d'accord.

L'officier public ne la recevra pas,, continue Duveyrier; et en effet, un acte de l'état civil ne peut, aux
termes de l'art. 35 (Code Nap.), énoncer que ce qui doit
être déclaré par les comparants pour qu'il remplisse le
but de son institution; s'il y a inceste ou adultère, l'officier de l'état civil doit, comme nous le dirons plus tard,
laisser aux parties intéressées le soin d'en justifier. Conçoit-on d'ailleurs un homme déclarant effrontément que
l'enfant dont il se reconnaît le père, est né de la fille de
sa sœur, ou de la femme de son voisin ? Nous ne croyons
pas que, dans nos plus mauvais jours, il y ait eu beaucoup d'exemples d'un tel défi aux mœurs.

« Et si malgré lui, ajoute Duveyrier, l'acte contient
« le vice qui l'infecte, cette reconnaissance nulle ne
« pourra profiter à l'enfant adultérin ou incestueux pour
« qui elle est faite; » oui, sans doute encore une fois,
comme devant opérer en sa faveur une sorte de quasi-légitimation, et l'appeler au partage des biens héréditaires
de la famille.

Quant aux réflexions vagues et déclamatoires par lesquelles le même orateur termine sa confuse explication :
« qu'il faut rendre grâce à cette innovation morale qui
« écarte d'une loi si pure dans sa forme et dans son
« objet ces chances pernicieuses d'infamie, ces révéla-
« tions mortelles à la pudeur sociale; que l'on ne dé-
« chirera plus pour des passions individuelles et des
« intérêts particuliers le voile épais dont l'intérêt pu-

« blic couvre ces écarts scandaleux..... » — Elles auraient quelque vérité, si le Code Napoléon avait reproduit l'article prohibitif de la Cour d'appel de Lyon,
avec sa double sanction pénale. Mais elles tombent parfaitement à faux, quand ce Code typique en annullant
la quasi-légitimation des enfants adultérins ou incestueux, ne frappe la reconnaissance, qui en aurait été
faite par un acte solennel, d'aucune peine, soit afflictive ou infamante, soit correctionnelle, soit même de
simple police. — Un homme marié, bien connu pour tel,
se déclare audacieusement, comme on en voit nombre d'exemples dans nos recueils d'arrêts, le père d'un,
de deux, de trois enfants nés de sa concubine adultère ;
il les établit et les dote par contrat de mariage ; enfin il
les institue ses légataires universels. L'officier de l'état
civil, le notaire, qui connaissent son état d'homme marié,
mais qui n'ont comme lui-même à redouter l'application
d'aucune peine, se prêtent complaisamment à tous les
caprices de sa passion criminelle. Il faudra bien, quoi
qu'en dise Duveyrier, que la société s'accommode de ces
déclarations mortelles à sa pudeur, et qu'elle voie les bras
croisés ceux qui les auront faites se rire impunément
de ses équivoques ou timides prescriptions. Nous voudrions, nous, du moins, ce que nous établirons par la
suite, qu'en assurant des aliments aux malheureux enfants qui en sont l'objet, de telles reconnaissances de-
vinssent un obstacle à ce que la famille légitime fût dépouillée par des libéralités sans mesure, ayant pour
cause une affection déréglée que condamnent également
la saine raison et la morale. Privez-les de tout effet juridique, ces reconnaissances narguant la pudibonde théorie

de Duveyrier, ce sera, non pas seulement l'impunité, mais le triomphe du vice, et comme le disait la Cour d'appel de Lyon', *ce ne sont pas précisément les actions immorales qui anéantissent les mœurs, ce n'est pas même leur publicité, c'est leur scandaleuse impunité.* Couvrez, nous le voulons bien, l'inceste et l'adultère d'un voile épais; mais ne permettez pas qu'on le déchire aux applaudissements d'un monde corrompu, au profit de ses passions égoïstes.

Mais voyez donc, nous dit-on, quelle grave punition morale nous infligeons à l'inceste et à l'adultère; le père ne pourra *légalement* donner à l'enfant *son nom, ses soins, ses caresses.*

Nous croyons que ce père incestueux ou adultérin s'inquiétera très peu que ses soins et ses caresses manquent de légalité; assurément le magistrat n'interviendra pas pour les lui interdire. Quant au nom, la famille pourrait, sans doute, faire judiciairement défendre au bâtard quel qu'il soit, de le porter en vertu d'une reconnaissance illégale au fond ou à la forme; mais ce bâtard n'étant par là même qu'un étranger pour les parents du père et pour le père lui-même, celui-ci pourra toujours par un testament le constituer représentant légal de sa personne civile, sous la condition qu'il prendra un nom plus ou moins aristocratique, que ses vaniteux préjugés voudraient perpétuer *in omne ævum*, éterniser dans notre société démocratique d'un jour. Cette disposition testamentaire autrefois reconnue valable nous paraîtrait à plus forte raison aujourd'hui inattaquable. — Des gens qui partagent leur sobriquet bourgeois avec quelques centaines de familles seraient d'ailleurs p .

disposés à faire les frais d'une lutte judiciaire pour réprimer l'usurpation d'une telle propriété. — C'est tout ce que pourrait faire un Montmorency ; et nous n'avons guère, non plus que nos Codes, à nous préoccuper de ces familles qui remontent aux croisades.

Cette sanction morale, par le sentiment, à la prohibition absolue de constater une filiation incestueuse ou adultérine, étant vraiment illusoire, il n'y aurait plus dans l'art. 335 du Code Napoléon, comme nous l'avons dit, qu'un inqualifiable privilége pour le concubinage incestueux ou adultérin.

Bien d'autres dispositions que celle de l'art. 762 viendront encore victorieusement à l'appui de l'interprétation que nous donnons, avec la loi morale et la raison du droit, au texte prohibitif de la reconnaissance légale d'un enfant incestueux ou adultérin.

Par exception à un principe de création nouvelle que nous aurons bientôt à développer, l'enfant qu'a mis au monde une femme arrachée criminellement au foyer protecteur de son innocence, peut, abandonné au moment même de sa naissance, contraindre le ravisseur à une reconnaissance sinon légale, du moins lui donnant droit à des secours alimentaires, lorsque l'époque de sa conception coïncidera avec celle de l'enlèvement ; mais sans dérogation à cet autre principe, au plus haut degré d'ordre public, que *l'inceste et l'adultère ne peuvent jamais donner des droits de famille.* C'est ce qui résulte des dispositions combinées des art. 335, 340 et 342. « L'en-
« fant, porte le dernier, ne sera jamais admis a la re-
« cherche, soit de la paternité, soit de la maternité,

« dans le cas où, suivant l'art. 335, la reconnaissance
« n'est point admise. »

Est-ce à dire pour cela, que le déplorable fruit d'un
rapt aggravé d'inceste ou d'adultère devra mourir de
faim en face d'un père sans entrailles, comblé des dons
de la fortune? Celui-ci sera-t-il autorisé par la loi même
à tenir ce langage inhumainement dérisoire à l'enfant
qui réclame de nécessiteux aliments? « Si je n'étais cou-
« pable que d'un simple rapt, à la bonne heure, vous
« pourriez m'obliger à vous nourrir et à vous élever plus
« ou moins libéralement; mais veuillez bien le remar-
« quer, c'est une jeune nièce germaine que j'ai artifi-
« cieusement séduite, c'est la femme d'un ami que j'ai
« violemment enlevée à sa famille; il faudrait pour
« triompher dans cette scandaleuse demande tendant à
« des secours alimentaires que vous, monstrueux en-
« fant, pourriez vous procurer ailleurs, dit l'humanitaire
« tribun Lahary, déchirer le voile épais qui couvre un
« inceste, un adultère; et c'est ce que notre chaste Code
« Napoléon ne vous permet pas de faire. — Il faut, dit
« l'autre tribun Duveyrier, écarter à tout prix des révé-
« lations mortelles à la pudeur sociale. »

Nous disons que ce serait outrageusement calomnier
nos législateurs que de leur supposer la pensée de consacrer de telles énormités. Quoi! le ravisseur revêtira la
robe de l'innocence par l'aggravation même de son
crime? Il s'affranchira par l'inceste et l'adultère des
obligations les plus sacrées! Il se mettra au-dessus des
lois, en les violant dans leurs prescriptions les plus
saintes! Non, mille fois non, cela est juridiquement autant que moralement impossible.

Et nous ne voyons pas, en vérité, comment la pudeur sociale qui résiste à l'éclatante publicité d'un débat en cour d'assises, pourrait s'offenser d'une obscure poursuite civile, autant que possible équitablement réparatrice d'un dommage, sous trop de rapports, irréparable. Ce serait précisément le contraire. Le voile épais dont on veut que restent couverts l'inceste et l'adultère, n'est-il pas percé à jour, mis en pièces avant que l'enfant élève la voix pour obtenir une imparfaite réparation du crime odieux dont il est la première victime ? et le repousser ne serait-ce pas beaucoup ajouter au scandale, et pervertir bien plus profondément encore l'opinion publique ?

Ceux-là même que nous combattons semblent le reconnaître : « Il me paraît très douteux, dit l'un des plus « en crédit, *qu'il y ait beaucoup d'avantage à ne pas voir* « *ce que tout le monde voit*, à nier ce qui est certain; on « s'expose ainsi à des résultats choquants qui mettent « cette ignorance affectée de la loi en contradiction avec « les faits; et qui produisent un scandale souvent beau- « coup plus grand que la vérité même qu'on n'a pas « voulu reconnaître, et qu'on n'a pas pu dissimuler(1). »

Poursuivons :

La parenté naturelle est, et devait être, aussi bien que la parenté civile, surtout en ligne directe, une condition négative, irritante du mariage, dans le sens le plus absolu. Cet empêchement est en la conscience et le sens intime de l'homme moral et religieux plus encore que dans ses lois : *hoc moribus non legibus constitutum est.* —

(1) *Cours de Code civil*, par Ch. Demolombe, loc. cit., n° 561, p. 573.

Attila, ce monstre altéré de sang, épousant sa fille naturelle entre deux épouvantables carnages qui étaient son
ordre du jour, n'inspire pas moins d'horreur, par cette
union solennellement incestueuse, que par son artifi-
cieuse férocité.

La reconnaissance par acte authentique, avec possession d'état, d'une filiation incestueuse ou adultérine sera-
t-elle encore inefficace pour prévenir un mariage qui
soulèverait d'indignation toute une ville, et par la presse
avide de scandale, la France entière et les deux mondes ?
Eh ! mon Dieu, oui, nous répond la logique des docteurs, faisant de l'arrêt précité de la Cour de cassation
la base indiscutable de leurs raisonnements. « *Peut-
être*, nous dit l'un, *faudrait-il pour ce cas tout spécial,
attribuer quelque effet à l'acte; mais la nullité radicale est
plus rigoureusement juridique* (1). » Les autres y vont
plus franchement; une considération puisée dans un
ordre d'idées qu'ils veulent bien déclarer fort respectables, ne les fait point reculer devant les conséquences
de leur doctrine; et ils décident, « sans balancer, qu'un
« acte nul ne devant avoir d'effet légal d'aucune espèce,
« ne peut servir de base à un empêchement de ma-
« riage (2). »

Une doctrine qui amène irrésistiblement de bons esprits à de telles conclusions pratiques, est jugée et condamnée. — Nous en tenant toujours à des espèces qui
se sont produites devant nos tribunaux, le ravisseur
incestueux a d'autres sentiments que ceux que nous lui

---

(1) *Cours de Code civil*, par Ch. Demolombe, loc. cit., n° 121, p. 404.
(2) Valette sur Proudhon, t. II, p. 180. — Zachariæ, t. IV, § 568 *ter*,
n° 10, p. 58, édit. de 1844.

avons précédemment supposés; il recueille l'enfant, lui confère authentiquement son nom, et l'investit par des actes géminés d'une possession publique de l'état que lui donne son acte de naissance. Cet enfant, qui est une fille, grandit et fait naître dans un cœur corrompu la même passion criminelle qui a coûté l'honneur à la malheureuse mère. Au rapt par la violence succède le rapt par la séduction; et le père et la fille se présentent à la mairie, — hélas! nous n'inventons rien, nous racontons, — pour faire revêtir du sceau de l'autorité une union abominable aux yeux des plus sceptiques moralistes de la cité qui en est le théâtre. — L'officier de l'état civil, averti par la rumeur publique, se refuse à célébrer ce révoltant mariage; y sera-t-il condamné p⸱⸱ ⸱⸱s Cours impériales?

Un docteur, en chaire, pourra bien, pour éveiller l'attention de ses somnolents auditeurs, établir paradoxalement l'affirmative: mais ce qu'il enseigne comme professeur, il ne le déciderait point comme juge; et la Cour de cassation elle-même, reculant ici devant l'application de sa théorie, reviendrait certainement à une autre interprétation de la loi.

Concluons de cette trop longue discussion, avec une inébranlable certitude juridique, que dans l'esprit du Code Napoléon et d'après ses textes mêmes, nous devons reconnaître pour les enfants naturels deux sortes de reconnaissances: l'une de droit civil, leur attribuant imparfaitement les bénéfices de la légitimation; l'autre, d'humanité, ne leur donnant que des aliments, et établissant contre eux les incapacités que réclament les intérêts sacrés de la famille légitime et de la société tout entière. C'est l'avis de Merlin, le premier jurisconsulte de notre âge, bien pénétré assurément de l'esprit de toutes ces lois, dont pour sa gloire il a été trop souvent l'inspirateur et le rédacteur souverain. « Il ne faut « pas, dit-il en ses célèbres conclusions du 28 mai 1810, « confondre la *reconnaissance* qui donne à l'enfant des « droits à une portion de l'hérédité de la mère, avec la « *simple preuve de maternité*, qui ne donne à l'enfant « que des droits à des aliments (1). »

Nous avons encore ici à résoudre un doute qui, malgré la dissidence de quelques canonistes plus ou moins jurisconsultes, ne nous paraît point très sérieux. Un bâtard, en réalité *adultérin* ou *incestueux*, deviendra-t-il fictivement un bâtard simple, habile au bénéfice de la reconnaissance légale par ce que l'on est convenu d'appeler *la bonne foi* des père et mère ; bonne foi consistant en ce qu'au temps de leur coupable cohabitation ils se seraient crus tous deux libres, et par le sang étrangers l'un à l'autre.

Les casuistes faciles ont dit : L'enfant est sans doute en fait incestueux ou adultérin, mais par l'intention des père et mère, il n'est qu'un enfant naturel simple, *in veritate adulterinus, sed in opinione naturalis*. Or, comme la tache d'inceste ou d'adultère, et les incapacités qui en découlent, sont la peine d'un délit, il serait contre les règles du droit d'en frapper l'innocente bonne foi ; car la peine doit être mesurée à la volonté criminelle : *Non ad solam delictorum mensuram pœna imponenda est ; sed et*

_____

(1) *Questions de Droit*, v° Maternité, t. III, p. 398, édit. de 1810. — Adde *Répertoire*, Supplément, v° Succession, sect. II, t. XVII, p. 599 et suiv. ; t. XVI, v° Filiation, *passim*. — Valette sur Proudhon, t. II, p. 156, 157.

inquirendum quis fuerit ejus qui peccavit animus (1). Les légistes ont ajouté : Le droit canonique, et après lui notre Code, réputent légitimes les enfants nés d'un mariage nul pour cause de bigamie ou d'inceste, lorsqu'il a été contracté de bonne foi; ne doit-on pas, par une pressante analogie, réputer nés d'un concubinage simple, les enfants de l'inceste ou de l'adultère, lorsque les parents croyaient ne céder qu'à une passion excusable, et ne commettre qu'une faute réparable (2)?

Ces spécieux raisonnements, qu'une fausse apparence d'humaine équité fait accepter par des esprits superficiels, ne sauraient soutenir le regard attentif d'un jurisconsulte.— Si l'acte en soi criminel est, par une erreur invincible, de tout point innocent dans la pensée de son auteur, la raison et l'humanité réclameraient également contre l'application d'une peine.— Une femme qui, sur la foi d'un acte émané de l'autorité publique, se croyant veuve d'un premier mari, en prend un second avec toute la publicité d'usage et toutes les solennités instituées par la loi, ne sera certainement point passible des peines de l'adultère, alors que le prétendu défunt vient protester par sa présence contre le procès-verbal authentique de son décès : *adulterium sine dolo malo non committitur* (3); *non est delictum*, disent en ce sens les commentateurs, *ubi non est animus delinquendi.* — Mais si cette femme, veuve supposée, au lieu de contracter solennellement une seconde union légitime, *in faciem ecclesiæ*, s'aban-

(1) Grotius, *De Jure Pacis et Belli*, l. II, cap. xx.
(2) *Nouveau Traité de l'Adultère*, par Bedel, nos 87, 68. — *Encyclopédie du Droit*, par de Vatismênil, vo Adultère, no 8.
(3) L. 38, § 1, Dig., ad leg. Jul., *De Adult.*

donne à une secrète passion honteuse, sa bonne foi prétendue ne saurait effacer la trace de son crime. Que l'on trouve dans son erreur plus ou moins probable une circonstance atténuante qui diminue la peine, nous l'accorderons; mais elle n'en sera pas moins adultère; et dès lors son enfant n'en restera pas moins adultérin. — Qui oserait dire que le premier mari de retour ne trouverait pas dans la naissance de ce bâtard la cause de séparation de corps fondée sur l'adultère de la femme?

Cette distinction doctrinale, qui a d'ailleurs son fondement dans la raison même, se trouve éloquemment consacrée par un beau texte de Papinien à propos de l'inceste. « Lorsqu'il s'agit de punir un inceste, dit ce « grand jurisconsulte, il faut bien distinguer s'il y a eu « au moins l'apparence d'un mariage qui puisse faire « présumer la bonne foi, ou si, au contraire, le crime « qui a été commis renferme une double injure à la « nature et à la loi.» — «Multum interest errore illud « matrimonium contrahatur, an contumacia juris et « sanguinis contumelia concurrant. » Celui qui commet un délit doit en effet, bon gré mal gré, en porter toute la responsabilité, et en subir toutes les conséquences, même celles qu'il n'aurait point prévues. C'est ce qu'a très bien expliqué Barthole, et après lui, presque dans les mêmes termes, le savant et judicieux cardinal de Palerme, le meilleur, au sentiment de Daguesseau, de tous les interprètes du droit canonique. « Quando- « cumque coitus fit sine colore matrimonii, indistincte « punitur secundum illud quod est in veritate, non se- « cundum illud quod est in opinione. Si erat consan- « guinea, punitur de incestu; si nupta, de adulterio.....

« — Quoniam dabat ab initio operam rei illicitæ..... Et
« danti operam rei illicitæ imputantur omnia quæ se-
« quuntur, præter voluntatem suam (1). »

Sans parler de ce législateur grec qui punissait *doublement* les crimes commis dans l'ivresse, notre Code pénal
a fait une application remarquable de cette doctrine au
crime de *recèlement* d'objets *volés*. Il n'a reculé que devant la peine capitale que pouvait entraîner le vol aggravé des cinq circonstances prévues par son art. 381.

Et qu'avons-nous ici à nous préoccuper de dispositions
pénales dont l'application pourrait paraître plus ou
moins rigoureuse? ce n'est point en effet une peine que
nous infligeons à cette femme qui ne connaît pas, nous
le voulons bien, toute la gravité du désordre auquel elle
se livre; c'est simplement une grâce, une faveur dont
nous ne pensons pas qu'on puisse gratifier son incontinence. En laissant à l'enfant la tache avec laquelle il est
né, on ne le punit, ni lui, ni sa mère ; seulement, on ne
les fait pas, à l'aide d'une fausse analogie, participer au
bienfait accordé par un paternel législateur à l'*innocence
sans tache*. « La loi, dit à ce sujet Daguesseau, peut ré-
« compenser l'innocence telle qu'elle se trouve dans
« celui qui contracte de bonne foi un mariage défendu ;
« mais que la loi récompense une personne qui a voulu
« mal faire, parce qu'elle a voulu faire un moindre mal,
« c'est ce qui ne peut être écouté (2). »

Nous sommes amenés par ces dernières réflexions à
l'examen d'une question du même ordre de choses, dont

---

(1) Barthole, *Ad prædict. legem* 88, § 1, Dig., ad leg. Jul., *De Adult.*
(2) Daguesseau, XLVIIe plaidoyer, dans la cause de Tiberio Fiorelli.

la solution est plus difficile. — Une malheureuse orpheline est outrageusement violée par un oncle germain auquel l'avait confiée un conseil de famille; un chirurgien *cloroformise* une cliente, et satisfait sur elle en cet état d'anéantissement moral, une brutale passion adultère... Nous pourrions malheureusement multiplier les espèces; mais celles-ci doivent suffire. Un enfant est le fruit amer de ce crime odieux; la médecine reconnaît que ni les terreurs les plus vives, ni les douleurs les plus violentes, ni l'insensibilité nerveuse la plus complète, ne tarissent chez la femme les sources de la fécondité. — Quel sera l'état de cet enfant ?

Un traité spécial de l'adultère le déclare, sans discussion, *investi de tous les droits de la légitimité* (1), fût-il tout à la fois souillé de l'inceste aux plus étroits degrés de parenté, et doublement adultérin. Cette thèse qui, d'abord, semble à plaisir paradoxale, pourrait cependant se justifier au double point de vue de l'intérêt social et de la raison juridique; il ne lui manquerait pas même l'autorité de l'orateur du Tribunat, Duveyrier.

D'une part, il n'y a pas ici de faute à réprimer et à punir dans la personne de la mère, qui n'est qu'une victime, et une victime irréprochable; et ce serait une cruauté, que ne pourrait justifier aucune considération d'ordre public, que d'ajouter à son malheur la honte d'avoir donné le jour à un enfant incestueux ou adultérin, ou même à un bâtard simple : *afflicto afflictio superaddenda non est*, nous disent avec raison les humanitaires docteurs.

(1) *Nouveau Traité de l'Adultère et des Enfants adultérins, suivant les lois civile et pénale,* par A. Bedel, n° 68, p. 115; Paris, 1826.

D'autre part, nous dit le tribun Duveyrier, «s'il n'y a
« pas de mariage, il y a nécessité, ou plutôt supposition
« nécessaire d'un mariage; s'il n'y a pas cohabitation
« publique, il y a cohabitation forcée; la violence de
« l'un, l'oppression de l'autre suppléent au consente-
« ment authentique et mutuel (1). »

Ce serait donc un cas, sinon identique, du moins analogue à celui du mariage putatif et réclamant la même
solution législative. Il paraîtrait même plus favorable
encore; car à la même innocence se joint l'intérêt qui
doit s'attacher au malheur. C'est bien pis pour une
femme d'être violée que d'épouser un bigame qui passe
pour veuf, ou de donner un successeur à un mari qu'on
croit mort.

Nous n'admettrions pas que le viol pût jamais être une
source de la légitimité; les plus hautes convenances sociales nous semblent essentiellement répugner à ce que
la famille légitime s'accroisse par un crime. Quoi! l'é-
chafaud me donnerait un cousin, un oncle, un frère!

Mais une disposition qui conférerait à ce malheureux
bâtard sur la succession de sa mère morte sans postérité, et même sur celle du père coupable, les droits d'un
enfant adoptif, vaudrait bien à nos yeux celle que nous
expliquons et celle de l'adoption même.

Maintenant cette disposition anormale pourrait-elle
être suppléée dans le Code par la voie de l'interprétation? Nous ne le pensons pas; et loin de là, les articles
340 et 312 supposent bien évidemment que le fruit d'un
rapt par la violence, équivalent légal du viol, n'est qu'un

(1) Discours de Duveyrier, orateur du Tribunat, à la séance du 2 germinal an XI. (Locré, t. VI, p. 322, n° 42.)

9

enfant exclusivement naturel, et pour le ravisseur et pour la mère elle-même.

Cependant dans le cas où il y aurait inceste ou adultère, nous en enlèverions la tache au malheureux bâtard, pour ne lui laisser que la qualité d'enfant naturel capable du bénéfice de la reconnaissance légale. Nous ne compromettons pas de la sorte, aussi gravement qu'en le faisant légitime, les intérêts de fortune et de considération de la famille; et nous trouvons en outre ici le Code Napoléon plus accommodant. Quels sont en effet les bâtards que l'art. 335 interdit de reconnaître légalement? *Ceux nés d'un commerce incestueux ou adultérin.* Or, un rapt ou un viol n'est pas un *commerce;* ce mot, soit dans le langage usuel, soit dans la langue du droit, emporte l'idée d'une cohabitation volontaire, d'un accord mutuel qu'excluent ces rapports fortuits constitutifs du crime dont il s'agit. Nous nous réjouissons comme jurisconsulte devant au Code Napoléon notre première éducation juridique, que son texte littéral permette cette solution réclamée, de l'aveu de tous, par l'humanité et la raison (1).

Formes extérieures de la reconnaissance légale.

Les droits de famille dont la reconnaissance légale investit le bâtard, ne doivent pas être subordonnés aux capricieuses affections du père; si celui-ci veut jouir des prérogatives d'une paternité *quasi-légitime,* il faut qu'il

_____
(1) Demolombe, loc. cit., n° 360 *in fine,* p. 872.

se soumette d'une manière irrévocable à en subir toutes
les charges, à en remplir tous les devoirs. Il ne saurait
être, à ce point de vue, d'une condition meilleure que celui
qui demande une famille à l'indissoluble union du mariage, et qui, eût-il les plus graves sujets de mécontentement contre ses enfants, fût-il par eux abreuvé de
chagrins, couvert de honte, n'en serait pas moins obligé
de les nourrir, et de leur laisser, à titre de réserve, la
meilleure partie de sa fortune. Enfin il faut que l'état
de la personne, immuable en principe, soit assuré par
des actes à l'abri de toute altération, et dont la garde et
la conservation soient confiées à l'autorité publique. Une
déclaration de reconnaissance, qui doit donner à l'enfant
naturel une filiation civile et des droits de successibilité,
ne pouvait donc reposer sur la précaire existence d'un
acte privé; et c'est avec une prudente et juste rigueur
que le Code exige ici un titre authentique avec toutes les
garanties d'inaltérable durée dont sont généralement en-
tourés ces sortes d'actes. « Un acte aussi précieux, dit
« l'un des orateurs précités du Tribunal, — parlant cette
« fois le langage du droit et de la raison, — et qui doit
« servir de titre à l'enfant naturel et aux héritiers de son
« père, ne pouvait être abandonné à une aussi frêle
« garantie que celle qui résulte d'un acte privé. Il était
« digne de la sollicitude du législateur d'exiger qu'il fût
« conservé dans des dépôts publics (1). »

La reconnaissance légale par l'acte de naissance même,
est, on ne peut mieux, dans les conditions requises. —

(1) Rapport du 28 ventôse an XI, par Lahary (Locré, VI, n° 33, p. 264.)—
Proudhon, *État des Personnes*, édit. Valette, t. II, p. 10 et 141.

Nous en dirons autant de celle qui aurait été reçue postérieurement par l'officier de l'état civil, si, comme le veulent les art. 40 et 62 du Code Napoléon, elle a été régulièrement inscrite sur les registres. — Consignée sur une feuille volante, elle ne serait point nulle, d'une nullité de non existence, et considérée comme non avenue; mais elle ne donnerait point les bénéfices de la quasi-légitimation. La Cour de Metz n'a évidemment, par son arrêt du 19 août 1824, déclaré pleinement valable une telle reconnaissance, que parce qu'il lui a paru d'une inhumaine rigueur que l'enfant qui en était muni n'y trouvât pas même un titre à de nécessiteux aliments; car, il résulte manifestement des textes, par elle-même rapprochés et combinés du titre des actes de l'état civil, qu'aucun de ces actes, et spécialement celui d'une reconnaissance d'enfant naturel, ne peut avoir les caractères de l'authenticité qu'autant qu'il est inscrit sur le registre destiné à le recevoir.

L'enfant serait sans nul doute régulièrement reconnu dans l'acte de célébration de son mariage. — Cette reconnaissance nous paraîtrait même répondre plus largement que les premières au vœu du législateur. Ce serait un fait de possession d'état bien caractérisé joint à la déclaration exigée. — Le père donnant en cette qualité son consentement au mariage, manifesterait deux fois sa volonté, et par les paroles, et par l'exercice d'une puissance paternelle qu'il ne peut tenir que de la reconnaissance légale de sa paternité.

Aux termes de l'article 62 (disposition finale), lorsque la reconnaissance légale dont l'officier de l'état civil est le ministre, n'a point été faite dans l'acte de

naissance même, elle doit être expressément mentionnée
en marge de cet acte, *à supposer*, dit la loi, *qu'il en
existe un*. Il convient en effet qu'elle en devienne comme
un élément inséparable dans les expéditions qui en seront
désormais délivrées. Cependant cette *circonstantielle*
mention nous paraît purement réglementaire, et nous
nous garderons bien d'en faire, comme quelques-uns
des commentateurs du Code, une condition irritante de
la reconnaissance même, dont l'authenticité et l'irrévocabilité sont, de droit et de fait, indépendantes de ce
complément à donner à l'acte de naissance. Au surplus,
le Code ne fixant aucun délai pour l'opérer, l'omission
serait perpétuellement réparable.

La raison du droit semblait demander que les reconnaissances légales d'enfants naturels fussent exclusivement dans les attributions de l'officier de l'état civil, ces
actes devant donner à la personne qui en est l'objet un
nouvel état civil. C'était la pensée fondamentale du projet
de Code, qui, pour les formes extérieures de la reconnaissance renvoyait simplement au titre *de l'état civil*.
Une disposition venant après d'autres, correspondantes à
l'art. 337 du Code Nap., portait : « Après la dissolution
« de ce mariage, et s'il n'en reste pas d'enfants, l'époux
« qui aura omis de reconnaître son enfant avant le ma-
« riage, pourra en faire la reconnaissance *dans les formes
« prescrites au titre des actes de l'état civil* (1). » — Et
c'est certainement dans ce même esprit qu'avait été
conçu l'art. 62 du Code Napoléon. — Plus tard, à la

(1) Locré, *Législat. civile*, t. VI, p. 31 ; *Esprit du Code Nap.*, t. V, p. 227.

suite d'une discussion sur l'article 331, on se persuada que les père et mère se porteraient plus volontiers à reconnaître leur enfant naturel, si on ne les obligeait pas à confier l'aveu de leurs faiblesses à la publicité des registres de l'état civil (1). Il n'arrivera guère qu'un homme, voulant que son enfant illégitime porte publiquement son nom patronymique, et soit dans la société comme un témoignage vivant de sa faute, recule devant la publicité légale d'un muet registre. Mais nous comprenons qu'il puisse préférer à l'intervention d'un officier public qu'il ne connaît pas, celle d'un homme longuement investi de toute sa confiance, son conseil et son guide dans les affaires les plus graves et les actes les plus solennels de la vie civile. Voilà pourquoi les notaires, spécialement institués pour recevoir les conventions et déclarations auxquelles les parties veulent ou doivent donner le caractère d'authenticité attaché aux actes de l'autorité publique, partageront avec les officiers de l'état civil la mission de constater légalement les reconnaissances d'enfants illégitimes. C'est évidemment le vœu de l'art. 334. Et le nouvel état de l'enfant ne sera pas moins assuré, et le père auteur de la reconnaissance non moins irrévocablement lié, que par l'acte de l'état civil inscrit sur d'inaltérables registres publics. Le notaire ministre de la reconnaissance doit en conserver l'original appelé *minute;* et c'est comme un dépôt obligé d'ordre public, dont il lui est interdit de se dessaisir, sous de graves peines disciplinaires.

Nous admettons, comme on le voit, que c'est une

---

(1) Locré, *Législation,* t. VI, p. 87. — *Esprit,* t. V, p. 228.

conséquence *nécessaire* de son irrévocabilité, que la
reconnaissance notariée d'un enfant naturel reste en
original entre les mains du notaire qui la reçoit. — Cependant un doute s'est produit, qui, à raison de l'importance du principe, demande à être éclairé d'un nouveau jour et à être entièrement dissipé. Est-il bien vrai
que le notaire, recevant une reconnaissance d'enfant naturel, doive nécessairement en demeurer le dépositaire
et ne puisse la *délivrer en brevet*, c'est-à-dire remettre
sous forme d'expédition, l'original même à l'une des
parties intéressées? Le rapprochement de notre art. 334
muet sur ce point, et de l'art. 931 qui, voulant assurer
l'irrévocabilité d'une donation entre vifs, ordonne *qu'il
en restera minute à peine de nullité*, a fourni, à quelques
commentateurs étroitement esclaves des textes, une induction contraire qui leur a paru décisive. Si la minute
restant en dépôt dans l'étude du notaire, ont-ils dit,
était une nécessité pour la reconnaissance d'enfants naturels, comme elle l'est pour les donations entre vifs,
pourquoi l'art. 334 ne s'en serait-il pas expliqué en
termes exprès, comme l'a fait l'art. 931, lorsque d'ailleurs il est reconnu que l'acte notarié en *simple brevet*
a le même caractère d'authenticité et la même force
exécutoire que celui dont il reste minute? Et puis, pourrait-on ajouter, la crainte que la reconnaissance en
simple brevet, remise le plus souvent à son auteur même,
ne vienne à disparaître, pouvait-elle être un motif raisonnable de l'annuler au détriment de l'enfant qui n'a
pas plus à se reprocher la précaire incertitude de son
titre, que la faute qui lui a donné le jour? Si ce titre a
été heureusement conservé, déniera-t-on à l'innocent

déshérité des droits de famille, la faculté de s'en prévaloir par la raison qu'il a été exposé à le perdre? Lui
dira-t-on dérisoirement : « Vous n'avez pas été le maître
« de vous en donner un autre, c'est vrai ; et vo·: l'avez,
« par vos soins ou par votre bonne fortune, intact en-
« tre les mains; mais, comme après tout ce n'était qu'une
« frêle garantie de votre état, nous l'anéantissons (1). »

Aucun jurisconsulte de quelque autorité ne s'est arrêté à l'argument de texte; argument *a contrario sensu*
fort périlleux de sa nature, et qui s'évanouit ici devant
les dispositions les plus formelles de la loi fondamentale
en cette matière. La condition irritante, qui n'est pas dans
l'art. 334 (Code Nap.), est écrite en toutes lettres dans
la loi du notariat promulguée le 25 ventôse an XI (un
mois avant le titre *de la paternité et de la filiation* du
Code Napoléon, portant la date du 2 germinal an XI).
Les art. 20 et 68 de cette loi spéciale sur la forme des
actes notariés, imposent généralement aux notaires l'o-
bligation de *garder minute et à peine de nullité de tous les
actes qu'ils reçoivent.* Il n'y a exception que pour les
procurations, quittances, et autres actes SIMPLES *qui, d'a-
près les lois, peuvent être délivrés en brevet ;* et à défaut
de dispositions législatives plus précises, dans les usages
universellement reçus, l'on n'a jamais compris sous cette
dénomination d'*actes simples*, que ceux qui ne témoignent que d'engagements *unilatéraux*, dont l'intérêt est
passager et *concentré entre les parties* (2) du moment où il
y a des engagements réciproques qui peuvent se produire

---

(1) Valette sur Proudhon, t. II, p. 16 et 141.
(2) Merlin, *Répert.*, v° Acte notarié; édit. de 1812, t. I, p. 83. — Roland,
v° Brevet, n° 4.

pendant un *temps illimité*, et intéresser des tiers, la *mi-nute* a toujours été une condition indispensable de la validité de l'acte notarié. Or, une reconnaissance légale, soumettant l'enfant qui en est l'objet à la puissance de son auteur, et investissant cet enfant *activement* et *passi-vement* de droits éventuels de successibilité, ne saurait, à quelque point de vue qu'on se place, être considérée comme un acte simple. C'est au contraire un acte des plus complexes. Les doubles brevets, jadis délivrés par quelques notaires de Paris dans les engagements synallagmatiques, ne garantiraient pas les droits de réversion successorale, auxquels peut donner lieu la reconnaissance légale, et ne seraient pas d'ailleurs, pendant une longue suite d'années, à l'abri d'accidents qui les feraient disparaître. Il y a bien là cet intérêt *perpétuel* qui réclame une garantie également *perpétuelle*.

Quant à la mention spéciale de la *minute prescrite à peine de nullité*, qui se trouve surabondamment dans l'art. 931 (Code Nap.), elle s'expliquerait au besoin historiquement, de la manière la plus naturelle et la plus satisfaisante, par l'ordonnance de 1731, d'où cette disposition et beaucoup d'autres ont passé textuellement dans le titre des donations de notre Code de lois civiles, trop souvent inintelligent copiste (1).

Les considérations d'humaine équité, présentées à l'appui de la thèse que nous combattons, nous toucheraient plus qu'une sophistique argumentation de textes incompris, si d'ailleurs la reconnaissance notariée *en simple brevet* devait être privée de tout effet juridique, de telle

(1) Valette sur Proudhon, t. II, p. 148-149.

sorte que le malheureux enfant ainsi reconnu ne pourrait, dans la plus extrême nécessité, réclamer les moindres secours sur le fondement de cet acte qu.., *en ne l'appliquant qu'à l'obligation unilatérale et passagère des aliments*, est parfaitement authentique et muni de la force exécutoire des actes de l'autorité publique. — Mais, comme on doit le pressentir, nous n'en viendrons pas là; et après avoir généreusement assuré à l'enfant tout ce que demande pour lui le droit de la raison et de l'humanité, nous lui appliquerons, dans toute leur légitime rigueur, les principes qui doivent régir l'institution de droit arbitraire appelée *reconnaissance légale des enfants naturels*. Cette reconnaissance, avec la légitimation imparfaite qu'elle produit, est au plus haut degré une création de la loi civile; et dès lors on ne saurait en réclamer les prérogatives si l'on n'est pas exactement dans les conditions auxquelles elle a été législativement subordonnée. — Or, le Code Napoléon a voulu, pour l'opérer, non pas seulement l'authenticité, mais encore et surtout l'irrévocabilité absolue de l'acte qui doit établir la preuve de ce changement d'état. C'est l'application du grand principe d'ordre public, que la condition sociale des personnes ne peut rester incertaine et flottante. Et il est d'ailleurs avoué par tous, qu'une reconnaissance notariée en *brevet* n'est, pas plus que celle qui n'aurait été inscrite par l'officier de l'état civil que sur une feuille volante, une garantie contre la passion capricieuse ou l'intérêt qui repousserait l'enfant d'abord spontanément reconnu, et voudrait s'affranchir des charges de la paternité légale hors le mariage. — Quelque intérêt que doive inspirer cet enfant, première victime d'une faute dont il est innocent, il ne peut être par le malheur de sa naissance placé au-dessus des lois sur lesquelles repose l'organisation même de la société. — Nous lui réserverons toujours et largement, comme nous l'avons annoncé, les droits de l'humanité.

La reconnaissance légale d'un enfant naturel ne doit pas seulement, conformément au droit commun, rester en original dans l'étude du notaire, où elle est conservée comme elle le serait dans un dépôt public; elle a été, quant à la forme, soumise à un droit spécial. Afin de lui donner plus de solennité et d'en assurer davantage la libre sincérité, une loi du 21 juin 1843 a voulu que, contrairement à un usage abusif que néanmoins elle consacre en thèse générale, la présence du notaire en second ou des deux témoins instrumentaires y fût de rigueur, du moins au moment de la lecture et de la signature, et mentionnée à peine de nullité. — Et c'est là, à nos yeux, un vrai progrès législatif. Donner place à un bâtard dans la famille légitime, le faire concourir avec les enfants du mariage au partage du patrimoine héréditaire, est un acte de la plus haute gravité; et l'on ne saurait être trop exigeant pour préserver son auteur d'un premier entraînement irréfléchi.

Cette loi spéciale nous paraît en outre résoudre *in terminis* la question, encore aujourd'hui vivement débattue, de savoir si une reconnaissance sous seing privé devient authentique et parfaitement légale par le dépôt qu'en fait volontairement le père en l'étude d'un notaire avec réquisition, reçue dans la forme ordinaire par

lo notaire lui-même, de la placer au rang de ses minutes.

La remise d'une reconnaissance sous seing privé, a-t-
on dit d'une part, lui donnera bien une date certaine,
mais n'en changera point la nature : il n'y aura d'authentique que l'acte même de dépôt ; la reconnaissance
n'en restera pas moins un acte privé, nul comme reconnaissance légale (1).

Le père qui, après avoir écrit lui-même l'acte 'de
reconnaissance, a-t-on dit d'autre part, le dépose entre
les mains d'un notaire, en déclarant que c'est son ouvrage, ne remplit-il pas avec une équipollence *adéquate
et identique*, le vœu de l'art. 334? N'est-ce pas comme
s'il répétait mot à mot au notaire l'entier contenu de
cet acte sous seing privé, et que le notaire, sous sa dictée,
en dressât le contrat (2)?

Les derniers partisans de la validité de la reconnaissance sous seing privé, *par l'acte même de dépôt*, ont
cependant compris que cet acte devait au moins en re-
later sommairement la teneur. Pour satisfaire au vœu
de l'art. 334, ont-ils dit, le notaire doit témoigner que
la reconnaissance a été faite sciemment et librement ;
or, si l'on se borne à lui remettre un écrit privé qu'on
déclare avoir revêtu de sa signature, comment saura-t-il
que l'auteur de cette remise et de cette déclaration a
compris toute la portée de l'acte qu'il dépose, et a joui
de toute sa liberté en le souscrivant et même en l'écrivant de sa propre main (3)? Et, en principe, si l'acte de

(1) Loiseau, loc. cit,, p. 172.
(2) *Répert. Merlin*, t. XVI, p. 838. — Richefort, t. II, p, 149.
(3) Demolombe, loc. cit., n° 406, p. 382-383.

dépôt ne contient pas en lui-même la preuve de la reconnaissance, et qu'on soit obligé de la chercher dans l'acte déposé, cette reconnaissance sera-t-elle authentique, lorsque le seul écrit qui la constate ne fera pas foi jusqu'à inscription de faux, et restera par là même dans la classe des actes sous seing privé (1) ?

La relation sommaire de la reconnaissance privée dans l'acte de dépôt pouvait suffire avec le Code Napoléon et la loi du 25 ventôse an XI. telle qu'on la pratiquait. Mais avec la loi de 1843, il faut aller plus loin et dire que l'acte de dépôt, *d'ailleurs reçu comme l'aurait été la reconnaissance même*, doit exactement la reproduire dans *tous ses éléments substantiels.* C'est par là seulement qu'on remplira la condition irritante de la lecture de l'acte en présence du notaire en second, ou des témoins instrumentaires; ce ne serait pas évidemment lire l'acte, que d'en faire connaître plus ou moins imparfaitement l'objet. Ainsi la reconnaissance sera tout entière dans l'acte de dépôt; l'écrit déposé deviendra simplement une pièce surabondante, mais qui n'ôtera rien à la valeur de l'autre, d'après la maxime : *Non solent quæ surabundant, vitiare scripturas*, et qui même pourrait être utile, comme témoignant d'une volonté ferme et constante, dans le cas où l'acte de dépôt qui contient la reconnaissance *in extenso*, serait, malgré le strict accomplissement des formes nouvelles, attaqué comme n'étant pas l'expression d'une volonté libre et éclairée.

Nous admettrions volontiers, avec un commentateur

(1) Zachariæ, loc. cit., note 20, p. 52-53.

dont l'opinion reste isolée, que la reconnaissance par
acte notarié *doit être transcrite sur les registres de l'état
civil*(1). Il conviendrait en effet que ces registres pré-
sentassent un tableau complet de l'état des personnes ;
mais nous ne pensons pas que, s'agissant d'une formalité extrinsèque dont l'utilité n'est que secondaire, l'on
puisse par des arguments d'analogie suppléer au silence
du Code Napoléon, et d'autant moins que ce serait aller
directement contre son esprit. Qu'a-t-il en effet voulu,
en autorisant les reconnaissances d'enfants naturels pardevant notaire? Ménager aux père et mère la facilité
de tenir cet acte secret, au moins pendant un certain temps, par exemple, jusqu'à la mort d'un père
qu'un tel accroissement de famille irriterait (2). Or,
cette faveur deviendrait une amère déception, si la
reconnaissance passait immédiatement des minutes du
notaire, qui n'en doit donner connaissance qu'*aux parties intéressées en nom direct ou à leurs héritiers* (3), sur
les registres de l'état civil ouverts à tout le monde. Ainsi
la déduction de l'art. 62 est essentiellement fautive, cet
article ne prescrivant la mention en marge de l'acte de
naissance, que d'une reconnaissance reçue par l'officier
de l'état civil, inscrite elle-même sur les registres. Nous
ne voyons d'ailleurs aucun inconvénient sérieux à ce
défaut d'harmonie dans les dispositions du Code. Voici
une des espèces où l'on a le plus vivement regretté, pour
les actes de reconnaissance d'enfant naturel, la publicité
des registres de l'état civil; et la critique qu'on a faite, à

(1) Marcadé, *Eléments de Droit civil*, t. II, p. 414.
(2) Locré, *Esprit du Code Nap.*, t. V, p. 228, 209 à 211.
(3) Loi du 25 ventôse an XI, art. 23.

ce point de vue, du Code Napoléon, est comme on va le
voir, au moins bien exagérée. — Un fils naturel a été
légalement reconnu pardevant notaire; le père, par des
intérêts dynastiques, et pour conserver toute sa fortune
à ce fils qui porte son nom, prétend lui faire épouser
une fille unique que lui a donnée une union légitime.
L'officier de l'état civil résiste à célébrer ce mariage incestueux. Comment, à défaut de l'acte de reconnaissance,
dont les parties intéressées dissimulent et nient l'existence, justifiera-t-il son refus? Rien de plus simple; il
se laissera assigner devant le tribunal civil, et au début
de l'instance, il formera une *demande à fin de compulsoire*, sur laquelle le tribunal l'autorisera à se faire délivrer une expédition de cet acte où il n'a point été
partie (1).

D'après une doctrine révolutionnaire dont il serait curieux de suivre les progrès, doctrine, s'il faut le dire,
d'un niais sentimentalisme pour les uns, et pour les
autres d'un hypocrite égoïsme, une reconnaissance d'enfant naturel devait *essentiellement* être, non pas seulement dégagée de tout vice de surprise et de violence, en
un mot, parfaitement libre, mais *spontanée*, « la simple
« expression de la tendresse, un mouvement, un aban-
« don de cœur (2). » De là on concluait que celle qui
avait été provoquée, même par de simples actes extrajudiciaires, de la part, soit de l'enfant, soit de la mère,
soit de ses parents, était *radicalement* nulle. — « Un
« homme qui a besoin de la considération publique,

(1) Code de proc. civ., art. 846, 847.
(2) Loiseau, *Des enfants naturels*, 1811, p. 449.

« avait-on dit au Conseil des Anciens, recule devant un
« procès déshonorant, et consent à se charger de l'édu-
« cation de l'enfant dont l'on prétend qu'il est le père.
« Est-ce là une reconnaissance volontaire? Si une bande
« de voleurs me demandent la bourse ou la vie, et que,
« pour conserver la vie, je donne ma bourse, dois-je ba-
« lancer pour la ravoir à faire usage des moyens que
« me procure la justice? le cas dont il s'agit est abso-
« lument le même (1) » — Avec cette logique digne de
Grosrené, prétendant comme on sait,

> que la comparaison
> Nous fait distinctement goûter une raison,

l'on est arrivé à trouver une contrainte exclusive de la
liberté du consentement dans la transaction la plus mû-
rement réfléchie et la plus solennellement authentique,
par laquelle le père d'un enfant illégitime lui aurait assuré des secours alimentaires.

« De tous les vices dont un acte de reconnaissance peut être
infecté, celui de la contrainte et de la violence est le plus radical et le plus absolu. De là, il résulte qu'une reconnaissance
déposée dans une transaction sur procès, est essentiellement vicieuse et nulle, alors même que le prétendu père y aurait déclaré
stipuler *librement et sans aucun motif de contrainte ;* la nature
même de l'acte démentirait cette déclaration ; car on ne peut
transiger sans renoncer à une partie de ses droits, et *personne
n'est censé perdre volontairement.* Et parce qu'il est de l'essence
d'une transaction de *prévenir* comme d'*apaiser* une difficulté,
une transaction *volontaire,* passée même devant un notaire, porterait encore en elle le caractère de la contrainte et serait par
cette raison *radicalement nulle* » (2).

(1) Merlin, *Répert.,* v° Bâtard, sect. II, § 3, t. I, p. 713.
(2) Loiseau, loc. cit., p. 460-463.

C'est ce qu'ont jugé de très nombreux arrêts qui peuvent se résumer par celui de la Cour de cassation du 5 août 1807, ainsi motivé en fait et en droit :

« Attendu qu'un aveu de paternité, sur une déclaration de grossesse, avec indication du nom du père et contenu dans une transaction antérieure à l'accouchement, ne présente point le caractère d'une intention et d'une volonté libres et spontanées, telles que l'exige la loi ; et que cet aveu, renouvelé dans une transaction subséquente sur procès mu et élevé sur l'exécution de la première, avec stipulation de placer l'enfant dans un hospice, présente encore moins ce caractère de liberté et de spontanéité » (1).

Le grand jurisconsulte du siècle approuve cette jurisprudence, pourvu cependant qu'on la restreigne aux transactions passées sous l'empire de la règle qui consacrait la recherche de la paternité non avouée (2). — « Mais aujourd'hui, ajoute-t-il, que celui contre lequel « est dirigée une action ou déclaration de paternité, ou « qui en est menacé, peut la paralyser dans son prin- « cipe par une simple dénégation, s'il avoue néanmoins « la qualité qu'on prétend lui attribuer, un tel aveu n'a « rien que de très volontaire. — Une reconnaissance, « dit-il plus loin, provoquée soit par des poursuites déjà « exercées, soit par l'imminence de poursuites prêtes à « l'être, et consignée dans une transaction notariée, « manque sans doute de spontanéité ; mais elle n'en est « pas moins volontaire et parfaitement libre, parce que « celui qui l'a souscrite n'avait qu'un mot à dire pour « faire tomber l'action ou déjouer la menace : et si, par

---

(1) Dalloz, *Recueil périod.*, 1807, 1re part., p. 384.
(2) Merlin, *Répert.*, vo Filiation, no 14 (Supplém., t. XVI, p. 359, 370.)

10

« respect pour la vérité et les droits de la nature, il
« n'use pas de son droit de les repousser, la reconnais-
« sance qu'elles amènent de sa part n'en acquiert
« qu'un caractère plus prononcé de réflexion et de ma-
« turité (1). »

Très bien; mais nous nous demanderons si, dans le
cas où notre Code autorise encore la recherche de la paternité non avouée, il faudra en revenir à la doctrine
de la *spontanéité, condition nécessaire de la validité d'une
reconnaissance extrajudiciaire.* Et la recherche de la maternité ayant été maintenue à peu près comme l'admettait l'ancienne jurisprudence, devra-t-on déclarer nulle
la reconnaissance par acte notarié d'une mère prétendue,
en butte à cette poursuite?

Il semble que l'homme menacé d'un procès criminel,
d'une accusation de rapt, devrait être, à plus forte raison,
présumé n'avoir cédé qu'à la violence, lorsqu'il aurait
souscrit, *par forme de transaction,* la reconnaissance dont
l'on se prévaudrait contre lui. Et la femme aura-t-elle
joui de plus de liberté, lorsque par un acte dont elle es-
pérait le secret, elle a prévenu un débat judiciaire qui,
quelle qu'en eût été l'issue, l'aurait souillée dans l'opinion publique d'une ineffaçable tache? C'est surtout du
sexe le plus faible qu'il est vrai de dire :

L'honneur est comme une île escarpée et sans bords,
L'on n'y peut plus rentrer lorsqu'on en est dehors.

Un jeune homme se relève d'une chute; une jeune fille,
jamais; le monde couvre souvent de trop d'indulgence

(1) Merlin, *Répert.*, loc. cit., p. 860, 861.

les multiples et déplorables erreurs de celui-là; l'avenir de celle-ci est par une première faute irrévocablement compromis et perdu.

Nous établirons, en nous fondant sur le droit commun des conventions et sur le caractère spécial de la transaction, une théorie très simple qui doit, dans la double hypothèse de la recherche, plus ou moins permise ou plus ou moins interdite, de la paternité ou de la maternité, lever, en donnant satisfaction à tous les intérêts légitimes, la difficulté que nous venons de signaler.

C'est une proposition certaine, qu'on ne transige pas valablement de l'état d'une personne et des droits successifs *non encore ouverts* qui en seraient une éventuelle prérogative.

Une autre non moins vraie, c'est que le loyal exercice d'une voie de contrainte autorisée par la loi même ne saurait constituer un acte de violence. Que si un créancier impitoyable, abusant de son droit, avait, par l'exagération affectée de ses menaces, arraché une concession sans cause légitime à son malheureux débiteur, celui-ci serait sans doute restituable contre l'engagement onéreux, par lui souscrit sous l'impression de la crainte que son adversaire lui aurait à tort ou à raison inspirée; il pourrait y avoir tout à la fois absence de cause et défaut de liberté, ou consentement surpris par de fausses terreurs. Mais ce ne serait plus une question de principes; il ne s'agirait que d'apprécier le fait à l'un de ces trois points de vue.

Ceci posé, reconnaissons d'abord que la *spontanéité*, telle qu'on la comprenait au conseil des Anciens, n'est point par le Code Napoléon, et n'a jamais été, même par la législation intermédiaire, une condition essentielle de la reconnaissance légale d'un enfant naturel. La loi de brumaire n'avait là-dessus aucune disposition spéciale, et s'en référait par là même au droit commun. — Ainsi, les père et mère d'un enfant naturel sont invités, par des actes extrajudiciaires plus ou moins pressants, à le reconnaître ; cédant aux cris de leur conscience (les plus honnêtes gens ont quelquefois besoin qu'on leur rappelle leurs devoirs), ils vont à la mairie ou chez un notaire faire la déclaration qui leur est demandée : cette expression solennelle de leur volonté souveraine, bien que sollicitée, donnera à celui qui en est l'objet l'état d'enfant naturel légalement reconnu, et soit dans le présent, soit dans l'avenir, tous les droits qui y sont activement et passivement attachés.

Mais si, après des discussions judiciaires ou extrajudiciaires plus ou moins vives, les parties se rendent ensemble chez un notaire pour en finir *par une transaction*, cette convention par acte authentique, où se trouvera plus ou moins explicitement consigné l'aveu de la paternité ou maternité déniée, ne donnera point à l'enfant, bien que très volontairement souscrite, l'état de famille et les droits de successibilité résultant d'une reconnaissance légale. Elle ne saurait lui assurer rien de plus que les avantages pécuniaires, secours alimentaires et autres qu'il était possible de régler *conventionnellement*. La transaction, quelle que soit son autorité, ne peut créer ou modifier des droits de filiation, donner ou enlever un état social. Et puis, si la quasi-légitimation d'un enfant naturel n'est pas un pur élan du cœur, au

moins doit-elle émaner d'une volonté ferme et sûre
d'elle-même; elle répugne essentiellement au doute et
à l'incertitude qui sont comme les éléments fondamentaux de la transaction. *Qui transigit, quasi de re dubia
ac lite incerta paciscitur* (1). Il n'importerait d'ailleurs
que l'acte n'eût pas été qualifié *transaction;* une convention tendant à prévenir ou à assoupir une lutte judiciaire ne peut pas être autre chose. C'est un axiome de
bon sens qu'il faut juger de la nature d'un acte par la
substance des clauses qu'il renferme, et non par la qualification que lui ont donnée les parties.

Ainsi, nous n'aurions, pas plus que le conseil des Anciens, admis d'une manière absolue la résolution ainsi
conçue du conseil des Cinq Cents : « Les actes portant
« reconnaissance volontaire de paternité, quoique dé-
« terminés par des poursuites judiciaires, suffisent pour
« constater *l'état* des enfants nés hors du mariage et *les
« rendre habiles à succéder.* » Mais nous aurions encore
moins voulu qu'à défaut de *spontanéité,* cette reconnaissance *volontaire, juridiquement libre,* fût radicalement
nulle, même quant aux secours alimentaires expressément ou tacitement promis.

Les principes que nous venons d'exposer sont, comme
nous l'avons annoncé, d'une application générale; seulement, si la reconnaissance était repoussée par la personne à qui on l'attribue, comme n'étant que le produit
de manœuvres coupables, d'une violence morale condamnable, la considération que la loi aurait laissé cette
personne à peu près sans garantie contre une recherche

(1) L. 1, Dig., *De transact.,* lib. II, tit. 1.

calomnieuse, devrait sans doute exercer une grande influence sur l'appréciation, confiée à la sagesse du juge,
des faits justificatifs de l'exception.

D'autres officiers publics que les notaires, sont-ils
avec ceux de l'état civil appelés à recevoir authentiquement les reconnaissances d'enfants naturels?

L'on s'est divisé et bien égaré sur ce point, faute de
remonter aux principes et de s'être suffisamment pénétré
de l'esprit de l'institution. — La plupart semblent s'être
persuadés qu'un officier public, qui revêt du sceau de
l'authenticité un acte de son ministère, est par là même
habile à constater légalement une reconnaissance d'enfant naturel. — Grenier, un orateur du Tribunat, n'a-t-
il pas énoncé que cet acte était dans les attributions d'*un
officier public quelconque* (1)? Ainsi c'est un huissier qui
par une sommation extrajudiciaire interpelle un père
prétendu d'avoir à déclarer s'il entend ou non contester
à l'interpellant la qualité d'enfant naturel; la réponse
négative consignée par cet officier ministériel dans son
procès-verbal, *constituerait*, a-t-on dit, *un acte parfaitement légal de reconnaissance* (2).

A supposer qu'un tel acte soit authentique dans le
sens de l'art. 334 (Code Nap.), aurait-il ce caractère
d'irrévocabilité essentielle à la reconnaissance légale?
L'original et la copie de la sommation ne disparaî-
traient-ils pas au gré des passions qui animeraient les
parties intéressées? Serait-ce une moins frêle et plus

(1) Séance du Corps législatif du 14 floréal an XI. (Locré, t. VI, p. 351.)
(2) Marcadé, *Éléments de Droit civil*, t. II, p. 433, 434, édit. de 1842.

digne garantie de l'état de l'enfant, qu'un acte notarié
en brevet ou que la feuille volante de l'officier de l'état
civil ? Se figure-t-on un huissier délivrant au besoin une
expédition de son exploit, revêtue de la formule exécutoire ? Et puis y trouverait-on cette expression solennelle d'une volonté souveraine et sûre d'elle-même, que
la loi et la raison demandent pour donner à l'enfant un
état et des droits de successibilité dans la famille légitime ? Quoi ! l'interpellation fortuite d'un menaçant
huissier tiendrait lieu de ces formes exceptionnelles que
la loi de 1813 à prescrites pour qu'on soit assuré que le
bénéfice de cette quasi-légitimation a été octroyé avec
une entière liberté et une mûre réflexion ? Les moindres
légistes reconnaissent que Grenier s'est servi d'une lo-
cution trop générale, et qu'en la prenant au sérieux, on
en tirerait des conséquences inadmissibles (1).

L'on a néanmoins été plus loin encore ; n'a-t-on pas
prétendu, à la vérité, sans succès devant les tribunaux,
qu'une reconnaissance d'enfant naturel devant un *commissaire de police* était un acte authentique (2) ? *Autant
vaudrait-il dire*, fait à ce sujet observer Merlin, *qu'on
doit considérer comme telle une reconnaissance devant un
garde champêtre* (3).

L'on est généralement tombé d'accord que les agents
et fonctionnaires de l'ordre administratif, et dans les degrés les plus élevés, les sous-préfets, préfets, les ministres
eux-mêmes, sortiraient des bornes de leurs pouvoirs, s'ils
recevaient un acte de reconnaissance d'enfant naturel ;

(1) Demolombe, loc. cit., p. 378.
(2) Cour royale de Dijon, arrêt du 24 mai 1817. (Dalloz, 1817, IIe part.,
p. 112.)
(3) *Répert.*, Suppl., ve Filiation, no 6, t. XVI, p. 819.

et que cet acte imparfait ne vaudrait que comme déclaration sous seing privé. *Hors de leurs fonctions limitées
aux actes purement administratifs, ils rentrent dans la
classe des simples particuliers* (1).

Mais, a-t-on dit, si la reconnaissance résultait d'un
acte que la loi place *dans les attributions de l'autorité
administrative* (par exemple, le père a présenté une pétition au préfet pour affranchir son fils naturel de la
conscription ; le conseil de préfecture a prononcé sur une
exemption motivée par l'allégation d'une filiation naturelle), n'y aurait-il pas là un acte public et authentique
auquel foi devrait être ajoutée jusqu'à inscription de
faux, et qui serait dès lors conforme au vœu de l'article 334 (Code Nap.) (2) ?

Évidemment de pareils actes ne présenteraient aucune
des garanties de stabilité et de ferme volonté que la loi
demande pour la quasi-légitimation d'un enfant naturel.
Le préfet ou le conseil de préfecture, en admettant ou
en rejetant une exemption fondée sur une paternité ou
maternité naturelle, aurait-il ainsi exceptionnellement
jugé une question d'état essentiellement hors de leurs
attributions ? Peut-il y avoir dans ces prétendus actes
authentiques autre chose qu'une déclaration personnelle
et privée du père ?

Disons-le avec une ferme assurance, toutes ces acci-
dentelles reconnaissances plus ou moins fortuites, irré-
fléchies, et d'autres que nous devons encore signaler à
l'attention de nos lecteurs, ne pourraient raisonnablement constituer que des faits plus ou moins graves de

(1) Loiseau, *Des enfants naturels*, p. 153, 154.
(2) Loiseau, loc. cit., p. 154, 155.

possession d'état, et qu'autoriser de simples demandes
en secours alimentaires.

L'on a réclamé avec plus d'apparence de raison les
prérogatives de la reconnaissance légale pour certains
actes qu'aurait consacrés ou paru consacrer l'autorité
judiciaire. C'est un aveu fait dans une instance étrangère à la recherche de la paternité ou de la maternité,
dont il a été demandé acte par l'une des parties, par le
confessant lui-même, et consigné à sa propre réquisition
sur le registre d'audience (1). C'est une déclaration plus
ou moins spontanée, mais volontaire, soit dans un in-
terrogatoire, soit dans une enquête, au civil ou au criminel, et reproduite par le juge commissaire, ou instruc-
teur au procès-verbal de ses opérations (2). *Les tribunaux, de quelque ordre que ce soit, a-t-on dit, impriment
à tous leurs actes le sceau irréfragable de l'authenticité. —
Les actes qui émanent de la justice sont de tous les plus
authentiques et les plus solennels* (3).

Nous ne pensons pas qu'un aveu plus ou moins explicite de paternité ou de maternité, mentionné sur un registre d'audience ou dans le procès-verbal d'un inter-
rogatoire, ou d'une enquête ou information, puisse
jamais *par lui-même* donner à l'enfant naturel un état de
famille et des droits de successibilité. Si cette déclaration avait été faite dans le cours d'une instance civile en
recherche, autorisée par la loi, de la maternité ou de la
paternité, ce serait un *aveu judiciaire*, faisant, aux termes

(1) Zachariæ, loc. cit., t. IV, p. 50. — Ducauroy, *Comm. théor. et prat. du
Code Nap.*, t. I, p. 341. — Valette sur Proudhon, t. II, p. 149. — Demol., V,
p. 376.
(2) Zachariæ, loc. cit. — Demol., loc. cit. — Loiseau, p. 461.
(3) Zachariæ, loc. cit. — Loiseau, p. 457-459.

de l'art. 1356 (Code Nap.), *pleine foi contre son auteur, mais ne pouvant être divisé*. Le juge aurait à en apprécier la force probante ; et alors de deux choses l'une : La paternité ou maternité se trouverait-elle à ses yeux suffisamment établie, elle serait *judiciairement* reconnue, et il y aurait, par l'autorité de la chose jugée, ce que l'on a appelé une reconnaissance *forcée*, dont nous aurons plus tard à apprécier les effets. L'aveu aurait-il au contraire paru équivoque, mutilé, anéanti par les restrictions auxquelles il a été soumis, la sentence, en rejetant la demande de l'enfant, aurait jugé par là-même que cet aveu prétendu n'était rien moins qu'une *reconnaissance légale ;* et il ne serait plus possible assurément de la reproduire comme ayant ce caractère devant les tribunaux ; il y aurait encore autorité de la chose jugée.

La question que nous examinons ne pourrait donc s'élever que lorsque l'aveu prétendu aurait été fait, comme le dit l'un de nos plus incisifs antagonistes, *dans une instance tout à fait étrangère à la recherche de la paternité ou maternité, et lorsque les père et mère demanderaient eux-mêmes acte de la reconnaissance* (1).

Eh bien ! dans cette hypothèse extraordinaire, bien exceptionnelle assurément, un aveu qui n'aurait aucun trait à la contestation, et ne pourrait exercer aucune influence sur le jugement qui doit la terminer, serait-il en effet un aveu *judiciaire ?* Ne serait-ce pas plutôt une déclaration faite, non pas en justice, mais à l'occasion d'un procès, et en soi-même *extrajudiciaire ?* Ne serait-ce pas enfin une reconnaissance de paternité irrégulièrement produite en présence du juge, constitué bon gré

(1) Ducaurroy, loc. cit.

malgré, officier de l'état civil par la volonté privée de
son auteur? *L'autorité judiciaire*, dit très bien un commentateur qui malheureusement ne tire pas toujours
d'heureuses conséquences de ses principes, *a été établie
pour vider les procès et non pour recevoir les actes de l'état
civil* (1). Supposons que le père d'un enfant naturel aille
proposer au président d'un tribunal de recevoir sa déclaration de paternité, ce magistrat, si peu qu'il sache
son métier, lui répondra : « Hors de mes fonctions judi-
« ciaires, je ne suis rien ; la reconnaissance que vous
« feriez par mon ministère de votre enfant naturel ne
« serait pas plus légale que celle que vous dresserait le
« scribe du coin de la rue; elle ne pourrait valoir que
« comme acte sous signature privée, et encore pour cela,
« faudrait-il qu'elle fût signée de votre propre main. »
Et voici que cet homme, à propos d'un procès quelconque, où il serait question de tout autre chose que
de sa paternité, pourrait transformer en tabellion le tribunal tout entier! — Répétons-le avec plus d'assurance encore que nous n'avons établi le principe générateur, sa déclaration, consignée à sa propre requête sur
le registre d'audience, ne serait plus pour l'enfant, ainsi
que nous l'avons annoncé, qu'un fait isolé de possession
d'état; à moins que ce registre public ne fût, contrairement à l'usage, signé de lui-même : cas auquel le prétendu aveu judiciaire vaudrait comme reconnaissance
sous signature privée.

Il est un officier public de création nouvelle, investi
d'une double juridiction contentieuse et gracieuse, qui

(1) Loiseau, loc. cit., p. 157.

semblerait plus en position qu'aucun autre de disputer aux notaires le monopole des reconnaissances légales d'enfants naturels, dont l'officier de l'état civil n'est pas le ministre : c'est le juge de paix.

Malleville qui, sous la direction de Portalis, a joué un rôle utile bien que très secondaire dans la rédaction de nos Codes, met ici au même rang le juge de paix et le notaire : « Pour que la reconnaissance soit valable, « dit-il sur l'art. 331, il suffit qu'elle ait été faite *devant* « *un notaire, un juge de paix,* ou devant un officier de « l'état civil. »

La reconnaissance d'un enfant naturel, a-t-on dit à l'appui de cette assimilation doctrinale, est un acte de juridiction *gracieuse* ou *volontaire,* qui semble de droit dans les attributions du juge de paix; le Code Napoléon qui en fait le ministre du contrat d'adoption (art. 353), pouvait-il d'ailleurs lui interdire de recevoir cette reconnaissance qui est un acte de même nature (1)? Et ne devrait-on y voir, comme Merlin, qu'un acte *de l'état civil,* s'il n'y a nulle difficulté, suivant ce même jurisconsulte, à ce que les notaires, qui ne sont pas officiers de l'état civil, puissent le recevoir, pourquoi admettre entre eux et les juges de paix une différence que la loi n'a pas établie textuellement, et dont il n'existe aucune trace dans le Code même (2)?

La solution de cette question nous paraît être dans une distinction fondamentale que personne ne contestera. Le notaire est, par le droit commun et par la nature même de ses fonctions, appelé à recevoir tous les actes

(1) Loiseau, loc. cit., p. 458.
(2) Richefort, *État des Familles,* t. II. p. 123, 124.

auxquels les parties doivent ou veulent donner le caractère de l'authenticité; sa mission est générale, et ne peut
être limitée que par des dispositions spéciales et formelles; en un mot, sa capacité est la règle, son incapacité, une exception qui doit être consacrée par un texte
précis. Ainsi, son habilité à donner le caractère de l'authenticité à une reconnaissance d'enfant naturel sort victorieusement du silence même du Code.

C'est précisément tout le contraire pour le juge de
paix ; c'est le contrepied de cette doctrine qu'il faut lui
appliquer. En dehors de la juridiction qui lui est expressément attribuée par la loi, il ne peut rendre authentique une déclaration simple ou collective, faite devant
lui, que dans les circonstances définies et caractérisées
par des dispositions spéciales. Il ne fallait rien moins
que l'art. 353 pour qu'il pût passer acte des consentements respectifs qui doivent former les premiers liens
du contrat d'adoption. Et à défaut d'une disposition semblable pour les reconnaissances légales d'enfants naturels,
les lui attribuer, ce serait étendre arbitrairement, hors de
ses rigoureuses limites, la compétence de ce magistrat.
Il nous paraît d'ailleurs fort indifférent que ces reconnaissances légales soient de purs actes de l'*état civil* ou
des actes de juridiction *gracieuse*. Nous serions même
très disposés à confondre les uns et les autres, et à voir
des actes de juridiction gracieuse dans tous les actes de
l'état civil. — Nous avons remarqué que nos docteurs
n'étaient guère d'accord sur l'application que peut recevoir chez nous cette théorie romaine de la juridiction
gracieuse. — Ainsi, suivant les uns, le contrat d'*adoption* passé devant le juge de paix serait un *acte de l'état*

civil (1); suivant les autres, un acte de juridiction *gra-cieuse*, de même qu'une émancipation de mineurs ou une dation de tutelle (2).

Si le juge de paix est inhabile à recevoir une reconnaissance légale d'enfant naturel, comment douter de l'incompétence de son greffier? Cet officier subalterne, agissant de sa propre autorité, pourra-t-il ce qui est interdit à son chef? Cependant une Cour royale, celle d'Amiens, révoltée de la plus inhumaine et plus basse violation de la foi promise, a, en audience solennelle, le 2 août 1821, décidé l'*affirmative* (3), sous le prétexte que des lois spéciales ont placé dans les attributions du greffier certains actes auxquels ne doit point concourir le juge de paix lui-même, comme, par exemple, *de recevoir la déclaration d'une arrestation illégale* (4), *de donner décharge du procès-verbal qu'un commissaire de police de la ville de Paris transmet à la justice de paix* (5). Et bien que ces arguments frivoles eussent au besoin confirmé la thèse contraire, à savoir, la nécessité juridique d'une attribution spéciale et formelle pour un acte aussi important que la reconnaissance légale d'un enfant naturel, la Cour de cassation, section civile, dominée par les mêmes sentiments, a rejeté le pourvoi qu'avait admis la section des requêtes; rejet qu'elle cherche à justifier par cette considération, *qu'il y avait eu consentement mutuel des deux parties à ce que le gref-*

(1) Loiseau, p. 458.
(2) Merlin, *Répertoire*, t. XVI, p. 349.
(3) Merlin, *Répert.*, vᵒ Filiation, nᵒ 6, t. XVI, p. 349-350.
(4) Décret du 16 septembre 1791, tit. XIV, art. 3.
(5) Décret du 21 septembre 1791.

fier (ayant d'ailleurs le droit d'instrumenter dans le lieu et préposé à la garde d'un dép.¹ public) *reçût la double déclaration de la grossesse et de la paternité*, comme si les parties avaient pu par leurs volontés privées l'investir d'un pouvoir que lui dénie une loi d'ordre public. — La défaveur de la cause d'un homme qui refuse à son enfant le pain que ne peut lui donner la malheureuse mère indignement séduite et trompée, est, comme l'a fait observer Merlin (1), le véritable motif de cet arrêt excentrique; le fait l'a emporté sur le droit.

A chaque pas que nous faisons dans cette étude, nous nous félicitons d'avoir trouvé, aux dispositions fondamentales du titre qui en est l'objet, une interprétation qui nous permette d'appliquer dans leur légitime rigueur les principes conservateurs de l'ordre social, en donnant toujours une pleine satisfaction aux droits de l'humanité. Nous laisserons l'enfant dans la condition malheureuse où il est né; mais nous lui accorderons les plus larges moyens d'existence contre ce père qui le méconnaît inhumainement après des aveux géminés de sa coupable paternité.

Merlin décide avec la plus grande fermeté de jugement, ainsi que nous l'avons fait nous-mêmes par des motifs qui ne sont pas tout à fait les siens, que le juge de paix ne peut, comme exerçant une juridiction purement gracieuse ou volontaire, donner le caractère de l'authenticité à une reconnaissance d'enfant naturel; mais il ne regarde pas comme plus douteux qu'une reconnaissance de paternité, faite devant ce magistrat *sié-*

(1) Merlin, *Répert.*, t. XVII, p. 65, 66.

geant *au bureau de conciliation*, ne soit authentique et parfaitement légale ; et son avis a été généralement suivi sur ce point comme sur l'autre. Un juge de paix, dans cette mission qui se rattache à sa juridiction contentieuse, constate *authentiquement*, dit-on, par son procès-verbal, les aveux faits devant lui par les parties et les conventions dont il se rendrait l'intermédiaire ; il ne peut pas avoir ici moins d'autorité que tous les autres juges, de quelque ordre qu'ils soient. C'est ce que sembleraient avoir jugé un grand nombre d'arrêts, qui ont considéré l'aveu plus ou moins contraint du père devant le juge de paix *conciliateur* comme une reconnaissance formelle de paternité, et cette déclaration plus ou moins explicite consignée sur des registres publics, comme remplissant le vœu de la loi.

Mais d'abord est-il bien vrai qu'un procès-verbal de conciliation à la justice de paix, soit un acte *authentique ?* L'art. 54 du Code de procédure dit en termes exprès que les *conventions insérées* en ce procès-verbal n'ont force que d'*obligations privées*. A la vérité, on explique cette rédaction en disant que tout ce qu'a voulu le législateur, c'est que le ministère des notaires ne fût pas éludé, et qu'on ne parvînt pas ainsi par une citation en conciliation à se donner presque sans frais un acte *emportant hypothèque et exécution parée.* Mais une loi va souvent au-delà ou reste en deçà des motifs qui semblent en avoir déterminé l'adoption ; et c'est avant tout en elle-même qu'il faut en chercher l'étendue ou la portée, surtout lorsqu'elle réglemente une institution de droit arbitraire. *Dimensio et latitudo legis*, dit Bacon en ses aphorismes de droit, *ex corpore legis ipsius petendæ ; nam præambu-*

lum sæpe aut ultra aut citra cadit (1). Or notre Code Napoléon voulant, pour opérer la quasi-légitimation d'un enfant naturel, un acte *authentique*, ne serait-il pas plus que
hasardeux de regarder cette condition essentielle, fondamentale, comme accomplie par un acte qu'un autre Code, ayant la même autorité que le premier, déclare
n'être pas authentique, ou n'avoir que la force d'une
écriture privée? Qu'il y ait là une anomalie rationnellement inexplicable, c'est possible; mais en matière de
formalités extérieures, et lorsqu'il s'agit de donner
à un enfant naturel des prérogatives dont l'exclut
le vice de sa naissance, la raison du droit veut qu'on
s'attache étroitement au texte législatif. Après cela, que
ce procès-verbal du juge conciliateur vaille comme une
reconnaissance de fait entraînant l'obligation alimentaire,
nous en serons parfaitement d'accord; mais qu'il donne
en outre à l'enfant le bénéfice de la quasi-légitimation
de création nouvelle, c'est tout autre chose, ainsi que
nous l'avons dit, et croyons l'avoir rigoureusement démontré.

Et fût-il parfaitement authentique, ce procès-verbal
de conciliation, il ne donnerait à l'enfant que ce qui
pouvait être l'objet d'une convention privée. Remarquez
bien, en effet, que le juge de paix ne rend pas un jugement; il n'est que le ministre officieux d'un arrangement à titre de *transaction*. — *Le procès-verbal dressé
par le juge de paix*, porte le premier alinéa de l'art. 54,
(Cod. procéd.), *contiendra les conditions de l'arrangement.*

_____

(1) Exemplum tractatus de justitia universali, auctore Bacon, *Aph.*,
70.

11

Les conventions des parties insérées au procès-verbal, ajoute le second, *auront force d'obligation privée.* — Et comme nous l'avons encore dit et démontré, l'enfant naturel ne saurait acquérir ainsi un état de famille et des droits éventuels. *Il n'y a*, fait à ce sujet remarquer Merlin, *aucune différence à faire entre une transaction, et une reconnaissance pure et simple devant le juge de paix* (1). Et voudrait-on n'y voir qu'une convention de droit commun, qu'il en serait encore de même; car aux termes des art. 1130, 791 et 1600 (C. Nap.), l'on ne peut, par aucune convention quelle qu'elle soit, acquérir des droits à une succession qui n'est pas ouverte, ni, à plus forte raison, un état de famille quelque imparfait qu'il soit.

Ainsi, en résultat définitif, les notaires sont les seuls officiers ministériels qui puissent, en dehors des actes de l'état civil, donner le sceau et les avantages de la légalité à une reconnaissance d'enfant naturel.

Lorsqu'on ne voit en la reconnaissance légale d'un enfant naturel qu'un acte *authentique*, l'on ne doute pas qu'un testament par acte public ne puisse l'opérer; et l'on trouve dans la nature même d'une disposition testamentaire, dans sa religieuse solennité, au moins de graves motifs pour attribuer la même prérogative aux testaments olographes et mystiques. *Tout testament en la forme consacrée par la loi est un acte solennel*; c'est ce que disait la coutume de Paris (art. 289) du testament olographe même, en l'assimilant au testament notarié.

---

(1) Merlin, *Répert.*, Suppl., v° Filiation, n° 14, t. XVII, p. 361.

« Pour réputer un testament *solennel*, est requis qu'il
« soit écrit et signé du testateur, ou qu'il soit passé de-
« vant deux notaires. » « Ainsi, dit Merlin, un testament
« olographe était tout aussi *solennel*, en d'autres termes
« faisait tout aussi *authentiquement* foi de la volonté
« du testateur, qu'un testament reçu par des officiers
« publics. » (1). Un autre jurisconsulte qui ordinairement ne jure pas *in verba magistri*, reproduit la même
doctrine. « Le Code civil confère au testateur la même
« autorité pour disposer, et le même caractère pour ré-
« diger sa volonté, que le faisait la coutume de Paris ;
« l'on ne peut donc douter que la reconnaissance portée
« dans un testament olographe, fait sous l'empire du
« Code, ne soit valide et légale. » (2).

L'argumentation du grand légiste est-elle bien franche? Ne joue-t-il pas subtilement sur le mot *solennel*, en
cherchant à lui attribuer la signification juridique du
mot *authentique?* Cet acte faisant *authentiquement* foi des
dispositions qu'il renferme jouira-t-il du privilège de ne
pouvoir être écarté que par la redoutable *inscription de
faux?* Non certainement; Merlin lui-même ne le prétend pas : le testament olographe n'est que l'œuvre
personnelle d'un homme qui ne revêt aucun caractère
public. Que la loi, le considérant comme un acte privé
d'une nature spéciale, comme un acte *sui generis*, dit la
doctrine, lui attribue ou paraisse lui attribuer certains
effets qu'elle dénie généralement aux actes sous seing
privé, comme par exemple, de faire foi de sa date,

(1) Merlin, loc. cit., n° 8, t. XVII, p. 353.
(2) Toullier, loc. cit., t. II, p. 953.

elle ne l'élève pas pour cela au rang des actes *authentiques*.

La forme mystique amènerait des doutes plus sérieux ; l'acte de souscription semblerait imprimer le caractère de l'authenticité à l'acte que présente au notaire le testateur comme étant son propre ouvrage ; mais il n'en est pas moins vrai que la *carte intérieure* que cet officier ministériel ne connaît pas, dont il ne peut, *de visu et auditu*, attester la sincérité, n'est qu'un écrit privé qui même pourra régulièrement n'être pas de la main ni revêtu de la signature de son auteur. Cet acte de souscription authentique n'est que l'acte de dépôt d'un écrit privé ; et, pour que le testament devînt lui-même authentique, il faudrait qu'il y fût reproduit *in extenso*, comme nous l'avons dit de la reconnaissance sous signature privée, déposée en l'étude d'un notaire pour être mise au rang de ses minutes.

Quant au testament par acte public, c'est bien en effet un acte authentique et qui remplirait en outre largement les conditions de la loi spéciale de 1843, la présence expressément mentionnée du notaire en second ou des témoins instrumentaires étant, par la loi et par l'usage, de rigueur à toutes les phases de cette espèce de drame juridique : et à la dictée, et à la lecture, et à la signature.

Mais la reconnaissance légale *essentiellement irrévocable* d'un enfant naturel, pourra-t-elle être fondée sur un acte qui est au contraire *essentiellement révocable ?*

L'on enseigne et l'on juge partout que la reconnaissance est en elle-même parfaitement légale et valable ; mais les uns veulent qu'elle s'évanouisse avec toutes les autres dispositions du testament devant une volonté con-

traire légalement exprimée du testateur restant souverainement investi, tant qu'il n'a pas rendu le dernier
soupir, de la faculté d'anéantir un acte solitaire, qui
n'est qu'un projet et dont le secret n'appartient qu'à
lui. « La reconnaissance faisant partie du testament qui
« est indivisible dans sa forme, doit, par la révocation
« du testateur, éprouver le même sort que l'institution
« d'héritiers et les legs. Lorsqu'un testament est révoqué,
« toutes ses dispositions tombent avec lui ; il n'y a plus
« d'acte, par conséquent plus de reconnaissance lé-
« gale (1). » En ce petit bataillon, figure au premier
rang Merlin qui vaut à lui seul toute une armée ; il lui
semble de primo abord *hors de toute espèce de doute que
la révocation du testament doit faire tomber la reconnaissance* (2).

Suivant les autres qui suppléent à l'autorité par le
nombre, l'auteur de la reconnaissance ne saurait en
détruire l'effet par la révocation de l'acte testamentaire
qui la renferme ; cette reconnaissance n'est autre chose
que la déclaration du fait de la paternité, et un fait
ne se révoque pas. Ce n'est point là une disposition
de biens, une libéralité subordonnée à la persévérance
de la volonté du déclarant ; les effets pécuniaires qui en
dérivent, viennent de la loi plutôt que de l'homme ;
l'état de l'enfant une fois fixé par acte public, acte de
l'état civil, simple acte notarié, testament, il lui est
acquis pour toujours et ne peut jamais dépendre du
caprice du père : *nemo potest esse pater ad tempus.*

(1) Loiseau, loc. cit., p. 168, 169.
(2) Merlin, *Répert.*, Suppl., v° Filiation, n° 7, t. XVI, p. 361, 362.

Cette stabilité dans l'état des personnes est un des
fondements de la société » (1). L'on reconnaît toutefois généralement, dans ce camp même, bien que fort
indiscipliné, que l'enfant ne pourrait se prévaloir d'une
reconnaissance *testamentaire* du vivant du testateur qui
n'a ainsi confié qu'à lui-même le secret de la paternité,
et que c'est à sa mort seulement que son aveu produirait, nonobstant la révocation, les effets que la loi
y attache. « Dans tous les cas, le testament ne peut
« faire titre pendant la vie du testateur; ce n'est qu'a-
« près son décès que l'enfant naturel est autorisé à
« s'en prévaloir pour établir sa filiation (2). »

Merlin établit longuement à l'appui de sa thèse que
la reconnaissance d'une dette, même dans un testament
révoqué, ne serait pas un titre pour le créancier supposé et ne lui donnerait action ni contre le testateur, ni
contre les héritiers. — « L'on n'a jamais douté, dit-il,
« qu'un aveu ne fût révocable au gré de celui qui l'a-
« vait fait, tant que la partie intéressée à s'en prévaloir
« ne l'avait pas accepté..... Comment donc l'aveu qu'un
« testateur a fait d'une dette par un testament, auquel
« son créancier n'a été ni pu être présent pour l'accep-
« ter, pourrait-il survivre à la révocation de cet acte et
« rejeter sur ses héritiers la preuve qu'il ne devait
« rien (3) ? » — Nous préférons sur ce point l'avis de
Pothier qui enseigne, dans son *Traité des donations testamentaires* (4), comme une vérité hors de discussion,

(1) Duranton, loc. cit., n° 219, t. III, p. 216, 217.
(2) *Traité des enfants naturels*, par Cadrès, p. 18. — Duranton, loc. cit.
(3) Merlin, *Répert.*, Suppl., v° Révocation de testament, § 7, et Testament,
§ 6, n°ˢ 1, 3, t. XVII, p. 340, 301 à 308.
(4) Chap. VI, sect. II, § 8.

— 167 —

que « la reconnaissance d'une dette dans un testament
« révoqué, ne laisse pas d'être un titre pour le créan-
« cier et de le dispenser de rapporter d'autres preuves
« de sa créance. » — L'aveu n'est point, en effet, une
pollicitation qui attende le concours d'un autre consentement pour former le lien d'une obligation ; il n'est
que la reconnaissance d'un fait consommé, d'un engagement préexistant armé de toute sa force obligatoire ;
et, dès lors, il ne demande aucune acceptation expresse
ou tacite pour revêtir son autorité probante. Si, dans la
pratique, l'on demande acte au juge d'un aveu fait en
sa présence, ce n'est point pour l'accepter ; c'est uniquement pour en assurer la preuve contre une dénégation de mauvaise foi (1). C'est ce qu'explique avec une
incisive et élégante clarté un jeune collègue enlevé trop
tôt à l'enseignement :

« L'aveu a-t-il besoin d'être accepté pour faire preuve ? L'on
aura peut-être quelque peine à croire qu'on ait sérieusement
soutenu l'affirmative ; et cependant c'est l'opinion la plus générale parmi les jurisconsultes qu'un aveu n'est irrévocable qu'autant qu'on en a pris acte, c'est-à-dire qu'on a manifesté l'intention de s'en prévaloir ; que jusque là celui qui l'a fait peut le rétracter, et que par cette rétractation l'aveu est considéré comme
non avenu. Les praticiens déclarent cette doctrine fondée sur un
de ces principes élémentaires si simples, si vrais, que personne
ne les conteste ; savoir : *qu'on peut toujours rétracter sa parole,
avant qu'il y ait droit acquis à un tiers par l'acceptation.* Mais
c'est par une confusion évidente que l'on prétend appliquer ce
principe des obligations contractuelles à une simple preuve
telle que l'*aveu.* Sans doute, lorsque je veux convertir la pro-

_____

(1) V. ma *Dictée d'un Professeur :* Des obligations; chap. VI ; Des présomptions considérées comme mode de preuves, sect. II ; De l'aveu. (T. I,
p. 157.)

messe qui m'est faite en une obligation, mon acceptation est
nécessaire; mais ici, il n'est pas question de m'acquérir un
droit : il s'agit seulement de former la conviction du juge.
Et certes, ce qui forme cette conviction, c'est l'aveu même de
mon adversaire, ce n'est point mon acceptation..... Autrement
il faudrait dire que la force probante de l'aveu n'est pas dans la
personne qui l'a fait, mais dans la personne de celui qui en profite; ce qui est absurde. — Les preuves ne s'acceptent pas,
comme les promesses conventionnelles; l'on n'a jamais avancé
que la preuve testimoniale où les présomptions avaient besoin
d'être acceptées pour agir sur la conscience du juge..... (1). »

Appliquant à la question en discussion cette doctrine qui nous semble avoir pour elle l'autorité de la loi
et de la raison, nous en concluons que, comme l'a jugé
la Cour de Bastia (2), la reconnaissance par testament
d'un enfant illégitime est *irrévocable en tant qu'elle entraîne l'obligation de le nourrir et de l'élever.* Les aliments sont une dette actuelle des plus instantes, et dont
la reconnaissance n'est rien moins qu'une libéralité
testamentaire; ce n'est que l'accomplissement d'un devoir impérieux et pressant. Une telle reconnaissance
aurait, comme ne se rattachant pas à la disposition des
biens à cause de mort, annulé le testament romain qui demandait une parfaite unité d'action, et ne pouvait, comme
les comices, être interrompu par aucun acte qui lui fût
étranger. « Uno contextu actus testari oportet; est au-
« tem uno contextu, nullum actum alienum testa-
« mento intermiscere (3). » Prescription subtilement
rigoureuse, maintenue par l'ordonnance de Daguesseau

(1) Belime, *Philos. du Droit*, liv. VI, chap. X, § 2, t. II, p. 664, 665. 1re éd.
(2) Arrêt du 17 août 1829. (Dalloz, 1829, IIe part., p. 229, 230.)
(3) L. 21, Dig., *Qui testam. facere possunt*, § 3.

et par le Code Napoléon, pour l'acte de suscription du testament mystique, mais non pour notre testament par acte public, qui nous vient du droit coutumier plutôt que du droit romain. Nous admettrons également, avec la même Cour royale, et nous n'y voyons aucune difficulté sérieuse, que, si le père dénie sa paternité et refuse de venir au secours de son enfant, celui-ci pourra, par une demande *à fin de compulsoire*, se faire délivrer une expédition ou extrait de cette reconnaissance intercalée dans un testament, de la même manière que si elle se trouvait dans tout autre acte notarié. Il est bien entendu que le secret de toutes les autres dispositions devra être respecté. « Attendu, dit avec un sens « profond la Cour de Bastia, que les premiers juges, en « ordonnant la délivrance de l'extrait du testament de « Félix G., *dans la partie seulement relative à la recon- « naissance de Marie Pierre, comme sa fille naturelle,* « ont respecté le principe que les dispositions de der- « nière volonté doivent demeurer secrètes jusqu'à la « mort du testateur, *parce que la reconnaissance d'un en- « fant naturel est indépendante desdites dispositions;* « qu'ils ont pu le faire avec d'autant plus de raison, « que, s'agissant d'une demande d'aliments dus aux « enfants reconnus, il importe d'y statuer prompte- « ment (1). »

Mais comme reconnaissance légale devant donner à l'enfant un imparfait état de famille et des droits éventuels de successibilité, la disposition, révoquée ou non, est radicalement nulle, ou, pour mieux dire, impuis-

(1) Autre arrêt du 5 juillet 1826. (Dalloz, 1827, IIe part., p. 65.)

sante, inefficace, en quelque testament que ce soit, parce qu'à ce point de vue, elle reste subordonnée à la condition du décès et essentiellement dépendante de la volonté variable du père *reconnaissant*. Il est certain, ainsi que le fait comprendre la Cour de Bastia, que si ce testateur satisfaisait dans une juste mesure à la dette présente des aliments, l'enfant ne serait point admis, pour établir sa filiation et se donner le droit de porter le nom du père, à se faire délivrer un extrait de la prétendue reconnaissance.

Rappelons-nous bien, en effet, que, pour opérer la quasi-légitimation d'un enfant illégitime, il ne suffit pas, comme pourrait d'abord le faire supposer l'art. 334 (C. Nap.), d'un acte authentique de reconnaissance; il faut 'que cet acte s'impose au père lui-même et le lie d'une manière irréfragable. L'on ne peut pas ne reconnaître des enfants naturels que pour les faire concourir à sa succession avec sa famille légitime; l'on doit avoir au moins de son vivant le courage de l'acte que l'on veut après sa mort. C'est ainsi que nous avons décidé, en nous mettant à la suite de tous ceux qui ont commenté ce titre du Code, que la reconnaissance légale ne peut résulter d'un acte civil sur feuille volante ou d'un acte notarié délivré en brevet, parce que ces actes, eussent-ils la même authenticité et la même force exécutoire que s'ils avaient été consignés sur le registre ou conservés en minute, n'assureraient pas d'une manière inébranlable l'état de l'enfant. Cet état serait-il mieux garanti par un testament restant entre les mains de son auteur ou enseveli dans les cartons d'une étude et légalement révocable *ad nutum?* La destruction de la feuille volante ou du brevet pèserait au moins à la conscience du père qui aurait ainsi reconnu son enfant.

En résumé, la reconnaissance d'un enfant naturel *par testament* est à considérer sous un double aspect : comme établissant la preuve de la dette actuelle des aliments, elle est valable et, de plus, irrévocable, de même que si elle était dans un acte entre vifs. Mais, comme devant conférer à l'enfant le bienfait de la quasi-légitimation, elle serait, ainsi que toute disposition testamentaire, révocable; et ce caractère de révocabilité, répugnant essentiellement à sa nature, en entraînerait la nullité, et elle demeurerait sans effet, alors même qu'elle ne serait point révoquée. Accusera-t-on de subtilité cette distinction doctrinale? Nous répondrons, avec un grand docteur : *Quando distinguuntur quæ diversa sunt, temeraria est disputatio de subtilitatibus.*

Jusqu'ici nous avons supposé que la reconnaissance légale ou quasi-légitimation d'un enfant naturel exigeait impérieusement un acte ayant le double caractère de l'authenticité et de l'irrévocabilité. Cependant ne pourrait-il pas y être suppléé par la possession de fait que l'enfant aurait de son état? Cette possession d'état qui, pour la filiation légitime, tient lieu de l'acte de naissance, n'aura-t-elle pas la même vertu pour la filiation naturelle?

Voici d'abord sur cette question capitale les progrès ou, pour mieux dire, les incertitudes de la doctrine.

L'on a, dans le principe, enseigné sans contradicteur que tandis que la paternité, dont la recherche est généralement interdite par le Code Napoléon, ne pouvait résulter que d'une reconnaissance expresse telle que la prescrit l'art. 334, la possession d'état suffisait seule, sans le secours d'aucun écrit, pour établir la maternité dont la recherche est généralement permise. A défaut d'un texte précis, l'on fondait cette proposition sur l'autorité de Portalis, qui, dans la discussion d'un article du projet du Code, profondément modifié par la rédaction définitive, avait proclamé *comme étant le plus puissant de tous les titres, la plus complète de toutes les preuves*, la pleine et publique jouissance qu'aurait eue le réclamant de l'état d'enfant naturel reconnu. « Les commissaires ré-« dacteurs du projet du Code, dit le premier doyen de la « Faculté de droit de Dijon (1), l'avaient pensé autre-« ment ; ils voulaient seulement que la possession con-« stante qu'aurait l'enfant de la qualité de fils naturel « de la mère qu'il réclame, le rendît admissible à la « preuve testimoniale. Mais sur l'observation de Porta-« lis, la rédaction par eux présentée fut changée. Il « faut tenir pour certain, continue M. Proudhon, qu'un « enfant naturel est *très légalement reconnu* par la mère « qui l'a allaité, nourri, élevé, sans qu'il y ait de sa « part aucun acte authentique pour confesser la mater-« nité et pour constater l'identité autrement que par « une possession d'état constante et avérée. »

Mais, à quelques années de là, un autre doyen, qui marchait dans la science l'égal de son collègue et ami de Dijon, l'a, sans que leur amitié en ait paru altérée, vive-ment contredit sur ce point. « Le Code qui a voulu qu'à « défaut de titre, professe le premier doyen de la Faculté

---

1) Proudhon, *De l'état des personnes*, édit. Valette, t. II, p. 143, 144.

« de droit de Rennes (1), la possession constante de l'état
« d'enfant légitime fût une preuve suffisante de sa filia·
« tion, n'a point, comme le demandait Portalis, appli-
« qué cette disposition aux enfants naturels. La com-
« mission chargée de présenter un projet de code, avait
« proposé d'admettre du moins la preuve testimoniale,
« lorsque l'enfant aurait une possession constante de sa
« qualité de fils naturel de la mère qu'il réclame; mais
« cette proposition, espèce de terme moyen, a été re-
« tranchée du Code qui, par son article 341, n'admet
« l'enfant naturel à la preuve testimoniale de la mater-
« nité que lorsqu'il a déjà un commencement de preuve
« par écrit. »

Les nombreux commentateurs qui ont suivi, et les
Cours royales ou impériales, se sont partagés pendant
un demi-siècle entre ces deux maîtres, jusqu'à ce
qu'enfin un troisième doyen ait proposé d'admettre,
sans distinction, la possession d'état comme preuve de
la filiation naturelle, non seulement à l'égard de la
mère, *mais même à l'égard du père* (2); proposition
qui, la veille, paraissait tellement téméraire et paradoxale qu'on ne supposait pas que le plus aventureux légiste se hasardât à la soutenir. *Qui oserait dire
que la possession d'état prouverait la paternité comme
la maternité* (3)? s'écrie l'un des plus hardis inter-.
prètes du Code, et qui cependant a fait, dès le lendemain de son apparition, de glorieuses conquêtes à la

(1) Toullier, *Traité de Droit civil français*, t. II, p. 291, 292.
(2) Demolombe, loc. cit., p. 458.
(3) Marcadé, loc. cit., p. 479.

Faculté la plus rétive aux doctrines qui ne sont pas les
siennes (1).

Le savant et disert moderne doyen de Caen justifie
son opinion, en fait, par le caractère probant au plus
haut degré, d'une reconnaissance *continue, persévérante,
de tous les jours, de tous les instants, et offrant ainsi toutes
les garanties possibles de liberté et de sincérité*. En droit,
il la fonde sur le principe consacré par l'art. 320,
qu'en matière de filiation *la possession fait présumer le
titre et en tient lieu;* principe dont on peut d'autant
moins limiter l'application à la filiation *légitime*, que le
chapitre qui règle la filiation *naturelle* serait, de l'aveu
de tous, incomplet et défectueux si l'on n'en remplissait les lacunes par les dispositions générales du précédent. A cette objection, que *demander à prouver une
possession d'état déniée, ce serait une recherche de paternité interdite par le Code*, il répond victorieusement que
celui qui possède son état n'a point à le rechercher,
mais seulement à le faire reconnaître et déclarer contre
une dénégation mensongère. L'on ne recherche pas ce
dont l'on a la publique et pleine jouissance. Et il fait
très justement remarquer, à ce sujet, que ceux qui
admettent que la possession d'état est seule et par elle-
même, sans le moindre adminicule *de témoignage écrit*,
une preuve intégrale et complète de la filiation *à l'égard
de la mère*, ne peuvent, sans faillir à la plus vulgaire
logique, lui refuser le même effet *à l'égard du père*. Si
demander à prouver le fait complexe d'une constante
possession d'état contre la mère, n'est point une re-

_____

(1) Valette sur Proudhon, t. II, p. 451 et suiv.

cherche de la maternité, essentiellement subordonnée par l'art. 341 à un commencement de preuve par écrit dont, avec l'autorité de Portalis, l'on se passerait ici, évidemment demander à faire cette même preuve contre le père ne sera point une recherche de la paternité. Il n'y a rien à répliquer.

Nous ne doutons pas que la possession d'état, alors même qu'elle viendrait à être contestée, ne soit un titre puissant à des secours alimentaires ; elle aurait au moins, comme nous l'établirons, la valeur d'une reconnaissance par un acte sous seing privé ou par un acte notarié délivré en simple brevet. Mais nous croyons tout aussi fermement qu'elle ne peut seule, dans aucun cas, soit vis-à-vis du père, soit contre la mère elle-même, opérer la quasi-légitimation de l'enfant et lui donner un état de famille et des droits à titre d'héritier réservataire.

Une conception législative qui, par des considérations d'intérêt social, eu égard aux progrès d'une civilisation corruptrice, fait de la simple probabilité une vérité absolue, de la trompeuse apparence une certitude juridique s'imposant à la conscience du juge, en dépit d'une conviction contraire, est une disposition de droit arbitraire dont l'application, d'après les notions les plus élémentaires doit être rigoureusement restreinte à l'ordre 'e choses pour lequel elle a été établie. Qu'une loi qui a son fondement dans la raison universelle, qui est de tous les temps et de tous les lieux, s'étende, par analogie, lorsqu'il y a même ou plus forte raison de décider, du cas prévu à d'autres qui ne le sont pas. rien de mieux ; mais une loi qui est, en prin-

cipe, de création humaine, doit, si l'on veut être fidèle
. à la pensée de son auteur, être soumise à une interprétation restrictive plutôt qu'extensive.

L'article du Code Napoléon, qui veut que la possession d'état d'enfant légitime suffise pour établir la filiation par le mariage, et tienne lieu du titre fondamental
(à savoir de l'acte de naissance et même de l'acte de célébration du mariage des père et mère prédécédés), est
sans doute d'une sagesse relative dans l'état actuel des
mœurs, mais n'est au fond qu'une présomption de droit
positif qui, d'après les principes que nous venons d'exposer, ne saurait être invoquée pour suppléer le titre
d'une reconnaissance légale d'enfant illégitime, y eût-il
d'ailleurs même raison de décider. Et combien cette extension interprétative au cas non prévu nous paraîtra-t-
elle encore plus inacceptable, lorsque nous nous serons
assurés que l'enfant illégitime qui y prétendrait ne pourrait la justifier ni par le même intérêt social, ni par les
mêmes éléments de probabilité? D'une part, la société
est profondément intéressée à ce qu'il n'y ait que des
enfants nés ou réputés nés d'une union légitime, ayant
une position sociale qui garantisse leur soumission à
l'ordre établi; mais beaucoup moins assurément à ce
que le fruit d'une faute dont on rougit soit un bâtard
authentiquement reconnu, entachant par son origine et
inquiétant par ses prétentions la famille légitime, lui
enlevant une partie de son patrimoine, multipliant et
souvent rendant inextricables les difficultés d'un partage, plutôt qu'un bâtard simple, restant pour elle
un étranger, n'ayant droit qu'à de nécessiteux aliments,
et qu'elle peut tout d'abord écarter en s'imposant un

léger sacrifice. *La société n'a point intérêt*, disait le premier Consul au Conseil d'État, *à ce que des bâtards soient reconnus* (1).

D'autre part, peut-il y avoir pour le bâtard une possession d'état caractérisée, comme le veut l'art. 321 du Code Napoléon? A-t-il vraiment une famille? des parents qui aient à le reconnaître en cette qualité? Les faits de possession, disons-le, ne peuvent guère émaner que des père et mère, qui l'auront d'abord appelé de leur nom, et nourri, entretenu et élevé comme leur enfant, mais qui, d'un jour à l'autre, au premier caprice de leur passion, le repousseront comme un étranger ou ne lui continueront leurs secours alimentaires qu'à titre d'aumône. Une possession d'état aussi précaire peut-elle remplacer l'acte authentique et irrévocable que requiert l'art. 334 pour la reconnaissance légale? Qu'elle oblige le père ou la mère, alors même qu'elle deviendrait par leur propre fait équivoque et contestable, aux mêmes prestations qui la constituaient, nous en tomberons d'accord; mais qu'elle assure à l'enfant un état de famille et des droits héréditaires, c'est autre chose. L'obligation des aliments, passagère, de même que les besoins qui y donnent lieu, ne demande pas à reposer, comme l'état même de la personne, sur un fondement inébranlable.

La discussion de l'art. 7 du projet du Code, expliquée par les commentateurs non moins diversement que la loi elle-même, confirmerait, bien plutôt qu'elle ne contredirait, notre interprétation.

(1) Locré, *Législ.*, t. VI, p. 123.

Cette disposition projetée, correspondante à l'art. 341, était ainsi conçue :

« L'enfant méconnu par sa mère aura la faculté de prouver contre elle sa filiation. Cette filiation ne pourra résulter que de l'accouchement de la mère et de l'identité du réclamant avec l'enfant dont la mère est accouchée. Le réclamant ne pourra être admis à la preuve de ces faits, s'il n'a un commencement de preuve par écrit, *ou une possession constante de la qualité de fils naturel de la mère qu'il réclame.* »

Là-dessus, Portalis fait observer :

« Que toutes les fois qu'on jouit de son état constamment, publiquement et sans trouble, on a le plus puissant de tous les titres ; qu'il serait donc absurde de présenter la possession *constante* comme un simple commencement de preuve ; que des faits de possession isolés, passagers et purement indicatifs, peuvent n'être qu'un commencement de preuve ; mais qu'il y a preuve entière, lorsqu'il y a possession constante. »

Berlier répond :

« Qu'il n'en est pas ici, *comme dans le cas où un enfant réclame les droits de la légitimité* ; qu'alors toute espèce de preuve doit être admise ; mais que, si l'on donne la même latitude aux enfants nés hors du mariage, on expose la femme à une action flétrissante pendant tout le cours de sa vie ; qu'il est donc nécessaire de modérer cette action, afin qu'elle n'entraîne pas d'abus, et qu'il convient d'exiger, ou un *commencement de preuve par écrit, ou des faits de possession* (1). »

Évidemment Berlier ne voulait pas, avec Portalis, que la possession d'état pût, comme en matière de filiation légitime, suffire seule et par elle-même à un enfant naturel pour établir sa filiation même contre la mère ; parce qu'en effet, quelque constante qu'on la suppose,

(1) Locré, t. VI, p. 50, 125, 126.

elle ne peut guère produire qu'une présomption équivoque, plus ou moins incertaine, de la maternité (1).
Combien de fois un simple sentiment d'affectueuse bienfaisance a revêtu les apparences de l'amour maternel,
et amené les mêmes sollicitudes, les mêmes soins, les
mêmes sacrifices? Portalis, avec son cœur droit et son
esprit élevé, semble, par son silence (il n'a pas répliqué
un mot à Berlier), l'avoir reconnu; et nous devons
croire, le procès-verbal de la discussion étant d'ailleurs
absolument muet sur ce point, que le retranchement
fait à la rédaction primitive de l'art. 341 de cette phrase :
*ou une possession constante de la qualité de fils naturel de
la mère qu'il réclame*, est le rejet radical, et non l'admission implicite d'un amendement qu'il indiquait, sur lequel il appelait l'attention de ses collègues, plutôt qu'il
ne le leur proposait avec autorité. Et en effet, si le Conseil d'Etat avait admis la *constante possession d'état*
comme une preuve complète de la filiation naturelle, il
ne se serait point borné au retranchement qu'on signale
dans le texte primitif de l'art. 341; il y aurait ajouté
que des *faits isolés* de possession d'état tiendraient lieu
du commencement de preuve par écrit, et une possession d'état constante, du titre même. S'il ne l'a pas fait,
c'est nécessairement parce qu'il ne l'a pas voulu ; c'est
parce qu'il a reconnu que la possession d'état n'engen-
drait, de l'aveu de tous, qu'*une présomption* (2). Il n'y
avait pas d'inconséquence, après l'avoir admise par l'article 320 pour la filiation *légitime*, à la rejeter pour la
filiation *naturelle* où les faits de possession ne sauraient

(1) Zachariæ, t. IV, p. 74.
(2) Zachariæ, t. IV, p. 76, note 4.

avoir un caractère aussi probant, surtout par rapport à
la mère prétendue, qui, pressée par d'ingrates exigences,
vient à dénier sa maternité; car, au rebours de ce qu'enseignent le plus grand nombre (1), si la possession d'état
pouvait être une preuve complète et irrécusable de la filiation maternelle, elle devrait, à plus forte raison, suffire pour prouver la filiation paternelle. Un homme ne
joue guère à la paternité, par un sentiment de charitable et tendre bienfaisance, comme une femme à la
maternité.

Ainsi, le Conseil d'Etat, dans la rédaction définitive
de l'art. 341, serait allé au-delà de ce que demandait
Berlier lui-même : non seulement la possession d'état,
quels qu'en soient les caractères allégués, ne pourrait
faire présumer le titre et suppléer l'acte authentique
d'une irrévocable reconnaissance ; elle ne pourrait pas
même tenir lieu d'un commencement de preuve par
écrit, et affranchir de cette condition fondamentale l'admission de la preuve testimoniale, par laquelle un enfant illégitime demanderait à établir sa filiation même
maternelle. Mais cela serait au fond fort indifférent, si
l'on admet avec nous, d'une part, que l'enfant peut, sur
le fondement d'une simple possession d'état plus ou
moins caractérisée, réclamer plus ou moins largement
des secours alimentaires, et d'autre part, qu'une reconnaissance purement judiciaire, ce que nous allons établir à l'instant même, ne lui donnerait, en aucun cas,
des droits plus étendus.

(1) Duranton, *Cours de Droit français*, t. III, p. 237. — Zachariæ, loc. cit.,
p. 76 (suite de la note 3, qui est très curieuse).

La reconnaissance légale ou quasi-légitimation de l'enfant illégitime doit, en principe, émaner de la libre et bienfaisante volonté de son auteur. Cependant un jugement, dans les cas où est permise la recherche soit de la maternité, soit de la paternité, ne serait-il pas, lui aussi, l'acte authentique demandé par l'art. 334? Ne conférerait-il pas à l'enfant, en dépit des persistantes dénégations de la mère ou du père prétendu, toutes les prérogatives de la reconnaissance volontaire? C'est à nos yeux la question la plus épineuse de la matière, celle où l'hésitation entre le *oui* et le *non* nous semblerait le plus permise.

Figurons-nous d'abord, en mettant à contribution les recueils d'arrêts, une double hypothèse où elle se présenterait dégagée de toute autre difficulté accessoire. — Une femme, victime d'une séduction plus ou moins coupable, veut, en satisfaisant aux obligations que sa faute lui impose, dérober sa honte au public ; elle accouche secrètement, confie à une nourrice étrangère qui ne la connaît pas l'enfant inscrit comme né de père et mère inconnus, pourvoit, par de discrets intermédiaires, à tous ses besoins et à son établissement dans le monde. Cependant un billet qui la signale comme mère, et devait, sur son insistante recommandation, être détruit, se trouve, par un déloyal abus de confiance ou par un fâcheux concours de circonstances imprévues, entre les mains de l'enfant lui-même, qui s'en prévaut comme d'un commencement de preuve par écrit, satisfaisant au vœu de l'art. 341, et est admis à prouver par témoins sa filiation maternelle. Il trouve, comme l'a fait Cochin dans la célèbre affaire Ferrand, au billet même si fatalement conservé, la preuve de l'accouchement, et celle de son identité dans une série de faits sans publicité, mais personnels à la mère prétendue et remontant, sans interruption, de sa première enfance à son apparition soudaine dans l'arène judiciaire. Bref, un jugement déclare constant le fait de la maternité. — Autre hypothèse plus simple : Un homme mu par une passion capricieuse, enlève la femme qui en est l'objet, et, après une séquestration de quelques mois, la renvoie à ses parents. Il est né de cette cohabitation plus ou moins contrainte un enfant qui, sans qu'il ait eu aucune possession de son état, se fait déclarer par jugement fils naturel du ravisseur, en prouvant, comme le demande l'art. 340, que l'époque de sa conception coïncide avec celle de l'enlèvement. — L'un pourra-t-il prendre le nom de sa mère, l'autre celui de son père, et tous deux réclamer les droits héréditaires et autres attachés par les art. 338 et 756 et suivants à une reconnaissance *légale?*

Merlin, en ce qui touche les droits de succession et de réserve, enseigne la négative du ton le plus ferme et le plus tranchant :

« Doit-on réputer *légalement reconnu*, dit-il, dans un second supplément à son répertoire (1), et, par suite, admettre au bénéfice des articles 756 et suivants, et l'enfant naturel qui a obtenu, d'après l'article 310, un jugement de déclaration de paternité contre le ravisseur de sa mère, et l'enfant naturel qui, d'après l'article 311, a obtenu un jugement de déclaration de maternité contre la femme de qui il prétend avoir reçu le jour? Dans mes conclusions du 28 mai 1810, j'ai présenté la négative, comme

(1) *Répert.*, t. XVII, vº Succession, sect. II, § 11, art. 1er, p. 599.

un dogme incontestable ; j'y ai dit que le jugement déclaratif de la maternité n'attribue à l'enfant naturel que *le droit de se faire fournir des aliments* par la femme qu'il a réclamée pour mère ; et que pour prétendre dans sa succession à la part de biens qui est déterminée par les articles 757 et suivants, il faut un acte authentique de reconnaissance volontaire. Mais je n'ai point motivé mon assertion, parce qu'elle me paraissait *au-dessus de toute espèce de doute.* »

Se voyant vivement contredit, notamment par son ancien collègue Chabot de l'Allier, qui lui reproche d'assimiler au bâtard adultérin l'enfant naturel méritant le plus de faveur, il va faire ce qu'il avait d'abord jugé superflu ; mais, nous en conviendrons, par des raisonnements qui paraissent peu dignes d'un aussi grand jurisconsulte : il ne procède que par d'étroits arguments de texte ou par de hasardeuses inductions que dédaignerait un imberbe docteur instruit à bonne école. Son point de départ est : qu'autre chose est un enfant naturel *légalement reconnu,* autre chose un enfant naturel *légalement tenu pour reconnu.* Il fonde cette distinction sur l'art. 1322 qui, voulant d'ailleurs attribuer la même force probante à l'acte sous seing privé *reconnu* et à l'acte sous seing privé *légalement tenu pour reconnu,* prend le soin de consacrer cette assimilation exceptionnelle par un texte précis. Et il conclut de là que, le Code n'ayant ici accordé des droits successifs qu'à l'enfant naturel *légalement reconnu,* il n'est pas permis d'en faire jouir l'enfant qui n'est que *légalement tenu pour reconnu.* — Cet argument qu'il aurait pu compléter, mais sans lui donner beaucoup plus de force, par l'art. 200 (C. procéd.), lequel, dans la procédure en vérification d'écritures privées, admet comme pièces de comparaison celles qui ont été réconnues *volontairement*, mais non celles qui ont été *déniées*, encore qu'elles eussent été précédemment vérifiées et reconnues judiciairement, semble s'évanouir devant la rubrique de la section qui, traitant à la fois et de la reconnaissance *volontaire* et de la reconnaissance *judiciaire*, les confond sous la dénomination commune de *reconnaissance des enfants naturels*.

Le grand jurisconsulte dit en vain de sa voix la plus incisive : « Que si l'équité ne permet pas d'assimiler l'enfant naturel avec le bâtard incestueux ou adultérin, elle ne permet pas non plus d'assimiler l'enfant naturel dont la filiation n'est déclarée que par un jugement à l'enfant naturel dont la filiation est authentiquement avouée par le père et la mère ; qu'autant qu'il est en effet impossible que la femme qui, volontairement et par un acte authentique, s'est reconnue mère d'un enfant, ait le moindre doute sur sa maternité, autant il est naturel que la femme, qui a été jugée malgré elle, persiste à soutenir qu'elle ne l'est pas. — Que l'on n'ait aucun égard à sa dénégation, lorsqu'il ne s'agit que de simples aliments, cela est tout simple ; mais pousser l'effet de la présomption de maternité que le jugement élève contre elle, jusqu'à en conclure que l'enfant dont elle est jugée mère, et qui peut lui être tout à fait étranger, exercera dans sa succession les mêmes droits que si elle l'avait elle-même proclamé comme sien, c'est à quoi l'équité s'oppose manifestement....... » Ces considérations, qui ne sont pas toutefois sans valeur, paraissent également tomber devant le grand principe d'ordre public, que la chose jugée est, dans un sens absolu, aux yeux de la loi et du magis-

trat. la vérité même ; *res judicata pro veritate acci-
pitur* (1).

Un second argument tiré de la place qu'occupe l'article 338 renvoyant, *pour le règlement du droit de l'enfant naturel reconnu, au titre des successions*, n'est guère
plus concluant. Peut-être en effet une rigoureuse logique
aurait-elle demandé que cette disposition fût rejetée
après les art. 310, 311 et 312 consacrés à la reconnaissance judiciaire, si l'on eût voulu qu'elle s'appliquât aux
enfants judiciairement reconnus, comme à ceux qui ont
été gratifiés de la reconnaissance volontaire exclusivement
régie par les art. 334, 335, 336 et 337 qui la précèdent
immédiatement. Mais cette logique rigoureuse est si peu
dans les habitudes des rédacteurs du Code Napoléon,
qu'il serait plus que téméraire de leur supposer l'intention d'établir, par l'ordre numérique de leurs articles,
une distinction que condamnerait leur rubrique ; et
d'autant mieux qu'au fond cet article 338, pure indication de renvoi, n'a aucune importance et pourrait être
supprimé sans qu'il en résultât dans le Code aucune lacune. Nous pourrons bien tout à l'heure avec Merlin
refuser le droit de succession aux enfants naturels qui
n'ont qu'une reconnaissance forcée, mais ce sera par
d'autres motifs que celui de l'enchaînement matériel
des dispositions du Code, enchaînement auquel — nous
aurons trop souvent lieu de le faire remarquer — l'on
ne peut s'attacher sérieusement.

Si ce n'était le respect que commande Merlin comme
jurisconsulte, nous passerions sous silence ses deux autres

_____

(1) L. 207, Dig., *De regul. juris.* Art. 1350 (C. Nap.).

arguments. L'un, tiré de l'art. 765 qui défère la succession de l'enfant naturel aux père et mère qui l'ont reconnu, résout la question par la question : « Dira-t-on, « s'écrie Merlin, que les père et mère ont reconnu l'en- « fant qui, malgré eux, s'est par un jugement fait tenir « pour reconnu? Et s'ils n'ont pas de droits à exercer « sur sa succession, lui, en aura-t-il à exercer sur la « leur? Le droit de succession n'est-il pas essentielle- « ment réciproque?» — L'enfant *judiciairement* reconnu est-il ou non *légalement* reconnu, c'est toujours évidemment la question à résoudre.

L'autre est plus spécieux. Une disposition avait été proposée au Tribunat, portant que *l'effet de la preuve ré- sultant de la recherche de la maternité serait le même que celui de la reconnaissance;* elle est rejetée par le Conseil d'Etat. « N'est-il donc pas clair, clair comme le jour, « dit Merlin, que c'est parcequ'elle se trouvait en oppo- « sition avec l'esprit dans lequel l'art. 341 avait été ré- « digé?» Cela serait possible; mais ne serait-il pas également possible que l'on eût jugé cette déclaration inutile, comme l'affirme un des laborieux compilateurs qui ont religieusement analysé les travaux du Conseil d'Etat (1)?

Quoi qu'il en soit, Merlin, malgré l'autorité qui s'attache au nom de ce moderne géant de la science, n'a ramené personne à son opinion; tous les commentateurs ont persisté à dire que *la reconnaissance par jugement était tout aussi légale que la reconnaissance volontaire par acte authentique*, et à décider, sans hésitation, qu'elle devait attribuer à l'enfant les mêmes avantages (2).

---

(1) Fenet, t. X, p. 126.
(2) Delvincourt, t. I, p. 90 et 193, 3e édit. — Demolombe, t. V, p. 517; t. X, n° 18 bis, p. 14, 15.

Plusieurs veulent même, comme nous le verrons ailleurs, qu'elle lui en donne plus (1). — Les Cours royales ou impériales ont abondé dans le même sens : « La « recherche de la maternité étant admise, dit la Cour « royale de Paris dans les considérants de son arrêt « du 27 juin 1812, la preuve de la filiation et la recon- « naissance judiciaire qui en résulte ont tous les effets « d'une reconnaissance volontaire. »

Nous même, en commençant cette étude, nous nous disions qu'un jugement réunissait tous les éléments essentiels de la reconnaissance légale, et notamment remplissait au plus haut degré la double condition fonda- mentale de l'authenticité et de l'irrévocabilité; et que ce mode de preuve de la paternité et de la maternité, étant après tout autorisé par la loi, semblait par cela même devoir produire tous les effets qu'elle attache à la filia- tion naturelle légalement reconnue.

Et cependant, en nous pénétrant plus profondément de l'esprit de cette institution de la *reconnaissance légale des enfants naturels*, nous nous sommes convaincu que Merlin fut encore ici parfaitement servi par son instinct juridique, qui l'a conduit à la solution, sans qu'il ait en- trevu la raison capitale de décider.

La reconnaissance légale ou quasi-légitimation d'un enfant naturel doit sans doute s'appuyer sur un acte au- thentique et irrévocable ; mais la cause productive des droits de famille que la loi y attache est dans la volonté même de son auteur. L'enfant ne saurait donc les acqué- rir par un jugement ; car le juge ne peut pas plus im-

(1) Duranton, t. III, p. 251,255. — Valette sur Proudhon, t. II, p. 146, note 2, II. — Zachariæ, t. IV, p. 65.

poser au père cette quasi-légitimation, qu'il ne pourrait le contraindre à la légitimation même. C'est ainsi que, dans toutes les discussions auxquelles a donné lieu l'institution de la reconnaissance légale, l'on a constamment posé en principe : « que l'enfant devait tirer tous ses « droits de la reconnaissance même du père ou de la « mère (1). » C'est encore en ce sens que Bigot-Préameneux a proclamé, sur le Code Nap. même, *que la filiation légale d'un enfant naturel* « ne pourrait jamais être « établie contre le père que par sa propre reconnais- « sance (2). » Enfin le premier Consul disait en législateur-jurisconsulte, avec cette énergique précision qui lui était propre : « La reconnaissance *forcée,* entraînant « des droits de famille, *est contre les principes* (3). » Que le jugement rendu sur une recherche autorisée de la *paternité,* ou de la *maternité,* entraîne l'obligation alimentaire, rien de plus conforme à la raison du droit — les aliments sont une dette *actuelle* de la paternité ou maternité *déclarée* — mais *déclaratif du fait* de la paternité ou de la maternité, il n'est point pour cela *attributif* des droits de famille que l'enfant n'aurait à exercer que dans un avenir incertain, et que, par la force même des choses, il ne peut tenir que de la volonté bienfaisante du père ou de la mère. Il faut bien en effet se garder ici de confondre le caractère *passivement déclaratif* d'un jugement rendu sur une recherche de paternité ou de maternité déniée, avec le caractère *activement attributif* d'une reconnaissance volontaire.

(1) Loiseau, loc. cit., p. 96.
(2) Fenet, t. X, p. 155.
(3) Locré, *Législ.*, VI, p. 122.

Un enfant naturel se prévaut d'une reconnaissance plus ou moins irrégulière — c'est un acte qui, d'après ses adversaires, aurait été délivré en brevet ou n'aurait pas été reçu dans la forme prescrite par la loi de 1843 — l'arrêt qui le jugera légalement reconnu sera purement *déclaratif* d'un état précédemment acquis par la reconnaissance même dont l'autorité de la chose jugée couvrira au besoin les irrégularités prétendues. Ce ne sera plus une reconnaissance judiciaire sur le fondement de laquelle il exercera ses droits de famille ; il sera réputé en avoir été investi par la libre volonté de l'auteur prétendu de l'acte de reconnaissance, critiqué à tort ou à raison comme essentiellement imparfait. Mais que ce même enfant, sans alléguer l'existence d'un acte de reconnaissance dont il aurait été l'objet, demande simplement à prouver le fait de la maternité ou de la paternité désavouée, et qu'admis à cette preuve, il obtienne l'effet de sa demande, il faudrait, pour que la sentence lui conférât des droits éventuels de succession et autres droits de famille, qu'elle fût non pas seulement *déclarative* d'un état précédemment acquis, mais bien *attributive* d'un état nouveau, que la volonté du père ou de la mère peut seule établir et donner.

Autre hypothèse qui doit mettre encore plus en relief cette théorie féconde de l'effet purement *déclaratif* d'un jugement : Un inconnu survient, qui prétend appartenir à la famille légitime ; le jugement qui fait droit à sa demande lui conférera sans doute tous les droits d'un enfant légitime ; il est de toute nécessité *déclaratif* d'un état précédemment acquis. Mais que cet inconnu ne se produise que comme enfant naturel, la sentence qui le

jugera tel ne peut pas être *déclarative* de l'imparfait état
de famille dont cet enfant n'a pas lui-même prétendu
avoir été jamais investi ; il faudrait qu'elle le lui attri-
buât elle-même directement : ce qui, encore une fois,
n'est pas juridiquement possible ; *ce qui serait*, comme
l'a dit Napoléon, improvisé grand jurisconsulte, *contre
les principes.*

Avec notre théorie de la nature exclusivement déclarative du jugement de reconnaissance, la loi du Code
s'explique d'elle-même, sans aucun effort de logique,
comme l'a fait Merlin ; et tous ses arguments, si faibles
par eux-mêmes, confirmeront puissamment notre interprétation doctrinale. L'enfant *légalement* reconnu ne
sera bien en effet que l'enfant *volontairement* reconnu
par un acte spontané. L'art. 338 ne se référera bien
réellement, comme l'indique sa place, qu'à la reconnaissance *volontaire* ; les père et mère ne succéderont, comme
le fait entendre l'art. 765, qu'à l'enfant naturel qu'ils
auront librement reconnu — ce ne sera plus la question
par la question ; — enfin, c'est avec raison que le Conseil
d'État aura rejeté la proposition du Tribunal, de donner
à la reconnaissance forcée par jugement tous les effets
de la reconnaissance volontaire. Quant à la rubrique,
elle est loin sans doute de consacrer l'effet, limitatif à
de simples aliments, de la déclaration judiciaire du fait
de la paternité ou de la maternité : mais évidemment
aussi elle ne l'exclut pas ; ce qui nous suffit.

Nous reprochera-t-on avec Chabot d'assimiler des enfants naturels, de la simple nature, aux *monstrueux*
bâtards incestueux ou adultérins ? Eh ! mon Dieu ! combien nous verrons de ces enfants naturels si dignes de

faveur réduits à de simples aliments par des textes formels, qui sembleraient même leur refuser ce nécessiteux secours! Et puis nous admettrons et prouverons au besoin que, tandis que les uns pourront être réduits au plus strict nécessaire, il devra être pourvu aux besoins des autres dans une large mesure, et jusqu'à les doter d'une éducation libérale, conforme à la possession qui leur aurait été donnée de leur état d'enfant naturel et surtout en rapport avec la fortune et la position sociale des parents.

Nous avons, pour terminer, à repousser une objection plus grave. Dénierez-vous aux père et mère d'un enfant naturel qui s'est fait reconnaître par jugement, s'écrie-t-on, la puissance paternelle que leur donneraient les art. 158 et 383 (C. N.), sur celui qu'ils auraient volontairement reconnu? L'enfant sera-t-il privé de cette protection qui intéresse l'ordre public? *Il faudra bien dans votre système*, ajoute-t-on triomphalement, *que vous alliez jusques là* (1).

Nous irons en effet jusque là, et sans la moindre hésitation. Pour apprécier la formidable objection, nous nous demanderons d'une part, si ce père prétendu, en vertu d'un jugement qui consacre à ses yeux une calomnieuse usurpation, et contre laquelle il a protesté peut-être par un quadruple appel et un double pourvoi en cassation, attacherait beaucoup de prix à la tutelle de cet odieux enfant; ne serait-ce pas là une nouvelle charge qui lui pèserait encore plus péniblement que celle des aliments? — Nous nous demanderons d'autre part, si

(1) Valette sur Proudhon, II, p. 162. — Demolombe, loc. cit., V, p. 548, 549.

l'enfant ainsi reconnu gagnerait beaucoup à se trouver sous la dépendance d'un père légalement présumé, au cœur irrité et profondément ulcéré ; ne serait-il pas plutôt dans son intérêt qu'il reçût un surveillant et un guide d'une réunion d'hommes bienveillants présidés par un juge de paix, protecteur obligé de tous ceux qui ont besoin de protection ? — Après cela si ce père par l'autorité de la chose jugée se résignait à la condamnation qui l'a frappé ; que descendant dans sa conscience, il se reconnût vraiment père, et qu'il en retrouvât les sentiments dans son cœur ramené, après la lutte judiciaire, à la justice et à la raison, rien ne s'opposerait assurément à ce que ces amis réunis en conseil de famille ne lui déférassent sur sa demande la tutelle dont ils disposent.

Bien des considérations d'intérêt général de l'ordre le plus élevé viendraient à l'appui de notre interprétation doctrinale. Ainsi, elle préviendrait, plus efficacement que toute autre, ces révélations scandaleuses de désordres secrets, si compromettantes pour la paix et l'honneur des familles, et que nos législateurs jugeaient eux-mêmes si funestes aux mœurs publiques. L'enfant illégitime, bien convaincu que, quelle que soit sa filiation, il ne peut, à défaut d'une reconnaissance volontaire par acte authentique, prétendre qu'à des aliments, acceptera volontiers une transaction privée qui les lui assure plus ou moins généreusement ; et cette malheureuse, qu'a trahie un ami indiscret ou un confident perfide, pourra encore sauver sa réputation par un nouveau sacrifice pécuniaire, au devant duquel on la verra courir. Évidemment la transaction serait plus difficile et plus onéreuse si cet enfant pouvait aspirer à l'honneur du nom, et à des droits successifs d'une valeur incertaine, inapréciable, et qu'il serait porté à s'exagérer outre mesure ; elle serait même impossible, comme nous le verrons plus loin.

Toutefois quelle que soit notre confiance dans la rigueur logique et dans la force morale de nos raisonnements, nous reconnaîtrons que ce *dogme incontestable de Merlin...., au-dessus de toute discussion, clair, mille fois clair comme le jour*, que nous avons, nous, cru trouver dans les traditions les plus certaines du droit intermédiaire et dans l'esprit manifeste des dispositions prédominantes du Code Napoléon, demandait pour dissiper tous les doutes à être consacré par un texte précis et formel ; la preuve en est dans notre dissertation même,

Mais les plus redoutables adversaires de Merlin, eux-mêmes conviennent « qu'en ce qui concerne les enfants « naturels surtout, le Code Napoléon est plein d'obscuri-« tés et de lacunes ; » et enseignent « qu'il faut éclairer les « unes et combler les autres par les principes généraux « du droit, et par les considérations d'ordre public, « d'équité et d'intérêt général, qui ont toujours été « pour les jurisconsultes et les magistrats de puissants « moyens de décision (1). » —Or l'on nous accordera sans doute ici, que c'est le cas ou jamais de procéder de la sorte ; et nous croyons l'avoir fait avec une irréprochable impartialité.

Enfin, y eût-il encore des doutes sérieux, ces doutes, d'après la distinction que nous avons préliminairement établie, devraient être résolus en faveur de la famille

(1) Demolombe, loc. cit., nº 180, p. 473.

13

légitime, à laquelle il s'agit de conserver son patrimoine héréditaire, et l'honorable propriété de son nom patronymique.

Du pouvoir et de la capacité de reconnaître légalement un enfant naturel.

La reconnaissance d'un enfant naturel, en tant que légale et entraînant des droits honorifiques et utiles de famille et de successibilité, est un acte de volonté bienfaisante, qui doit être exclusivement personnel à son auteur. Le consentement qui en est l'élément générateur n'y peut, non plus que celui du donateur dans l'acte de donation, être suppléé par l'autorité d'un père, d'un tuteur ou d'un conseil de famille.

Et, comme entre le père et la mère d'un enfant naturel il n'existe aucun lien légal, la reconnaissance de l'un ne doit jamais entraîner celle de l'autre; la mère seule peut reconnaître légalement sa maternité, comme le père seul, sa paternité. Ainsi que l'exprimait très nettement une troisième variante de l'article 338 (nous aurons à revenir ailleurs sur les deux premières), adoptée au Conseil d'Etat dans la séance du 29 fructidor an X (1), *la reconnaissance d'un enfant naturel n'aura d'effet qu'à l'égard de celui qui l'aura reconnu.*

Y a-t-il d'autres conséquences à tirer de la quatrième, qui, sans aucune explication donnée dans les discussions préparatoires de ce dernier changement de rédaction, est définitivement devenue la disposition officielle

(1) Locré, *Législ.* VI, p. 166.

du Code Napoléon : « La reconnaissance du père, *sans*
« *l'indication et l'aveu de la mère*, n'a d'effet qu'à l'égard du
« père? » C'est le sujet d'une discussion fort confuse où
les opinions sont très partagées, et les extrêmes, diamétralement opposées. Nous nous donnons pour tâche de
les mettre toutes d'accord.

D'après le premier historien du Code Napoléon, cet
amendement improvisé, que son anonyme auteur a laissé
sans explication, aurait eu pour objet de faire connaître
« que le désaveu par la mère d'une paternité légalement
« avouée, n'ôterait point à cette reconnaissance du
« père l'effet dont elle susceptible par rapport à lui (1). »
Et d'après le dernier commentateur, il ne ferait que
consacrer en principe que : *la reconnaissance du père
vaudrait sans l'indication et l'aveu de la mère*, contrairement à ce qui avait été proposé dans les premières discussions au Conseil d'Etat (2). Mais franchement le texte
officiel du Code ne se prête guère plus à la seconde qu'à
la première de ces explications ; il a évidemment voulu
dire autre chose. D'autres ont pensé qu'au fond il ne
disait et ne voulait rien de plus que l'article adopté au
Conseil d'Etat dans la séance du 29 fructidor, et commu-
niqué au Tribunat qui n'éleva aucune critique sur sa rédaction : « La reconnaissance d'un enfant naturel n'aura
« d'effet qu'à l'égard de celui qui l'aura reconnu, » et
que si plus tard (l'on ne sait *où* ni *quand*), au milieu de
cette phrase *équivalente* (sauf qu'elle limitait la disposition au *père*, en permettant toutefois, ce semble, de l'é-
tendre par analogie à la mère), *la reconnaissance du*

(1) Locré, *Esprit du Code Nap.*, V, p. 249.
(2) Demolombe, loc. cit., n° 384, p. 365.

père.... n'aura d'effet qu'à l'égard du père, l'on a inter-
calé ces mots, *sans l'indication et l'aveu de la mère*,
c'était simplement pour faire mieux comprendre que
même avec l'indication de la mère, mais *sans aveu positif
et légalement constaté*, la reconnaissance n'aurait aucun
effet vis-à-vis d'elle(1). Prétendrait-on, par hasard, ont
dit ces derniers, que quand le père aurait indiqué la
mère dans l'acte de naissance, il y aurait pour celle-ci reconnaissance *légale* de l'enfant dans un simple aveu exprès
ou tacite, par un écrit quelconque (lettre missive, billet
confidentiel), ou par quelque fait de possession d'état,
survenant dix, vingt années après la déclaration de maternité à laquelle elle était étrangère? Ce serait une violation flagrante de cet article 336. Quand la loi demande,
par *a contrario*, pour lui donner effet vis-à-vis de la mère
une reconnaissance faite avec *l'indication de la mère* ET
de son aveu, il est bien clair qu'il s'agit d'un *aveu* pré-
cédant cette indication, d'un consentement en vertu duquel elle a précisément dû avoir lieu.

En dépit de cette logique pressante, il a paru au plus
grand nombre que le dernier changement de rédaction
ne pouvait raisonnablement s'expliquer que par la supposition « qu'il était entré dans l'intention du législa-
« teur d'accorder plus d'efficacité à l'indication de la
« mère dans la reconnaissance du père, qu'à l'indica-
« tion du père dans la reconnaissance de la mère, et
« que cette supposition conduisait naturellement à con-
« clure que l'aveu de la maternité est dispensé de l'au-
« thenticité, lorsque la mère se trouve déjà désignée

(1) Marcadé, loc. cit., t. II, p 442, 443.— Richefort, loc. cit., t. II, p. 230.

« dans la reconnaissance du père ; qu'en pareil cas la
« reconnaissance est valablement faite par acte sous
« seing privé et suffisamment constatée par toutes cir-
« constances tendant à établir que la mère a avoué sa
« maternité, et notamment par les soins qu'elle a anté-
« rieurement ou postérieurement donnés à l'en-
« fant (1). » — Et les Cours royales ou impériales
sont à l'envi entrées dans cette large voie ; la Cour de
cassation elle-même a consacré la savante interprétation
des docteurs par plusieurs arrêts dont les motifs sont en
résumé : « Que si la reconnaissance de l'enfant naturel
« doit aux termes de l'article 334, être faite par acte
« authentique, il n'en n'est pas de même de l'aveu que
« la mère peut, aux termes de l'article 336, joindre à la
« reconnaissance où le père l'a désignée comme telle,
« soit parce que la loi ne l'exige point ; soit parce que
« cet aveu, étant le complément de la reconnaissance
« authentique du père, s'identifie avec elle et doit parti-
« ciper à son authenticité ; soit enfin parce que la re-
« cherche de la maternité étant admissible, la loi ne
« peut pas être aussi sévère pour la reconnaissance de
« la mère que pour celle du père (2). »

Si la Cour de cassation entend qu'une femme, après
avoir de fait reconnu un enfant comme sien, ne peut
pas capricieusement et inhumainement le repousser et
lui refuser les secours qu'elle a jugé elle-même lui être
nécessaires, nous sommes depuis longtemps de son avis ;

---

(1) Zachariæ, loc. cit., § 568 bis, n° 24, t. IV, p. 54. — Duranton, loc. cit.,
t. III, n° 245, p. 216. — Toullier, loc. cit., t. II, n°s 927, 956, p. 237, 282.
(2) Arrêts des 8 juin 1813, 26 avril 1824, 19 janvier 1830, etc. (Dalloz,
1813, 1, 360 à 373 ; 1824, 1, 163 à 168 ; 1832, 11, 87.)

mais que sur un acte qui n'a aucun caractère de légalité, elle fonde pour lui des droits de famille et de successibilité, c'est ce que nous ne saurions admettre.

Le fondement juridique de cette jurisprudence qui fait chaque jour de nouveaux progrès est le moins concluant de tous les arguments, celui que les dialecticiens appellent *a contrario sensu*. — *La reconnaissance du père*, SANS L'INDICATION ET L'AVEU DE LA MÈRE, *n'a d'effet qu'à l'égard du père*; donc, par le contraire, cette même reconnaissance, *avec l'indication et l'aveu de la mère*, aura également son effet contre celle-ci.

C'est un principe incontestable et incontesté, en matière d'interprétation, que l'abrogation ou la modification d'une loi ne s'établit point par induction ou conjectures (1); et l'on a été conduit par là même à reconnaître que l'argument *a contrario sensu* ne peut avoir quelque valeur que lorsqu'il ramène au droit établi; qu'il est essentiellement vicieux, s'il y porte une atteinte plus ou moins grave : *argumentum a contrario sensu validum est, nisi hujusmodi interpretatione inducatur legis emendatio* (2). Or décider que, par la simple indication de la mère dans un acte de reconnaissance auquel elle serait absolument étrangère, l'aveu qui lui échapperait de sa prétendue maternité dans le plus irréfléchi des écrits ou qu'on induirait de quelques faits plus ou moins caractéristiques de la possession d'état, deviendrait contre elle et contre sa famille une reconnaissance *légale* de l'enfant, ce serait bien abolir pour les femmes

(1) Merlin, *Quest. de droit*, v° Rente foncière, t. IV, p. 367.
(2) Godefroid sur la loi 2, Cod., *De condit. insertis*.

l'article 334 (Cod. Nap.) d'après lequel cette quasi-légitimation ne peut résulter que d'un acte authentique.
Ajoutez que, de l'aveu de tous, « rien ne révèle dans la
« discussion du Code que la volonté du législateur ait
« été de déroger, en ce qui concerne la mère, à cette
« règle de l'article 334, qui, sans distinction de sexe,
« exige que la reconnaissance soit faite par acte authen-
« tique (1). » Et une telle dérogation se comprendrait-
elle? Quoi ! nos législateurs ont très sagement voulu,
pour écarter d'un acte aussi grave les dangers de l'obsession et de la surprise, qu'il ne pût être valablement
consenti que par le ministère d'un officier public; une loi
interprétative ajoute encore dans le même esprit à la
préventive et salutaire solennité de la forme; et un
étroit argument d'écolier priverait de cette garantie
d'ordre public précisément le sexe qui en a le plus besoin ! En vérité cela ne serait guère raisonnable. — Et
voyez donc ! un chevalier d'industrie, un forçat libéré
(c'est l'espèce d'un arrêt), séduit une riche héritière ;
il arrache à cette femme mourante un aveu quelconque de la honteuse maternité qui la tue ; et il fait
sa déclaration authentique de paternité avec l'indication
de la malheureuse mère, qui peut-être déjà a succombé
aux douleurs de l'enfantement aggravées par son profond
désespoir. Que l'enfant obtienne, en vertu de cet in-
forme écrit privé, au besoin judiciairement reconnu, les
aliments dus à son propre malheur, rien de plus humainement équitable; mais que son ignoble père puisse réclamer en son nom tout ou partie d'un beau patrimoine

(1) Valette sur Proudhon, t. II, p. 142. — Demolombe, loc. cit., n° 883,
t. V, p. 361.

héréditaire, et en avoir la pleine et libre disposition,
comme investi de la puissance paternelle ou de l'autorité tutélaire, c'est assurément ce que ne demandent ni
l'intérêt social ni la justice naturelle.

Une autre interprétation se présenterait qui, sans argumentation savante, concilierait tout, la raison et la
logique, et le Code avec lui-même. Ce serait d'entendre,
comme le fait un des auteurs précités (1), le mot *aveu*
dans le texte inexpliqué et inexplicable de l'article 336,
d'une déclaration en forme authentique (aveu *légalement*
constaté), et telle que la demande aujourd'hui la loi de
1813. Cette expression a sans doute grammaticalement un
sens infiniment plus large; mais en en restreignant ainsi
juridiquement la signification, l'on ne violerait du moins
aucun principe. *Dum proprietas verborum attenditur
sensus veritatis amittitur*, a dit je ne sais quel docteur;
et, dit Constantin, je ne sais en quel rescrit, *leges legibus concordare promptum est?*

Nous rencontrons dans ce même ordre d'idées une
autre question, suivant nous, d'une solution facile,
et néanmoins très diversement comprise, où les Cours
royales et impériales, et la Cour régulatrice nous semblent encore s'être à qui mieux mieux étrangement four-
voyées.

Le nom de la mère naturelle doit-il être, conformément aux articles 56 et 57 (Code Napoléon), déclaré
dans l'acte de naissance de l'enfant, par les docteurs en
médecine ou en chirurgie, sages-femmes, officiers de

(1) Marcadé, t. II, p. 442, 443.

santé ou autres personnes qui auraient assisté à l'accouchement?

Non sans doute, a-t-on dit, si la naissance est incestueuse ou adultérine ; car en ce cas la recherche de la maternité n'est pas plus admissible que ne l'est en thèse générale celle de la paternité (Cod. Nap., art. 335, 342); mais s'il n'y a ni inceste, ni adultère, comme alors l'enfant est autorisé par la loi même à faire reconnaître judiciairement sa filiation *maternelle*, il faut bien que son acte de naissance lui indique sa mère ; l'omission du nom de celle-ci serait pour l'innocent nouveau-né comme la suppression de l'état civil auquel il a le droit de prétendre ; délit prévu et puni par l'article 346 du Code pénal.

Nos juges d'appel, cédant à de faux sentiments d'humanité, ont généralement, par leurs arrêts, consacré l'interprétation doctrinale qui paraît la plus favorable à l'enfant.

Une femme accouche mystérieusement dans la maison même du médecin accoucheur ; celui-ci se refuse en déclarant la naissance de l'enfant à faire connaître la mère dont le nom lui aurait été confié sous le sceau du secret, et que l'article 378 du Code pénal, et un sentiment d'honneur plus impérieux encore, lui interdiraient de révéler. Sur la poursuite dirigée contre lui, en vertu de l'article 378, le tribunal répugnant d'une part à prononcer une condamnation correctionnelle contre un homme honorable, et voulant d'autre part échapper à l'injure d'un arrêt réformateur, imagine de considérer l'enfant né en de telles circonstances comme un *enfant trouvé*, dont aux termes des articles 58 (Cod. Nap.) et 347

(Cod. pénal), il devait suffire au médecin accoucheur de faire constater l'existence par l'officier de l'état civil. Mais la Cour saisie de l'appel, appréciant le fait tout autrement que les premiers juges, décide d'abord que ce sont, non les articles 58 (Cod. Nap.) et 347 (Code pénal) mais bien les articles 56, 57 (Cod. Nap.) et 346 (Code pénal) qu'il faut appliquer à la cause, et considérant alors :

« Qu'il ne suffit pas, pour échapper à la peine édictée par la loi, que la personne qui assiste à un accouchement déclare la naissance de l'enfant; qu'il faut, en outre, puisqu'elle connaît la mère, qu'elle en fasse la déclaration; *que la réticence à cet égard empêcherait en effet la preuve de l'état civil de l'enfant;* qu'en vain les docteurs en médecine, officiers de santé et sages-femmes, exciperaient de l'article 378 du Code pénal, qui leur défend de révéler les secrets dont ils sont dépositaires, par état ou profession; que cet article ne dispose évidemment que pour le cas où la loi n'a pas imposé le devoir d'une révélation; qu'il faut d'autant plus concilier lesdits articles 346 et 378, que si la loi a voulu couvrir de sa protection le dépôt d'un secret, elle n'a pas moins voulu *protéger l'existence et l'état de l'enfant à sa naissance;* »

Elle condamne le médecin accoucheur à l'amende, lui épargnant la prison, sans doute à raison de la *circonstance atténuante* de sa franche et loyale bonne foi (1).

La Cour royale de Paris a, dans son arrêt du 20 avril 1843, développé davantage le point de droit qui doit surtout ici fixer notre attention :

« Considérant, a-t-elle dit (en consacrant de nouveau la doctrine de l'arrêt précité), que l'article 56 du Code Napoléon veut qu'à défaut du père, la déclaration de naissance d'un enfant soit faite par les médecins, chirurgiens, officiers de santé et sages-

_____

(1) Arrêt de la Cour royale de Dijon du 14 avril 1840. (Dalloz, 1841, 2, 38.)

femmes qui ont assisté à l'accouchement, et lorsque la mère est accouchée hors de son domicile, par la personne chez qui elle est accouchée ; — *que cette déclaration ne fait qu'un avec l'acte de naissance* qui, d'après le même article, doit être rédigé de suite en présence de deux témoins et contenir, aux termes de l'article 57, plusieurs énonciations parmi lesquelles se trouve celle des père et mère de l'enfant ; — que ces dispositions essentielles sont prescrites non seulement dans l'intérêt public, mais encore dans celui de l'enfant, *dont l'état civil doit être protégé par la loi ;* — que les dispositions sus-énoncées du Code civil, qui étaient restées sans sanction, en ont trouvé une dans l'article 346 du Code pénal, qui oblige toute personne ayant assisté à un accouchement à en faire la déclaration telle qu'elle est prescrite par l'article 56 du Code civil ; — *que lorsqu'il s'agit de filiation naturelle, la déclaration du nom de la mère est de la plus grande importance pour l'enfant qui a le droit de rechercher la maternité, et que, si ce nom n'était pas dans l'acte de naissance, il en résulterait une omission qui empêcherait ou détruirait la preuve de l'état civil de celui auquel il s'applique ;* — qu'enfin l'article 56 du Code civil obligeant les personnes qui y sont mentionnées à faire la déclaration des naissances, les dispositions de l'article 378 du Code pénal sur le secret imposé aux médecins, chirurgiens, officiers de santé, sages-femmes, sont sans application dans l'espèce (1). »

La Cour suprême n'a point partagé l'avis des Cours royales, mais par des motifs qui ont surpris et compromettraient, ce qui serait bien grave, les intérêts les plus sacrésdela famille légitime, l'état même des enfants du mariage. Suivant elle, l'article 346 (C. pén.) ne se réfèrerait qu'à l'article 56 (C. Nap.) qui ne demande *textuellement* que la déclaration *du fait même de la naissance ;* les énonciations que prescrit l'article 57, et notamment celles des

(1) Dalloz, 1843, 2, 147.

prénoms, noms, profession et domicile des père et mère,
ne seraient que *facultatives*, et leur omission ne donnerait lieu à aucune poursuite :

« Attendu, disent ses arrêts des 16 septembre 1843 et
1er juin 1844 (1), que l'article 56 du Code civil n'impose aux
personnes y dénommées qu'une obligation formelle, celle de déclarer la naissance de l'enfant, à laquelle elles auront assisté ; —
*que cet article n'exige pas que l'on déclare les noms des père et mère
de l'enfant;* — que les dispositions de l'article 56 précité ne sauraient être étendues, alors surtout qu'il s'agit d'appliquer l'article 346 du Code pénal qui leur sert de sanction. »

Voilà encore une de ces interprétations étroites et
inintelligentes, contre lesquelles la doctrine ne saurait
trop vivement protester. L'article 57 (Cod. Nap.) n'est que
le complément de l'article 56, et tous deux ne sont virtuellement qu'une seule et même disposition ; la déclaration prescrite par le premier comprend nécessairement
les énonciations commandées par le second. Ces dispositions s'expliqueraient au besoin par celles de l'article 319 (Cod. Nap.), qui fait de l'acte de naissance des
enfants légitimes la preuve normale de leur état de famille. « La filiation des enfants légitimes se prouve par
« les actes de naissance inscrits sur les registres de l'état
« civil.» Comment, en effet, ce passe-port donné dans la
société à l'enfant du mariage assurerait-il son état, s'il
n'énonçait le nom de ses père et mère ? Les médecins ou
chirurgiens accoucheurs manqueraient donc essentiellement à leurs devoirs, lorsqu'en déclarant la naissance
d'un enfant légitime, ils tairaient le nom des père et
mère unis par le mariage ; cette réticence affectée cons-

(1) Dalloz, 1844, 1, 137 et 344.

tituerait bien réellement comme un délit de suppression d'état, qui ne serait pas trop sévérement frappé de la peine édictée par l'article 346 (Code pénal) d'une amende de *seize à trois cents francs*, et d'un emprisonnement de *six jours à six mois.*

Mais il en serait tout autrement pour la filiation dite *naturelle*; et la Cour de cassation est ici parfaitement dans le vrai. Les médecins ou autres personnes qui ont assisté à l'accouchement d'une pauvre fille séduite, ne peuvent avoir à déclarer que le fait même de la naissance de l'enfant naturel; ils s'exposeraient, comme nous l'expliquerons plus amplement ailleurs, à une action en diffamation et à des dommages-intérêts, s'ils s'ingéraient à signaler le père ou la mère, sans y être autorisés par ceux-ci. La preuve authentique de la filiation naturelle ne peut résulter que d'un acte de reconnaissance dans la forme établie par l'article 334, ou d'un jugement. Il n'y a pas d'opinion dissidente en ce qui touche la paternité, dont la recherche est généralement interdite; mais parce que la recherche de la maternité est au contraire généralement permise, le nom de la mère sera-t-il, à la différence du nom du père, un élément essentiel de l'acte de naissance de l'enfant? Les auteurs et les Cours royales et impériales qui l'ont ainsi décidé semblent avoir oublié la condition *fondamentale* sous laquelle l'enfant naturel est admis à rechercher sa mère : *un commencement de preuve par écrit de la main même de celle-ci.* (Cod. Nap., art. 341, 1347). Si l'acte de naissance contenant l'indication du nom de la mère prouvait la maternité *naturelle*, comme il prouve la maternité *légitime*, ou seulement donnait ce commencement de preuve par écrit qui peut en autoriser la recherche, nous comprendrions la nécessité ou l'utilité juridique de cette indication ; mais ceux-là même qui insistent le plus vivement pour obliger les médecins ou chirurgiens accoucheurs à révéler le nom de la mère, reconnaissent avec la Cour de cassation (1), que l'acte de naissance conçu comme ils l'entendent, n'est ni une preuve, ni un commencement de preuve de la maternité, la déclaration n'émanant pas de la mère elle-même. Or, conçoit-on des auteurs sérieux et des Cours souveraines voulant, d'une part, que la mère naturelle soit contre sa volonté désignée dans l'acte de naissance de l'enfant, et affirmant d'autre part, les uns qu'une telle désignation « serait sans effet ; qu'elle s'évanouirait devant un simple « désaveu qui serait dans tous les cas péremptoire ; » les autres « que l'acte de naissance, auquel la prétendue « mère n'a point concouru, ne formerait une preuve « complète ni même un commencement de preuve par « écrit de l'accouchement, la déclaration de naissance « eût-elle été faite par l'une des personnes indiquées en « l'art. 56 (Cod. Nap.) (2) ? » Cela ne prouverait-il pas, comme le fait très judicieusement observer le dernier commentateur du Code Napoléon « que la différence que « l'on prétend établir à cet égard entre le père et la « mère ne saurait être justifiée par le motif que la re- « cherche de la paternité est défendue tandis que celle « de la maternité est permise? Qu'importe en effet, « puisque cette désignation ne pourra être d'aucun se-

(1) Arrêt du 21 mai 1810. (Dalloz, 1810, 1, 302).
(2) Duranton, *Cours de Droit français*, t. I, n°s 307 et 315, p. 231, 240. — Zachariæ, n° 19, t. I, p. 186; n° 570, t. IV, p. 80; *Adde.* u° 505, t. IV, p. 45.

« cours dans un procès en recherche de materni-
« té(1) ? »

 « D'aucun secours! C'est, nous dira-t-on, aller trop
« loin ; la déclaration du nom de la mère dans l'acte
« de naissance, empêchera du moins qu'on ne perde sa
« trace, et mettra sur la voie de la recherche per-
« mise (2). »

Eh bien! Cette considération peu juridique n'a pas
plus de valeur que les arguments de droit strict! De
deux choses l'une : ou l'enfant naturel a le commencement de preuve par écrit qui peut l'autoriser à rechercher
sa mère ; ou il ne l'a pas. — S'il ne l'a pas, toute action
judiciaire lui étant interdite, la connaissance qu'il croi-
rait avoir de sa mère, par l'indiscrète révélation du
registre de l'état civil, ne ferait que lui donner des
regrets impuissants, ou lui inspirer des sentiments de
haine et de vengeance; sentiments dont la manifestation
le priverait vraisemblablement des secours qu'il recevrait
secrètement de cette femme qui, tout en cachant sa honte,
n'aurait pas abjuré les devoirs d'une mère. Dans l'hypothèse contraire, ce commencement de preuve par écrit dont
il est nanti, ne peut pas ne pas lui donner tout d'abord
les premiers renseignements dont il aurait besoin pour
exercer son action. La désignation de la mère, faite sans
sa participation sur des registres ouverts au public, ne
serait donc jamais, et dans le sens le plus absolu, qu'une
diffamation gratuite que la loi ne saurait raisonnable-

(1) Demolombe, loc. cit., n° 383, t. V, p. 359.
(2) Avocat-général Quenault, soutenant le pourvoi en cassation rejeté par
l'arrêt du 16 septembre 1843. (Dalloz, 1844, I, p. 138.) — Vallette sur Proudhon, t. I, p. 222.

ment autoriser. Les articles 56 et 57 (Cod. Nap.) ne sont par leur esprit, comme par leur texte, évidemment applicables qu'aux naissances légitimes.

Concluons de là que, n'y eût-il rien de confié sous le sceau du secret, ou point d'article 378 dans le Code pénal, le médecin ou chirurgien accoucheur n'en devrait pas moins s'interdire une déclaration mortelle à l'honneur de la mère, et qui ne serait à l'enfant d'aucune utilité. Il manquerait ici évidemment à ses devoirs par une révélation *qui*, comme l'a très bien dit le Tribunal de Lyon (1), *sans profit pour l'enfant, ne serait qu'une source de scandale et de perturbation pour la société, et de malheur et de honte pour la famille.*

Les interprètes que nous combattons appellent à leur secours deux autres considérations, dont l'une, d'intérêt social, leur paraît toute puissante. L'obligation imposée au médecin ou chirurgien accoucheur de désigner la mère dans l'acte de naissance préviendrait, suivant eux, un crime trop commun, l'infanticide; ou, comme l'exprime la Cour royale de Dijon en son arrêt précité, *protégerait l'existence même de l'enfant, en même temps que son état civil.* Ne serait-ce pas manifestement tout le contraire (2)? Et ne trouverions-nous pas, nous, dans cette péremptoire considération, une nouvelle et très grave raison de décider dans le sens de l'opinion que nous professons? Si cette fille, qui tient avant tout à son honneur, ne peut se faire assister dans les douleurs de l'enfantement d'un médecin, ou d'une sage-femme, sans trahir par là même

(1) En son jugement du 6 avril 1833, rapporté par la *Gazette des Tribunaux* du 9 mai, même année.
(2) C'est ce qu'avait entrevu M. Delvincourt, t. I, p. 236 et 237, note 3.

le secret de sa faute que proclamera un registre ouvert au public, résistera-t-elle à la tentation d'un criminel avortement; ou, arrivée au terme extrême de sa grossesse, seule, dans un lieu isolé, où personne ne pourra pénétrer, sera-t-elle, au milieu des souffrances auxquelles elle est en proie, bien soucieuse de conserver la vie à cet enfant qui semble à plaisir lui déchirer le sein ? Sans avoir prémédité l'infanticide, aura-t-elle la force d'en repousser la coupable pensée, alors que son cœur de mère n'a pu encore se faire entendre, et qu'elle ne voit dans cet être imparfait que la perte de sa réputation et la ruine de ses espérances d'établissement ? Supposez au contraire que, certaine de leur discrétion, elle ait appelé auprès d'elle, pour la délivrer, soit le médecin accoucheur, soit la sage-femme, l'idée du crime ne lui viendra même pas; et la vie de l'enfant est à tous égards assurée, autant qu'elle peut l'être.

L'autre considération d'un beaucoup moindre intérêt consisterait en ce que la femme enchaînée sur son lit de couche, serait privée de la faculté de reconnaître son enfant par la déclaration même de naissance, qui, aux termes de l'art. 55 (Cod. Nap.), doit être faite dans les trois jours de l'accouchement. — Eh! mon Dieu, si la mère tient à ce que son bâtard porte légalement son nom du jour même de la déclaration de naissance, qu'elle veuille bien donner au père ou à un tiers le pouvoir de le reconnaître pour elle. Quoiqu'une reconnaissance légale d'enfant naturel soit, comme nous l'avons exposé, un acte essentiellement *personnel* au père ou à la mère, elle peut très régulièrement se faire par un mandataire fondé d'une procuration *spéciale* et *authentique*.

14

Tous les doutes, s'il pouvait s'en élever, s'évanouiraient devant la disposition précise de l'article 2 de la loi du 21 juin 1843. « A l'avenir, les actes notariés contenant « donation entre vifs, donation entre époux pendant le « mariage, révocation de donation ou de testament, « *reconnaissance d'enfants naturels, et les procurations* « *pour consentir ces divers actes*, seront, à peine de nul- « lité, reçus conjointement par deux notaires ou par « un notaire en présence de deux témoins. » Il est seulement très certain qu'aujourd'hui la procuration devra, ainsi que nous l'avons annoncé, être authentique et soumise, comme l'acte même de reconnaissance, à la nouvelle solennité de la *présence réelle expressément mentionnée* du second notaire ou des deux témoins à la lecture et à la signature.

C'est une proposition généralement admise que l'enfant naturel peut être légalement reconnu avant qu'il ait vu le jour. — L'on ne s'est point arrêté, avec raison, à une induction contraire tirée de l'art. 334 (Code Nap.), qui, en statuant que « la reconnaissance sera faite par « acte authentique *lorsqu'elle ne l'aura pas été dans l'acte* « *de naissance,* » semble supposer que le premier acte où il soit possible de reconnaître un enfant naturel est l'acte de naissance. C'est là une simple *énonciation* qui n'a évidemment rien d'exclusif ou de restrictif. Nous verrions une plus grave raison de douter dans l'absence de toute *individualité* chez cet être qui n'est encore qu'une partie des entrailles mêmes de la mère, *pars viscerum matris*. Là où il n'y a pas encore un homme, peut-il y avoir une personne civile? Cependant, et sans être trop

ému « du désespoir de ce père sensible qui, touchant le
« bord de sa tombe, se verrait ravir la douce consola-
« tion d'obéir aux inspirations de son cœur (1), » l'intérêt de l'enfant nous paraît ici devoir l'emporter; et
nous admettrons par l'autorité de la loi romaine, que
conçu il doit être réputé né pour la quasi-légitimation,
comme pour la légitimation même : *qui in utero est pe-*
rinde custoditur ac si in rebus humanis esset, quoties de
ejus commodis interest (2). Nous n'irons donc point à
l'encontre d'une résolution favorable à l'enfant, qui,
à notre connaissance, n'a point de contradicteur ; mais
nous disons qu'elle demande à être expliquée. La reconnaissance légale d'un simple *part* [partus] ne saurait en
effet avoir lieu, dans les conditions du droit commun.
— L'enfant naturel déjà né ayant une individualité qui
lui est propre, peut être reconnu, comme le dit l'article 336 (Cod. Nap.), *sans l'indication et l'aveu de la mère;*
mais s'il n'est que conçu, comment le *personnalisera-*
t-on autrement que par la désignation même *de la*
femme qui le porte dans son sein, et dont il faudra bien
dès lors avoir le consentement par écrit, si elle ne se
présente elle-même pour le reconnaître, conjointement
avec le père présumé. La seule difficulté est de savoir
dans quelle forme ce consentement devra être donné.
Nous pensons que l'officier de l'état civil doit, pour
inscrire une telle reconnaissance sur ses registres.
exiger une procuration authentique, reçue avec la
solennité que réclame la loi de 1843 pour écarter

(1) Loiseau, loc. cit., p. 425.
(2) L. 7, 26, Dig., *De stat. hom.*

toute supposition de violence ou de surprise. Il est incontestablement dans son droit qu'il ne soit pas exposé à une action en diffamation et en dommages-intérêts de la part de cette femme qui dénierait sa signature. — Ce n'est point tout ; lorsque cet enfant reconnu d'avance sera né et capable d'acquérir un état civil, ceux qui auront à déclarer sa naissance devront être munis d'une procuration semblable pour faire énoncer dans l'acte le nom de la mère. Il ne faut pas que cette reconnaissance légale qui a précédé la naissance, puisse s'appliquer à un enfant quelconque.

Que si cette femme dans le sein de laquelle est supposé l'enfant préventivement reconnu, n'accouchait qu'après le terme extrême de la gestation même légale depuis la reconnaissance, cet acte resterait assurément sans effet. Personne, que je sache, n'a prétendu que notre loi des enfants naturels soit allée jusqu'à autoriser l'étrange immoralité d'une reconnaissance antérieure à la conception même. Mais il peut s'élever à ce sujet des questions pleines de scandale et d'une solution impossible. Un homme se déclare l'auteur d'une grossesse de *cinq* mois ; l'enfant arrive parfaitement viable *trois semaines* après, ou il se fait attendre *six mois*. Pourra-t-on lui contester le bénéfice de cette reconnaissance par le motif qu'il aurait un autre père? Nous plaignons les juges qui auraient à subir l'épreuve d'un tel débat; et nous nous félicitons qu'il n'y ait là que des questions de fait en dehors de notre étude (1).

(1) V. arrêts de Douai, du 23 mars 1841 ; de la Cour de cassation, du 1er août 1843. (Dalloz, 1849, 1, 439.)

La faculté donnée aux père et mère de reconnaître légalement un enfant naturel, l'ayant été sans limite d'âge, peut par là même être exercée pendant tout le cours de la vie de cet enfant ; mais pourra-t-elle l'être après sa mort ?

L'affirmative est généralement admise et nous paraît à nous-même certaine, si l'enfant naturel prédécédé sans avoir été reconnu, a laissé des enfants nés d'une union légitime. D'une part, ces orphelins, probablement encore dans les premières années de l'enfance, ne sont pas moins dignes de faveur que le père lui-même ; d'autre part, cette reconnaissance quoique tardive n'obligera pas son auteur moins étroitement, ne lui imposera pas des devoirs moins impérieux, que si elle avait eu lieu du vivant du bâtard chef de cette nouvelle famille légitime. Les enfants auront en effet tous les droits dont elle aurait investi le père. C'est ainsi que la légitimation même profite aux descendants d'un enfant naturel qui, par son prédécès, n'a pu en recueillir personnellement les avantages (Code Nap., 332).

Mais l'enfant naturel non reconnu est mort sans enfant, ou n'a laissé que des enfants naturels reconnus ou non reconnus ; en sera-t-il encore de même ?

Nous écarterons pour un instant la dernière hypothèse sur laquelle, pour plus de précision et de clarté, nous ne donnerons notre avis qu'après avoir soumis à un examen attentif et sévère celle du prédécès sans enfants d'aucune sorte.

Nous nous étonnons sincèrement que des auteurs graves aient pu se prononcer ici dans le sens le plus absolu pour la validité d'une reconnaissance *posthume*, qui n'aurait pas d'autre effet que d'investir rétroactivement son égoïste et avide auteur du droit de recueillir l'utile succession de l'enfant par lui méconnu, tandis que cet enfant a eu besoin de protection et de secours ; et cela au préjudice des droits irrévocablement acquis, par la loi commune des successions, à l'hospice qui l'aurait recueilli ou à son conjoint survivant. La raison, les principes, l'esprit et les textes du Code s'élèvent avec une égale force contre cette solution, qui repose en droit strict sur une erreur capitale. — Ses partisans, méconnaissant le principe fondamental de l'institution même, proclament comme une vérité incontestable que la reconnaissance légale n'est que *déclarative* d'un état de famille *qui serait rétroactivement acquis à l'enfant du jour même de sa naissance ;* cette quasi-légitimation *ne ferait que révéler et constater des rapports préexistants de paternité et de filiation ;* d'où il s'ensuivrait que ceux qui auraient recueilli la succession de l'enfant, *hospice ou conjoint survivant,* n'auraient qu'un titre apparent, titre qui s'évanouirait devant celui que le père se donnerait à lui-même postérieurement par sa tardive et suspecte déclaration de paternité (1).

Et suivant les uns, l'action en réclamation d'état étant imprescriptible aux termes de l'art. 328 (Cod. Nap.), c'est à jamais que ce père oublieux pourrait évincer les héritiers qualifiés *apparents* de son enfant naturel, qui ne s'est rappelé à son paternel amour qu'en l'affranchissant par une mort hâtive des devoirs de la paternité.

« Celui qui a un fils naturel, dit cette première pha-
« lange de docteurs, est toujours libre d'en faire la re-

(1) Demolombe, loc. cit., p. 391. — Richefort, loc. cit., p. 186.

« connaissance ; l'on ne peut lui opposer aucun laps de
« temps, aucune prescription, aucune fin de non-rece-
« voir, aucune exception ; l'état de l'homme est impres-
« criptible et inaliénable (1). » (Art. 328, 2045, Code
Napoléon.)

Suivant d'autres cependant , l'art. 328 *rangé sous le
chapitre des preuves de la filiation des enfants légitimes,
non répété au chapitre suivant concernant les enfants naturels*, ne serait point applicable, et ce droit exorbitant de
reconnaissance rétroactive, ainsi que l'action spoliatrice
qui en résulterait, se prescriraient par trente ans, terme
ordinaire de la prescription. « Nous pensons donc,
« ajoutent ceux-ci, que la reconnaissance , soit qu'elle
« doive intéresser le père et la mère, *qui l'a faite après la
« mort de son enfant naturel*, soit qu'elle doive intéresser
« les descendants de cet enfant, ou cet enfant lui-même,
« ne saurait être efficace, si elle n'a lieu que trente ans
« après la mort de ce dernier ou la majorité de ses des-
« cendants (2). »

La reconnaissance est sans doute *déclarative du fait de
la paternité ou de la maternité*, et entraînera l'obligation
de pourvoir aux besoins de l'enfant du jour même de sa
naissance, de telle sorte que ceux qui dans l'intervalle
l'auraient nourri et entretenu, devraient être remboursés
de leurs avances par les père et mère légaux ; c'est une
dette présente à acquitter. Mais quant aux droits de suc-
cessibilités réciproques, et autres droits de famille, cette
même reconnaissance est de toute nécessité *attributive*

---

(1) Loiseau, loc. cit., p. 443.
(2) Richefort, loc. cit., t. II, p. 187.

d'un état nouveau, et ne saurait rétroagir sur le passé. C'est ce qu'a très bien vu le tribunal de la Seine dans une cause où il avait à résoudre la question même que nous examinons :

« Attendu, dit-il, que si l'état des enfants légitimes existe par le seul fait de leur naissance, il n'en est pas de même de celui des enfants naturels, qui *ne peuvent tenir leurs droits de succession que d'une reconnaissance volontaire et authentique ;* — qu'il suit de là que ces sortes de reconnaissances *ne sont pas purement* DÉCLARATIVES, *mais qu'elles ont par la volonté de celui qui les a faites un caractère* ATTRIBUTIF. — Attendu que la loi, pour empêcher que ces reconnaissances ne deviennent l'objet d'une spéculation intéressée, a dû vouloir qu'on ne pût s'attribuer la paternité d'un enfant naturel décédé ; — qu'il ne peut y avoir d'exception à ce principe, que dans le cas prévu par l'article 332 du Code civil, lorsqu'il s'agit de la légitimation d'un enfant naturel décédé qui a laissé des descendants..... Attendu que l'enfant naturel d'Elisabeth Punch est décédé le 4 avril, et que Rolland ne l'a reconnu que le 13 ; — que, quand même cette reconnaissance lui attribuerait la paternité, elle ne lui conférerait aucun droit dans la succession de l'enfant, d'après l'article 765 (Cod. civil), comme n'étant pas intervenu avant l'ouverture de la succession. »

La Cour royale de Paris, saisie de l'appel, a, en mettant *l'appellation à néant,* consacré par son arrêt la doctrine des premiers juges ; et certes elle n'avait rien de mieux à faire : « Considérant, a-t-elle dit elle-même, que « pour recueillir une succession, c'est à l'époque de son « ouverture qu'il faut avoir la qualité et les droits de « successible, et que Rolland n'avait ni ces droits, ni « cette qualité, lors du décès de l'enfant dont il s'est « depuis déclaré le père... (1) »

(1) Arrêt du 25 mai 1833. (Dalloz, 1833, IIe part., p. 107.

Et que ne pourrait-on pas dire encore pour justifier cette doctrine? — Quoi! la légitimation ne produit ses effets que du jour du mariage qui l'opère! l'enfant légitimé ne succédera point à ses frères et sœurs qui, nés d'un mariage intermédiaire, seraient morts avant la célébration de celui auquel il doit son nouvel état de famille! (c'est ce qui a été jugé dans l'hypothèse la plus favorable, celle d'une légitimation tacite;) et l'on voudrait que le père prétendu d'un enfant naturel décédé pût se créer rétroactivement des droits à sa succession par une reconnaissance postérieure à l'ouverture de cette succession! une quasi-légitimation donnerait ce qu'on demanderait en vain à la légitimation même, assurément plus favorable!

Aussi la plupart de ceux-là mêmes qui tiennent à la validité théorique de la reconnaissance posthume, n'entendent pas cependant que son auteur puisse être admis à réclamer l'hérédité de l'enfant au préjudice de ceux auxquels elle a été déférée par son décès (1).

Les autres ne conçoivent pas qu'on puisse n'autoriser une reconnaissance que pour la destituer de tous ses effets juridiques. *Qu'est-ce qu'une reconnaissance valable qui ne produira pas la vocation héréditaire qui y est de droit attachée?* Et en cela, la logique est pour eux. Mais pourquoi valider, en dépit du droit et de la raison, un acte qui ne serait d'après eux-mêmes qu'un calcul intéressé, une honteuse spéculation?

Et si nous consultons enfin l'esprit du Code Napoléon, que s'est-il proposé par cette loi anormale? Avant tout,

_____

(1) Zachariæ, loc. cit., § 568 *quater*, t. IV, p. 66.

sinon exclusivement, de donner au bâtard une position qui le réconcilie avec la société. Le but essentiel de la reconnaissance, c'est l'intérêt même de cet enfant, *envers lequel*, disait l'orateur du gouvernement, *les père et mère ont à remplir des devoirs d'autant plus grands qu'ils ont à se reprocher son infortune* (1). Il ne doit y avoir pour ceux-ci dans cet acte réparateur, qu'un intérêt d'affection, et la satisfaction morale d'un devoir accompli. Le principe que le droit de succession est *essentiellement* réciproque ne permettait pas sans doute de les exclure de la succession de cet enfant mort sans postérité, lorsqu'à-près lui avoir donné leur nom et des témoignages utiles de leur amour, ils ont la douleur de lui survivre. Mais cet effet secondaire et accidentel de la reconnaissance ne saurait en devenir le but unique odieusement intéressé. Il n'était certainement pas dans la pensée des rédacteurs de ces dispositions qu'un père sans entrailles fût admis, et sans réciprocité possible, à recueillir les biens d'un enfant qu'il a inhumainement abandonné, peut-être sur la voie publique, et dont il ne se déclare le père que pour enlever le produit de son travail au conjoint qui a partagé son malheureux sort, ou à l'hospice, qui a rempli envers lui les premiers devoirs de la paternité; et cela après dix, vingt, trente ans, et plus longtemps encore, comme on l'a vu, si nous en croyons certains docteurs!

Nous arrivons, pour terminer, à notre dernière hypothèse d'un enfant naturel mort sans avoir été reconnu, et laissant un ou plusieurs enfants illégitimes, comme il l'est lui-même. Nous ne croyons pas avoir à distinguer

---

(1) Exposé des motifs, par Bigot-Préameneu, dans la séance du 20 ventôse an XI. (Locré, t. VI, n° 83, p. 211.)

si ceux-ci avaient été ou non légalement reconnus par leur père prédécédé.

La quasi-légitimation nous paraît encore ici de fait et de droit impossible. Ce grand-père sans famille ne saurait, par une reconnaissance légale, donner à sa seconde génération de bâtards des droits de successibilité *ab intestat*, que leur refuse la loi des successions (art. 770 Cod. Nap.). Mais il y aurait une obligation naturelle à remplir envers l'innocent et pauvre orphelin; et nous pensons que le père, excusant dans le fils auquel il survit une faute dont il lui a donné l'exemple, s'engagerait valablement à acquitter sa dette alimentaire, par une reconnaissance qui n'aurait pas besoin pour être obligatoire de la solennité des formes extérieures.

Après avoir exposé par qui et quand pouvait être légalement reconnu un enfant naturel, abordons la question de capacité qui n'a pas un moindre intérêt théorique et pratique.

Suffira-t-il pour la reconnaissance légale d'une filiation illégitime que l'on soit capable de volonté, dans les principes du droit naturel et philosophique? Et spécialement le mineur pubère aura-t-il, nonobstant la disposition du droit civil qui le déclare inhabile à s'obliger, reconnu valablement un enfant naturel?

C'est peut-être la question qui a le moins partagé la doctrine et la jurisprudence. Le Cujas et le Doneau du Code Napoléon, le premier doyen de Paris, et le premier doyen de Dijon, qui se contredisent si vivement sur toutes celles qui se rattachent plus ou moins

étroitement à l'ordre public, parlent ici le même langage ; c'est le plus touchant accord, et sur les principes
et sur leur application. — Tous, docteurs et praticiens,
à l'exception d'un ancien professeur de Paris qui n'a pas
eu d'écho (1), et d'un doyen de Toulouse qui, sans plus
de succès, résout la question par une distinction étrange
entre la minorité de la mère et celle du père (2), se pro-
noncent invariablement pour la validité absolue de la
reconnaissance, les uns sans hésitation aucune (3), les
autres après s'être fait quelques objections plus ou
moins sérieuses, que bien entendu ils réfutent victorieusement (4). La magistrature, tribunaux du premier
degré et Cours souveraines, a abondé dans le même
sens, et comme la doctrine, fondé ses décisions sur
ce que « le père qui reconnaît son enfant naturel ré-
« pare une faute en même temps qu'il satisfait à une
« obligation naturelle, et qu'aux termes de l'art. 1310
« (Code Nap.), le mineur n'est point restituable contre
« les obligations résultant de son délit ou quasi-délit. »
Elle ajoute « que les articles du même Code relatifs à
« la reconnaissance de l'enfant naturel ne distinguent
« point entre les père et mère majeurs et les père et
« mère mineurs ; que les uns comme les autres auront
« d'ailleurs le droit de contester la reconnaissance qui
« n'émanerait pas d'une volonté libre et réfléchie (5). »

(1) Boulage, *Traité du Code civil*, t. I, p. 61.
(2) Malpel, *Revue de législation*, t. IV, p. 43.
(3) Delvincourt, t. I, p. 391. — Proudhon, t. II, p. 181. — Toullier, t. I,
nº 962, p. 286 ; t. II, p. 286. — Duranton, t. III, nº 258, p. 256. — Cadrès,
nº 32, p. 29, etc.
(4) Loiseau, p. 510 à 514. — Richefort, t. II, nº 259, p. 173. — Zachariæ,
§ 558, notes 4 et 5, t. IV, p. 40. — Demolombe, t. V, nº 387, p. 366.
(5) Arrêts de rejet des 8 juin 1813 (Dalloz, 1813, 1, 360) ; — 4 novembre,
1835 (Dalloz, 1835, 1, 343). — Arrêt de Douai, du 17 mai 1840 (Dalloz, 1840,
2, 123), etc.

Il y a, dans cette solution générale de la question, du vrai et du faux; et c'est à distinguer soigneusement l'un de l'autre que nous bornerons ici notre tâche.

S'agit-il d'assurer à l'enfant des secours alimentaires, et de réparer envers la mère, autant que possible, l'inappréciable dommage qui résulterait d'une séduction coupable? Le mineur qui a donné un consentement libre à la reconnaissance sera tout aussi valablement engagé que s'il l'avait fait en majorité. — Ce n'est point, en effet, la reconnaissance même qui est la cause génératrice de l'obligation; c'est le fait plus ou moins délictuel dont elle devient la preuve irrécusable; et un mineur, doué de discernement et capable d'apprécier la moralité de ses actions, ne peut pas plus qu'un majeur être relevé des engagements qu'il s'est, contre sa volonté même, imposés par son *délit* ou son *quasi-délit*.

A la vérité, il s'est trouvé un conseiller-rapporteur casuiste assez large pour révoquer en doute que donner le jour à un bâtard fût un *quasi-délit*; à ses yeux, ce serait plutôt un acte *bienfaisant* (1). Mais nous espérons qu'il n'a convaincu et ne convaincra personne. Quoi! ces père et mère qui abandonnent leur enfant à la charité publique seraient pour lui des bienfaiteurs! La maxime de souveraine humanité proclamée par nos vieilles coutumes, que *qui fait l'enfant le doit nourrir*, n'est d'ailleurs pas moins applicable au père *mineur* qu'à tout « autre. La condition des enfants naturels serait bien « déplorable, disait le baron Mourre, alors procureur « général à la Cour impériale de Paris, *si l'homme*

_____
(1) Dalloz, 1810, II, p. 123, note 1.

« qui a pu leur donner le jour n'était pas capable de
« pourvoir à leur existence; le mineur père ne doit pas
« abandonner à la pitié publique ceux dont il est devenu
« le débiteur au titre le plus sacré (1). » — L'on objecterait donc en vain qu'un mineur est du moins restituable pour cause de lésion, et qu'un acte qui lui impose l'obligation indéfinie de nourrir et entretenir un
enfant, est essentiellement lésif. Comment pourrait-il y
avoir lésion dans un acte réparateur, qui n'est que l'accomplissement d'un devoir, l'acquittement d'une obligation naturelle, le paiement d'une dette sacrée? — « Le
« mineur, dit Proudhon, ne peut pas plus demander sa
« restitution en entier, contre cet acte, que celui qui,
« ayant payé le dommage qu'il avait causé à autrui, ne
« pourrait prétendre à la restitution du paiement (2). »
« Le mineur, dit également Delvincourt, en reconnais-
« sant l'enfant dont il est le père, n'ayant fait que son
« devoir, la restitution est juridiquement et morale-
« ment impossible. Il y a d'ailleurs de sa part un fait
« coupable; et, d'après le droit positif même, il n'est pas
« restituable contre les obligations qui en résul-
« tent (3). »

Tout en reconnaissant au mineur, émancipé ou non,
le droit de déclarer une paternité naturelle, plusieurs se
sont demandé, en y voyant un doute grave, comment il
pourrait l'exercer en présence des dispositions du Code
Napoléon, qui veulent qu'il soit *représenté par son tuteur
dans tous les actes civils* (Cod. Nap.. 350). ou *assisté par*

(1) Dall., 1813, t. 1, p. 371.
(2) Loc. cit., t. II, p 181.
(3) Loc. cit., t. p. 391.

son curateur en ceux qui excèdent les bornes d'une simple administration. » (Cod. Nap., 481 et suiv.)

Il serait sans doute très désirable qu'avant de reconnaître un tel engagement, le mineur s'éclairât des conseils de son tuteur ou de son curateur; mais la nature même des choses demande impérieusement que, dans la déclaration d'un fait qui lui est si exclusivement personnel, il ne puisse être représenté que par lui-même. Tout ce qu'on aurait pu faire, c'eût été d'organiser, comme pour le mariage et l'adoption des majeurs, un système d'opposition *temporaire* de la part des père et mère et tuteurs ou curateurs. Car le droit de reconnaître un enfant naturel et de lui assurer des moyens d'existence, droit d'autant plus sacré que son exercice n'est que le rigoureux accomplissement d'un devoir, ne saurait être indéfiniment paralysé, même dans la personne d'un mineur. Mais de telles prévisions législatives auraient compromis la dignité d'un Code monumental; et d'autant mieux que si, comme nous allons l'établir à l'instant même, la reconnaissance des père et mère mineurs ne peut attribuer à l'enfant que des secours alimentaires, il n'y aurait pas trop à s'inquiéter pour lui et pour sa famille d'une charge momentanée et renfermée en d'étroites limites pécuniaires.

Un mineur ne serait donc restituable contre la reconnaissance du fait de sa paternité, et contre l'obligation alimentaire qui en est la conséquence immédiate, que pour les mêmes causes qu'un majeur; si ce n'est que la faiblesse ou l'inexpérience de son âge pourrait faire admettre plus facilement l'exception de contrainte ou de surprise. Et cependant si, par l'acte même de reconnaissance ou postérieurement, il avait souscrit à un chiffre d'indemnité *exorbitant* eu égard à sa fortune, il serait certainement admissible, comme mineur lésé, à en demander la réduction ; ici, reviendrait pour lui l'équitable privilège de la minorité.

Nous sommes invinciblement amenés par la même à décider que la déclaration d'une paternité naturelle par un mineur, fût-elle dans la forme la plus authentique, ne donnerait pas à l'enfant les droits de succession et autres droits de famille attachés à la reconnaissance légale librement consentie par un majeur.

En effet, cette quasi-légitimation n'est plus le paiement d'une dette ; c'est un acte de libéralité donnant à l'enfant, non pas seulement l'aptitude à succéder ab intestat, mais un droit de réserve légitimaire qui paralyse dans la main des père et mère la faculté de disposer à titre gratuit d'une partie de leur fortune ; c'est plus qu'une institution contractuelle, sorte de disposition participant de la nature de la donation entre vifs, dont un mineur n'est capable que par son contrat de mariage, et avec l'assistance des personnes dont le consentement est nécessaire pour la validité de son mariage même (C. N., 903, 904, 1083, 1095, 1309, 1398). — Il y aurait donc dans la reconnaissance du mineur, si l'on devait lui donner tous les effets d'une reconnaissance légale, une lésion manifeste, certaine, contre laquelle la restitution en entier serait nécessairement admissible (Cod. Nap., 1355).

Et combien un pareil acte ne serait-il pas, au point de vue des intérêts les plus graves, irréparablement dommageable à son imprudent auteur ? Quelle funeste influence n'exercerait-il pas sur son établissement, et sur

sa vie tout entière ? Une dette d'aliments, quoique déjà
assez lourde, a sa limite dans les besoins de l'enfant, et
l'on peut s'en racheter par quelques sacrifices ; elle ne sera
point un obstacle insurmontable à ce que celui qui en
a pris la charge fasse un mariage sortable. Mais quel
imprévoyant père de famille donnera sa fille à un jeune
homme ayant un bâtard auquel la loi l'oblige à laisser
une partie indéterminée de sa fortune à titre de réserve,
et qui concourra scandaleusement au partage de la succession avec les enfants de son mariage même ? La
quasi-légitimation pèse peut-être encore plus lourdement que la légitimation même sur la destinée de celui
que le sentiment exagéré de sa faute ou la passion amène
à cet acte réparateur ; et il eût été d'une saine et sage
logique de ne permettre l'une que sous les mêmes conditions préventives, qu'est autorisé le mariage qui doit
opérer l'autre. C'est l'observation que fait très justement
l'un des premiers commentateurs de la loi qui est l'objet
spécial de notre étude.

« Qu'on examine, dit-il, les nombreuses formalités que la loi
exige de la part du mineur qui contracte une union légitime !
Elle requiert qu'il obtienne avant tout le consentement de ses
ascendants ou de sa famille ; elle veut qu'un projet conçu au milieu des passions tumultueuses de l'adolescence soit soumis à la
froide expérience des parents ; que son ardeur soit tempérée par
leur sagesse. Or cette loi, si inquiète sur le sort du mineur prêt
à se marier, sera indifférente, quand il va s'imposer le fardeau
de la paternité naturelle, quand il va contracter un engagement
presque aussi important que celui du mariage (1) ! »

Si le mineur n'a point été soumis, quant à cette quasi-

(1) Loiseau, loc. cit., p. 183, 184.

13

légitimation d'un enfant naturel, à un droit prohibitif spécial, au moins devons-nous le laisser dans les liens de l'incapacité dont, par le droit commun, il se trouve frappé pour tous les actes de la vie civile. « Les condi- « tions de capacité que la loi exige pour les contrats, « dit le dernier commentateur du Code (en développant « ses raisons de douter qui deviennent pour nous des « raisons de décider), sont fondées sur des motifs qui « s'appliquent également à la reconnaissance. Pourquoi « le mineur est-il incapable de contracter ? C'est parce « que, son intelligence et sa raison n'offrant pas toutes « les garanties désirables, il est présumé ne pouvoir con- « sentir ; or la lucidité de l'intelligence, la maturité de « la raison sont certes bien nécessaires pour un acte tel « que la reconnaissance (1). »

Nous allons plus loin, et nous disons que l'article 1124 (Cod. Nap.), déclarant le mineur *incapable de contracter,* s'applique directement, et sans qu'il soit besoin d'argu- ments *a pari* ou *a fortiori*, à tous les engagements qui ont pour cause première la seule volonté de la personne obligée. Voilà pourquoi, en décidant que le mineur qui se reconnaît le père d'un enfant naturel, doit le nourrir, parce qu'un fait délictuel oblige son auteur, *sive velit, sive nolit*, nous ne voulons pas qu'il soit con- traint de lui laisser une partie du patrimoine de ses en- fants légitimes, parce que ce n'est plus ici une consé- quence nécessaire de son offense à la morale et à l'ordre public ; ce n'en est au contraire qu'une sorte d'aggrava- tion qui aurait dû être interdite même aux majeurs.

---

(1) Demolombe, loc. cit., t. V, n° 387, p. 366, 367.

Suivant le *demi-dissident*, doyen de Toulouse, dans sa dissertation écourtée de la *Revue de Législation*, « la reconnaissance du père mineur serait radicalement nulle, parce qu'elle n'aurait pour base et pour fondement que sa volonté, et qu'elle porterait une profonde atteinte à sa capacité de donner et à sa considération personnelle; mais celle de la mère mineure serait au contraire parfaitement valable, parce qu'elle reposerait sur un fait irrécusable, l'accouchement, et qu'il n'y a pas sans doute à se préoccuper pour une femme de l'opinion publique. »

Nous n'avons pas besoin de faire remarquer qu'à notre point de vue, il ne peut y avoir aucune différence à établir entre les deux sexes. La mère *mineure* d'un enfant naturel, est tout aussi incapable que le père de lui conférer cet état de quasi-légitimité qui le rendrait habile à lui succéder. — Elle doit sans doute nourrir son enfant, et c'est un devoir auquel elle manque rarement; mais elle n'est, pas plus que le père, tenue de le faire son héritier réservataire.

Cette distinction fondamentale entre la simple dette alimentaire et les droits de filiation légale, qui ressort vivement des textes du Code et est profondément dans son esprit, aurait, consacrée par l'usage et la jurisprudence, effacé beaucoup de fâcheuses dissidences dans l'appréciation du fait par la magistrature, et prévenu bien des scandaleux appels et des ruineux pourvois en cassation. — Juges de premier examen et conseillers réformateurs auraient sans doute été d'accord dans cette hypothèse qui se présente le plus communément sur l'arène judiciaire et est pour ainsi dire stéréotypée dans nos mœurs.

Un bachelier de *dix-huit ans* arrive à Paris pour ses études de haut enseignement. Avant même d'entrer à l'école, il tombe entre les mains d'une fille de *vingt-huit*, qui n'en était probablement pas à son premier amant, mais qui probablement aussi n'avait pas été inscrite au rôle des prostituées, comme on l'a depuis témérairement allégué. — Il naît de cette union libre, trop commune parmi les étudiants de la moderne Babylone, un enfant que les père et mère reconnaissent avec une solennité qui étonne l'officier de l'état civil et peu conciliable avec les faits de contrainte physique et morale exposés plus tard à la justice pour faire tomber cette reconnaissance. Le jeune provincial, de retour dans sa famille, envoie à sa maîtresse les secours qu'elle lui avait, par l'entremise du maire, vivement réclamés pour l'enfant commun ; et il lui écrit une première fois : « Il est « inutile de s'adresser aux autorités de cette ville, *pour* « *que je fasse mon devoir;* je t'envoie par la diligence « *vingt-cinq francs,* somme que tu recevras désormais « *chaque mois,* pour subvenir à l'entretien de ton fils ; » une seconde fois, étant alors *majeur,* en lui annonçant un nouvel envoi d'argent : « Embrasse *notre enfant* au- « quel je pense plus que tu ne parais le croire. » Mais bientôt, l'éloignement et d'égoïstes réflexions ayant fait taire ces premiers sentiments, l'on a trouvé la charge lourde ; des projets d'utile établissement l'ont en outre fait juger compromettante, et l'on a voulu s'en affran- chir. De là, instance judiciaire. Les bons pères de famille du tribunal de première instance, ne voyant dans la re- connaissance souscrite par le défendeur qu'une impru- dence qui compromettait tout son avenir et lui interdisait l'espérance d'un mariage en rapport avec sa condition sociale et sa fortune, et disposés par là à tenir pour vraies toutes ses allégations, ont déclaré cet acte radicalement nul, par le double motif « qu'il était l'œuvre de « la séduction et de la menace, et que, la mère se livrant « notoirement à la prostitution et ayant eu d'autres en- « fants de pères inconnus, il n'avait point la base légale « d'une certitude morale de paternité. »

Les humanitaires conseillers saisis de l'appel, ne voyant au contraire qu'un malheureux enfant à défendre des atteintes de la misère contre un inhumain refus d'aliments, et appréciant le fait tout autrement que les juges du premier degré, ont déclaré la reconnaissance parfaitement bonne et valable, et par voie de conséquence, en attendant mieux, condamné son auteur à payer une pension annuelle de *trois cents francs,* telle qu'il paraissait l'avoir fixée lui-même (*vingt-cinq francs par mois*), à l'enfant par lui bien authentiquement reconnu. Ils ont, après avoir consacré de nouveau la doctrine de la capacité du mineur pour l'acte de reconnaissance, considéré que « les faits articulés en première instance, et dont « la preuve n'était pas offerte en appel, étaient démentis « par le témoignage même de l'auteur de la reconnais- « sance; que tout se réunissait pour établir la liberté et « la persévérance de sa volonté; que du reste, si l'incer- « titude de la paternité s'accroît en proportion de l'in- « conduite de la mère, cette considération est impuis- « sante pour faire tomber, du chef de la lésion, la « reconnaissance faite par le mineur; qu'habile à faire « une telle reconnaissance, il ne peut l'attaquer que « pour les causes qui sont ouvertes au majeur; que seu -

« lement les magistrats doivent avoir tel égard que de
« raison à cette circonstance (de l'inconduite de la mère),
« comme à la faiblesse et à l'inexpérience du mineur,
« dans l'appréciation des moyens non de rescision, mais
« de nullité par le dol et la fraude (1) . .

Qu'une maîtresse concubinaire n'ait pas été un modèle de chasteté ; qu'il y ait lieu de soupçonner qu'elle
n'a pas eu pour son amant cette irréprochable fidélité
que toutes les femmes légitimes n'ont pas pour leurs
maris, nous concevons qu'on puisse s'en prévaloir contre
un bâtard qui prétend s'aggréger à la famille et troubler
l'ordre des successions légitimes ; nous admettrons volontiers que l'acte qui l'investit de ce *demi-état de légitimité* doit avoir pour base une *certitude morale de la
paternité*. Mais lorsqu'il ne réclame que les moyens de
conserver la vie, que l'on a solennellement reconnu à
tort ou à raison lui avoir donnée, le doute doit être résolu
en sa faveur, contre le concubinaire. Plus d'un mari
envierait la condition que nous faisons à celui-ci.

L'arrêt que nous venons d'analyser était, dans son application présente, d'une justice qui aurait certainement
frappé les premiers juges eux-mêmes, s'ils n'avaient vu
par delà le représentant d'une honnête famille frappé
d'une sorte de déchéance morale irrémédiable, pour une
faute qui n'était pas sans excuse, et avant tout peut-être
imputable aux parents plus qu'à lui-même ; — que la reconnaissance se trouvât limitée dans ses effets à des
secours alimentaires, ils ne l'auraient pas, nous le croyons,
déclarée radicalement nulle, en donnant aux faits une

(1) Dalloz, 1840, II, p. 123.

couleur mensongère, dont je ne sais pas en vérité comment leur conscience a pu s'accommoder.

Ce que nous avons dit du mineur, nous l'appliquerons à la femme mariée. — Peut-elle, sans l'autorisation nécessaire pour la relever de son incapacité civile de contracter, reconnaître un enfant naturel qu'elle aurait eu avant son mariage d'un autre que son mari ? — Oui, quant aux secours alimentaires qu'elle doit par le fait même de sa maternité, dont la reconnaissance n'est que la manifestation juridique ; non, quant à l'obligation de lui laisser une partie de ses biens, sorte d'aliénation entre vifs du droit de disposer à laquelle l'autorité maritale peut seule l'habiliter. — Ce n'est plus là l'accomplissement d'un devoir qu'impose la nature même. En vain dirait-on que l'article 337 semble, pour la reconnaissance d'un enfant naturel *pendant le mariage;* donner le même pouvoir à la femme qu'au mari ; ce serait, comme nous l'expliquerons ailleurs avec plus de développements, une simple induction qui ne saurait prévaloir contre les principes. — La reconnaissance légale, considérée dans ses attributs éventuels de droits de succession irrévocables, est, nous le répétons, une sorte d'institution contractuelle logiquement interdite à tous ceux que la loi déclare généralement inhabiles aux actes d'aliénation.

Nous conclurons également de là que les prodigues ou faibles d'esprit, auxquels il a été donné un conseil judiciaire, sans l'assistance duquel ils ne peuvent aliéner, sont incapables de la reconnaissance légale qui confère à l'enfant naturel la qualité et les droits d'un héritier réservataire. — C'est assez qu'ils s'obligent à lui fournir les secours indispensables au soutien de sa vie. Ce dernier engagement est si favorable qu'il doit être autorisé même dans les cas douteux ; mais qu'un homme dont la raison est vacillante ou égarée par la passion, dépouille, comme le veulent unanimement les docteurs (1), sa famille légitime, par un acte d'une vérité ou d'une sincérité incertaine ou suspecte, c'est une inconséquence qu'il serait injurieux d'imputer au législateur, comme étant sa secrète pensée. Nous n'étendons pas ainsi des dispositions exceptionnelles (les art. 499 et 513), nous nous renfermons dans leur texte, en obéissant à leur. esprit, pour l'acception juridique du mot *aliéner.*

Celui qui se trouve dans un état permanent d'aliénation mentale est, en un sens absolu, incapable de l'acte de reconnaissance d'un enfant naturel, comme de tout autre exigeant une intelligente déclaration de volonté ; et, comme nous l'avons tout d'abord posé en principe, il ne saurait être représenté par un tuteur ou un curateur dans cet acte au plus haut degré personnel, non plus que dans le mariage ou l'adoption. Mais il a des heures, des jours, des semaines entières, de longs mois où il jouit de la plénitude de sa raison ; ne pourra-t-il pas, dans l'une de ces intermittences que le Code Napoléon appelle *intervalles lucides,* reconnaître légalement son enfant, et, ce qui importe plus à la famille et à la société, le légitimer par le mariage ?

C'est une forte question et d'un intérêt multiple ; car elle se présente non seulement pour la reconnaissance

_____

(1) Loiseau, loc. cit., p. 487. — Zacharie, loc. cit., § 568 in fine, t. IV, p. 42, note 9. — Demolombe, loc. cit , n° 388, t. V, p. 370.

légale, mais encore, comme nous venons de l'indiquer pour le mariage, et généralement pour tous les engagements où l'on ne saurait être représenté que par soi-même, tels que l'adoption, la donation entre vifs, l'institution contractuelle, le testament. Elle est d'ailleurs grosse d'inextricables difficultés ; les textes, les discussions préparatoires, les principes, l'ordre public et la morale fournissent avec la même abondance des armes aux deux camps opposés, qu'on peut croire animés pour le vrai d'un amour également sincère. Les plus ardents dans la lutte reconnaissent que ce point de droit n'a pas encore été suffisamment éclairé par la doctrine et par la jurisprudence (1).

Afin de mettre, dans la discussion sommaire à laquelle nous allons nous livrer, plus d'ordre et de précise clarté, nous distinguerons quatre hypothèses : ou ce fou à intervalles lucides a été frappé d'un jugement d'interdiction et constitué en tutelle ; ou, son interdiction ayant été régulièrement demandée, il est mort avant que le jugement ait été rendu ; ou, sans que son interdiction eût été prononcée ou provoquée, il a été, conformément à la loi spéciale du 30 juin 1838, placé administrativement dans un établissement d'aliénés ; ou enfin il n'a été en butte à aucune de ces mesures, et est mort, comme disent les docteurs, *integri status*.

Le fou prétendu ayant, en l'absence de tout acte judiciaire ou administratif qui témoigne de son incapacité, toujours eu légalement, non pas seulement la jouissance pleine et entière, mais le libre exercice de ses

(1) Zachariæ, § 464, note 1, t. III, p. 282. — Demolombe, loc. cit., v° Mariage, n° 129 in fine, t. III, p. 196.

droits civils, reste soumis à la loi commune pour la reconnaissance légale comme pour tous les autres engagements qu'il aura pu s'imposer; il y aura en faveur de cette suspecte reconnaissance, une présomption de consentement éclairé, qui ne cédera qu'à la preuve contraire d'une absence de raison et de volonté au moment même où elle a été souscrite; et le poids de cette preuve incombera sans contredit tout entière au demandeur en nullité, soit le père prétendu, soit son héritier ou ayant cause; *incumbit onus probandi ei qui dicit.*

Nous passons de la *dernière* hypothèse, la plus facile, à la *première*, hérissée de doutes théoriques : Le jugement qui prononce et organise l'interdiction, comme un état d'incapacité légale, amènera sans doute une dérogation à ces principes, quant à tous les actes de simple ou de haute administration qui sont dans les attributions du tuteur; un acte de cette nature, par exemple un bail qui aurait pour auteur l'interdit lui-même en personne, serait nul pour défaut présumé d'un consentement vrai, sans que celui qui s'en prévaudrait pût être admis à prouver qu'il est l'œuvre d'un retour momentané de la raison; il y a, par le jugement même, contre les tiers, une présomption absolue d'insanité d'esprit de tous les instants, sans aucun éclair d'intelligence, et dont cependant il ne sortira, comme nous l'expliquerons plus tard, qu'une nullité *relative.*

Mais cette présomption *juris et de jure*, exclusive de toute preuve contraire en faveur de l'interdit invoquant sa légale incapacité, doit-elle être appliquée aux actes qui sont hors du mandat du tuteur à ces actes

essentiellement personnels, où l'on ne saurait être représenté que par soi-même? Voilà le grand champ de
bataille.

Aux termes de l'article 502 (C. Nap.), disent les uns,
*tous actes passés par l'interdit postérieurement au juge-
ment sont nuls de droit*; or, d'une part, ces expressions
nuls de droit (personne ne l'a révoqué en doute), ne permettent aucun examen, aucune appréciation de fait;
il n'y a plus ici qu'une question de date; l'acte est-il
postérieur au jugement, il est par cela même nul *ipso
facto*. Le droit romain et notre ancienne jurisprudence
reconnaissaient des intervalles lucides pendant lesquels
l'interdit recouvrait, avec sa raison, la capacité légale
d'exercer lui-même ses droits civils; mais d'après cette
disposition du Code, l'incapacité juridique de l'interdit
est continue et permanente; le jugement crée dans son
intérêt, comme mesure de protection, une présomption
absolue d'impuissance morale; la preuve qu'*en fait* il
était capable d'avoir et d'exprimer une volonté, est légalement inadmissible; dans le droit, il en a été constamment incapable. Et c'est avec une louable prudence,
poursuit-on, que le Code a proscrit une preuve à peu
près impossible, toujours incertaine, et tari de la sorte
une source abondante de contestations passionnées. —
D'autre part, la formule de l'article 502 comprend dans
sa généralité tous les actes de la vie civile, de quelque
nature qu'ils soient, *tous actes*; et il n'est pas permis de
suppléer dans la loi une distinction que son texte repousse
aussi énergiquement. *Quæ generaliter concipiuntur generaliter applicanda*, ou, comme le disent les praticiens,
ubi lex non distinguit, nec nos distinguere debemus. —

Et puis, comment pourrait-on, à celui qu'on reconnaît incapable du moindre engagement de fortune, d'un simple bail, raisonnablement permettre d'aliéner sa personne même et de compromettre toute son existence d'une manière irréparable? — Enfin, ne serait-ce pas un déplorable spectacle que celui d'un père de famille incapable de remplir et même de comprendre ses devoirs? Et l'intérêt social n'exige-t-il pas qu'on prévienne autant que possible la multiplication, par le mariage, de nos générations déjà déplorablement trop nombreuses de fous et d'idiots?

L'article 502, disent ceux de l'autre camp, n'a pas le sens absolu qu'on lui prête, en l'isolant de dispositions qui s'y rattachent étroitement, et doivent au besoin l'expliquer. Qu'on le rapproche en effet de l'article 450, qui constitue le tuteur mandataire du mineur *dans* TOUS *les actes civils*, et de l'article 509, qui *applique les lois sur la tutelle des mineurs à la tutelle des interdits*; et l'on sera bien obligé de reconnaître que ces expressions *tous actes* ne sauraient, pas plus dans la première (art. 502) que dans la seconde de ces dispositions (art. 450), comprendre, malgré leur apparente généralité, aucun des actes que nous avons signalés comme n'admettant ni juridiquement, ni moralement une délégation de pouvoirs. Et de là découlera très logiquement la conséquence que si, à raison de la nature même des droits dont il s'agit, l'interdit ne peut, non plus que le mineur, les exercer par le ministère de son tuteur, il reste, de même aussi que l'incapable par défaut d'âge, légalement habile à les exercer par sa propre volonté, à supposer qu'il recouvre momentanément la faculté naturelle de vouloir ; car autrement il se trouverait déchu, non pas seulement de l'*exercice*, mais bien de la *jouissance* même de ces droits les plus chers au cœur de l'homme ; ce qui n'est pas rationnellement et humainement acceptable. Et il n'y a là rien de contradictoire. — Que, quant aux droits dont le tuteur a l'exercice, l'incapacité *légale* de l'interdit soit *continue*, sans intermittence, il n'en doit résulter pour lui aucun grave préjudice ; ce qu'il ne sera point admis à faire lui-même, attendu l'absence présumée de sa raison, sera fait à sa demande par son représentant, si c'est effectivement un acte d'utile et saine administration. Mais, ne pas lui permettre, lorsqu'il est d'ailleurs de fait reconnu capable, l'exercice de ces autres droits essentiellement personnels et incommunicables, que tous confessent n'avoir pas été compris dans les articles 450, 502 et 509 (C. Nap.), ce serait bien réellement, comme le disait un avocat général à la Cour de Caen, le frapper d'une *mort civile au petit pied.* Qu'est-ce en effet que la mort civile ? La privation de la jouissance des droits civils ; et ici la jouissance se trouvant inséparablement liée à l'exercice même, priver de l'un, c'est nécessairement priver de l'autre. Or, l'interdiction est une mesure de protection et non une peine. Celui dont la raison a plus ou moins profondément succombé à de vifs chagrins, à d'excessives souffrances, deviendra-t-il chez nous une sorte de paria ? Sera-t-il mis au ban de la société ? Ce serait agir comme nos aïeux du moyen-âge (et en cela du moins ne faut-il pas les imiter), dont l'imagination superstitieuse ne voyait dans l'aliéné mentalement qu'un animal servant d'asile à l'esprit des ténèbres. — Supposez,

comme la médecine l'a fréquemment observé, un retour
complet de la raison, avec le douloureux pressentiment
d'une rechute plus ou moins prochaine. Et il ne serait
point permis à un malheur si digne de pitié de se donner un soutien et un consolateur dévoué — par une
reconnaissance légale qui serait l'accomplissement d'un
devoir, l'acquittement d'une dette sacrée ; par une
adoption que commanderait impérieusement un généreux sentiment de reconnaissance ; par un mariage
qui ne serait que la réparation d'une coupable séduction, et qu'imposerait le cri d'une conscience peut-être
trop longtemps muette — de reconnaître enfin au lit de
mort les soins empressés et le saint attachement qui
auraient allégé le poids accablant d'une impitoyable in-
firmité et prévenu un affreux désespoir ! Ce serait non
plus assurément une prévoyante protection, mais la
plus cruelle des tyrannies !

Sur ces dernières hautes considérations, nous reste-
rons fidèle au drapeau que nous avons nous-même,
il y a quelque quarante ans, élevé dans notre école,
et depuis lors toujours tenu d'une main assez ferme.
Mais nous nous demanderons aujourd'hui comment
notre théorie pleine de raison et d'humanité, à laquelle
se sont ralliés des jurisconsultes affectant le plus scru-
puleux respect pour les textes du Code Napoléon, pourra passer dans la pratique. Se trouvera-t-il des notaires
pour recevoir la reconnaissance légale d'un enfant
naturel, par un homme dont le nom figure au tableau
des interdits pour cause de démence affiché dans leurs
études ? pour se rendre les ministres de ses dispositions de dernière volonté ? — De prudents officiers de

l'état civil, des juges de paix plus circonspects encore, se prêteront-ils volontiers à célébrer son mariage, à passer acte de son consentement à une adoption rémunératoire ou autre, lorsqu'un jugement qui a reçu la plus éclatante publicité le répute incapable de vouloir?

Un hardi théoricien est allé, du moins pour le mariage, au devant de la difficulté, en enseignant sur le fondement de l'article 509 (Cod. Nap.), qui *assimile l'interdit au mineur pour sa personne et pour ses biens*, que l'individu frappé d'interdiction à raison de son état habituel de démence ou de fureur, pourra bien se marier dans un intervalle lucide, mais seulement avec le consentement des personnes, ascendants ou conseil de famille, sous l'autorité desquels il se trouverait placé comme mineur quant à ce grave engagement. — Nous croyons avec d'autres que c'est là faire une fausse application de l'article 509 ; que l'assimilation qu'il proclame de l'interdit au mineur n'a aucun trait à leur état moral ; qu'elle s'applique uniquement aux soins que réclament leurs personnes, et surtout à l'administration de leurs biens, confiée dans la même mesure, à l'un et à l'autre tuteurs ; — que ce que la disposition précitée du Code Napoléon veut et consacre, c'est la parité non des capacités légales, parité que démentiraient plusieurs dispositions formelles du Code même, mais simplement *des tutelles*, comme l'exprime d'ailleurs très bien la seconde partie de l'article, explicative de la première (1). — *Il n'est pas dans la nature de l'inca-*

(1) Marcadé, sur l'art. 509, t. II, p. 111 et 808.

pacité *de l'interdit*, fait très justement observer l'un des contradicteurs, *de s'effacer progressivement, comme se fortifie par l'âge le discernement du mineur.* — S'il est rentré, comme on le suppose, en pleine possession de sa raison et de sa volonté, qu'il se trouve dans cet état que les Romains appelaient *perfectissimum intervallum*, il doit, si nous écartons pour les actes essentiellement personnels la présomption d'insanité, pouvoir agir, à supposer qu'il soit majeur, avec la même liberté que le majeur non interdit.—Remarquons d'ailleurs que cette interprétation de l'article 509, que nous jugeons contraire à son esprit, laisserait la difficulté entière pour les actes personnels autres que le mariage, et notamment pour notre reconnaissance légale d'enfants naturels.

Nous ne repousserons d'une manière absolue l'intervention des ascendants et même des parents collatéraux réunis en conseil de famille, ni dans le mariage ni dans la plupart des autres actes solennels, par lesquels l'interdit exercerait personnellement les droits précieux où il ne peut être représenté par son tuteur; mais nous ne la croyons pas suffisante pour vaincre la légitime résistance des notaires, juges de paix, officiers de l'état civil, qui ne penseraient pas pouvoir prendre sur eux la compromettante responsabilité de ces actes diversement appréciables ; et d'un autre côté, nous ne la voudrions pas toujours comme indispensable, comme un complément nécessaire de la capacité circonstantielle laissée ou donnée à l'interdit. Des hommes animés de sentiments égoïstes, mus par une passion sordide, pourraient être appelés par là à juger souverainement de son état moral ; et ils ne le feraient pas certainement avec la bien-

veillante impartialité désirable, intéressés qu'ils seraient
à empêcher une reconnaissance, un mariage, une adoption qui les blesseraient dans leur plus ou moins légitime amour-propre, et leur enlèveraient tout ou partie
du patrimoine qu'ils convoitaient et qui semblait ne
pouvoir leur échapper. — Il faudrait en outre, à notre
point de vue, une solution générale qui s'appliquât à
tous les cas — Cette solution générale par les principes, nous croyons l'avoir enfin trouvée, et la voici.

Il est une autorité au-dessus des passions malsaines
que nous redoutons dans sa propre famille, parents
collatéraux et même ascendants, pour le malheureux
habituellement privé de sa raison, une autorité qui
doit surtout ici inspirer la plus grande confiance : celle
du tribunal même qui aurait prononcé l'interdiction.
Personne, en effet, ne saurait mieux apprécier si cet
homme, dont il a reconnu et proclamé la déchéance
morale, s'est suffisamment relevé pour comprendre et
vouloir l'engagement qu'il s'agit de l'autoriser à contracter; et personne ne paraît plus légalement investi
du pouvoir de lui donner cette capacité exceptionnelle.
Si, comme on n'en saurait douter, les juges de l'interdiction peuvent révoquer leur jugement dans toutes ses
dispositions, il semble qu'à plus forte raison ils puissent le modifier sur quelques points. C'est l'application
la plus simple de cette maxime populaire : *Qui peut le
plus peut le moins.* — L'on tenait pour constant dans
notre ancienne jurisprudence que l'incapacité par l'interdiction judiciaire ne devait pas nécessairement être
complète et s'appliquer indistinctement à tous les actes
de la vie civile; qu'elle pouvait au contraire très bien

16

être partielle, et renfermée en des limites plus ou moins
étroites, suivant que le réclamait l'état moral de l'interdit. Le Code Napoléon n'a point de disposition explicite qui consacre ce traditionnel usage ; mais il n'en
a pas non plus qui y soit contraire ; et l'on ne saurait
supposer qu'il l'ait abrogé par son silence, d'autant
moins que cette limitation pleine de justice et d'humanité à une incapacité pleine de rigueur, est parfaitement dans son esprit, qui est de respecter la liberté de
l'homme jusqu'aux extrèmes limites de l'ordre public.
— Nous ne voyons pas, en vérité, quelle disposition de
nos lois serait méconnue et violée par une sentence
d'interdiction conservant à celui qui en est frappé
l'exercice du droit essentiellement personnel de reconnaître un enfant naturel et de le légitimer en épousant
la mère, alors que, dans tous les interrogatoires par lui
subis, il en aurait manifesté la louable intention avec
une rectitude et une fermeté de jugement telles qu'on
pouvait les attendre d'un homme jouissant de toutes ses
facultés morales. — Dirait-on que le juge modifierait
ainsi arbitrairement le principe de la nullité ipso facto
de tous les actes postérieurs à l'interdiction? l'on répon-
drait victorieusement que, dans l'espèce figurée, il n'y a
point d'interdiction pour la reconnaissance et la légitimation dont le défendeur a été reconnu et déclaré capable ; la demande en interdiction aura, si l'on veut,
été implicitement rejetée quant à ces actes que les
demandeurs voulaient, peut-être avant tout, rendre, dans
leur intérêt, légalement impossibles.

Or, ce que le juge n'aura point fait en prononçant
l'interdiction, parce que l'état moral de l'interdit ne

le permettait pas alors ou ne paraissait pas le permettre, pourquoi ne pourrait-il pas le faire plus tard, sur la preuve d'une suffisante intelligence qui survient, ou a peut-être été d'abord méconnue? L'article 512, portant que *l'interdiction cesse avec les causes qui l'ont déterminée*, n'est pas plus exclusif d'une main-levée partielle que les articles 489 et 502 ne le sont d'une interdiction qui n'aurait pas un caractère absolu, et ne s'appliquerait pas sans distinction à l'universalité des actes de la vie civile.

Et ce qui, suivant nous, laisserait ou rendrait à l'interdit la capacité légale de consentir un de ces actes où il ne peut être représenté que par lui-même, serait, non pas précisément le passage plus ou moins rapide d'un éclair de raison pleine et entière, le *perfectissimum intervallum* des jurisconsultes romains, mais bien plutôt la conscience intime de l'acte même, un sentiment vrai, continu, constant, longuement éprouvé, quoique plus ou moins confus, des droits qui doivent en résulter pour lui, et des devoirs corrélatifs qu'il s'imposera. C'est ainsi que paraissent l'avoir compris le procureur du Roi de Falaise, son tribunal tout entier et la Cour royale de Caen, dont la Cour suprême, qui n'avait pas d'ailleurs à s'expliquer sur le point de fait, a confirmé l'arrêt.

Un fils de famille d'une étroite intelligence, repoussé comme *idiot* par des parents dont il ne flattait pas le vaniteux amour-propre, est accueilli, avec ces sentiments de commisération si naturels aux femmes, par une jeune fille orpheline d'une condition inférieure à la sienne, mais honnête et jusqu'alors de mœurs irréprochables,

— habile *dentelière* déjà pourvue par ses économies d'un modeste mobilier. — *C'était là*, dit le tribunal de première instance, *son asile habituel contre les injurieux traitements de ses proches.* A l'instinctive reconnaissance d'un patient accueil de tous les jours, de toutes les heures, se joint bientôt une instinctive passion qui, soit séduction des sens, soit vue ambitieuse très commune chez les filles à marier, est plus ou moins sincèrement partagée ; et de cette intimité, que la famille laisse s'établir sans y mettre aucun obstacle, naît un enfant qui est avec l'empressement le plus spontané reconnu par une déclaration solennelle à l'officier de l'état civil. Le père manifeste dès lors, avec une persistance de jour en jour plus ferme, le désir et la volonté de s'attacher la mère par un lien légitime et irrévocable. Des conventions matrimoniales sont arrêtées ; des actes respectueux notifiés ; des publications régulièrement faites. Mais là-dessus se produit une opposition au mariage ; et le père auteur de cette opposition provoque, pour cause d'idiotisme, l'interdiction de son fils. Cette interdiction ayant été en effet prononcée, et le jugement décidant, dans ses motifs seulement, il est vrai, qu'elle était par elle-même un empêchement au mariage, le pauvre idiot présumé n'a pas alors cru devoir pousser plus loin ses projets d'union légitime. Mais son père étant mort, il les reprend après une année de deuil, et pour ne plus les abandonner. Un conseil de famille, consulté par le tuteur, est d'avis que l'union à laquelle tendent tous les vœux de l'interdit *lui sera très avantageuse.* Un tardif dissident ayant protesté contre cette opinion qu'il avait d'abord lui-même émise, une seconde délibération du même conseil confirme la première et désigne un de ses membres pour *représenter* l'interdit à de nouvelles conventions matrimoniales. La mère survivante donne elle-même le consentement que pouvait suppléer un acte respectueux. Enfin le procureur du Roi est officiellement consulté, et, sur son avis favorable, le mariage est célébré civilement et et religieusement.

Cependant l'interdit étant mort, à quelques années de là, toujours dans les liens de l'interdiction, le membre protestant du conseil de famille a demandé la nullité et du mariage et de la reconnaissance d'enfant naturel reproduite surabondamment, dans l'acte même de célébration de ce mariage, par l'officier de l'état civil. Le mariage a été soit en première instance, soit en cause d'appel, déclaré inattaquable par un parent collatéral (point de droit sur lequel nous aurons à revenir ailleurs), et la reconnaissance parfaitement valable par ce motif qu'en *fait*, disent les premiers juges, *l'interdit, d'après le langage même du demandeur, n'était pas idiot au point* d'ÊTRE INSUSCEPTIBLE DE CONSENTEMENT (1); *et qu'en reconnaissant sa fille*, ajoutent les juges d'appel, *reconnaissance justifiée par ses relations avec la mère, et par toutes les circonstances de la cause*, IL A FAIT UN ACTE RAISONNABLE *qui doit être maintenu* (2). Le conseiller rapporteur à la Cour de cassation, tout en se renfermant dans la discussion du point de droit, déclare *que ce mariage de légitimation a été un acte d'une moralité manifeste et qui doit être pris en grande considération par la justice* (3).

(1) Jugement du tribunal de Falaise, du 16 février 1842. (Dall., 1843, I, p. 68.)
(2) Arrêt de Caen, du 29 janvier 1843. (Loc. cit., p. 69.)
(3) Cour de cassation, 12 novembre 1844. (Dall., 1845, I, p. 99.)

Nous ne critiquerons pas trop sévèrement, et nous absoudrions même volontiers la marche suivie dans cette affaire ; mais nous persistons à penser que, comme nous croyons l'avoir d'ailleurs juridiquement établi, il serait plus conforme à la raison du droit et aux dispositions mêmes du Code Napoléon, que l'interdit qui veut reconnaître un enfant naturel et le légitimer par le mariage, s'adressât d'abord au tribunal qui l'a frappé d'une incapacité légale, indéfinie, universelle. — Sans réclamer la main-levée de l'interdiction, dont il reconnaîtrait avec un douloureux regret que la cause n'a point cessé, il exposerait qu'il se présente pour lui un pieux devoir à remplir, un heureux engagement personnel à former, un impérieux témoignage de reconnaissance à donner ; et il demanderait l'autorisation d'accomplir l'acte désigné, après un sérieux examen des circonstances qui le justifieraient et l'épreuve d'un ou de plusieurs interrogatoires. Le tribunal, avant de faire droit à la requête, pourrait, et devrait même le plus souvent, prendre l'avis de la famille, et, en donnant l'autorisation demandée, imposer à l'interdit l'assistance d'un parent, d'un ami, d'un notaire ; bien plus, s'il s'agit d'un mariage, lui appliquer par analogie la disposition de l'article 511, pour le règlement de ses propres conventions matrimoniales.

Cette intervention du juge, réclamée par une saine interprétation des dispositions mêmes du Code, résoudrait tous les doutes, applanirait toutes les difficultés pratiques, ne laisserait enfin sans réponse aucune des objections élevées contre la théorie que nous venons de développer. — Un tribunal, pour peu qu'il ait le

sentiment de ses devoirs et qu'il se respecte lui-même,
n'autorisera pas, par une main-levée *partielle* de l'interdiction qu'il a prononcée, un mariage qui ne serait
qu'une impie et scandaleuse profanation du plus saint
des engagements ; ne ferait qu'assurer le triomphe
de coupables manœuvres, d'odieuses spéculations, que
livrer le patrimoine d'une famille honorable à une
femme sans pudeur et aggraver le triste sort du malheureux qui, au lieu de trouver en cette femme un soutien, un protecteur, ne serait qu'une déplorable victime
de sa cupide impudicité et mourrait, comme on l'a vu,
après six mois, impitoyablement abandonné à lui-même,
dans un carrefour, ou dans un hospice de fous errants
sans parents connus.

Mais supposons que ce mariage soit au contraire de la
part de la femme un acte d'affectueux dévouement et des
plus noblement désintéressés. (Très jeune avocat, nous
en avons eu un touchant exemple, parmi les causes qui
n'affluaient pas abondamment dans notre cabinet;—l'on
pourra voir les détails de cette affaire dans l'une de nos
épîtres juridiques, à la fin de ce volume). — Une charmante personne, riche héritière, est fiancée à un jeune
parent, beau cavalier, qu'elle aime d'un cœur vierge,
et dont elle est éperdument aimée une discussion d'intérêt et d'honneur entre les grands parents rompt le mariage. Le fiancé, dont la tête ne valait pas le cœur, en
conçoit un muet chagrin qui devient une mélancolie
maladive et qui revêt dans ses paroxysmes tous les caractères d'une folie intermittente. Il est, malgré de longs
et cruels jours de la plus lucide intelligence, jeté par
d'inhumains parents dans une maison de force. La jeune

fille, devenue libre et maîtresse absolue de ses actions, va courageusement l'arracher au cachot où s'aggravait la maladive exaspération mentale, et lui donne solennel-. lement sa main et sa fortune. — En admettant la théorie que nous venons d'établir, nous nous demandons par quelle considération d'ordre public ou d'intérêt social le tribunal, saisi d'une demande en main-levée partielle d'interdiction, pourrait refuser une autorisation, que réclameraient d'ailleurs si éloquemment la voix de l'humanité et le principe sacré de la liberté individuelle. D'une part, y aurait-il sérieusement à craindre qu'une folie, dont la cause est toute morale, se transmît par la chair et le sang? — Et, d'autre part, n'y aurait-il pas lieu d'espérer que ce qui pourrait manquer d'autorité au père pour maintenir l'ordre dans sa famille, serait suppléé par l'énergique fermeté de la mère, et son courageux dévouement à son mari et à ses enfants? Cette femme forte, qui entoure l'un de tous ses soins et a constamment l'œil ouvert sur lui, permettra-t-elle qu'un accès de folie compromette vis-à-vis des autres la dignité paternelle? Nous ne parlerons pas d'une guérison possible, et en de telles conditions très présumable; dans une question de principe, nous n'argumenterons pas de la chance plus ou moins hasardeuse d'un traitement médical.

Sans doute, il se présentera des espèces où les caractères ne seront pas aussi vivement dessinés, dont la moralité paraîtra équivoque, problématique, et dans lesquelles une lutte sérieuse pourra s'établir entre des considérations et des intérêts opposés. — C'est là une simple appréciation de faits que nous devons, en maintenant haut les principes, abandonner à la prudence éprouvée d'une magistrature aussi éclairée qu'honorablement et sagement indépendante.

Si le mariage tendait à une légitimation, la question physiologique ou de morale souveraineté maritale ne saurait venir dans la discussion que très subsidiairement; l'intérêt de l'enfant l'emporterait presque toujours, et notre *presque* est probablement de trop. Nous supposons, bien entendu, que la filiation de cet enfant n'est contestable ni contestée.

S'agirait-il d'une simple reconnaissance légale qui ne devrait pas être suivie de la légitimation par un mariage peut-être devenu impossible? Nous ne l'autoriserions volontiers que pour les secours alimentaires. Nous concevons cependant que, si l'interdit n'avait point d'enfants légitimes, point de frères et sœurs ou neveux, l'on pourrait n'y pas mettre cette restriction que nos adversaires et nos alliés surtout proclameront rétrograde.

Comme en notre théorie interprétative du Code Napoléon, il n'y a plus d'interdiction pour les actes essentiellement personnels autorisés par le juge, ces actes ne seront attaquables que pour les mêmes causes que ceux des majeurs non interdits, et investis d'une capacité sans limites. Mais, par ignorance ou collusion, un officier de l'état civil se constitue lui-même juge de la santé d'esprit momentanée d'un interdit et reçoit un acte de reconnaissance, célèbre un mariage, sans la garantie préalable d'une main-levée partielle de l'interdiction; quel sera le sort de ces actes? Ils ne seront pas nuls de droit, *ipso facto*, la disposition exceptionnelle de l'article 502 ne devant s'appliquer, comme d'autres que nous et nous-même l'avons démontré, qu'aux actes d'administration confiés au tuteur ; mais, conformément au droit commun, il seront annulables dans l'intérêt *exclusif* de l'interdit, et sur sa demande, en tant *qu'ils préjudicieraient à lui-même et à sa famille*. — C'est ce que la doctrine appelle une nullité relative. (Code Nap. art. 1125, 1305, 1306).

Et, pour nous renfermer dans notre sujet, une reconnaissance légale qui entraînerait des droits de successibilité et de réserve serait essentiellement lésive, et comme telle susceptible de rescision. L'interdit n'aurait guère moins à en souffrir que le mineur. Mais quant à l'obligation alimentaire dont elle constaterait l'existence et commanderait l'exécution, elle devrait être déclarée valable, s'il était d'ailleurs reconnu que son auteur a eu, en la souscrivant, la conscience de sa dette et une volonté suffisamment ferme et éclairée d'en assurer l'acquittement.

L'action en nullité passerait-elle aux héritiers? Personne n'en doute, en ce qui touche la reconnaissance légale (1) ; et il en serait certainement de même pour l'adoption, la donation entre vifs et l'institution contractuelle. Quant au mariage, c'est une question qui, à nos yeux, est résolue par des principes à l'abri de toute contradiction, et que nous croyons généralement mal comprise et mal décidée par les Cours souveraines, mais dont la discussion ne serait point ici à sa place.

En cette même hypothèse d'une aliénation mentale

(1) Loiseau, loc. cit., p. 488. — Demolombe, V, n° 450, p. 427.

judiciairement reconnue, il pourrait arriver, et il arrive
en effet très souvent, que la reconnaissance légale et le
mariage ont précédé et même amené le jugement, au
lieu de le suivre. Il y aurait toujours la même nullité
relative, et l'interdit ou ses héritiers qui en réclameraient
l'application, ne seraient point rigoureusement astreints
à prouver l'absence de raison et de volonté au moment
même où cette reconnaissance aurait été souscrite et ce
mariage célébré, si la cause de l'interdiction était alors
notoire. Le jugement déclaratif de l'incapacité préexistante en fait rétroagirait à l'époque où la folie qui l'a
produite a éclaté au dehors et n'a été un secret pour
personne (Code Nap. 503). — A défaut de cette notoriété, l'on rentrerait dans le droit commun, quant à la
preuve imposée au demandeur en nullité, de l'absence de
consentement au moment même de l'acte (Code Nap.
1108 et suiv.).

Restent à examiner deux des quatre hypothèses que
nous avons tout d'abord signalées comme ne devant pas
donner lieu à l'application des mêmes principes, celle
d'une *interdiction provoquée, mais non prononcée,* et celle
d'un *placement par l'autorité administrative dans une maison d'aliénés.* Ces seconde et troisième *spécialités* qui
sont en quelque sorte un terme moyen entre les deux autres ne demandent pas à être longuement discutées.—
N'y ayant point, faute de jugement, d'incapacité *légale*
ou si l'on veut *judiciaire,* c'est au demandeur en nullité
à prouver l'insanité d'esprit qui est le fondement de son
action; mais lorsqu'il y aura eu de sa part une demande
en interdiction régulièrement formée, il lui suffira, de

même que si elle avait été suivie d'un jugement, d'établir que la folie était *notoire* à l'époque où aurait été consenti l'acte qu'il attaque; l'on ne peut pas lui reprocher d'avoir laissé mourir *integri status* l'auteur de cet acte reconnu lésif, et lui dire : *Sero accusas cujus mores probasti*. C'est évidemment l'esprit de l'article 504 (Code Nap.); et nous croyons qu'à consulter celui de la loi spéciale de 1838, l'admission officielle dans une maison d'aliénés pourra, au point de vue de la preuve, tenir lieu d'une *interdiction judiciaire provoquée*. Nous ne dirons pas, avec un orateur de la Chambre des pairs, que *l'accomplissement de toutes les formalités prescrites pour arriver à la séquestration d'un individu, établit une présomption* LÉGALE *d'aliénation mentale*; mais nous croyons, comme lui, qu'en de telles circonstances les tribunaux *ne se montreront pas très exigeants sur la preuve à faire, pour justifier que, lorsque l'acte a été souscrit, l'individu était en démence*. Lorsque des faits de folie bien caractérisés auront *précédé et suivi* cet acte, les magistrats se défendront difficilement de croire à l'insuffisance du consentement donné à l'engagement même.

Passant de l'interdiction par jugement pour cause de démence, à l'interdiction par la loi même pour cause de crime, nous avons à nous demander si cette sorte d'excommunication sociale rend celui qui en est frappé incapable de reconnaître légalement un enfant naturel. Cette question a été agitée sur l'interdiction légale typique, absolue, la *mort civile*, et elle paraissait partager la doctrine (1).

(1) Cadrès, n° 83, p. 31.

Que la mort civile ne brisât pas les liens de famille au
point d'abolir l'obligation alimentaire entre le mort civilement et ses parents en ligne directe, nous nous em-
presserons de le reconnaître ; mais pouvait-on en inférer
la pleine et indivisible validité d'une reconnaissance
légale par un père naturel mort civilement? Celui-là
peut-il conférer des droits de famille et en particulier
des droits de successibilité, qui n'a plus de famille
et ne peut avoir d'héritiers? Avec notre distinction
fondamentale, il n'y a pas de difficulté ; la reconnaissance vaudra comme obligation alimentaire, mais
non comme quasi-légitimation ; et c'est au fond ce
que voulaient ici les deux camps opposés. — « L'en-
« fant ne peut se prévaloir d'une telle reconnais-
« sance, disaient les uns, en tout ce qui appartient à
« l'exercice des droits civils (1). » — « Une telle recon-
« naissance, disaient les autres, produira tous les effets
« compatibles avec les conséquences qu'entraîne la mort
« civile; et l'obligation alimentaire peut parfaitement
« se réaliser dans la personne du mort civilement (2). »

Nous n'avons plus, grâce à Dieu, de mort *civile romaine*, allant, par une impitoyable logique, jusqu'à rompre les liens sacrés du mariage, et cela contre la volonté
même des époux. Mais nos législateurs lui ont substitué une interdiction légale qui a retenu quelques-uns
de ses traits caractéristiques, et qu'on pourrait justement appeler une mort civile *partielle* ou *au petit pied*.
— La condamnation à une pénalité capitale qui empor-

(1) Loiseau, p. 490. — Richefort, II, n° 207, p. 191.
(2) Zacharlæ, § 368, notes 4 et 12, t. IV, p. 40, 41. — Demolombe, loc. cit.,
n° 389, t. V, p. 370.

lait la mort civile, entraîne encore l'incapacité absolue *de disposer par donation entre vifs ou par testament, et de recevoir à ce double titre, si ce n'est pour cause d'aliments* (1). Eh bien! celui qui a subi une telle condamnation pourra-t-il reconnaître un enfant naturel? Nous répondrons sans hésiter : *oui,* quant aux secours alimentaires; mais : *non,* quant aux droits de famille et de successibilité. — S'il peut recevoir pour cause d'aliments, il doit, à plus forte raison, pouvoir disposer pour la même cause ; mais incapable d'une donation même purement testamentaire, il l'est aussi, à plus forte raison, d'une reconnaissance légale donnant sur sa succession un droit de réserve, et produisant comme l'équivalent d'une institution contractuelle; sorte de disposition qui, par son irrévocabilité, participe de la nature de la donation entre vifs.

Nous déciderions également, avec moins d'hésitation encore, que l'enfant naturel frappé de cette même condamnation à une peine afflictive perpétuelle, serait valablement reconnu pour les secours alimentaires, dont l'article précité de la loi du 2 mai 1854 permet, dans les termes les plus exprès et les plus directs, qu'il soit gratifié et par donation entre vifs et par testament; mais non certainement pour les droits de famille. — Nous ne voyons à ces solutions aucune raison de douter de quelque poids.

La question serait au contraire susceptible de la plus sérieuse controverse dans le cas de l'interdiction attachée, par le Code pénal de 1810, à la peine des travaux

(1) Loi du 2 mai 1854, art. 3, 1er alinéa.

forcés à temps, ou de la réclusion pendant sa durée de cinq à dix ou vingt ans (C. pén., art. 29, 19, 21, 23). — Cette interdiction légale *temporaire* ne se rapporte-t-elle, comme semble l'expliquer la disposition même qui l'établit (art. 29 précité), *qu'à la gestion et admi-nistration des biens du condamné*, et ne lui enlève-t-elle dès lors ni la jouissance, ni même l'exercice de ses droits civils, de telle sorte qu'il pourrait s'obliger, alié-ner et disposer à titre gratuit, même par donation en-tre vifs (1)? elle lui laisserait aussi nécessairement la capacité active et passive de la reconnaissance légale d'une filiation naturelle. Mais le prive-t-elle entière-ment, comme beaucoup le prétendent (2), de l'*exercice* des droits civils, de telle sorte qu'il ne puisse disposer même à cause de mort? elle lui rendrait par là même im-possible la *quasi-réhabilitation* d'une naissance illégi-time par notre reconnaissance légale.

Nous ne pensons pas que le condamné *en état d'inter-diction légale*, puisse s'obliger et aliéner à titre onéreux ou gratuit; et par de tels actes entraver, paralyser, anéantir l'administration du tuteur. — Nous ne le pen-sons pas, surtout en présence des motifs de cette inter-diction, que les orateurs du gouvernement ont dit être, d'empêcher que, *par de scandaleuses profusions, le con-damné ne fasse d'un séjour d'humiliation un théâtre de joie et de débauche, ou ne se procure des moyens ma-tériels de corruption et d'évasion;* car ce double but se-rait ridiculement manqué, si, interdit du droit de rece-voir les revenus, il pouvait aliéner le fonds même,

(1) Toullier, VI, nº 111, p. 123.
(2) Duranton, VIII, nº 181. — Valette sur Proudhon, II, p. 554, 555.

par des ventes ou des donations qui ne seraient que de honteuses spéculations usuraires sur sa situation pénale.

Mais faut-il aller jusqu'à l'incapacité de disposer par testament ou par une donation d'une nature mixte qui, bien qu'elle soit irrévocable, ne doit avoir son effet qu'à la mort du disposant? Nous ne le croyons pas; cette incapacité écrite en toutes lettres dans la loi du 2 mai 1854, qui remplace la mort civile romaine par une interdiction légale *perpétuelle*, ne nous paraît pas pouvoir être suppléée dans l'article 29 du Code pénal, qui n'organise qu'une interdiction légale *temporaire*, et dont la pénalité ne doit pas être aggravée par une extension que ne réclame pas d'ailleurs l'intérêt d'ordre public, fondement juridique et justification morale de cette rigoureuse institution. — La jurisprudence paraît consacrer cette espèce de terme moyen entre les deux opinions radicales opposées (1); d'où le dernier commentateur du Code Napoléon a pu reproduire ici sa formule favorite: *Trois opinions sont en présence* (2).

Nous sommes par là très logiquement amenés à reconnaître que le condamné qui encourt l'interdiction temporaire, n'est point incapable, même pendant la durée de sa peine afflictive et infamante, de conférer ou de recevoir le bénéfice de la reconnaissance légale d'une filiation naturelle.

Nous ne croyons pas avoir à faire observer que l'obligation alimentaire, active ou passive, est tout à fait en

(1) Rouen, 28 décembre 1822. — Nîmes, 16 juillet 1835.
(2) Demolombe, t. I, n° 192, p. 208.

dehors de cette dernière discussion de principes. —
Notre distinction entre les secours d'humanité et les
lucratifs honneurs du nom de famille est pour nous
désormais une vérité palpable, implicitement avouée,
professée par ceux là même qui la repoussent le plus
vivement, et sur laquelle nous pouvons et devons à
l'avenir nous dispenser d'insister.

Recherche judiciaire de la paternité et de la maternité naturelles.

Un usage profondément entré dans les mœurs, et dès
le XV° siècle formulé en axiome par le président
Favre, autorisait la fille enceinte ou mère à déclarer
authentiquement son séducteur, afin qu'il pût être judiciairement contraint à la prestation des secours alimentaires indispensables à la mère et à l'enfant : *ne fame pe-
reant*. Voici en quels termes le magistrat législateur avait
inscrit dans son Code officieux la célèbre règle si violemment attaquée en notre philosophique XVIII° siècle,
et signalée par l'avocat général au parlement de Grenoble, Servan, comme le *fléau de la société*: « Creditur
« *virgini* dicenti se ab aliquo cognitam et ex eo præ-
« gnantem esse ; *meretrici*, non item, quanquam si con-
« stet' habitasse meretricem cum eo, a quo se dicit
« cognitam, locus esse potest condemnationi fidu-
« ciariæ (1). »

(1) *Codicis Fabriani*, lib. IV, tit. XIV, defin. XVIII.

Cette maxime que l'on dit, à l'école comme au barreau, avoir été implicitement abolie par la disposition du Code Napoléon qui interdit la recherche de la paternité (art. 340), méritait-elle les insultants reproches qui lui ont été adressés ? Nous nous permettrons d'en douter ; nous croyons même qu'appliquée avec la discrète prudence qu'y mettaient en dernier lieu les parlements, elle serait pour les mœurs, dans ce siècle d'égoïsme irréligieux, la sauve-garde la plus sûre et la plus efficace que le législateur pût édicter (1).

Écoutons d'abord un peu ceux qui ont le plus vivement applaudi à cette abrogation, que nous considére-

(1) C'est l'avis d'Alexandre Dumas fils, qui joint à son expérience celle de son père. Bien plus, dans une préface qui paraît avoir ému tout Paris, il propose un Code pénal qui contiendrait entre autres dispositions :

« Tout homme qui sera convaincu d'avoir possédé une vierge sera con-
« damné à donner à cette fille un capital ou une rente, selon sa position
« personnelle de fortune. S'il est dans l'impossibilité de fournir cette indem-
« nité, il sera puni d'un emprisonnement de cinq ans. — S'il a rendu mère
« cette jeune fille, et qu'il ait refusé de l'épouser, la condamnation pourra
« être portée à dix ans..... »

Et il ajoute :

« Mes moyens sont impraticables ! Trouvez-en d'autres ; je ne tiens qu'aux
« résultats ; mais dépêchez-vous, parce que la maison brûle. — Vous ne
« voulez pas ! Vous trouvez que ça peut aller comme ça, et que pourvu
« qu'on s'occupe des hommes, — qui feraient des révolutions, si on ne s'oc-
« cupait pas d'eux, — tout est pour le mieux dans le meilleur des mondes
« possibles ! *Va bene !* Amusons-nous ! Vive l'amour ! — Laissons la femme
« faire ce qu'elle fait, et, dans cinquante ans au plus, nos neveux (on n'aura
« plus d'enfants, on n'aura que des neveux), nos neveux verront ce qui res-
« tera de la famille, de la religion, de la vertu, de la morale et du mariage
« dans notre beau pays de France, dont toutes les villes auront de grandes
« rues, et dont toutes les places auront des squares, au milieu de l'un des-
« quels il sera bon d'élever une statue aux vérités inutiles.» (Préface à propos
de la *Dame aux Camélias.*)

A l'autorité des Dumas, nous pourrions joindre celle d'Eugène Sue, législateur républicain de 1848 (se faisant apporter ses lettres sur un plateau d'or
par un laquais en grande livrée), qui a contribué par son vote à chasser de
la Chambre les maris adultères, et a fait, comme romancier, de trop fidèles
peintures des mœurs de la société parisienne.

rions comme une erreur législative, si elle était réellement dans le Code Napoléon :

« Est-il vrai, dit l'un des plus autorisés (à propos de la condition faite par le Code aux enfants naturels *non reconnus*), que le
but de la loi ait été de détourner des unions illicites par la considération du sort malheureux des infortunés qui en naissent?
Cette considération est sans doute très importante pour la femme
qui n'est plus admise à désigner le père de l'enfant, et à lui imposer judiciairement les charges de la paternité; mais il n'en
est pas de même quant à l'homme ; car certainement la règle qui
prohibe en principe la recherche de la paternité, ne peut avoir
aucune influence pour le détourner d'un commerce illicite. Bien
loin de la, cette règle doit avoir, comme l'expérience le
prouve, un résultat entièrement opposé. En effet, l'homme
qui a un enfant naturel sait très bien qu'il dépend de lui, et qu'il
lui sera facile quand bon lui semblera, de reconnaître son enfant
naturel, et qu'en attendant, *il peut vivre dans une sécurité parfaite,*
sans avoir à craindre, comme autrefois en France et comme aujourd'hui même dans plusieurs autres pays de l'Europe, un procès en recherche de paternité (1). »

Les partisans de la maxime abolie, sinon par la loi
même, du moins par l'opinion, en reconnaissant la
justesse de ces réflexions, disent eux-mêmes, et, ce nous
semble, avec un grand sens. « Qu'un homme qui vit en
« mauvais commerce n'ait à redouter aucune des suites
« qui peuvent en résulter, croit-on qu'il sera plus dis-
« posé à renoncer à ses coupables habitudes ?... Qu'il
« ait au contraire à craindre que la seule fréquentation
« d'une femme de mœurs suspectes ne l'expose lui ou
« sa mémoire à un procès déshonorant, au moins désa-
« gréable, ne deviendra-t-il pas plus circonspect dans

(1) Vallette sur Proudhon, t. II, p. 131 n° 11, p. 136.

« le choix de ses sociétés, et les mœurs n'y gagneront-
« elles pas? (1). »

Mais quoi ! s'écrie-t-on, une intrigante, une prostituée
va jeter la désolation dans une honorable famille par
une déclaration effrontément calomnieuse ! Il faudra, sur
son témoignage intéressé, charger un honnête jeune
homme, un père respectable, un vénérable vieillard du
poids honteux d'une paternité qui ne lui appartient
pas (2)!

C'est là étrangement méconnaître et travestir la pensée
législative du président Favre. Que disait ce grave magistrat, l'une des plus vives lumières et des plus hautes
vertus de son temps, lié d'une touchante et profonde
amitié avec saint François de Sales ? Le voici très fidèlement :

« L'on doit raisonnablement ajouter foi à la déclaration d'une jeune fille qui en est à sa première faute
et n'a fait que céder à l'entraînement de la passion,
alors que, contrainte par une inhumaine loi de police (3) à confesser sa honte, elle signale, en même
temps, d'une voix timide et la rougeur au front, celui
qui peut et doit lui rendre l'honneur par un mariage
promis sous la foi du serment : *creditur virgini*. —
Mais cette femme est-elle de mœurs légères? a-t-elle,
comme on dit, jeté plus ou moins son bonnet par les
fenêtres? on ne la croira pas sur parole : *non item me-*

---

(1) Delvincourt, note 6 de la p. 89 (t. I, p. 887, 888).
(2) Servan. *Œuvres choisies*, t. I, p. 379, 390.— Locré, *Légis.*, t. VI, p. 318.
— *Esprit du Code Napoléon*, V, 238, 239.
(3) Édit donné par Henri II (février 1556), qui, *à défaut d'une déclaration
de grossesse ou d'enfantement, répute infanticide toute fille ou veuve dont
l'enfant se trouve avoir été privé de baptême et de sépulture.*

retrici; son témoignage suspect devra, pour inspirer
quelque confiance, être confirmé par la notoriété d'une
fréquentation habituelle : *nisi constet cum eo cohabi-
tasse.* — Bien plus, on rejetera de prime abord la déclaration de grossesse contre un homme marié; l'on n'admettra pas comme certain un odieux adultère, sur
l'impudique déclaration d'une femme qui serait complice du crime, et ne pourrait s'excuser par l'espoir
d'un mariage qu'elle savait impossible. La bonne harmonie à maintenir, un funeste désordre à prévenir dans
la famille légitime, sont un intérêt d'ordre public qui
doit l'emporter, dans la balance de la justice humaine,
sur l'intérêt privé de l'enfant même né d'une mère qui
ne serait pas moins coupable que le père prétendu :
*non creditur mulierculæ juranti se cognitam a conjugato;
ne turbetur matrimonium, et accusatio adulterii unius
testimonio alioquin suspectissimo perficiatur* (1).

La maxime du président Favre ainsi comprise et appliquée convenait parfaitement à son siècle, où, d'une
part, les filles du peuple, simples, grossières, si l'on
veut, mais d'une religieuse pudeur, rebelles à toutes les
séductions du luxe, pouvaient bien, dans un moment de
faiblesse dont ne sont pas exemptes les vertus les plus
fermes, faire un faux pas avec le jeune homme qu'elles
voulaient pour époux, mais non s'abandonner honteusement à plusieurs; où, d'autre part, l'adultère inspirait
un sentiment d'horreur, et était puni d'une double peine
afflictive et infamante, l'*amende honorable* et les *galères
perpétuelles*, en ce temps pires assurément que la mort,

(1) *Codicis Fabriani*, lib. IV, tit. XV, defin. XLIX.

avec une lourde amende pécuniaire pour le trésor royal
et de ruineux dommages-intérêts pour le mari (1). L'a-
vocat général Servan reconnaît lui-même, à deux fois,
qu'alors la maxime était bonne (2).

« Mais, ajoute-t-il, le moment de jurer sur la foi
« d'une fille est bien loin de nous. Quand vous proposâtes
« comme une règle de croire aveuglément à une décla-
« ration de grossesse, votre peuple avait des mœurs ;
« la corruption des premiers rangs n'avait point encore
« pénétré jusqu'à lui. L'avidité d'avoir, excitée par l'ému-
« lation de paraître n'avait pas enflammé toutes les pas-
« sions ; une vanité folle, le goût effréné des plaisirs, n'a-
« vaient point, par la contagion de l'exemple, envahi les
« dernières classes de la société (3). »

Et en effet, dès le milieu du XVIIe siècle, cette loi,
bonne pour des temps de vertu, était à un double point
de vue devenue vicieuse et demandait, non pas à être
radicalement abolie, mais à être modifiée en sens contraire sur deux points capitaux. — Si la croissante dégradation morale des femmes avait amené et multiplié les
abusives déclarations de grossesse, l'adultère ayant, par
le funeste éclat des scandales de la cour et du trône
même, cessé d'être un crime, l'état d'homme marié n'é-
tait plus une présomption bien forte contre la sincérité
de ces vengeresses et réparatrices déclarations.

(1) C'est la condamnation prononcée au rapport de Papon, le 21 août 1532,
par le parlement de Paris contre un fourrier du grand conseil convaincu
d'adultère avec la femme d'un commissaire examinateur au Châtelet. — Et
le parlement de Grenoble sévissait encore au XVIIe siècle contre ce crime,
avec la même rigueur, comme le témoigne son arrêt du 20 janvier 1655.
(*Répertoire de Merlin*, v° Adultère, § v, t. 1, édit. de 1812, p. 143.)

(2) Servan, 3e plaidoyer précité (*Œuvres choisies*, édit. de 1825, t. 1, p. 379,
414 à 417).

(3) Servan, loc. cit.

Et les parlements, suivant les rétrogrades progrès des mœurs (celui de Paris, au foyer de la corruption, est, comme cela devait être entré le premier dans cette nouvelle voie), n'ont plus considéré une déclaration de grossesse que comme une présomption simple, qui demandait pour devenir une preuve complète à être confirmée par d'autres, celles-ci d'autant plus graves que celle-là semblait l'être moins. — La principale de ces présomptions confirmatives de la déclaration était une fréquentation habituelle, intime, familière de la déclarante par le père désigné, à l'époque reconnue de la conception de l'enfant.

Mais aussi l'axiome limitatif du président Favre en faveur du mariage tendait de jour en jour à s'effacer. — Au temps de Servan, les arrêts pour et contre se balançaient. Si l'on rejetait la déclaration de grossesse contre un homme marié, lorsqu'elle était solitaire et sans autre appui qu'elle même, on l'admettait accompagnée de présomptions graves et précises, dont le concours équivalait à une preuve.

La jurisprudence avait à peu près consommé son œuvre réformatrice, dans la première moitié du XVIIIᵉ siècle ; des arrêts solennels de 1723, 1733, 1769, avaient déchargé définitivement l'homme marié ou non marié, contre lequel il n'y avait que la déclaration, *eût-elle été réitérée par la fille dans les douleurs de l'enfantement.* « Ainsi il est « désormais reconnu en principe, dit là-dessus l'ancien « Denizard, que la réunion des deux présomptions, « c'est-à-dire de la déclaration de grossesse et des fa- « miliarités révélatrices d'un commerce charnel, cons- « titue la preuve sur laquelle il est permis de se décider ;

« qu'une seule, quelque forte qu'elle paraisse, est in-
« suffisante (1). »

La maxime du président Fabre (*Virgini creditur*), ainsi
ramenée au droit commun en matière de preuves par
présomptions simples, devait-elle, dans l'intérêt de la
justice et des mœurs, être abolie? Et est-il juridiquement bien certain qu'elle l'ait été, même quant aux se-
secours alimentaires, que l'équité naturelle et un pressant intérêt d'ordre public réclameraient pour la mère,
et surtout pour l'enfant?

Séduire artificieusement une femme, ou se laisser
honteusement séduire par elle ; et, par un commerce que
condamnent la religion, la morale philosophique et la
loi civile elle-même, donner le jour à un pauvre petit
paria qui naîtra sans famille et sans autres protecteurs
que de précaires et capricieux sentiments de pitié, est
certainement, s'il en fut jamais, un fait illicite obligeant
son auteur, — sinon envers la mère complice ou instiga-
trice du délit, du moins envers l'enfant qui en est, lui,
toujours la victime parfaitement innocente, — à toutes les
réparations que peut commander l'humanité. Cette disposition législative : « Tout fait quelconque de l'homme,
« qui cause à autrui un dommage, oblige celui
« par la faute duquel il est arrivé à le réparer » est,
en même temps que l'article 1382 du Code Napoléon,
un axiome de tous les siècles et de tous les peuples qui
ne se trouvent pas mystérieusement frappés de cette
mort intellectuelle et morale appelée la vie sauvage. Il
ne saurait y avoir ici qu'une question qui gît plus en

(1) Denizard, v° Grossesse, t. I, p. 446.

fait qu'en droit : Comment établir juridiquement le fait délictuel qui donne naissance à l'obligation?

Ceux qui veulent que la preuve soit impossible diront, avec les orateurs du gouvernement :

« Vous avouez que la nature a couvert la paternité d'un voile impénétrable ; que la présomption de paternité qui naît du mariage n'a été établie que pour montrer, à défaut de signe matériel, cette paternité mystérieuse. Et ce serait précisément hors du mariage que vous prétendriez percer le mystère et découvrir la paternité ! N'est-il pas évident qu'à défaut de cette présomption qui naît du mariage, il n'y a plus ni signe matériel ni signe légal ? Et alors ne serait-il pas tout à la fois injuste et insensé de vouloir qu'un homme fût convaincu malgré lui d'un fait dont la certitude n'est ni dans les combinaisons de la nature, ni dans les institutions sociales (1) ? »

Sans perdre notre temps à une réfutation en forme de cette étrange logique concluant *d'une présomption légale absolue, instituée pour qu'il ne plane aucune incertitude sur la paternité légitime, à l'exclusion des preuves les plus directes, pour établir le fait plus ou moins coupable d'une paternité hors le mariage,* venons tout de suite au vrai. — Tout fait délictuel ou quasi-délictuel est, à défaut de témoins déposant *de visu et auditu,* juridiquement prouvé par deux de ces présomptions simples, doctrinalement dites *hominis,* dont la loi abandonne la souveraine appréciation aux lumières et à la prudence du magistrat, se bornant à lui recommander de ne les admettre qu'autant qu'elles lui paraîtront *graves, précises* et *concordantes.* C'était la théorie du droit romain, de notre ancienne jurisprudence ; et c'est encore celle du

(1) Locré, *Esprit du Cod. Nap.,* t. V, p. 237 ; — *Légist.,* t. VI, p. 318, 310.

Code Napoléon (articles 1348 1° et 1352. Cela reconnu et admis, les deux présomptions qui, d'après la jurisprudence des parlements, prouvaient le fait illicite d'une paternité illégitime, et autorisaient une demande en frais de gésine de la part de la mère, et en secours alimentaires de la part de l'enfant, doivent-elles avoir encore aujourd'hui la même force probante, et entraîner les mêmes condamnations? Comment en douter, si nous ne trouvons pas d'ailleurs, dans le Code Napoléon même une dérogation formelle au droit commun, spécialement applicable au délit ou quasi-délit dont il s'agit, et conçue en des termes qui ne se prêtent à aucune autre interprétation?

Sans doute, il peut arriver que la déclaration soit plus ou moins hasardée et suspecte, les faits de fréquentation d'un caractère plus ou moins équivoque ; le juge appréciera: *facti quæstio est in judicantis potestate*, et repoussera la demande qui ne lui apparaîtra pas suffisamment justifiée. Mais supposons des espèces comme il s'en est présenté beaucoup, et comme il s'en présente encore journellement devant les tribunaux, où les deux présomptions, confirmées l'une par l'autre, se produisent également concluantes, ce même juge devra-t-il se refuser à l'évidence qui frappe ses yeux et s'impose irrésistiblement à sa conscience d'homme et de magistrat ?

C'est une déclaration solennellement faite, non pas seulement dans les terribles épreuves d'une première couche, mais sous le coup d'une mort imminente, et par une femme qui envisage avec crainte les approches de l'éternité et les jugements redoutables d'un Dieu qu'elle prend à témoin de la vérité de son témoignage en faveur du malheureux enfant sorti de son sein. — Ce ne sont pas seulement des assiduités à toutes les heures du jour et de la nuit, qui ne peuvent s'expliquer que par une union illégitime ; ce sont des lettres, des billets qui témoignent, dans les termes les moins ambigus, tout à la fois de la séduction et de la grossesse qui a suivi ; le séducteur, comme il arrive souvent, se sera même targué publiquement des faveurs dont il aurait eu la préférence et de sa prochaine paternité extra-légale. Et cet homme serait autorisé par la loi même à abandonner inhumainement sa double victime, sous le prétexte qu'il n'y aurait pas, comme dans le mariage, un signe légal de cette paternité, et qu'il ne serait pas absolument impossible *per rerum naturam* qu'elle appartînt à un autre que lui ! — Il importe bien vraiment d'avoir un signe légal du fait délictuel prouvé par le témoignage même du coupable, et lorsqu'il ne s'agit pour lui que d'en réparer autant que possible le dommage matériel !

Notre Code, pour soumettre aux lourdes charges de la paternité légitime l'homme honnête qui s'impose les rigoureux devoirs du mariage, se contente de ce signe légal qui n'est trop souvent qu'un flagrant mensonge. — Une femme convaincue d'adultère accouche d'un enfant dont la conception coïncide avec la cohabitation criminelle judiciairement prouvée. Il est notoire qu'une division profonde avait éclaté entre les époux, et qu'ils n'avaient plus alors le même appartement ; que l'un n'avait point quitté la ville, tandis que l'autre s'était confiné dans une lointaine campagne. Le mari n'en sera pas moins condamné à prendre soin de cet enfant qu'il repousse ; il n'en devra pas moins le nourrir, l'élever et lui laisser la meilleure partie de son patrimoine ; à moins qu'il ne soit acquis que, pendant tout le temps présumé de la conception, qui est légalement de quatre mois, il y a eu, dans le sens le plus absolu, *impossibilité physique* de tout rapprochement entre l'épouse adultère et le père légalement présumé ; preuve dont le poids incombe tout entier à celui-ci ; et aujourd'hui, avec la vapeur et les chemins de fer, nous ne voyons pas, en vérité, comment il pourrait, le malheureux, prouver péremptoirement cette impossibilité physique. Les antipodes et l'immensité des mers, au grand scandale de nos bons anciens maîtres, n'y suffiraient plus.

Et le juge qui, contre sa propre conviction intime, répute le mari indignement trompé, père de l'enfant de sa femme adultère, et le condamne à en remplir, tout le temps de sa vie et après sa mort, les onéreux et pesants devoirs envers cet odieux fruit d'un crime qui le déshonore, ne pourrait pas obliger un infâme séducteur, soit à secourir momentanément d'un or dont il a fait le plus criminel usage, l'aveugle et faible femme qu'il a conduite à l'abîme par de feintes protestations d'amour et les plus honteux artifices, soit à garantir des homicides atteintes de la faim l'enfant sa déplorable victime ; et cela, lorsque sa paternité coupable est prouvée, non par une arbitraire et menteuse présomption légale, mais par un concours de présomptions graves, atteignant le plus haut degré de la certitude humaine, et par son propre et multiple témoignage écrit, que son avocat pourra bien repousser comme n'étant pas un signe légal de cette paternité, mais que, lui personnellement, il n'osera point démentir, parce que par là il se déshonorerait aux yeux de ses amis eux-mêmes, auprès desquels il s'est impudemment vanté de son impudique et déloyale victoire?

Et, pour pousser nos adversaires dans leurs derniers retranchements, leur Code n'admet-il pas lui-même le fait d'un enlèvement comme pouvant suppléer, pour la paternité hors le mariage, ce signe légal qu'ils comprennent si mal et dont ils argumentent à contre-sens de son esprit?

Enfin, que de hautes et puissantes considérations d'intérêt social viendraient encore au besoin fortifier notre thèse d'une salutaire moralité! Tandis que vous faites une condition si dure au mari, irez-vous jusqu'à dispenser ce concubinaire des plus nécessiteux aliments? Ne voyez-vous pas combien vous déterminerez par là d'égoïstes épicuriens à préférer au mariage austère, que vous reconnaissez être la pierre angulaire de l'ordre social, ces faciles et voluptueuses unions libres qui en sont la ruine? Trouverez-vous dans cette corruption profonde des mœurs, que vous favorisez, les fortes et saines générations qui font de plus en plus défaut à la France philosophique et révolutionnaire?

En outre, si vous laissez tomber tout le poids d'une faute au moins commune sur le plus faible des coupables; si vous contraignez une malheureuse fille à pourvoir seule aux besoins de l'enfant, lorsqu'une grossesse pénible et un difficile accouchement lui ont interdit le travail qui la sauvait à peine elle-même des étreintes de la misère, ne multipliez-vous pas ce crime dont retentissent si souvent nos Cours d'assises, et que nos jurés jugent avec une indulgence déplorée par la saine magistrature, mais qui trouverait son excuse dans la loi même telle qu'il vous plaît de la faire ? Tous nos publicistes ont remarqué que l'infanticide est beaucoup moins commun dans les pays de la Suisse et de l'Allemagne, où une fille mère a le droit d'amener son séducteur devant la justice, lorsqu'il refuse d'élever l'enfant et de lui donner un état qui le mette à même de vivre de son travail.

« Le malheur de notre société, dit avec trop de vé-
« rité un homme de cœur et d'esprit, dont nous n'adop-
« terions pas cependant toutes les idées, c'est de lier
« tout le fardeau sur l'épaule de la jeune fille, après
« l'avoir ôté à l'homme ; c'est de venir avec un air vain-
« queur au secours du plus fort..... Que la femme soit
« condamnable, d'a cord ! mais qu'elle seule subisse la
« peine ; qu'elle seule soit forcée de subvenir à la vie
« et à l'avenir de l'enfant, c'est le comble de l'injustice !
« c'est pousser l'absurde jusqu'à l'odieux (1). »

Maintenant, le Code Napoléon aura-t-il en effet accidentellement dérogé, en faveur du concubinaire plus ou moins corrupteur, aux principes d'éternelle justice qu'il proclame lui-même bien haut, et foulé aux pieds les intérêts sacrés qui en commanderaient, surtout ici, une sévère application ? Nous professerons avec une conviction sincère qu'on peut très juridiquement le laver de cette tache dont, par l'interprétation qui a prévalu,

---

(1) *Que deviendront nos filles?* par Alexandre Weill, édit., de 1863, p. 123, 159, 136, etc.

il aurait été souillé, afin de mieux assurer la béate quiétude de ces hommes, *soi-disant* « blanchis dans l'exer-
« cice de toutes les vertus, » assidus courtisans de ces
Ninon de Lenclos ou dames du demi-monde façonnées
par nos cabinets littéraires, *pouvant* (c'est le langage officiel) CHOISIR ENTRE VINGT *un père à l'enfant,* dont, à
leur grand désappointement, elles se trouvent un beau
jour enceintes, et *s'en prenant,* comme de raison, *au plus
honoré et au plus riche, afin d'obtenir un plus haut prix
de leur discret silence* (1).

Nous disons que, pour admettre les énormités législatives par nous à l'instant signalées, il faudrait au moins
un de ces textes implacables qui ne laisssent aucune
prise au doute, de telle sorte que le juge pût faire taire
sa conscience révoltée, en lui répliquant : *Per quam
absurdum, iniquum, iniquissimum ; sed ita lex scripta
est.*

Or, notre nouvel axiome : *La recherche de la paternité
est interdite,* implique-t-il de toute nécessité l'idée
qu'aucune poursuite judiciaire n'est possible contre
l'homme qui méconnaît les premiers droits de l'humanité ; que ce scandaleux concubinaire, ce détestable
corrupteur d'une naïve innocence, moins rare parmi
les femmes que ne le disent nos hypocrites moralistes,
est affranchi, par son crime même, de la moindre des
charges qui pèsent si lourdement sur un loyal mari ?

Il se présente tout naturellement dans notre système
d'interprétation, que l'on reconnaîtra du moins être
d'une rare homogénéité et d'une logique irréprochable,

(1) Locré, *Esprit du Code Napoléon,* t. V, p. 259.

une explication de cette maxime prohibitive d'une recherche de paternité, qui se concilie avec la raison, la
morale, la justice, l'ordre public, tout à fait dans l'esprit
de l'institution objet de notre étude, et que nos lecteurs
attentifs et intelligents auront sans doute déjà pres-
sentie et suppléée. C'est d'entendre la recherche de paternité interdite, de celle qui tendrait à conférer à l'enfant un état de famille et des droits de successibilité,
autrement à le *quasi-légitimer*; et ce n'est point évidemment rechercher cette paternité légale, la seule que
le législateur devait avoir ici en vue, que de réclamer
les secours réparateurs d'un fait délictuel ou quasi-délictuel, auquel cette poursuite ne doit pas d'ailleurs,
suivant nous, donner le moindre caractère de légalité.
En un mot, ce qu'il n'est point permis à l'enfant naturel de se donner contre la volonté du père, c'est cette
filiation *quasi-légitime*, qui le rendrait successible, et
successible réservataire.

La Cour suprême en est venue, à la suite de plusieurs
Cours impériales, à faire une application favorable des
principes du droit commun, en matière de délits ou
quasi-délits, à la femme qui, plus ou moins artificieusement séduite, aurait, par le fait du séducteur, éprouvé
l'appréciable dommage d'une grossesse et d'un accouchement; mais en persistant de plus fort dans ses sévérités contre l'enfant, bien entendu par le motif que réclamer pour lui, à titre de dommages-intérêts, des secours alimentaires, ce serait indirectement rechercher
une mystérieuse paternité, dont la preuve est impossible, et comme telle interdite par le Code.

Un arrêt de rejet du 24 mars 1845, consacre cette nouvelle phase de la jurisprudence, avec une timide précision et en affectant de se renfermer étroitement dans le fait :

« Attendu qu'il ne s'agissait point, devant la Cour
« royale, de rechercher quel était le père de l'enfant
« dont la demoiselle Baysse est accouchée ; que *l'enfant,*
« *étranger au débat, ne pouvait en aucun cas ni souffrir ni*
« *profiter de la décision à intervenir* ; que l'unique ques-
« tion, soumise aux juges d'appel, était de savoir si le
« demandeur en cassation avait causé à la demoiselle
« Baysse un préjudice qu'il fût tenu de réparer ;

« Qu'il est constaté par l'arrêt que Labia a délaissé
« la fille Baysse après l'avoir séduite, *qu'il est la seule et*
« *unique cause du dommage considérable qu'elle éprouve*
« (le dommage d'une grossesse et d'un accouchement) ;

« Que la conséquence légale de ces faits était, pour
« Labia, l'obligation de réparer le tort qui ne pouvait
« être imputé qu'à lui ; qu'ainsi c'est avec une juste
« raison que l'arrêt attaqué a fait l'application du prin-
« cipe de responsabilité posé dans l'article 1382 du
« Code Napoléon (1).»

Labia, dans la fleur de l'adolescence, (à peine âgé de 18 ans), cédant à ces sentiments de justice et d'huma- nité qui sont innés au cœur de l'homme, s'était en effet, par plusieurs lettres confidentielles, dans les termes mêmes que reproduit l'arrêt, reconnu *la seule et unique cause du malheur qui affligeait la famille Baysse, et avait promis, juré sur la foi d'un honnête homme, de réparer*

(1) Dall., 1845, 1, 177. — *Journal du Palais*, 1845, 2, 521.

sa faute, réparation dont il *se proclamait digne.* Mais
avec la majorité légale, il était devenu un autre homme;
et il avait refusé toute satisfaction à cette famille *dont
l'affliction l'avait lui-même pénétré de douleur;* rien, disait-on alors pour lui, *ne constatant* LÉGALEMENT *qu'il
en fût l'auteur, à défaut d'une reconnaissance* AUTHENTI-
QUE *de sa paternité naturelle.*

Les Cours impériales, enhardies par cette concession,
ou pas en arrière de celle dont elles redoutent trop
peut-être la censure, se sont à l'envi empressées dans
l'équitable voie qu'elles s'étaient ouvertes, et l'ont même
beaucoup élargie; à défaut d'aveux spontanés et de
promesses de réparation par écrit, elles ont admis la
fille artificieusement séduite à prouver au besoin *par la
notoriété publique,* non pas que le séducteur *fût le père
de l'enfant dont elle était accouchée* (il fallait bien respecter le principe qui prohibe la recherche d'une paternité non authentiquement reconnue), mais *qu'elle
était devenue mère par suite de ses relations intimes avec
lui.* C'est ce que porte *textuellement* un arrêt de la Cour
de Toulouse du 28 novembre 1864 (1), et ce que font
entendre plusieurs autres rendus dans le même esprit (2).

Qu'on vienne maintenant railler les préteurs romains
des ingénieuses distinctions de leurs édits d'équité naturelle!

Ainsi la preuve du fait délictuel de la paternité illégitime, autorisée en faveur de la mère qui réclame des

(1) *Journal du Palais,* année 1865, p. 89.
(2) Arrêts de Rouen du 24 février 1865; de Nancy du 25, etc. — *Journal
du Palais,* 1865, p. 90, 732.

dommages-intérêts d'une douteuse appréciation, sera interdite à l'enfant qui ne demande que les moyens de vivre ; possible pour celle-là, plus ou moins complice, elle sera réputée impossible pour celui-ci, victime assurément irréprochable. L'humanité et la raison ne voudraient-elles pas le contraire ? Quoi ! pour la mère qui ne saurait avoir à se reprocher moins qu'une condamnable faiblesse, le législateur se contenterait d'un écrit privé, d'une notoriété de voisinage ! Et, pour l'enfant auquel personne sans doute n'imputera le malheur de sa naissance, il faudrait un acte authentique ! L'on devrait suppléer, dans la loi qui se tait, cette contradiction révoltante, cette flagrante iniquité, de traiter plus sévèrement celle des deux victimes de la séduction, qui est la plus digne d'une secourable pitié !

Aussi n'avons-nous pas tardé à faire là-dessus du droit prétorien, et du droit prétorien qui eût paru subtil à Papinien lui-même, en fixant le *quantum* des dommages-intérêts réclamés par la mère, eu égard au nombre des enfants fruits de la séduction, et en donnant à ceux-ci, en dépit du grand principe rappelé par l'arrêt de 1845, *qu'un jugement ne peut pas profiter à celui qui n'a pas été personnellement partie dans l'instance,* une action *directe* pour réclamer, en *leur nom propre,* la portion de ces dommages-intérêts *fictivement* accordée à la mère, en considération de la charge qu'ils lui auraient imposée.

Une toute jeune fille de la classe industrielle, se faisant appeler *Evelina,* déjà moralement perdue par les romans de la nouvelle école, qui ont passé rapidement des bou-

doirs du faubourg Saint-Germain (1) sur les comptoirs
du petit commerce, fait un sacrifice, par elle qualifié
sublime, de sa vertu et de son honneur à *l'irrésistible et
noble passion* (puisée à la même source que le *sublime*
sacrifice) d'un homme de haute condition, possesseur d'un très riche patrimoine, qui, de son côté, fait le
sacrifice non moins méritoire de ses vulgaires affections
de famille ; — car il a femme et enfants; et cela à la
pleine connaissance de la sentimentale victime, qui avait
précédemment apporté de ses jeunes mains, dans l'opulente maison, les plus fins produits de la *boulangerie*
paternelle. De ce concubinage adultère, qui se prolonge
bien au-delà du terme des romans de ce genre, à travers
quelques péripéties de remords inspirés par les ensei-
gnements d'une première communion chrétienne,
naissent six malheureux enfants. Enfin, inhumainement
abandonnée, lorsque les dernières roses de son prin-
temps se sont flétries, et alors cruellement désabusée
de son criminel amour, cette femme demande judiciairement à son séducteur millionnaire cent mille francs de
dommages-intérêts. Ce n'était pas trop ; c'était même
peu pour six enfants qui avaient déjà des habitudes de
luxe, et dont les aînés recevaient, en un pensionnat de
première classe, une éducation à diriger désormais de
telle sorte qu'elle leur assurât dans la société une position aussi bonne que pouvait le permettre la tache indélébile de leur naissance.

Le tribunal de première instance reconnaît que la

(1) *Madame Bovary*, poursuivie par le ministère public pour attentat aux
mœurs, a été enlevée le lendemain de sa publication par l'aristocratique faubourg.

fille G***, mère à vingt-six ans de six enfants, *se recommandait peu par elle-même*; qu'elle n'avait pu cependant échapper aux séductions dont l'avait entourée le criminel abus d'une grande fortune, et que le repentir s'était inutilement fait jour chez elle ; que ce retour à des sentiments honnêtes avait été paralysé par les mêmes moyens qui avaient fait succomber la jeune fille encore vierge; qu'en conséquence, *des dommages-intérêts lui sont dus.* — Quant à leur appréciation, le tribunal pense que les six enfants dont la fille G*** va rester chargée, *doivent peser dans la balance*; qu'il faut en effet que les secours soient proportionnés aux besoins; mais que, cette femme ne pouvant inspirer une grande confiance, il convient que les dommages-intérêts qu'on lui accordera ne soient pas laissés à sa libre disposition ; *la société étant intéressée à ce que ces six jeunes enfants reçoivent une bonne et morale éducation.* Partant de là, il alloue présentement à la demanderesse un capital de 2,000 fr. qu'il juge lui être d'une pressante nécessité ; et, dans l'avenir, une pension annuelle de 500 fr., *afin qu'elle ne soit pas exposée à mourir de faim*, son concubinage doré l'ayant rendue inhabile à pourvoir par son travail à ses moindres besoins. — Passant aux enfants, il condamne également le défendeur à payer *pour chacun d'eux*, jusqu'à ce qu'ils aient atteint l'âge de dix-huit ans, une pension annuelle de 500 fr., qui *sera versée directement aux mains des maîtres ou maîtresses, directeurs ou directrices* ; et, lorsqu'ils auront accompli leur dix-huitième année, *entre leurs mains mêmes, une rente annuelle et viagère de 250 francs.*

Cette sentence, donnant autre chose que ce qu'on de-

mande, et à des personnes qui, étrangères au débat, ne
demandent et ne peuvent rien demander, mais d'ailleurs
pleine de sage humanité et de prudente prévision, est
confirmée par la Cour impériale dans toutes ses dispositions. Devant la haute Cour, l'on reproche vainement à
l'arrêt d'avoir autorisé une recherche de paternité adultérine, prohibée d'une manière absolue par l'article 335 ;
*d'avoir, au détriment des mœurs publiques, constitué, par
l'obligation alimentaire, toute une famille adultérine à
côté de la famille légitime...* Un arrêt intervient qui
rejette le pourvoi, par ces motifs « que, loin d'avoir
« autorisé une recherche de paternité adultérine, l'arrêt
« attaqué déclare formellement, au contraire, que cette
« recherche serait positivement prohibée par la loi , et
« qu'il n'a fondé la condamnation prononcée que sur
🐦 le préjudice causé à la fille G*** par le fait de
« L*** (1). »

Tout cela est, sinon juridiquement, du moins humainement acceptable ; mais que les relations coupables
qui ont existé entre les père et mère aient été, comme il
arrive souvent, le résultat *d'un entrainement réciproque,
d'une volonté libre chez l'un comme chez l'autre,
— comment reconnaitre l'aggresseur,* disait à ce sujet
l'orateur Monseignat au Corps législatif, *dans un combat
où le vainqueur et le vaincu sont moins ennemis que complices*(2)?— La mère qui a, d'un plein consentement, partagé la faute ou le crime, qui l'a peut être provoqué,
n'ayant pas de dommages-intérêts à réclamer, (voir sur

---

(1) Cassation, arrêt du 26 juillet 1865. — *Journal du Palais*, 1865, p. 51 à
63. — Sirey, 1865, 1re part., p. 33 à 40.
(2) Locré, t. XXX, p. 529.

ce point deux remarquables arrêts de la Cour de Dijon, l'un du 16 avril 1861, président M. Legoux, de si honorable mémoire ; l'autre du 20 décembre 1867, président, M. le premier Neveu-Lemaire (1)), l'enfant qui ne pourrait, lui, en obtenir que sur la demande *personnelle* de cet *intermédiaire*, par le droit, vraiment *inqualifiable*, sera impitoyablement, mais très légalement, délaissé par un père méconnaissant les premiers devoirs de l'humanité.

Ne sortira-t-on pas enfin de ces tortueuses cavillations, ne se mettra-t-on pas au-dessus de ces palliatifs impuissants, dérisoires, risibles s'ils ne compromettaient un grave intérêt social, en reconnaissant franchement que les dispositions prohibitives de la recherche d'une paternité illégitime, même incestueuse ou adultérine, ne sauraient, en présence de la disposition si large, si absolue de l'article 1382, s'appliquer qu'à cette quasi-légitimation qui fait entrer un bâtard dans la famille, et lui confère des droits de succession en concours avec ceux des enfants du mariage? — Immolera-t-on plus longtemps des principes fondamentaux en toutes les législations, à un équivoque axiome de création révolutionnaire, diversement compris par ses auteurs, et dont l'abusive interprétation ou extension, que repoussent les meilleurs esprits d'entre eux, ferait l'égide protectrice des passions les plus coupables, et d'un homicide égoïsme?

Nous avons pour nous les grands principes ; et comme

(1) *Journal du Palais*, 1861, 1, 446. — *Recueil de jurisprudence de la Cour de Dijon*, 2ᵉ année, 1868, nº 103, p. 43.

nous l'avons fait voir, la loi du Code, à s'en tenir au texte voté et promulgué, ne nous est point contraire. En dirons-nous autant de l'esprit dans lequel elle a été conçue? Nous conviendrons, avec cette candide bonne foi que nous portions même aux luttes passionnées du barreau, que nos faiseurs de lois de la première république et du consulat ont presque tous, (deux ou trois dont on peut dire : *pauci sed boni,* ont échappé à la contagion,) les uns avec un ardent prosélytisme, les autres par forme de concession aux idées dominantes ou par un entraînement irréfléchi, entendu radicalement abolir, par leur disposition en style d'oracle, non pas seulement la vieille maxime du président Favre (*Virgini creditur*), mais la moderne jurisprudence parlementaire qui la ramenait au droit commun, et prohiber ainsi d'une manière absolue toute action, même en simples secours alimentaires, (il n'y en avait pas d'autre dans notre ancienne jurisprudence), fondée sur une paternité extra-légale qui n'était pas solennellement avouée ; de telle sorte que le coupable auteur de cette naissance illégitime pourrait, en maître absolu, imposer sa loi à la mère et à l'enfant et les laisser, suivant son bon plaisir, lui comblé des dons de la fortune, en proie à une impitoyable misère.

« La mère et l'enfant, disait à ce sujet leur grande au-
« torité, l'avocat général Servan, sont-ils dans les bois?
« Et faut-il exposer un galant homme à une action désa-
« gréable, peut-être injuste, pour éviter au gouvernement
« une légère dépense? L'enfant est né dans l'État ; et si son
« père n'est pas connu, c'est son roi qui doit l'être (1). »
Après avoir brisé le sceptre tutélaire du père légitime,

---

(1) Plaidoyer précité, t. I, p. 411.

ils auraient de la sorte, par compensation sans doute, fait du père naturel, un desposte investi du droit de vie et de mort. Et ce serait encore, pour le dire en passant, une étrange façon d'encouragement au mariage, que la loi de 1792 avait du reste à peu près aboli.

Et, pour revenir à la question, nous voyons en effet, et par la discussion au Conseil d'État, et par les exposés de motifs des orateurs du gouvernement, que ce dont ces messieurs s'effrayaient surtout, et ne voulaient pas à tout prix, c'est que la *fille pût faire prononcer la paternité sur la preuve qu'il y avait eu, entre elle et celui qu'elle accusait, fréquentation et quelques familiarités* (1) ; allusion critique d'une douteuse franchise, mais manifeste, à la jurisprudence réformatrice des parlements. Et que n'ont-ils pas dit, à la suite de Servan, « de ces femmes sans « nom, flétries, sacrifiant la pudeur à l'ambition et im- « putant à l'homme de leur choix une grossesse dont il « n'était *qu'en partie*, et peut-être nullement l'auteur (2); « de ces mille prostituées mettant à l'enchère la pater- « nité dont elles disposaient, et donnant pour père à cet « enfant, *que vingt pères peuvent réclamer*, le plus riche, « le plus honoré, le plus vertueux de ceux qui les avaient « fréquentées (3) ; enfin, de la pressante nécessité de « prohiber la recherche de la paternité, pour empêcher « que les obligations de père naturel ne pesassent « exclusivement sur un *seul*, lorsque la mère avait eu « un commerce avec *plusieurs* (4).»

(1) Locré, *Esprit du Code Napoléon*, t. V, 255-256. — *Législation*, séance du 26 brumaire an X, t. VI, p. 120.
(2) Servan, loc. cit., 1er plaidoyer, t. I, p. 384, note.
(3) Locré, *Législ.*, t. V, p. 120, 318.
(4) Defermon, séance du 26 brumaire an X. — Locré, *Législ.*, t. VI, p. 121.

Mais ce que voulaient ces législateurs qui n'avaient pas peut-être les bonnes mœurs qui font les bonnes lois, (car la loi n'est que la conscience écrite), l'ont-ils effectivement décrété? Et doit-on, en dehors de la lettre qui se tait, suivre l'esprit qui s'égare en d'infects bourbiers? Devons-nous donc prendre un si vif intérêt à ces *hommes blanchis dans l'exercice de toutes les vertus,* qui, n'ayant pas d'autre religion ni d'autre morale qu'un faux honneur, se disent et se croient honnêtes gens, parce qu'au lieu de prendre à leur ami ou voisin quelques sacs ou billets de banque de mille francs dans son secrétaire, perte bientôt oubliée, ils n'ont fait que lui voler sa fille ou sa femme, lui percer le cœur d'un dard empoisonné et briser toute son existence de père et d'époux.

Quoi! sérieusement, nous répliquera-t-on, vous imposeriez à un seul le fardeau d'une paternité à laquelle vingt autres ont vraisemblablement concouru! — En laissant à l'avocat général Servan, au conseiller Défermon, au tribun Duveyrier et autres, la responsabilité de leur physiologie, nous nous demanderons si ce ne serait point le cas de la *solidarité légale résultant des délits ou quasi-délits commis en commun.* — Dans notre ancienne jurisprudence, lorsqu'une fille mère avait eu commerce avec plusieurs, entre lesquels la paternité était incertaine, on les condamnait tous solidairement à nourrir l'enfant. Merlin cite un arrêt du 25 février 1661 rendu en ce sens (1). Et puis, permettez nous d'y revenir encore une fois, vous faites peser sur le mari l'obligation perpétuelle d'élever le fils de sa femme adultère;

(1) Merlin, *Répertoire,* 4e édit., t. XVI, p. 67.

vous le dépouillez, en faveur de cet enfant du crime, de
l'attribut le plus précieux, du droit de propriété, de la
faculté de disposer de la meilleure partie d'un patrimoine héréditaire ou produit de son travail, en faveur
de ceux qu'il aime, qui lui ont rendu des services inap-
préciables! Et vous vous indigneriez qu'on réclamât,
pendant quelques années, une faible pension alimentaire
à celui que vous reconnaissez avoir du moins concouru
à cette œuvre ignominieusement partagée d'une paternité bâtarde!

L'on insistera peut-être encore cependant, et l'on nous
dira, avec l'avocat général de Grenoble :

« Où sera cette sécurité, cette confiance dans le commerce des
deux sexes que nos mœurs autorisent? Une fille sera donc un
piége public! L'on ordonnait à Sparte de s'arrêter par respect
devant une femme enceinte, et nos citoyens seront obligés de
fuir devant une fille qui a le malheur de l'être ; chacun tremblera
qu'en détournant sur lui ses regards, elle ne l'*inferte* de la paternité. (1) »

Il y a loin assurément d'une rencontre accidentelle
qui ne se renouvellera pas, d'un regard provocateur
accueilli par un froid salut, à ces habituelles et ardentes
familiarités où les parlements voyaient une présomption
simple du commerce qui avait amené la grossesse
solennellement déclarée. Mais serait-ce donc une mauvaise loi que celle qui obligerait l'homme occupant un
rang plus ou moins élevé dans la société, un magistrat,
un professeur, à veiller sur sa propre conduite avec une
minutieuse sévérité; à s'interdire notamment, même de
simples relations de société avec des femmes légères et

(1) Servan, 1er plaidoyer, p. 394, 395.

de mœurs suspectes? Aucune ne contribuerait plus efficacement à l'amélioration si désirable des mœurs publiques. — C'est ce que pense le moraliste que nous
avons déjà cité ; et il justifie son avis par ces considérations, qui, pour être empruntées à la classe industrielle,
n'en ont pas moins de force et de vérité :

« Cette loi, dira-t-on, donnerait lieu à des abus ; une fille
pauvre pourrait accuser des hommes riches, des patrons, des fils
de patrons... D'abord quelle loi ne se prête pas à des abus ? Et
puis où est le mal que nos patrons et fils de patrons deviennent
plus prudents et moins familiers avec leurs jeunes et belles sa-
lariées ? Où est le mal que nos lovelaces de fabrique encourent
la responsabilité de leurs œuvres ? qu'ils fuient les filles coquettes
qui pourraient ternir leur réputation devant monsieur le juge de
paix (1) ! »

Conclurons-nous avec lui : « L'inventeur de cette sen-
« tence : *La recherche de la paternité n'est point permise,*
« a commis un crime de *lèse-justice* et de *lèse-huma-*
« *nité* ? » Non, si, comme nous croyons l'avoir juridiquement établi, la recherche prohibée ne doit
s'appliquer qu'à la paternité *légale* entraînant des droits
de famille ; mais, oui, certainement, si la nouvelle
maxime du Code abrogeait, pour l'égoïste concubinaire
ou le coupable séducteur, le droit commun en matière
de délits et quasi-délits, et particulièrement ce principe
de souveraine raison et justice : « Tout fait illicite, quel
« qu'il soit, oblige son auteur à réparer le dommage qui
« en est résulté. »

Cependant, comme il est périlleux d'avoir raison

(1) *Que deviendront nos filles?* Alex. Weill, p. 124, 125.

contre tout le monde, quelque profondément et religieusement pénétré que nous soyons de la vérité de
notre thèse, nous en ferons le sacrifice aux préjugés du
jour, certain qu'on y arrivera pas à pas dans un avenir
plus ou moins rapproché ; et d'accord avec ceux que
nous avons le plus vivement combattus, nous dirons,
non toutefois, nous en convenons, sans arrière-pensée,
que ce qu'abolit l'axiome de moderne création : *La recherche de la paternité est interdite*, ce n'est pas seulement la maxime du président Favre, dans son énergique
simplicité primitive, mais bien la jurisprude ce des parlements consacrant en point de droit «que le fait illicite
« d'une paternité extra-légale peut, comme tout autre
« délit ou quasi-délit, être établi par un concours de
« graves présomptions ;» qu'en conséquence la déclaration de grossesse la plus spontanée, la plus précise, la
plus solennelle, la plus religieuse, enfin la plus persuasive et la plus digne de confiance, n'aura pas aujour-
d'hui, contre le père désigné, la moindre force probante ;
et que de même la fréquentation la plus habituelle, la
plus étroite, la plus passionnée, enfin la plus compromettante, ne sera point de sa paternité illégitime un
indice qui ait la plus légère valeur juridique.

Mais après cette concession que, nous l'espérons du
moins, n'accepteront pas tous nos lecteurs, nous croyons,
Dieu merci, n'avoir plus à rétrograder d'un seul pas. —
Ainsi, nous ne confondrons pas, comme on le fait généralement, avec *une recherche de paternité non avouée*,
la demande en *déclaration d'une paternité* constatée par
des actes publics ou privés qui s'appliquent à l'enfant
même, et par d'irrécusables faits de possession d'état ; ce

n'est point rechercher la paternité que de réclamer l'accomplissement des obligations d'une paternité reconnue. Ici, outre que nous ne marcherons pas seul, nous pourrons nous appuyer et sur la lettre et sur l'esprit de la loi.

Un homme de plaisirs corrompt une jeune fille et l'abandonne enceinte ; c'est l'oubli le plus complet ; pas le moindre souci de la malheureuse ; il ne s'enquiert pas même de la naissance de l'enfant. Que l'un et l'autre soient sur la paille et meurent de faim, il a bien à s'en préoccuper ! leurs cris ne sauraient troubler son sommeil. Et, en effet, avec notre axiome, *la recherche de la paternité est interdite*, tel qu'on l'a jusqu'à présent compris et appliqué, la déclaration de grossesse la moins suspecte de fraude et la plus touchante, la fréquentation la plus notoire et la moins susceptible d'être prise en bonne part ne pourraient rien contre ce monstrueux égoïsme qui n'aurait pour vengeur qu'un tardif remords et la justice d'en haut. — Mais ce type d'amour brutal, de cœur profondément corrompu, n'est pas encore très commun, surtout dans la première jeunesse. — D'autres passions, des intérêts nouveaux pourront amener une rupture, la violation de la foi promise ; l'inconduite ou la légèreté de la mère, faire repousser l'enfant qu'on s'était d'abord proposé de légitimer ; un sentiment avare, la froide prudence d'un autre âge, faire rejeter une charge qui par le temps semblerait s'aggraver : c'est ce que nous voyons tous les jours, et ce dont nos recueils de jurisprudence offrent de nombreux et tristes exemples. — Mais presque toujours *le premier mouvement est bon*; et c'est pourquoi l'habile diplomate Talleyrand de Périgord voulait

qu'on s'en défiât et qu'on ne le suivît jamais. Le moins
généreusement doué n'est point insensible aux inquiètes
souffrances de la femme qu'il a rendue mère ; si ses
entrailles ne sont pas vivement émues aux cris de l'enfant dont il est le père, il sent du moins qu'il a des
devoirs à remplir envers lui ; s'il ne prodigue pas ses tré-
sors, il tend des secours d'une main qui n'est pas trop
parcimonieuse ; il paiera une pension d'abord mensuelle,
plus tard semestrielle ou annuelle ; il entretiendra, s'il
s'éloigne, une correspondance avec la personne à laquelle son fils se trouve confié ; il ira jusqu'à le mettre
en apprentissage chez un maître ouvrier, ou même à le
placer dans un lycée ; et cet enfant acquerra ainsi une
possession d'état plus ou moins caractérisée, sur le fondement de laquelle il pourra, comme nous l'avons précédemment annoncé, réclamer les aliments qui par un
déplorable retour lui seraient inhumainement refusés.
Portalis a professé dans la discussion qu'il était des circonstances non moins fortes que l'aveu positif pour établir une filiation naturelle ; « que tels étaient, par
« exemple, l'éducation, les soins donnés à l'enfant, en
« un mot, ce qu'on appelait, en droit, le *traitement* (1). »
Et cette doctrine, longtemps restreinte à la maternité, a
été, ainsi que nous l'avons vu, étendue à la paternité
même par le dernier commentateur du Code, dont la
pressante logique a déjà triomphé de bien des opposi-
tions et convaincu notamment un professeur de Paris,
membre très actif et très considéré de l'une de nos assemblées législatives. A la vérité, pour que l'enfant naturel

(1) Locré, *Législ.*, t. VI, p. 161.

pût aspirer aux droits de famille, c'est une possession *constante* qu'il lui faudrait, une possession réunissant, ce qui n'est guère possible, tous les éléments de celle qui doit, quant à la filiation légitime, remplacer l'acte de naissance; mais comme, s'il nous en croit, il ne demandera que des aliments, nous devons naturellement nous montrer sur ce point moins exigeants, et admettre que pour fonder son action, il suffira de quelques faits bien caractéristiques de sa filiation illégitime.

Et remarquez encore ici combien notre système d'interprétation, avec sa distinction fondamentale entre la reconnaissance qui confère les droits de famille, et celle qui ne donne que des aliments, l'emporte sur les autres par sa sévère logique et son humaine équité.

Un enfant naturel est, sur la consultation du Doyen de Caen apostillée par le professeur de Paris, admis à la preuve d'une possession que dénie le père prétendu. L'enquête établit qu'il a porté plusieurs années le nom de celui-ci; qu'il en a reçu, à ce titre de fils, la nourriture, l'entretien, l'éducation; mais des oncles, des frères légitimes ne l'ont jamais salué comme neveu, comme frère, *il ne leur a pas été*, comme le demande l'article 321 (Code Nap.), *présenté en cette qualité* aura-t-il la possession *constante* de son état? Et s'il ne l'a pas, comme paraîtraient le décider nos docteurs consultants (1), [l'un finit cependant par douter que les rapports de *famille* soient ici un des éléments constitutifs de la possession d'état (2)], ne pourrait-il pas même prétendre à

(1) Demol., loc. cit., t. V, n° 480, p. 459, 462, 463. — Valette sur Proudhon, t. I, p. 151, 152.
(2) Demol., loc. cit., p. 469.

de simples secours pécuniaires qui le missent à même de terminer son instruction pratique ou son apprentissage, et de vivre du travail de sa tête ou de ses mains? Notre avis, à nous, serait que ces secours lui fussent continués dans la mesure où il en aurait été gratifié jusqu'au refus qui amènerait les parties devant le juge. — Il y aurait pour cette fixation une sorte de droit acquis, *rebus et factis.*

Tout en paraissant proscrire d'une manière absolue la recherche de la paternité, notre Code Napoléon l'admet et la consacre exceptionnellement dans l'hypothèse, que nous avons déjà figurée, d'une femme enlevée, devenant enceinte, puis capricieusement délaissée, et accouchant enfin d'un enfant auquel le ravisseur ne donne pas le moindre signe de reconnaissance. Un article du projet portait que « le ravisseur qui refuserait de reconnaître « l'enfant dont la naissance ferait concourir l'époque de « la conception avec celle de la durée du rapt, pourrait « être condamné en des dommages-intérêts au profit de « cet enfant qui, du reste, ne prendrait pas son nom, et « n'acquerrait sur ses biens aucun droit de successibi- « lité (1). » Mais après une longue discussion reprise à plusieurs fois, où le consul Cambacérès fit comprendre « qu'au lieu de condamner le ravisseur à des dommages- « intérêts envers l'enfant, il fallait plutôt le soumettre « aux devoirs de la paternité naturelle, se bornant au- « jourd'hui à de simples aliments (2), » l'on se déter-

(1) Locré, *Législ.*, VI, p. 31, art. 11.
(2) Locré, loc. cit., VI, p. 122, 123.

mina à autoriser au cas dont il s'agit la recherche judiciaire, en principe prohibée, de la paternité naturelle amenant la reconnaissance forcée qui, comme nous l'avons établi, n'attribue d'ailleurs à l'enfant que des aliments. Et c'est en des aliments que doivent effectivement consister les dommages-intérêts qui lui sont dus.

Quel est le fondement juridique de cette disposition exceptionnelle ainsi définitivement conçue : « Dans le cas « d'enlèvement, lorsque l'époque de cet enlèvement se « rapportera à celle de la conception, le ravisseur « pourra être, sur la demande des parties intéressées, « déclaré père de l'enfant? » c'est ce qu'il importe avant tout de reconnaître.

L'on voit par la discussion que l'idée dominante avait été d'abord de punir le ravisseur de son attentat à la liberté individuelle, par une sorte de paternité légale, que le juge aurait été autorisé à déclarer d'office (1). « Cette disposition arrêtée d'une manière impérative, « disait Thibaudeau, serait comme une peine imposée « au ravisseur (2). » Mais bientôt sur une observation de Portalis, on reconnut que « la raison du droit répugnait « *essentiellement* à ce que l'intention de punir un « tiers devînt un motif déterminant pour donner l'état « civil (3) ; » et l'on se contenta d'attribuer à l'enfant une action pour faire reconnaître judiciairement son illégitime filiation, en attachant néanmoins au fait de l'enlèvement une présomption de paternité absolue, repoussant, comme celle qui naît du mariage, toute preuve

(1) Emmery, Muraire, etc. — Locré, *Légist.*, VI, p. 184, 185.
(2) Locré, loc. cit.
(3) Locré, loc. cit.

contraire. — « Le concours de l'époque de l'enlèvement
« avec celle de la conception, disait Treillard, et la pro-
« longation de la chartre privée, ne laissant aucun doute
« sur la paternité, tout examen devient inutile, et il
« n'est plus possible de laisser au juge le pouvoir de
« juger le contraire (1). » Enfin un conseiller, Boulay,
ayant fait observer que « le concours de l'époque de
« l'enlèvement avec celle de la conception n'était ja-
« mais bien certain, vu l'impossibilité physiologique de
« fixer le moment précis de la conception (2), » cette
présomption absolue dite doctrinalement *juris et de jure*
fut transformée en une présomption de droit simple,
doctrinalement *juris tantum*, admettant la preuve contraire. « Nous ne saurions laisser subsister l'exception
« comme absolue, dit là-dessus Regnaud (de Saint-Jean
« d'Angely); car, le tribunal se trouverait quelquefois
« obligé de prononcer contre sa conscience, en décla-
« rant la paternité du ravisseur, même lorsqu'il serait
« d'ailleurs démontré que l'enfant a un autre père (3). »
Scrupule vraiment étrange! Nos magistrats devront bien
contraindre un pauvre diable de mari à remplir tous les
devoirs de la paternité légitime envers l'enfant d'une
épouse adultère, tout convaincus qu'ils seront que cet
enfant est le déplorable fruit du crime qu'ils ont reconnu et constaté; mais on leur demande une conscience
plus timide, lorsqu'il s'agit d'obliger un concubinaire
ravisseur à nourrir plus ou moins misérablement l'enfant conçu, tandis qu'il tenait étroitement la mère en
chartre privée! — C'est ainsi que, dans la disposition

(1) Locré, loc. cit., p. 184.
(2-3) Locré, loc. cit., p. 185.

qui est devenue notre article 340, à l'impératif : *sera déclaré père de l'enfant*, on a substitué le facultatif : *pourra
être déclaré père de l'enfant.*

Nous ne dirons pas que tout ceci soit d'une sagesse et
d'une convenance parfaites ; mais enfin il résulte manifestement de ces transformations de l'article 340 et de
la discussion, que l'enlèvement coïncidant avec l'époque
présumée de la conception produit, non pas seulement
une présomption simple, doctrinalement *hominis*, qui
demanderait à être confirmée par d'autres, pour devenir
une preuve complète de la paternité ; mais bien une
présomption de droit, *juris*, qui, aux termes de l'article
1352, 1ᵉʳ alinéa, du Code Napoléon, dispense celui au
profit duquel elle existe de toute autre preuve directe
ou indirecte ; et qui, si elle n'est point irréfragable, rejette
au moins le poids de la preuve contraire sur celui contre
lequel elle se trouve établie. — « La coïncidence des
« deux époques de l'enlèvement et de la conception, dit
« l'orateur du gouvernement, devient une preuve suffi-
« sante de la paternité (1). » D'où les commentateurs
ont avec raison conclu que « le ravisseur ne pourrait
échapper à la déclaration de paternité qu'en prouvant,
lui, qu'il n'est pas le père de l'enfant, soit parce qu'il
n'aurait pas eu commerce avec la mère, soit parce
qu'un autre aurait joui exclusivement de ses impudiques faveurs (2). »
Cette disposition exceptionelle n'aurait point d'ailleurs
entièrement perdu le caractère de pénalité, que ses pré-

(1) Locré, *Légis*, t. VI, p. 181 et 214.
(2) Marcadé, t. II, p. 473.

miers rédacteurs entendaient lui donner. *La peine de l'enlèvement*, ajoute Portalis lui-même à son observation
critique, *sera la recherche de la paternité* (1); et Treillard,
abondant dans le même sens : « Le ravisseur, dit-il, n'a
« point à se plaindre; la déclaration de paternité est ici
« la suite nécessaire et *la peine* de l'enlèvement (2).»
L'orateur du Tribunat, Duveyrier, exprime avec plus
de développements cette double pensée : « La pater-
« nité ne se décèle que par des indices et des conjec-
« tures; mais les conjectures et les indices se rassemblent
« tous sur un seul, et sur un homme *criminel*; la ré-
« paration est due à la victime et le *châtiment au cou-
« pable* (3). » Enfin l'orateur du gouvernement, Bigot-
Préameneu, justifie notre article par cette observation que
« le délit du ravisseur se joint à la forte présomption
« qu'il est l'auteur de la grossesse, pour le faire déclarer
« père de l'enfant, s'il n'a pas d'ailleurs des moyens de
« défense valables (4). » Toutefois, il fait presque immédiatement entendre que « c'est bien moins infliger
« une peine au coupable, que l'obliger à l'accomplisse-
« ment d'un devoir; » en quoi nous sommes parfaitement de son avis.

De cette explication historique et théorique de l'article 340, découlera, comme *ex prono alveo*, la solution
des questions pratiques qu'a fait naître sa rédaction
peu juridique, et qui, comme beaucoup d'autres, ont
partagé et partagent encore l'école et la magistrature.

Et d'abord l'enlèvement *par fraude*, appelé dans l'an-

(1-2) Locré, loc. cit., t. VI, p. 184.
(3) Locré, loc. cit., t. VI, p. 322.
(4) Locré, loc. cit., t. VI, p. 211.

cienne jurisprudence *rapt de séduction*, autorisera-
t-il, aussi bien que l'enlèvement *par violence*, l'exceptionnelle recherche de la paternité naturelle? — La
doctrine s'est généralement prononcée pour la négative; et nous nous étonnons que sa logique vulgaire,
mais savante et spécieuse n'ait pas plus souvent triomphé
au barreau. — Le mot *enlèvement*, a-t-elle dit, exprime
dans le langage usuel un déplacement par la force; une
personne *enlevée*, d'après le dictionnaire de l'Académie,
c'est une personne transportée malgré elle d'un lieu
dans un autre. Telle est aussi l'acception légale en même
temps qu'usuelle du latin *rapere*, *raptus*, qui nous a
donné rapt et ravisseur : *raptus in personas cadit, quæ per
vim abducuntur* (1). Et le Code Napoléon n'a pu prendre
en un autre sens cette expression *enlèvement* substituée
par euphonie à son synonyme *rapt;* car à l'époque où il a
été rédigé, voté et promulgué, l'enlèvement par la *violence* était le seul que reconnût, définît et réprimât la loi
pénale en vigueur des 25 septembre — 6 octobre 1791.
(Deuxième partie du tit. II, sect. 1re, art. 31.) Et c'est
aussi le seul que l'orateur du gouvernement, Duveyrier (2), signale comme pouvant donner lieu à la recherche généralement proscrite de la paternité.

L'on ne saurait d'ailleurs étendre par analogie, à des
cas non prévus, une disposition exceptionnelle, parce
que là où cesse l'exception, la règle reprend son empire.
— La loi pénale, profondément innovative, de 1810, qui
nous régit aujourd'hui, quant au crime ou délit dont il
s'agit, entre, il est vrai, dans une voie plus large, et

(1) *Pandectes* de Pothier, lib. L, t. XVI, *De verb. signif.*, n° cl.xxxvii.
(2) Locré, *Législ.*, t. VI, p. 322.

frappe, en lui donnant son caractère spécial, l'enlèvement par la fraude de la même peine que l'enlèvement par la violence (art. 354). Mais les conditions sous lesquelles le Code Napoléon a, dans le principe, autorisé restrictivement la recherche de la paternité, n'ont pu être changées par un nouveau Code pénal : *illud servandum quod ab initio convenit*, et surtout en présence de la haute maxime législative que « l'application de chaque loi ne « doit se faire qu'à l'ordre de choses pour lequel elle a « été établie. »

L'école allemande fortifie ou croit fortifier ces raisonnements par une double argumentation dont la faiblesse nous étonne, bien qu'elle ait à d'autres paru serrée (1). En premier lieu, l'on n'aurait, suivant elle, autorisé la recherche de la paternité en cas d'enlèvement, que parce que, d'après un article du projet, cette voie de fait devait donner à la mère une action en dommages-intérêts ; or une fille, même mineure, qui suit *volontairement* son ravisseur, ne saurait avoir droit à des dommages-intérêts ; *volenti non fit injuria* ; la femme séduite n'est pas, à proprement parler, enlevée ; elle ne fait qu'obéir à sa volonté propre ; volonté, si l'on veut, égarée par la passion, mais enfin volonté vraie. Personne ne dira qu'elle suit son séducteur malgré elle.

En second lieu, l'enlèvement n'aurait fait admettre la recherche généralement interdite de la paternité, que parce qu'il emporte l'idée d'une séquestration plus ou moins longue, pendant laquelle la femme enlevée n'a pu avoir de rapports qu'avec son ravisseur ; or,

(1) Demol., V, p. 490.

cette condition manque à l'enlèvement par fraude ou séduction, qui laisse extérieurement à la femme la liberté de sa personne ; l'étroite chartre privée ne serait pas un habile moyen de séduction (1).

Nous demanderons, nous, nos arguments en sens contraire à une logique moins étroite, mais qui par là même nous paraît plus sûre.

Dans l'esprit de la disposition exceptionnelle de l'article 340 (Code Nap.), tel qu'il nous est manifesté par la discussion, que faut-il pour justifier une dérogation à l'axiome prohibitif de la recherche d'une paternité illégitime ? Un fait extérieur, patent, d'une scandaleuse notoriété, qui rende, d'une part, la paternité très probable, et d'autre part le séducteur indigne des faveurs du droit commun, si l'on peut appeler droit commun l'incroyable dispense d'acquitter une dette sacrée, de nourrir l'enfant auquel on a donné le jour (dispense, soit dit en passant, par nous d'abord jugée impossible dans un Code que des maîtres vénérés nous ont fait, à vingt ans, admirer comme l'expression la plus haute et la plus pure de la science législative.)

Or, que l'enlèvement ait pour cause prochaine une contrainte, purement physique, ou un aveugle entraînement moral ; il n'en laissera pas moins une place vide au foyer domestique ; il n'en acquerra pas une publicité moins scandaleuse ; il n'en mettra pas moins ostensiblement la femme enlevée sous la puissance et dans la main du ravisseur.

Et celui-ci sera-t-il moins coupable, sa paternité moins probable, au cas d'un rapt par une fallacieuse sé-

(1) Zachariæ, § 569, n° 13, t. IV, p. 71-72.

duction de l'esprit et du cœur, qu'en celui du rapt par
la force musculaire du bras? Ce sera, à ce qu'il nous
semble, tout le contraire sur l'un et l'autre point.

Il est en effet moralement impossible qu'une jeune
fille ayant déserté le toit paternel, abandonné une mère,
pour s'attacher aux pas de l'homme qui l'a séduite par
un soi-disant brûlant amour, par de déloyales promesses
de fidélité, se refuse aux embrassements qui peuvent
amener une grossesse; tandis qu'il est au moins peu
présumable qu'une femme qui n'a cédé qu'à la violence
se prête volontiers à satisfaire une passion qu'elle ne partage pas. Ce ravisseur, plus ou moins ce qu'on appelle
un galant homme, ira-t-il jusqu'au viol? Cela est encore peu supposable. C'est bien plutôt par d'impuissantes
protestations d'amour respectueux, par un pardon vainement imploré, qu'il tentera de consommer son crime.
Ainsi, à se décider par le plus ou moins de vraisemblance
de la paternité, le rapt de séduction l'emporterait dans
la balance d'un poids double ou triple.

Quant au degré de culpabilité, l'homme recourant à
la force brutale pour s'emparer de la femme qui doit
n'être dans sa vie qu'une heure de plaisir, est sans doute
indigne d'être protégé par la maxime prohibitive de la
recherche d'une paternité naturelle; mais celui-là en est
encore moins digne à nos yeux, qui, pour atteindre son
but criminel, égare l'esprit et corrompt le cœur de son
aveugle et faible victime. — C'est le jugement qu'en
avait porté l'empereur Constantin qui, après avoir puni
du dernier supplice le ravisseur à main-armée, voulait
que l'autre mourût d'un plomb ruisselant par l'action du
feu dans sa bouche et dans sa gorge, afin qu'il expiât

ainsi son crime d'avoir versé le poison d'une passion ardente dans le cœur d'une innocente jeune fille ; supplice
qui paraît d'une subtile cruauté, mais qui n'était après
tout que la peine du talion, juste en elle-même, et consacrée par l'usage, chez les peuples primitifs qui ont au
moyen-âge, renouvelé l'Europe dégradée par le despotisme romain.

Mais la solution que réclame la saine raison du droit
et l'esprit dans lequel paraît avoir été conçue notre disposition exceptionnelle, n'est-elle pas contredite et condamnée par le texte même de cet article 340 du Code
Napoléon combiné avec la loi précitée des 25 septembre-
6 octobre 1791 ? Nous croyons que, loin de là, elle y
trouverait au besoin une victorieuse confirmation.

Et en effet ce Code pénal, qui a suivi la *Déclaration
des droits de l'homme et du citoyen*, ne se bornait pas
à absoudre de toute criminalité l'enlèvement qui n'était
pas l'œuvre *inconstitutionnelle* de la violence ; il voulait
en outre que la violence même, à moins qu'elle ne con-
stituât un *viol* ou un attentat contre la *liberté individuelle* (1), ne fût punissable qu'autant qu'elle aurait été
exercée sur une fille *non nubile*, sur une enfant de moins
de quatorze ans :

(1) Tout attentat contre la liberté individuelle, base essentielle de la Constitution française, sera puni ainsi qu'il suit : Tout homme, quelle que soit
sa place ou son emploi, autre que ceux qui ont reçu de la loi le droit d'arrestation, qui *donnera, signera, exécutera* l'ordre d'arrêter une personne
vivant sous l'empire et la protection de la loi française, ou l'arrêtera effectivement, si ce n'est pour la remettre sur le champ à la police, dans les
cas déterminés par la loi, sera puni de la peine de six ans de *gêne*, consistant à être enfermé dans un lieu éclairé, sans fers ni liens, avec la faculté de
se livrer à un travail dont le produit serait pour les deux tiers employé à
améliorer son sort. (Loi des 25 septembre—6 octobre 1791 ; 2e partie, tit. I,
sect. III, art. 19 ; 1re part., tit. I, art. 14, 15, 16, 17.)

« Quiconque aura été convaincu d'avoir, par violence et à l'effet d'en abuser ou de la prostituer, enlevé une fille *au-dessous de quatorze an: accomplis*, hors de la maison des personnes sous la puissance desquelles est ladite fille, ou de la maison dans laquelle lesdites personnes la font élever ou l'ont placée, sera puni de la peine de douze années de fers (1). »

Or, il n'est vraiment pas supposable que les rédacteurs du Code consulaire aient entendu n'autoriser, hors les cas de viol et d'attentat contre la liberté individuelle (compris nécessairement dans l'article 340, sous le mot *enlèvement*, nous le reconnaissons et le démontrerons au besoin), la recherche de la paternité, que lorsque la paternité serait impossible et juridiquement et physiquement. L'on ne saurait, sans leur faire injure, leur prêter la pensée d'une disposition aussi manifestement dérisoire. Il n'est pas, nous en conviendrons, sans exemple, qu'une fille non nubile et de droit et de fait, une enfant *au-dessous de quatorze ans*, se trouve enceinte et devienne mère : mais l'on ne fait pas des lois pour des cas aussi rares : *quod semel aut bis existit*, disent nos maîtres en législation, *prætereunt legislatores; ex his quæ forte uno aliquo casu accidere possunt, jura non constituuntur.* (2).

La conclusion à tirer de là se présente d'elle-même : c'est que l'explication de la disposition exceptionnelle de l'article 340 (Code Napoléo :), ne pouvant raisonnablement être demandée au Code pénal, il faut la chercher ailleurs et voir, avec la Cour royale de Paris (3),

---

(1) Loi des 25 septembre—6 octobre 1791, 2ᵉ part., tit. II, sect. I, art. 51
(2) L. 4 et 6, Dig., *De legib. senat. consult.*
(3) Arrêt du 28 juillet 1821. (Sirey, t. XXI, II, p. 235.)

dans le mot *enlèvement* de la loi civile, une expression générique qui s'applique à *tout transport ou déplacement par des moyens illicites d'une fille ou d'une femme, pour la satisfaction d'une passion plus ou moins criminelle.* Ainsi que l'enlèvement ait été accompli par la *violence* ou par la *fraude*; qu'il tombe sous le coup de la loi pénale ou qu'il doive échapper à toute poursuite criminelle, il n'en donnera pas moins lieu à la recherche de la paternité. « Le « juge civil, dit en ce sens le professeur précité de « l'école de Paris, n'est point lié par les qualifications « de la loi pénale; parce que l'enlèvement est considéré « sous deux points de vue tout à fait différents, suivant « qu'il s'agit de la criminalité absolue de l'acte ou de la « présomption de paternité qui peut en résulter(1).—La « loi pénale et la loi civile, dit encore plus nettement « un de ses collègues, n'ayant pas le même but, ne pren- « nent pas toujours les mots dans la même acception; « une femme peut avoir été enlevée dans le sens du Code « civil, quoique le ravisseur ne se trouve soumis à au- « cune peine (2). » Et l'un et l'autre font très justement remarquer, comme nous l'avons fait nous mêmes après eux, que, le Code pénal de l'époque ne réprimant que le rapt d'une *mineure non nubile*, ce n'était pas d'une hypothèse où la maternité est impossible que le législateur avait pu se préoccuper en permettant la recherche de la paternité.

Après cela, que le tribun Duveyrier ait dit en son exposé au Corps législatif: *La violence de l'un, l'oppression*

(1) Valette sur Proudhon, t. II, p. 188.
(2) Ducaurroy sur l'art. 340, t. I, p. 352.

de l'autre suppléent au consentement authentique et mu-
tuel (1), cette explication théorique d'une exactitude
contestable, *donnée par forme d'exemple* de la disposition
exceptionnelle de l'article 340 (Code Napoléon), ne
saurait évidemment exclure l'application qu'elle peut
recevoir à d'autres cas que celui de la violence.

L'argument, que c'est en supposant que l'enlèvement
entraînerait des dommages intérêts, qu'on en a fait un
cas exceptionnel de recherche de la paternité, et que,
consenti par la mère, il ne pourrait servir pour elle de
fondement à une telle demande, repose sur une double
erreur. Ce qu'on paraît avoir pensé au Conseil d'Etat, à
en juger par ce qu'a dit Cambacérès, c'est que les devoirs de la paternité naturelle imposés au ravisseur
tiendraient lieu à l'enfant des dommages intérêts que
l'article 14 du projet décrétait à son profit personnel. Or
le simulacre de consentement donné par la mère au
rap ..... elle est la première victime, aurait-il été oppo-
sab. .. .. .. seconde qui survient? Est-ce à l'enfant lui-
même, qui probablement n'était alors pas même conçu,
qu'on aurait pu dire: *Volenti non fit injuria?* Et si l'on
veut, contre toute raison et contrairement à la pensée du
législateur, que l'enfant soit ici représenté par la mère,
la fr.. le n'est-elle pas, comme la violence et plus encore
que la violence, exclusive d'un consentement vrai et obligatoire? N'est-elle pas pratiquée dans le but et n'a-t-
elle pas pour effet de produire l'erreur, que Pothier appelle *le plus grand vice des conventions* (2)? Exclurait-elle
dès lors, plus que la violence, la réparation pécuniaire

(1) Lo .. é .. gid., t. VI, p. 323.
(2) Traité .. obligat., 1re part., chap. I, sect. I, art. 3, § 1, n° 17.

du fait dommageable qu'elle aurait irrésistiblement amené ?

Et pour faire une application plus directe de ces principes à la question, une jeune fille d'une imagination vive et romanesque consent-elle à un criminel enlèvement, lorsque, suivant son séducteur hors du pensionnat qui a fait son éducation, elle croit aller au magistrat qui doit consacrer l'union qu'on lui a mille fois juré être la plus chère espérance d'un cœur à jamais fidèle, et de là au saint prêtre qui doit la bénir ; lorsque, dans son rêve trompeur, elle se voit présentée dès le lendemain à toute la société sous le titre honorable d'épouse ? Les infâmes machinations qui l'ont amenée à cette résolution, qu'on lui a persuadé n'être que courageuse, ne vicient-elles pas sa volonté plus profondément encore que ne l'aurait fait la violence ? Car enfin, la violence laisse à celui qui la subit la conscience de l'acte qu'elle lui arrache ; d'où les stoïciens avaient conclu qu'une volonté contrainte n'en est pas moins une volonté : *voluntas coacta nihilominus est voluntas;* tandis que la fraude ne permet ni la prévoyance ni l'appréciation de l'acte qu'elle surprend ; on lutte contre une contrainte qui se traduit en fait, mais non contre celle qu'on ne peut pas même soupçonner. Enfin le ravisseur par la force physique peut voir sa proie lui échapper par de courageux efforts ; le séducteur a pour complice sa victime elle-même qu'aveugle la passion. Aussi l'école française, en désaccord avec l'école allemande, présente-t-elle l'enlèvement par la *fraude*, fût-il innocent aux yeux de la loi pénale, comme ne devant pas moins que l'enlèvement par la *violence*, donner lieu à des dommages-intérêts en

faveur de la mère elle-même (1) ; et c'est également ce
que paraît penser notre équitable magistrature (2).

« Mais, nous disent là-dessus trois avocats qui tenaient
en 1821 la tête du Barreau de Paris, voyez donc un peu
combien vous aggravez la condition du ravisseur par une
séduction que n'incriminait pas la loi pénale en vigueur ! Si la preuve morale de la paternité, tirée dans
le mariage *de la vertu présumée de la mère*, peut se
suppléer dans les conjonctions illicites par l'étroite
séquestration que suppose le rapt de violence, elle
n'a plus de base dans l'enlèvement par séduction, qui
jette ordinairement la femme séduite au sein d'une
société de mœurs au moins légères ; la loi ne pouvait,
hors le cas de la tenue en chartre privée, avoir la même
confiance dans la chasteté d'une concubine, qu'en
celle d'une femme mise à l'abri du soupçon par une
union légitime (3). »

Il y a dans ce raisonnement une naïve absence de
sens moral qui nous confond. Le ravisseur jouira-t-il
d'un privilége d'affranchissement des devoirs de la paternité, parce qu'ayant corrompu la mère par des soins
artificieux, il n'a pas eu à la mettre sous des verroux
pour s'en assurer la possession ?

Et serait-il vrai d'ailleurs que, pour se garantir d'une
infidélité, il eût plus à compter sur une clôture forcée
que sur une habile séduction ? Si nous n'avions hâte de
sortir de cette fange juridique, il nous serait facile de
faire voir que, pour une année ou dix-huit mois, du

(1) Demol., loc. cit., nº 490, p. 492.
(2) Arrêt précité de la Cour royale de Paris.
(3) Consultation, par Grappe, Bonnet et Lacroix-Franville. (Sirey, t. XXI,
II, p. 235.)

moins, ce serait tout l'opposé. L'innaccessible tour de Danaé pourrait donner bien des démentis aux trois cé-lèbres avocats de la Restauration.

Enfin veut-on être assuré de sa paternité par la vertu d'une épouse légitime? Eh bien! que l'on s'impose les devoirs du mariage! Mais si, au lieu de contracter so-lennellement un engagement irrévocable, l'on se donne, par une coupable séduction, une concubine qu'on se réserve d'abandonner demain, sera-ce une raison pour être autorisé à ne pas nourrir l'enfant né de cette union précaire?

Nous pressentons une objection plus sérieuse à la doc-trine que nous professons. Permettre exceptionnelle-ment la recherche de paternité dans le cas du soi-di-sant rapt de séduction, ne serait-ce pas indirectement abolir la règle prohibitive, devenue comme un principe de notre droit public, et ressusciter la maxime heureuse-ment défunte du président Favre, ou du moins revenir à la jurisprudence des parlements, en se contentant même d'une seule présomption, là où ces corps judiciaires-législateurs en demandaient deux (1):

Nous ne verrions pas grand mal, nous l'avouerons franchement, à ce que le premier alinéa de l'article 340 fût abrogé par le second; à ce qu'une loyale interpréta-tion pût faire disparaître du Code Napoléon cette sen-tence *de lèse-justice et de lèse-humanité*, qui protège beaucoup moins les familles qu'elle n'assure l'impunité de ceux qui y portent le déshonneur et le désespoir. Mais malheureusement il n'en est pas ainsi. Il n'est pas

(1) Demolombe, loc. cit., V, p. 492.

commun que la séduction débute par le scandaleux éclat
d'un enlèvement ; le plus souvent, elle se consomme en
de secrets rendez-vous, dans les silencieuses ombres de
la nuit ; et c'est seulement après quelques mois, et lorsqu'elle ne peut cacher sa honte, que la pauvre victime
consent à suivre son séducteur hors du foyer domestique, ou de la maison d'éducation, infidèle protectrice
de son innocence perdue. — Or, qu'elle accouche à
moins de 180 jours de là, la recherche de la paternité
sera, dans le sens le plus absolu, légalement impossible;
la règle prohibitive aura repris tout son barbare empire. Et même accouchât-elle dans le septième, dans
le huitième mois, le ravisseur, plus favorisé qu'un mari,
pourrait encore repousser les devoirs de la paternité,
en établissant, par une consultation ou dissertation physiologique, que l'organisation de l'enfant à sa naissance
doit faire reporter sa conception à une époque antérieure
au fait patent qui a manifesté la séduction à la famille,
et au public, pour lequel, peut-être, elle avait depuis
longtemps cessé d'être un mystère. — Et avec notre
sacrifice aux préjugés du jour, nous sommes bien obligé d'admettre nous-même, que la mère et l'enfant ne
seraient pas reçus à prouver, fût-ce par des aveux écrits,
le commerce couvert d'un voile plus ou moins transpa-
rent qui aurait précédé l'enlèvement de fait. La règle
prohibitive, quelque largement que soit interprétée la
disposition exceptionnelle, recevra donc encore de trop
nombreuses et bien regrettables applications.

Mais, nous dit-on, c'est précisément dans cette coïncidence nécessaire de l'époque de la conception avec celle
de l'enlèvement, que gît la grande difficulté. Lorsqu'il

20

s'agira de la déterminer, le prétendu rapt de séduction
sera-t-il considéré comme ayant eu toute la durée des
relations illicites de la fille séduite avec son ravisseur ?
Cela pourrait nous conduire loin, et bien réellement jus·
qu'à la complète abolition de la règle par l'exception.

Nous répondons qu'il en sera, à cet égard, du rapt de
séduction comme de l'enlèvement par la violence. Si
l'*époque* de celui-ci a, pour l'application de la disposition exceptionnelle, toute la durée de la contrainte
physique, pourquoi l'*époque* de l'autre ne comprendrait-
elle pas, comme l'a encore pensé la cour royale de Paris (1), tout le temps de la contrainte morale n'enchaî-
nant pas moins étroitement la liberté de la personne ?

Et nous reconnaîtrons d'ailleurs que, de même qu'au
cas de la violence, l'enlèvement aura pour terme l'instant où la femme *séquestrée* sera rendue libre à la société;
il finira, au cas de la séduction, le jour où la femme *séduite* cessera d'être sous la dépendance et soumise à
l'influence de la passion vraie ou factice du séducteur.
Le magistrat peut avoir à faire ici de délicates appréciations ; mais les difficultés de la question de fait ne doivent pas empêcher l'application des principes.

Pour caractériser l'enlèvement qui n'est point l'œuvre
d'une force brutale, les auteurs modernes emploient
comme synonymes les expressions *fraude* et *séduction* (2);
c'est ce que nous paraissons jusqu'à présent avoir fait
nous-même. — Cependant n'y aurait-il pas à distinguer
entre l'un et l'autre ?

Si la séduction n'a consisté que dans l'expression vive,

(1) Arrêt précité du 28 juillet 1831.
(2) Demolombe, loc. cit., t. V, p. 489.

mais sincère d'une passion vraie, il n'y aurait point,
dans l'enlèvement même qu'elle a déterminé, de fraude
à punir, suivant l'esprit de la disposition exceptionnelle
de l'article 340 (Cod. Nap.), par une recherche, hors du
droit commun, de la paternité naturelle. Mais alors, de
deux choses l'une : ou ce ravisseur, par une séduction
qui était réciproque, satisfera à tous ses devoirs de conscience et d'humanité envers la mère et l'enfant; ou, en-
traîné par d'autres passions, par des sentiments égoïstes,
il abandonnera l'une et l'autre et violera des engagements
sacrés. — Au premier cas, point de question à débattre
et à résoudre. — Au second, l'intention sera expliquée
par le fait, la fraude prouvée par l'événement même. —
Et qu'importe, en effet, la loyale intention primitive
du ravisseur, si sa conduite postérieure la dément? Serait-il admis à dire : *J'agis fort mal aujourd'hui, j'en
conviens, mais quand j'ai séduit et enlevé, mes protestations d'un fidèle dévouement partaient bien du cœur; j'avais
bien la bonne intention de remplir toutes mes promesses ; et
ce n'est point* EX POST FACTO, *que je peux être coupable de
cette fraude qui autoriserait une recherche exceptionnelle
de ma paternité prétendue.* — Assurément une telle défense ne serait point écoutée, ou ne ferait qu'exciter
l'indignation du juge et aggraver la condamnation. Ainsi,
pour l'application *pratique* des principes que nous avons
exposés, l'enlèvement par *séduction* se confond bien réellement avec l'enlèvement par *fraude.*

C'est encore là l'esprit de cet arrêt de Paris du 28 juillet 1821, que nous citons pour la quatrième fois, et dont
il est bon que nous fassions enfin connaître l'espèce, parce
qu'il consacre toutes nos appréciations de cet enlèvement
par *fraude* ou *séduction.*

Durant l'occupation de l'Espagne par nos armées, en 1812, le colonel de l'un de nos régiments de dragons, récemment promu à ce grade par une action d'éclat, Adolphe-Auguste de Montélégier, se prend d'une passion vive et sérieuse pour une de ces beautés typiques aux regards qu'un cœur inflammable ne brave pas impunément, une Espagnole méridionale en sa seizième année, Raphaela Camacho, dont le père, notaire public à Cordoue, était dans la cité un personnage considérable. — Comme le jeune colonel était lui-même doué d'une figure martialement belle, d'une élégante et haute taille que relevaient encore son brillant costume militaire et ses riches épaulettes, sa passion ne tarda guère à être partagée par l'ardente jeune fille qui en était l'objet. — Une secrète correspondance, très active, s'établit entre eux, et ce roman épistolaire eut pour dénouement assez prompt, sur les sollicitations de plus en plus pressantes de l'amoureux dragon, le furtif abandon par Raphaela de la maison paternelle. Il paraîtrait que sous un déguisement que son amant lui fit remettre par une duègne, complice intéressée, elle se rendit elle-même dans une maison voisine, où visitée librement par ce séducteur passionné, elle n'eut bientôt plus rien à lui refuser. Le notaire public réclame en vain sa fille à l'autorité militaire française; tous ses efforts échouent devant le crédit du colonel. Appelé à l'armée d'Allemagne, Adolphe-Auguste de Montélégier se fait suivre en France par Raphaela enceinte, veille sur elle avec une sollicitude qui ne se dément pas un seul jour, la sauve à Vitoria, au péril de sa vie, d'un grand danger; et, arrivé à Paris, la confie aux soins de sa propre sœur. Rendu à son nou-

veau poste, du fond de l'Allemagne il ne cesse, dans
une seconde correspondance très suivie, de l'entretenir
de son constant et brûlant amour, hâtant de tous ses
vœux le moment où il lui sera permis de la reconnaître
solennellement pour son épouse, et d'assurer son nom
de famille au fils qu'elle lui avait donné, et qui portait
déjà ses prénoms d'*Adolphe-Auguste*. — Ces lettres témoignent d'ailleurs qu'il pourvoyait libéralement et noblement aux besoins de la mère et de l'enfant.

Cependant ses sentiments se refroidirent, ses empres-
sements se ralentirent, et un beau jour il tenta de
persuader à la demoiselle Camacho qu'un mariage dont
sa position lui avait fait une nécessité, et auquel l'avait
contraint sa famille, lui interdisait à jamais de devenir
son époux devant la loi. — Plus tard, il parut revenir
aux premières inspirations de son cœur, et consentir à
contracter une union légitime avec Raphaela alors dans
tout l'éclat de sa beauté. — Mais de nouveaux incidents,
de nouvelles hésitations amenèrent une rupture qui ne
laissait plus aucun espoir de rapprochement; et la demoiselle Camacho, décidément abandonnée, forma contre le colonel de Montélégier une demande en pension
alimentaire qui fut bientôt suivie d'une action judiciaire
en reconnaissance du mineur Adolphe-Auguste, et en
dommages-intérêts au nom de la mère.

Le tribunal de la Seine, saisi de cette instance, reconnaît en principe « que le législateur a, dans la disposition
exceptionnelle de l'article 340 (Cod. Nap.), compris sous
l'expression générique dont il se sert tous les cas d'enlèvement, tels qu'ils étaient définis dans l'ancienne jurisprudence ou qu'ils le sont par le Code pénal de 1810;

en fait, que Raphaela Camacho, mineure de seize ans, a été détournée de la maison paternelle par les instigations du sieur de Montélégier; et qu'elle a été sous sa puissance, en une sorte de séquestration morale, du mois d'août 1812 au mois de décembre 1813; que dès lors il est parfaitement vrai de dire que la conception du mineur Adolphe-Auguste, né le 14 novembre 1813, se rapporte à l'enlèvement de la mère; que d'un autre côté, celle-ci ne pouvant plus désormais avoir en France une existence décente, le sieur de Montélégier se devait à lui-même de la rendre à sa famille. » En conséquence, il ordonne d'abord « que le défendeur mettra l'enfant Adolphe-Auguste dans une pension à son choix, et en justifiera dans le mois au procureur du roi; » puis il le condamne à payer à la mère une somme de 2,000 fr.; ladite somme, est-il ajouté, payable moitié dans la huitaine de la déclaration que ladite demoiselle Camacho aura faite de son intention de retourner en Espagne, et l'autre moitié, à son arrivée à Bayonne.

L'on peut s'étonner qu'un homme bien né se soit rendu appelant d'une condamnation aussi sagement modérée dans son double objet. Le rôle actif de Raphaela dans le drame de son enlèvement pouvait bien faire restreindre les dommages-intérêts qu'elle réclamait à la plus stricte mesure des convenances sociales, mais non priver l'innocent enfant de ses droits à une reconnaissance judiciaire.— Aussi, malgré la consultation doctement et longuement motivée des trois plus célèbres avocats consultants et plaidants de l'époque, la Cour royale s'est purement et simplement approprié la sentence des premiers juges; et elle ne pouvait mieux remplir son office.

Nous avons néanmoins à faire sur cette solution judiciaire de la question, tout en rendant un sincère hommage à son équitable et prévoyante sagesse, une observation critique, que, pour être d'accord avec nous-même et avec le Code Napoléon bien compris, nous ne saurions lui épargner.

La magistrature parisienne semble admettre que la disposition exceptionnelle de l'article 340 (Cod. Nap.) doit être expliquée par notre Code pénal de 1810. Ainsi, la recherche de la paternité naturelle serait bien permise à l'enfant alors qu'il y aurait dans le fait de l'enlèvement *violence* ou *fraude ;* et qu'en outre la femme enlevée serait mineure de vingt et un ans (Cod. pén., art. 354, 355); mais non dans le cas où cette femme mineure (et à plus forte raison faudrait-il ainsi le décider, si elle était majeure), entraînée elle-même par la passion qu'elle inspirait, *aurait consenti à son enlèvement et suivi volontairement son ravisseur ;* à moins toutefois qu'à peine sortie des années de l'enfance, elle n'ait pu avoir une autre volonté que celle de cet homme abusant de son irrésistible ascendant sur elle ; ce qui est présumé de droit, lorsqu'elle n'avait pas encore en ce moment seize accomplis (art. 356, même Code).—Il y a alors, comme *ipso facto,* tout à la fois *violence* et *fraude.* — Que pourrait une faible enfant de quatorze ou quinze ans contre le corrupteur plein d'une funeste et plus ou moins précoce expérience, qui l'a égarée et subjuguée?

Nous ne pensons pas qu'une disposition du Code Napoléon puisse être interprétée, étendue ou limitée par un Code survenu dix ans après, et destiné à régler un tout autre ordre de choses ; nous sommes en cela d'accord avec ceux que nous combattons. Cette disposition de l'article 340 (Cod. Nap.) ne requiert, pour permettre exceptionnellement la recherche de la paternité, rien autre chose qu'un *enlèvement*, c'est-à-dire un fait patent, qui, en mettant notoirement la femme sous la dépendance du séducteur, rende probable la prétention de l'enfant, et le père prétendu indigne d'être protégé par la règle prohibitive. — (Étrange protection! Nous ne pouvons nous défendre de le répéter.) — Que ce fait punissable civilement par la recherche de la paternité, doive être, pour autoriser cette poursuite, frappé par la loi criminelle d'une peine afflictive et infamante, c'est ce que la loi civile ne demande pas, et ce qu'elle ne pouvait demander, ainsi que nous l'avons fait voir, sans s'abroger à peu près elle-même. L'enlèvement, tel que nous l'avons défini, incriminé ou non par la loi pénale, doit donc autoriser en faveur de l'enfant l'exceptionnelle recherche de la paternité, quels que soient l'âge et l'état de la femme; il n'importerait qu'elle fût *mineure* ou *majeure*, *au-dessous* ou *au-dessus* de seize ans. — Nous reconnaissons cependant que la fille majeure étant maîtresse d'elle-même, libre d'aller et de résider où bon lui semble, un enlèvement de sa personne sans *violence* ni *fraude* ne pourrait guère donner lieu à l'application de la disposition exceptionnelle de l'article 340 (Cod. Nap.); ce ne serait plus un enlèvement ce serait un voyage ou un changement d'habitation. — Nous admettrions en outre que, pour caractériser la fraude, il faudrait ici des artifices d'autant plus habiles, des machinations d'autant plus cachées, que cette femme aurait acquis plus d'expérience par son âge, par son éducation ou par la fréquentation du monde où l'ont placée sa naissance et sa fortune.

Mais, quant aux filles mineures enlevées à l'autorité d'un père ou d'un tuteur, il n'y aurait pas à distinguer, pour la recherche de la paternité, si elles l'ont été par fraude ou par simple séduction, au-dessous ou au-dessus de seize ans; il suffit, pour autoriser l'action de l'enfant, qu'il y ait un enlèvement. C'est ce qu'enseigne d'une raison ferme le professeur de Paris qui a commenté le premier traité de notre maître. « Les magistrats ont pu « incontestablement, jusqu'en 1810 (date de la promul- « gation de notre Code pénal), considérer comme con- « stituant un enlèvement dans le sens de notre article « 340, un fait que n'atteignait pas la loi pénale; et ce « droit qu'ils avaient de reconnaître, suivant les circon- « stances et dans un intérêt purement civil, l'existence « de ce droit, ils n'ont pu le perdre, par la publication « du Code pénal de 1810. — Ils pourraient donc, par « exemple, considérer comme un enlèvement propre- « ment dit, le détournement d'une mineure âgée de « plus de seize ans, et qui aurait consenti à son enlève- « ment (1). »

Après cela, la question ainsi résolue pour la recherche même de la paternité, elle se présente sous un autre point de vue, dans l'intérêt direct et personnel de la mère. — Celle-ci aura-t-elle droit à des dommages-intérêts? Si les écarts d'imagination et de conduite qu'elle peut avoir à se reprocher ne doivent point nuire à l'enfant innocent, lui profiteront-ils pécuniairement à elle-même?

_____

(1) Vallette sur Proudhon, t. I, p. 130.

Faudra-t-il lui appliquer sans limitation aucune la maxime : *Nemo ex proprio suo delicto consequi potest actionem?* Nous ne concevrions pas qu'elle ne fût pas au moins fondée à réclamer à titre d'indemnité ce qui lui serait indispensable pour rentrer au foyer domestique dont le ravisseur l'aurait éloignée. Mais, en égard à son inexpérience et à sa faiblesse intellectuelle, nous pourrions lui accorder beaucoup plus; une telle réparation serait d'une inique insuffisance pour une malheureuse victime de quatorze ou quinze ans qui n'aurait pas même conscience de sa déplorable chute. Si le tribunal de la Seine, tout en consignant dans les motifs de son jugement que *Raphaela Camacho était mineure de seize ans,* lui a donné pour tous dommages-intérêts ses frais de voyage de Paris à Cordoue, c'est qu'au fond il reconnaissait que les *seize ans commencés* de cette fille espagnole avaient bien autant d'expérience et de volonté que les *dix-huit* ou *vingt ans* accomplis d'une vendéenne ou d'une alsacienne française.

Nous n'imaginions pas, en quittant les bancs de l'école, que l'on pût avoir à démontrer sérieusement que l'odieux rapt appelé *viol* était compris dans la disposition exceptionnelle de l'article 340 (Code Napoléon), et devait, comme tout autre, autoriser l'équitable et humaine recherche de la paternité. C'était à nos yeux une application si simple, si frappante du principe limitatif de la prohibition, qu'elle méritait à peine d'être indiquée. Mais nous avions compté sans l'école allemande, dont les triomphantes argumentations n'ont fait, au surplus, que nous confirmer dans nos vieilles convictions d'étudiant.

Il ressort assez manifestement de nos dernières discussions que, s'il y avait dans l'article 340 (Code Napoléon), une disposition en dehors du droit commun des nations civilisées, à renfermer judaïquement dans ses termes, ce serait la règle qui dispense un père de nourrir son enfant, et non l'exception qui l'oblige à remplir ce devoir sacré. Mais nous nous croyons assez fort pour vaincre, en laissant à l'ennemi son arme la plus formidable, — son brocard : *exceptio strictissimæ interpretationis;* — et nous débuterons par établir que nous n'avons rien moins qu'à étendre l'impérieuse et favorable exception de l'article 340 (Code Napoléon) à un cas qui ne s'y trouverait pas compris.

Le viol est-il donc, en effet, autre chose qu'un enlèvement par la plus brutalement criminelle des violences? Tel est le caractère que lui assigne tout d'abord Pothier dans ses *Pandectes,* d'après les jurisconsultes classiques de Rome : *Raptus in personas cadit...... quibus per vim stuprum infertur* (1). C'est un enlèvement qui, pour la satisfaction d'une passion ignoblement sensuelle, ne laisse aucun répit à la victime ; un enlèvement subit et momentané de la personne à la personne même; un enlèvement enfin, avec une double ou triple circonstance *aggravante,* pour parler le langage des criminalistes du jour. Ainsi, en appliquant à cet enlèvement par *viol,* la disposition exceptionnelle de l'article 340 (Code Napoléon), nous ne sortons pas plus de ses termes mêmes que nous ne l'avons fait en assimilant au rapt par la *violence,* le rapt de *séduction.* Comme générique, l'expres-

(1) Tit. *De verb. sign.,* n° 187.

sion *enlèvement* ne comprend pas moins celui-là que ceux-ci.

Mais, nous dit-on, à supposer que l'expression générique *enlèvement* comprenne juridiquement et grammaticalement le cas du viol, encore ne pourrait-on lui donner cette signification contre l'intention formelle du législateur: *mens quam vox dicentis potior; etsi verba illud dicant, mens tamen aliud vult.* Or que voyons nous ? les rédacteurs de notre Code, tout en distinguant, à tort ou à raison, le *rapt* et le *viol*, les avaient cependant confondus ou mis sur la même ligne quant aux dommages-intérêts, que des articles projetés donnaient ou supposaient à la mère le droit de réclamer : « La recherche de la « paternité est interdite, disait une première rédaction « proposée par la section de législation ; lors même que « la conception de l'enfant concourra avec des circons- « tances *de rapt ou de viol*, il n'y aura lieu qu'à des dom- « mages-intérêts envers la mère. — La recherche de la « paternité est interdite, disait une autre leçon par amen- « dement du Tribunat, quand bien même l'époque de la « conception concourrait avec des circonstances *de rapt* « *ou de viol*, qui donneraient lieu à des dommages-inté- « rêts au profit de la mère. » Mais la recherche excep- tionnelle de la paternité l'ayant emporté par l'autorité de Cambacérès et de Portalis, l'on a, dans la rédaction définitive qui est devenue l'article 340 (Code Napoléon), écarté le cas du viol. — Par quels motifs ? ni le Conseil d'État, ni le Tribunat ne s'en sont, il est vrai, expliqués ; mais évidemment ils avaient présents à la pensée, com- me deux cas distincts, et celui du rapt et celui du viol: et ce ne peut être par oubli qu'ils ont omis le second

— 317 —

dans l'article qui, au lieu de consacrer ou de reconnaître à regret le droit de la mère à des dommages-intérêts, permet exceptionnellement à l'enfant la recherche de paternité attributive de secours alimentaires (1). Il se peut, ajoute un commentateur français, que *le Conseil d'Etat ait cru devoir faire cette concession au Tribunat qui ne voulait aucune exception à la règle prohibitive* (2).

Ainsi, par une transaction tacite que la saine majorité de nos Corps législatifs ne se serait pas avouée à elle-même, tout en admettant, sans distinction apparente, la recherche de la paternité contre le ravisseur, l'on aurait, par la suppression inaperçue d'un mot surabondant, épargné du moins cette onéreuse et désagréable poursuite à celui qui a brusqué par une criminelle violence son monstrueux roman physiologique.

Une intention secrète que personne n'a exprimée, que personne n'aurait osé exprimer, serait-ce donc là l'esprit de la loi? Assurément non ; l'esprit de la loi, solennellement manifesté par une discussion publique, a été, comme nous l'avons exposé, de *punir au moins civilement*, par une recherche de paternité hors de là *proscrite*, un fait coupable, d'une scandaleuse notoriété, et qui rende probable la prétention de l'enfant. Or, d'une part, quoi de plus scandaleusement notoire et de plus criminel, en fait de rapts, que le viol? et d'autre part, quel enlèvement donnerait une preuve plus rassurante pour la conscience du juge du rapprochement sexuel auquel l'enfant devrait sa triste existence? C'est malheureusement ici une certitude, tandis que là, ce

(1) Zachariæ, § 569, note 13, t. IV, p. 72.
(2) Ducaurroy, n° 498, t. I, p. 339.

n'est qu'une présomption qui ne se produit pas toujours forte et concluante, surtout, comme nous l'avons fait voir, dans l'enlèvement par la violence. — Ainsi le véritable esprit, l'esprit hautement proclamé de la loi, est en parfaite harmonie avec la signification juridiquement traditionnelle du mot *rapt* ou enlèvement.

Le doyen de Caen dit, à propos de l'enlèvement non réprimé par la loi pénale : «Comment ! voilà un homme « qui, par séduction, décide à le suivre une mineure « *au-dessus de seize ans*, (de dix-sept ou dix-huit ans) ; « l'éducation de cette jeune fille, ses mœurs jusqu'alors « toujours pures, les circonstances de fait enfin, qui té- « moignent qu'elle a été sous la puissance exclusive de « son ravisseur, tout démontre que ce ravisseur est cer- « tainement le père de l'enfant...... Et la paternité ne « pourrait pas être recherchée contre lui ! cela ne se- « rait-il pas inique et immoral (1) ? »

Combien ces réflexions, auxquelles nous nous asso- cions, seront d'une plus saisissante vérité, appliquées au rapt par le viol ? Quoi ! si cette jeune fille d'une pieuse chasteté, d'une virginale candeur, accouchait dans le neuvième mois de l'attentat dont elle est la trop mal- heureuse et plus encore innocente victime, l'on pour- rait supposer que l'enfant a un autre père que le ravis- seur ! L'on déshonorerait doublement cette triste mère, vierge par l'âme et par le cœur, en attribuant à un com- merce secret une grossesse que le viol n'a que trop bien expliquée ! Ah ! s'il est un cas où la recherche de la

---

(1) Demolombe, loc. cit., n° 490, t. V, p. 493.

paternité doive être favorablement accueillie, c'est assurément celui-ci.

Très bien ! nous crie une voix dissidente ; mais la paternité par le viol est-elle possible? Et ne serait-ce pas a question physiologique qui aurait à l'improviste, sans que l'on se soit mis en peine de le dire, déterminé le retranchement du mot *viol* accouplé au mot *rapt*, dans la disposition exceptionnelle de l'article 340 (C. N.) ?

Non seulement ceux qui l'ont si laborieusement amendée et réamendée n'ont pas fait l'allusion la plus indirecte à cette prétendue infécondité du viol, ils n'ont pas même pu en avoir la pensée ; car leur guide souverain dans les questions de médecine légale, le célèbre docteur praticien Fodéré, enseigne comme une vérité hors de toute discussion « qu'une femme violée peut concevoir même alors que le crime aurait été incomplet, l'organe propagateur venant de lui-même au devant de l'*Aura Seminalis*, dont il ne faut qu'un atome pour produire la fécondation ; que c'est ainsi que des femmes, dont les maris très vieux ou très valétudinaires n'avaient pu parvenir à consommer le mariage, sont contre leur attente devenues enceintes; que bien plus, celles qui n'entrent dans la couche nuptiale que par le sentiment du devoir, et n'ont d'autre part à l'acte du mariage que d'y rester absolument passives, sont les plus fécondes ; qu'enfin ni les plus douloureux déchirements, ni l'état d'insensibilité le plus absolu ne peuvent paralyser ou suspendre chez les femmes l'action du système générateur (1); » tant a été puissamment organisé par le sou-

(1) Fodéré, *Traité de médecine légale*, § 304, 309, 310, 310 bis; 1003, 1006. (T. I, p. 498 à 504; t. IV, p) 267 à 269.)

verain Créateur la reproduction de tout ce qu'il a jugé nécessaire à la perfection et à la conservation de son œuvre. C'est ce qui a d'ailleurs été pleinement confirmé par les plus récentes observations (1). — Ainsi des femmes, depuis plusieurs jours sans pouls, sans respiration, dans un état léthargique où les personnes les plus habiles à en juger voyaient une mort certaine, sont devenues mères par un acte de brutalité inqualifiable, qu'elles ne pouvaient pas même soupçonner ! Nous avons vu récemment un officier de fortune, poussé par le remords et un sentiment d'honneur, venir s'accuser lui-même de cette espèce de viol sur une pauvre fille couverte du drap mortuaire, et qui, aussi naïvement vertueuse qu'elle était naturellement belle, demandait dans un touchant désespoir à tous les médecins et chirurgiens du pays, comment on pouvait la croire enceinte, sans qu'il y eût jamais eu le moindre rapprochement entre elle et une personne d'un autre sexe.

Aussi l'école allemande, désespérant de faire accepter cette première explication de l'espèce de privilège qu'elle octroie au ravisseur par viol, en cherche une autre dans la fortuite rapidité de ce sexuel rapprochement, qui ne peut donner à la paternité la même vraisemblance qu'une cohabitation d'une certaine durée sous le même toit : « Qui ne comprend, dit-elle, que, dans le cas « même où l'on admettrait la possibilité de la concep- « tion par suite d'un viol, on ne saurait cependant

---

(1) Deveraie, *Médecine légale*, t. I, p. 460, édit. de 1810. — *Manuel complet de médecine légale*, par J. Briand et J. Brosson, 3ᵉ édit., p. 80. — « Il n'est pas douteux, disent ces derniers, qu'une femme violée puisse concevoir, et, dans aucun cas, on ne peut en conclure qu'elle ait partagé une jouissance criminelle. »

« trouver dans ce fait passager une présomption de
« paternité équivalente à celle qui résulte d'une séques-
« tration pendant un temps plus ou moins long (1). »

L'école française croit, au contraire, que l'article 340,
2ᵉ alinéa (Code Napoléon), doit d'autant mieux être
appliqué au viol, que la coïncidence, qui est la condition essentielle de l'action, peut y être fixée avec plus
de précision qu'au cas de l'enlèvement légalement dit
par violence ou fraude (2). Et c'est bien notre avis ;
mais pour être parfaitement dans le vrai, nous devons
ajouter que, lorsqu'il s'agira d'établir judiciairement
cette coïncidence fondamentale, l'époque de l'enlèvement dans un rapt par le viol sera d'un seul jour, (nous
dirions de quelques instants, si la loi pouvait ici compter
autrement que par jours), tandis que, dans le rapt par la
violence ou la fraude, elle comprendra tout le temps de
la séquestration physique ou morale. Ainsi, supposons
que cette séquestration soit reconnue avoir duré quatre
mois, la paternité sera légalement présumée, si la femme
ravie est accouchée dans l'intervalle du 180ᵉ au 300ᵉ
jour, à partir, suivant que le demandera l'intérêt de
l'enfant, de l'un des 120 jours pendant lesquels cette
femme a été au pouvoir du ravisseur par fraude ou violence. Dans cette hypothèse, le temps présumé de la conception se trouvera de fait doublé ; il sera de huit mois
ou 240 jours, au lieu d'être seulement de quatre mois ou
120 jours. — Tout l'avantage sera encore ici pour le ravisseur par viol, qui ne pourra être déclaré père de l'enfant qu'autant que l'accouchement aura eu lieu dans

(1) Zachariæ, loc. cit., § 569, note 18, t. IV, p. 78.
(2) Demolombe, loc. cit., nᵒ 491, t. V, p. 490.

l'intervalle du 180ᵉ au 300ᵉ jour, à partir rigoureusement du jour même où le crime aura été commis. Et la
coïncidence de l'époque du viol avec celle de la conception ainsi établie, ce ravisseur de la pire espèce pourra encore, comme tout autre, se soustraire aux charges
alimentaires de la paternité, en opposant à la présomption légale quelque document physiologique, ou autre;
preuve contraire à laquelle nous avons déjà fait observer
qu'un mari ne serait point admis, si ce n'est dans le cas
très exceptionnel où l'épouse adultère aurait caché sa
grossesse et son accouchement.

Nous ne nous arrêterons pas à réfuter des professeurs
de Paris disant que le Conseil d'Etat « avait exclu la re-
« cherche de la paternité dans le cas du viol, sans doute
« par ce motif que la preuve en est plus incertaine et
« plus scandaleuse, » surtout lorsqu'ils ont bien voulu
prendre le soin de se réfuter eux-mêmes en ajoutant
immédiatement : « Il n'est du reste pas douteux que le
« viol, comme l'enlèvement, ne donne lieu à une action
« en dommages-intérêts (1). » Est-ce que par hasard la
preuve serait moins incertaine et moins scandaleuse
pour des dommages-intérêts, qui ne sont pas peut-être
d'une nécessité absolue, que pour des aliments à coup
sûr indispensables?

Une considération morale à laquelle personne n'a
pensé nous toucherait davantage. Est-il bon pour l'enfant qu'on lui donne un père flétri par le crime et subissant ou ayant subi l'infamie du bagne? Que deviendra-
t-il dans notre civilisation déjà trop corrompue avec un

_____

(1) Commentaires de Ducaurroy et autres, n° 498, t. I, p. 331.

pareil guide ou protecteur? — Mais ce même intérêt de
moralité et d'honneur n'apparaîtrait guère moindre dans
les cas de simple enlèvement incriminés par le Code pénal, et aurait dès lors une portée qu'il est absolument
impossible de lui donner. — Si le viol est puni des travaux forcés à temps (Cod. pén., art. 332), c'est également la peine de l'enlèvement par *fraude* ou par *violence*
d'une fille au-dessous de seize ans accomplis, et de l'enlèvement par *séduction* d'une fille également au-dessous
de seize ans, lorsque le séducteur qu'elle a volontairement suivi est majeur de vingt et un ans (Cod. pén., art.
355, 356). Et si, d'un côté, lorsque le viol aura été
commis sur une fille au-dessous de quinze ans, le coupable doit subir le maximum de la peine des travaux
forcés à temps; d'un autre côté, il suffira, pour que le
ravisseur ou séducteur soit frappé de cette peine dans
les limites du droit commun, que la fille séduite soit au-
dessous de seize ans, en eût-elle d'ailleurs quinze accomplis (dispos. précitées). — Il y a là une sorte de
compensation que nous n'avons pas à expliquer (1).

Nous nous trouvons au surplus avoir d'avance pourvu
à tout ce que demande le triple intérêt des mœurs, de
la société et de la famille, en limitant les effets de la reconnaissance forcée aux secours alimentaires tenant lieu
à l'enfant des dommages-intérêts qui lui seraient régulièrement dus; le ravisseur par viol ou autrement devra
bien pourvoir à tous les besoins de son innocente victime,

(1) En thèse générale, l'enlèvement d'une fille mineure n'est puni que de
la *réclusion*, qui après tout est encore une peine afflictive et infamante; et
l'enlèvement d'une fille majeure, même par fraude ou violence, n'est frappé
d'aucune peine, à moins qu'il n'ait les caractères d'un attentat contre la
liberté individuelle. (C. pén., art. 351, 341 et suiv.)

mais ne lui donnera pas son nom, et n'acquerra sur ce
fils par autorité du juge, ni puissance paternelle, ni
pouvoir tutélaire.

Un historien du Code Napoléon, bien imbu de son
esprit, mais n'ayant guère d'autre science, affirme
comme une règle indiscutable que « le rapt ne donne
« pas à la personne ravie le droit de diriger d'abord
« contre le ravisseur une déclaration de paternité; qu'il
« faut avant tout que le rapt soit jugé (1). » Et deux des
premiers commentateurs de l'œuvre législative du Consulat, l'un profond jurisconsulte, l'autre habile praticien, reproduisent dans les mêmes termes cette proposition sans se mettre plus en peine de la justifier (2). Mais
ceux qui ont suivi enseignent unanimement que, le Code
ne le demandant pas, la répression pénale du fait de
l'enlèvement n'est point un préalable nécessaire à la
recherche de la paternité; que le texte même de l'article 340 (Cod. Nap.) condamne par son silence la doctrine de leurs devanciers (3).

Le silence allégué du Code Napoléon n'est pas un argument heureux; car si le texte semble se taire, l'esprit
aurait parlé bien haut. Que s'est-il en effet passé à la
séance du Conseil d'Etat du 26 brumaire an X (17 novembre 1801)? Le consul Cambacérès ayant proposé de
rédiger l'article en ce sens : « La loi n'admet point la
recherche de la paternité pour simple fait de grossesse,»
ou : « La loi n'admet la recherche de la paternité que lors-

(1) Locré, *Esprit du Code Nap.*, t. V, p. 264.
(2) Toullier, *Droit civil français*, t. II, n° 941, p. 268. — Loiseau, *Traité des enfants naturels*, p. 418.
(3) Zachariæ, § 569, note 11, t. IV, p. 71. — Demol., t. V, n° 493, p. 496, 497. — Duvergier sur Toullier. — Richefort, t. II, p. 296. — Etc.

« qu'il y aura des faits graves, tels que le *rapt* et le *viol*,»
le conseiller Boulay exprime la crainte « qu'une fille ne
se procure trop facilement des témoins pour constater le
viol ; » et en conséquence il voudrait « que l'action en
déclaration de paternité ne pût être fondée que sur un
jugement qui aurait déclaré coupable de *viol* ou de *rapt*
celui contre lequel elle serait dirigée. » (*Nota bene*, en
passant, que dans cette discussion toute spéciale à la recherche de la paternité, où il n'est pas même fait allusion aux dommages-intérêts de la mère, le *viol* est assimilé au *rapt* et par Cambacérès, et par Boulay); à quoi
le consul Cambacérès répond « que cette opinion est la
sienne, et que sa proposition tend principalement à empêcher que les juges ne soient embarrassés dans le cas
où il serait intervenu une condamnation (1). »

Et néanmoins, puisqu'il est reconnu et généralement
admis que la disposition exceptionnelle de l'article 340
(Cod. Nap.) doit s'appliquer même aux cas d'enlèvement
qui ne sont point atteints par la loi pénale, il faut bien
que l'action en déclaration de paternité puisse être reçue
par le tribunal civil, sans que le fait d'enlèvement ait
été constaté et puni par un tribunal de justice répressive ; car ce serait bien évidemment rendre illusoire la
faculté de rechercher la paternité que de la subordonner
à l'accomplissement d'une condition qui se trouverait
légalement impossible.

Mais c'est un traditionnel principe d'ordre public, consacré de nouveau par notre Code d'instruction criminelle du 17 novembre 1808, et auquel le consul

(1) *Législation civile, commerciale et criminelle de la France*, t. VI, p. 120
(édit. 1827, Paris).

Cambacérès et le conseiller d'Etat Boulay faisaient pro-bablement allusion, que, lorsqu'un même fait peut donner lieu à deux actions, l'une devant le tribunal civil dans l'intérêt privé de la partie lésée pour la réparation pé-cuniaire du dommage qu'elle éprouve, l'autre devant la justice criminelle dans l'intérêt de la société tout entière, pour la répression pénale, celle-ci doit avoir générale-m... 'e pas sur celle-là, dont l'exercice restera momen-tanément paralysé. — Tel est le sens de notre ancienne maxime : « Le criminel tient le civil en état, » que l'ar-ticle 3, 2ᵉ alinéa du Code précité, a paraphrasée, en disant : « Tant qu'il n'aura pas été prononcé définiti-vement sur l'action publique intentée avant ou pendant la poursuite de l'action civile, il sera sursis à l'exercice de celle-ci. »

Or, il n'est pas contestable que ce grand principe doit recevoir son application au cas d'un viol ou d'un rapt, tout à la fois punissable, civilement par une déclaration de paternité, et criminellement par la réclusion ou les travaux forcés à temps. Tout ce que l'on aurait ici à se demander, c'est en premier lieu *si l'action en déclaration de paternité serait de la compétence des juges saisis par le ministère public de la répression pénale du viol ou du rapt;* en second lieu, *si le prévenu de ce crime ayant été absous ou acquitté par la Cour d'assises, cette même action en dé-claration de paternité, suspendue par l'instance criminelle, pourrait être intentée ou reprise devant le tribunal civil.*

Le premier doute semblerait résolu affirmativement par l'article 6 du Code des délits et des peines du 3 bru-maire au IV, que reproduit textuellement l'article 3, § 1ᵉʳ, du nouveau Code d'instruction criminelle, l'un et l'autre portant que l'*action privée qui, dans l'ordre régulier des juridictions, doit être poursuivie séparément devant le civil,* « peut aussi l'être en même temps et devant les mêmes « juges que l'action publique. » — Mais ne serait-ce pas donner à cette disposition un sens trop absolu, et que ne comporte pas son esprit? Le tribunal criminel jugera-t-il accidentellement une question de filiation? L'action civile dont il est appelé à connaître, à raison de sa connexité avec l'action publique, s'étendra-t-elle au-delà des dommages-intérêts pécuniairement réparateurs du fait incriminé?

Si la reconnaissance judiciaire devait créer des liens de famille et entraîner des droits éventuels de successibilité, nous dirions, sans hésitation aucune: non; ce serait alors une véritable question d'état, exclusivement dans les attributions du tribunal civil. — C'est ainsi qu'un tribunal correctionnel condamnant à l'amende de cent à deux mille francs un mari convaincu, sur la plainte de sa femme, d'avoir tenu une concubine dans la maison commune, ne pourrait prononcer la séparation de corps, à laquelle aurait conclu la plaignante, partie civile; la demande en séparation, qui tend à modifier profondément l'état social des époux, n'est pas moins que n'a été la demande en divorce, essentiellement civile (1). Mais si, comme nous croyons l'avoir, après Merlin, solidement établi, les effets d'un jugement de reconnaissance se bornent à des prestations alimentaires, équitable et juste mesure, suivant le consul Cambacérès, des dom-

---

(1) Le ministre de la justice. Procès-verbal de brumaire an X.

mages-intérêts dus à l'enfant (1), nous ne voyons plus pourquoi le tribunal criminel ne pourrait pas apprécier et adjuger ces sortes de dommages-intérêts, comme il apprécierait et adjugerait ceux que réclamerait la mère, première victime du rapt ou du viol. — Il faudrait, à la vérité, qu'après avoir constaté et caractérisé le fait délictuel, il s'appliquât à reconnaître sa coïncidence avec l'époque de la conception; mais c'est encore là une question de fait qui ne sort pas de ses attributions.

Tel serait, à ce qu'il nous semble, l'avis des criminalistes qui enseignent que *le juge criminel est compétent pour décider les questions de droit civil qui se présentent accessoirement à l'action publique; qu'appelé à prononcer sur l'existence d'un délit, sur ses caractères de pénalité, sur la culpabilité de celui auquel on l'impute, il a nécessairement le droit d'examiner, d'apprécier tous les faits, tous les actes élémentaires de ce délit, et de prononcer sur toutes les questions qui s'y rattachent.* « S'il en était autrement, ajoutent-ils avec un sens « profond, si l'instruction et le jugement d'un délit « devaient se diviser en autant de parties qu'il fait naître « de questions, si ces questions devaient successivement « être soumises à chacune des juridictions compétentes « pour les juger, lorsqu'elles se produisent isolées d'un « fait criminel, non seulement des conflits de juridic- « tions s'élèveraient à chaque pas, des lenteurs inter- « minables entraveraient la marche de la justice; mais « encore l'unité dans l'instruction se trouverait rompue,

_____

(1) Locré, *Législ.*, t. VI, p. 122-123.— Séance inédite au Conseil d'Etat du 26 brumaire an X.

« l'indépendance du juge dans l'examen des preuves, en-
« chaînée par les décisions d'un autre tribunal, et le
« jugement ne serait plus dicté par le résultat des débats
« sur l'ensemble du procès (1). »

C'est ce que confirmerait au besoin la discussion à
laquelle a donné lieu l'article 358 du Code d'instruction
criminelle de 1808. — Berlier, l'un des rédacteurs, demandait qu'en cas d'*acquittement*, la Cour d'assises saisie de l'action privée la renvoyât au tribunal qui devait
régulièrement en connaître ; l'acquittement ayant effacé
le délit, disait-il, il n'y aurait plus qu'une *faute* dont
l'appréciation appartiendrait essentiellement au tribunal
civil. — Mais cette proposition trouva beaucoup de contradicteurs et fut rejetée, par ce motif que les juges
criminels ayant devant eux tous les éléments du procès,
la prompte expédition des affaires, qui importe à l'ordre
public, exigeait qu'ils prononçassent sur l'intérêt civil,
alors même qu'aucun lien ne pût le rattacher à un intérêt pénal qui n'existait plus. « Les juges criminels ayant
sous les yeux l'affaire tout entière, disaient Cambacérès
et Treillard, il est plus simple de la leur laisser juger tout
entière, que d'en renvoyer une partie au tribunal civil ;
l'on préviendra par là, sans que la justice puisse en souffrir, une seconde ruineuse instance et de fâcheux nouveaux débats (2). »

Enfin, les rédacteurs du Code civil consulaire n'ont-ils
pas eux-mêmes professé, dans la discussion, *que la déclaration de paternité attribuant à l'enfant des secours ali-*

---

(1) Mangin, *De l'action publique et de l'action civile*, n° 168, t. I, p. 357, 358.

(2) Boitard, 41° leçon, n° 912, p. 721.

mentaires, était ici la SUITE NÉCESSAIRE et la PEINE de l'enlèvement (1)?— Et appliquer cette pénalité accessoire et civile, en même temps que la pénalité principale et d'ordre public, sera-ce juger une question d'état? comme le dit, à notre grand regret, un professeur de Paris (M. Demante), enlevé à la science par une mort trop hâtive; homme de bien, savant jurisconsulte, doué au plus haut degré du sens moral et religieux, avec lequel nous nous féliciterions de nous trouver toujours d'accord (2).

Il nous reste, pour compléter cette discussion, à déterminer, suivant que nous l'avons annoncé, la juridique influence que doit avoir l'action publique en répression pénale d'un rapt ou d'un viol, sur l'action privée portée séparément devant le tribunal civil, et suspendue ou comme paralysée, jusqu'à ce que la première ait été définitivement jugée.

Le ravisseur a-t-il été déclaré coupable ? il n'y aura à débattre devant le juge civil que la coïncidence du rapt ou du viol avec la conception présumée. — Quant au fait même d'enlèvement, le jugement criminel en restera, quoi qu'on allègue, une preuve irréfragable; non, à parler le langage du droit romain et du Code Napoléon, par *l'autorité* dite *de la chose jugée*, mais par le caractère même de la mission sociale dont est investie la juridiction criminelle, spécialement instituée pour constater et réprimer les faits délictuels qui menacent l'existence même de la société. — Une considération suprême d'or-

---

(1) Locré, *Législ.*, t. VI, p. 184. Séance du 13 brumaire an XI.
(2) Demante, *Cours analytique de Code Napoléon*, n° 69 bis, t. I, p. 130.— *Programme d'un Cours de droit français*, n° 324.

dre public s'oppose à ce que ses décisions soient remises en question devant une juridiction qui n'est appelée qu'à régler des intérêts purement privés, fort respectables sans doute, mais qui ne sauraient prévaloir contre l'intérêt général. — Quoi! un prévenu de rapt ou de viol aurait été, comme coupable de ce crime, condamné par le tribunal criminel à dix ou vingt années de travaux forcés! Et, un tribunal civil, pour l'affranchir de simples dommages-intérêts ou des charges alimentaires de la paternité naturelle, le déclarerait innocent du fait même de l'enlèvement, parce que la mère et l'enfant ne seraient pas intervenus personnellement dans l'instance criminelle, où ils ont été d'ailleurs représentés de fait, comme toute autre partie intéressée, par le ministère public! Ce serait ébranler l'ordre social dans ses fondements mêmes, et méconnaître aveuglément le but essentiel de l'institution des tribunaux criminels. — Rien de plus vrai que cet axiome formulé par Merlin avec une heureuse précision : « Le criminel l'emporte sur le civil. » Et nos Codes ont mieux fait que de le proclamer par un texte sujet à interprétation ; ils l'ont, toutes les fois que l'occasion s'en est présentée, consacré par une application pratique qui ne peut donner prise au doute. Ainsi l'a authentique déclaré faux, est pour tous irrévocablement tel (C. d'instruct. criminel., art. 463). — Ainsi la célébration légale d'un mariage, prouvée par une procédure criminelle, est désormais une vérité absolue, et ne peut être contestée par personne (Cod. Nap., art. 198). A quoi bon d'ailleurs *le criminel tiendrait-il le civil en état*, si le premier, après s'être souverainement prononcé sur le fait incriminé, pouvait être démenti par le second? —

Encore vaudrait-il mieux laisser rendre simultanément deux jugements contradictoires, que de permettre que l'un réformât l'autre par un scandaleux esprit de rivalité.

Si nous supposons maintenant une déclaration de non culpabilité, et un verdict d'acquittement, le criminel l'emportera sans doute encore sur le civil; mais le ravisseur n'échappera point par cela même à une condamnation civile en dommages-intérêts, ou en secours alimentaires. — L'enlèvement restera irrévocablement dépouillé des caractères de criminalité dont l'avait revêtu l'acte d'accusation: le juge civil ne pourrait les lui rendre sans violer l'autorité d'un jugement essentiellement préjudiciel; il n'y aura eu, en dépit de la plus pressante évidence contraire, ni violence, ni dol. Mais il restera un fait civilement illicite, punissable par la déclaration de paternité. — Il n'y aurait pas un doute possible, alors que, l'accusé ayant été déclaré *coupable*, la Cour aurait prononcé son *absolution*, parce que le fait qu'aurait incriminé la *prévention*, ne se trouverait défendu par aucune loi pénale (C. d'inst. crimin., art. 564). — Tel serait, comme on l'a vu, l'enlèvement, par la plus coupable séduction, d'une fille qui vient d'accomplir sa vingt et unième année. — Mais, pourrait-il y avoir encore, au point de vue de la loi civile, un délit ou quasi-délit obligeant à des dommages-intérêts, dans l'hypothèse d'un acquittement pur et simple sur une déclaration de non culpabilité? — C'est une femme passionnée qui aurait elle-même préparé les moyens d'enlèvement, et, un poignard à la main, contraint son amant dont elle veut s'assurer la possession exclusive à monter avec elle

dans une chaise de poste amenée nuitamment à la porte
de l'hôtel paternel, qui n'a pas su défendre son prodigue
futur maître d'un tyrannique amour. — La lâche con-
descendance de ce jeune homme serait encore à nos
yeux un délit ou quasi-délit qui donnerait lieu, du moins
à l'égard de l'enfant, à l'application des articles 1382
et 340 (Cod. Nap.). — C'est ainsi que nos vieilles coutumes punissaient la pusillanimité d'un mari qui se laissait
battre par sa femme, en obligeant cet indigne *maître et sei-*
gneur à publier lui-même sa honte, monté à rebours sur
un âne. — Le tribunal civil doit avoir, pour apprécier
la déclaration du jury, au point de vue de la répression
civile, dans l'intérêt des personnes lésées, la même latitude que la Cour d'assises saisie de l'action privée en
même temps que de l'action publique. Or, aux termes de
l'article 358, 2ᵉ alinéa, du Code d'instruction criminelle,
la Cour d'assises, ainsi que nous avons déjà eu l'occasion
de le faire remarquer, peut avoir, même dans le cas d'un
acquittement pur et simple, à apprécier et liquider les
dommages-intérêts réclamés par la partie civile. « Le
jugement criminel, comme l'a encore très bien expliqué
Merlin, ne lierait les mains au juge civil que lorsqu'entre
le fait sur lequel a porté l'action publique et celui qu'il
s'agit ensuite de juger civilement, il y a une connexité
tellement étroite que la vérité ou fausseté de l'un emporte la vérité ou fausseté de l'autre. Ainsi, il faudrait
que le jury eût déclaré que le fait n'existe pas, ou qu'il
a un autre auteur que le prévenu, pour que le jugement
rendu sur l'action publique reçût à l'action civile une
application nécessaire et forcée (1). » D'après une juris-

(1) Merlin, *Quest. de droit,* vᵒ Faux, § 6; t. VI, p. 243, 2ᵉ édit.

prudence bien établie, la déclaration que *le fait n'est pas constant*, ou que *l'accusé n'est pas coupable*, n'exclurait devant le juge civil, *ni l'existence du fait, ni la participation de l'accusé au délit* (1). « Attendu, a dit la Cour de cassation, pour justifier son arrêt du 5 novembre 1818, que si la déclaration du jury, rendue conformément à la formule des articles 337 et 345 (C. d'instruct. crimin.), exclut le crime de l'accusation, elle ne décide pas nécessairement en faveur de l'accusé les faits ou circonstances qui peuvent le soumettre à des réparations civiles (2). »

Le Code Napoléon, sans proclamer le principe, en a fait une remarquable application par son article 235 qui, après avoir décidé, conformément à la maxime : « Le criminel tient le civil en état, » que « si quelques-uns des faits sur lesquels est fondée une demande en divorce donnent lieu à une poursuite criminelle, l'action tendant au divorce restera suspendue jusqu'après le jugement du tribunal criminel, » ajoute « qu'il ne sera permis d'inférer de ce jugement aucune fin de non recevoir ou exception préjudicielle contre l'époux demandeur reprenant l'instance suspendue. » Des injures ou sévices qui ne sont pas réprimés par la loi pénale peuvent néan-

(1) « Entre une déclaration portant que *le fait n'est pas vrai*, et une déclaration que *le fait n'est pas constant*, c'est-à-dire qu'il n'est pas prouvé, « la distance est immense; car cette demande n'exclut nullement l'existence « du fait; elle le laisse incertain, en proclamant que les preuves produites « pour l'établir ont été trouvées insuffisantes. » (Mangin, n° 427, t. II, p. 417.) — La déclaration : *Non, l'accusé n'est pas coupable*, est bien moins positive encore *sur l'existence du fait ou la participation de l'accusé au délit*; elle exclut l'intention criminelle, mais non le fait même et la faute civilement punissable.

(2) Dalloz, *Recueil alph.*, t. II, p. 657. — *Journal du Palais*, t. XIV, 1817-1818, p. 1048, 1049.

moins être assez graves pour faire prononcer le divorce ou la séparation de corps (1).

Le cas du viol, en ce qui touche la déclaration de paternité, pourrait donner lieu aux appréciations les plus délicates. — Le crime a été incomplet d'après la physiologie des médecins; et un jury libéral, très indulgent lorsqu'il ne s'agit pas d'un vol de charrue, n'y aura vu qu'un excusable outrage à la pudeur publique. Le juge civil pourra-t-il sur la poursuite de l'enfant, dont la naissance ferait légalement remonter la conception au jour de ce crime avorté, imposer au ravisseur les charges d'une paternité naturelle? La fécondation étant possible, d'après le docteur praticien Fodéré, nous déciderions l'affirmative, si d'ailleurs la mère était de mœurs irréprochables. — Il y aurait un rapt des plus scandaleusement notoires; et cela doit suffire pour des dommages-intérêts, de quelque manière qu'ils soient appréciables.

Il est, hors des cas exceptionnels d'enlèvement ou de viol, une recherche de paternité autorisée par l'institution même de la reconnaissance légale : nous voulons parler de l'action qu'aurait un enfant qui, reconnu dans la forme authentique prescrite pour opérer la quasi-légitimation, se trouverait, par abandon ou autrement (ce qui peut arriver à l'enfant légitime lui-même), n'avoir point la possession d'état confirmative de son titre, et se verrait, lorsqu'il se présente pour réclamer ses droits, repoussé comme n'étant pas celui auquel s'appliquerait l'acte qu'il invoque à l'appui de ses pré-

(1) Portalis, ministre de la justice. Procès-verbal du 14 nivôse an X.

tentions. — Toute la difficulté consisterait à savoir com- ♠
ment il serait admis à établir l'identité qu'on lui conteste. Nous répondrons, en témoignant d'une impartialité dont le sexe le plus fort devra nous savoir gré : *Par
la preuve testimoniale*, il le faut bien, *mais avec un commencement de preuve par écrit*, tel que nous expliquerons
qu'il est rigoureusement exigé pour la recherche de la
maternité. — Il n'est point, nous le reconnaissons, dans
l'esprit du Code consulaire que la preuve d'une filiation illégitime soit plus facile contre le père, qu'elle ne
l'est contre la mère. Nous n'appliquerons à cette recherche de la paternité, ni l'article 323, ni l'article 324,
que nous ne croyons pas susceptibles d'être étendus de
la filiation légitime à la filiation naturelle. — Nous
nous renfermerons dans les dispositions moins larges
des articles 341 et 1347. — Ce serait d'ailleurs en ce cas
une question d'état, qui, bien que d'un ordre inférieur,
se trouverait exclusivement du ressort des Tribunaux
civils, et sur laquelle il ne serait point légalement possible de compromettre ou de transiger ; double proposition que nous développerons, après avoir exposé toutes
les règles de la recherche judiciaire d'une paternité ou
maternité naturelle.

Nos législateurs, si soucieux de l'honneur du sexe qui
s'en passe volontiers, ont sacrifié à une étroite et fausse
logique celui du sexe dont c'est le premier bien. —
« La paternité, ont-ils dit, étant un mystère impénétrable, il eût été inique et insensé d'en autoriser la recherche, parût-elle prouvée par les aveux illégalement

géminés du père prétendu (1) ; il est au contraire parfaitement juste et raisonnable que la maternité puisse
être recherchée, parce que se trouvât-elle, par le fait
de l'homme, couverte du voile le plus épais, la nature
même, loin d'en faire un mystère, la manifeste à l'œil
humain par des signes extérieurs irrécusables, la grossesse et l'enfantement (2). » Et là dessus tous nos docteurs de répéter comme à l'envi l'un de l'autre: « Le
« père est toujours incertain, la mère au contraire tou-
« jours certaine : *pater incertus sed mater certa* (3) ».

C'est là confondre à plaisir deux ordres de choses essentiellement différents : *le phénomène physiologique et la
preuve juridique* de la paternité. Que le phénomène
échappe à toutes les investigations de la science, *aux per-
ceptions les plus subtiles des sens* (4), soit ; et, à dire le vrai,
il n'en est guère autrement de la maternité ; mais, juridiquement, il peut y avoir des preuves de l'une comme
de l'autre : le Code Napoléon ne considère-t-il pas lui-
même la paternité naturelle comme étant légalement
prouvée par la coïncidence de l'époque de la conception
de l'enfant avec celle de l'enlèvement de la mère par le
père prétendu? Et, aux yeux de la raison philosophique,
ne le serait-elle pas plus sûrement encore par le témoignage même, très explicite, très précis de cet homme qui
n'entend plus être père, du moment où le devoir suc-

(1) Duveyrier, à la séance du 2 germinal an XI. (Locré, *Législ.*, t. VI,
p. 320 ; — *Esprit du Code Nap.*, t. V, p. 270.)
(2) Duveyrier, loc. cit. (Locré, *Législ.*, t. VI, p. 321 ; — *Esprit*, t. V
p. 270.)
(3) Loiseau, p. 394-410. — Vermeil, *Code des enfants naturels*, p. 34, cité
par Richefort, n° 325, t. II, p. 270.— Demolombe, t. V, n° 495, p. 499.—Etc
(4) Duveyrier, loc. cit.

cède au plaisir? Supposez, ce qui est très commun, une série de lettres ou billets attestant mille fois, et sur tous les tons, sous toutes les formes, *ce mariage de la simple nature, cette ineffable union des cœurs*, puis cette grossesse, *qui devait en resserrer et perpétuer les doux liens*. Et cet enfant, qui était avant sa naissance *le gage vivant d'un éternel amour*, réclamant en justice les moyens de vivre, prétendrait témérairement arracher à la nature son mystérieux secret! N'a-t-il pas été dit au Conseil d'État, avec son tacite assentiment : « La certitude de la « paternité peut être aussi forte hors du mariage qu'elle « l'est sous le mariage (1)? »

D'un autre côté, la maternité sera-t-elle juridiquement bien certaine, lorsque la mère prétendue n'étant pas

> de ces femmes hardies
> Qui goûtent dans la honte une tranquille paix
> Et se sont fait un front qui ne rougit jamais,

aura soigneusement dérobé sa grossesse à tous les regards; et, cachant son nom et son état, sera secrètement accouchée hors de son domicile, à Londres, à Paris, où ne se connaissent pas les gens qui sont sur le même palier? Et serait-il donc alors *barbare autant qu'impolitique*, en style d'orateur du Tribunat, *de refuser à l'enfant*, (aux besoins et à l'éducation duquel une main inconnue aura généreusement pourvu), *le droit de retrouver* (c'est-à-dire de déshonorer sans avantage réel pour lui-même) *cette mère qui se cache, mais que la na-*

---

(1) Le conseiller Emmery. (Locré, *Législ.*, t. VI, p. 182.)

ture (oui, physiologiquement) *ne refuse jamais de découvrir* (1)?

Disons-le hautement, la double maxime sous forme d'antithèse :

« La recherche de la paternité est interdite,

« La recherche de la maternité est admise, »

est une monstruosité morale et législative, rien autre chose *que la loi du plus fort*; et c'est contre cet antagonisme brutal que les femmes devraient protester, et non contre la disposition qui fait au mari un devoir d'aimer et de protéger sa femme, comme à celle-ci de lui obéir suivant la loi de Dieu. — Mais les femmes *libres* qui demandent à grands cris l'abrogation légale du précepte de saint Paul, ne s'inquiètent guère au fond de l'honneur de leur sexe.

Cependant, nous renfermant avec discrétion en notre humble rôle d'interprète, nous n'effacerons du Code Napoléon ni l'un ni l'autre de ces axiomes que nous aurons avec trop de sévérité qualifiés de *monstrueux*, s'ils doivent recevoir l'explication doctrinale et l'application pratique que commande impérieusement à nos yeux le plus vulgaire sentiment de la justice naturelle et des convenances sociales.

La mère naturelle pourra être judiciairement contrainte à reconnaître son enfant, oui; mais sous la condition essentielle, à laquelle rien ne saurait suppléer, *qu'elle aura, par un écrit de sa propre main, fait au réclamant un aveu personnel et direct plus ou moins explicite de son extra-légale maternité.*

---

(1) Discours précité de Duveyrier, n° 40. (Locré, *Légist.*, t. VI, p. 321.)

Aurons-nous par cette proposition, fidèlement analysé les dispositions du Code Napoléon qui décrètent et organisent la recherche judiciaire de la maternité? C'est ce dont il s'agit de s'assurer. — Voici les termes mêmes dans lesquels elles sont conçues :

« L'enfant qui réclamera sa mère sera tenu de prou-
« ver qu'il est identiquement le même que l'enfant dont
« elle est accouchée. — Il ne sera reçu à faire cette
« preuve par témoins, que *lorsqu'il aura déjà un com-*
« *mencement de preuve par écrit* (Cod. Nap., art. 341,
« 2° et 3° alinéas), » c'est-à-dire, suivant la définition
que donne du commencement de preuve par écrit la
disposition générale de l'article 1341, *un acte émané de*
la mère même, qui rende vraisemblable la maternité ré-
clamée.

Ces dispositions, qui nous paraissaient exprimer, sinon avec une bien juste exactitude juridique, du moins assez clairement l'intention du législateur de ne pas mettre une malheureuse femme à la merci du premier intrigant qui la réclamerait pour mère, ont été, par les pipeurs de mots, torturées dans les sens les plus opposés, et comprises par les plus sérieux commentateurs de quatre ou cinq manières contradictoires; tant cette institution de la reconnaissance légale des enfants illégitimes est antipathique à la saine raison du droit !

Et d'abord, la plupart, avec un accord qui n'est pas heureux, font de l'accouchement une question *essentiel-*
lement préjudicielle. — *La disposition spéciale,* dit-on,
ne demandant à l'enfant prétendu que la preuve de son

identité, suppose par là même PRÉALABLEMENT *établi sui-vant le droit commun le fait de l'accouchement* (1).

Mais quel sera, d'après ce droit commun du Code Napoléon, le mode de preuve de l'accouchement? Nous n'aurons plus ici à déplorer un malencontreux accord.

Et ne nous attachant, pour abréger, qu'aux noms qui ont le plus d'autorité, le premier doyen de Paris veut que, sans aucun commencement de preuve par écrit, l'accouchement soit *de plano* prouvé par témoins, parce que ce mode de preuve est la règle générale pour les faits, et que si l'article 341 parle d'un commencement de preuve par écrit, ce n'est qu'à propos de l'*identité*; or, *qui dicit de uno, negat de altero.*— « Quant à l'accouche-« ment, dit-il, je pense qu'il peut être prouvé par té-« moins, quand même il n'existerait aucun commence-« ment de preuve par écrit. De droit commun, les faits « se prouvent par témoins, excepté dans les cas où la loi « exige un autre genre de preuve; or ici elle exige bien un « commencement de preuve par écrit; mais c'est uni-« quement pour l'identité (2). » Cette logique nous sur-prend péniblement chez un homme auquel il n'a manqué qu'une éducation juridique plus forte pour être le Pothier de notre âge (3). Serait-ce encore une funeste influence de la loi même sur un esprit si éminemment juste et si

(1) Toullier, *Droit civil français*, t. II, n° 912, p. 270. — Merlin, *Quest. de Droit*, v° Maternité, t. III, p. 397, 399, 2ᵉ édit. — Richefort, n° 327, t. II, p. 383, 389.

(2) Delvincourt, *Cours de Code civil*, note 1 sur la page 90 de la Iʳᵉ partie; t. I, p. 389, 2ᵉ édit.

(3) M. Delvincourt, simple licencié de l'ancienne Université, a été, par Napoléon Iᵉʳ, qui se connaissait en jurisconsultes comme en soldats, tiré d'un régiment de dragons pour diriger l'école de Paris, à la première réor-ganisation de l'enseignement du droit dans la France consulaire.

religieusement conservateur (1)? Eh quoi! Il suffirait à
un audacieux aventurier du témoignage de deux ou trois
complices pour porter la honte dans une famille! Et
cela, lorsque le législateur nous annonce lui-même so-
lennement qu'il a entendu donner aux femmes une garantie contre de téméraires recherches de la maternité,
en exigeant comme condition fondamentale de l'action
un aveu par écrit. « Si la crainte des vexations et de la
« diffamation a fait rejeter les recherches de la pater-
« nité, a dit l'orateur du gouvernement, ce serait pour
« les femmes un malheur encore plus grand, si leur
« honneur pouvait être compromis par quelques témoins
« complaisants ou subornés (2). »

Le docte doyen de Rennes, peut-être un peu par esprit de rivalité (3), arrive, par l'argumentation même de
son collègue de Paris, à une conclusion diamétralement
opposée, à savoir, que la preuve *préalable* de l'accouchement doit se trouver régulièrement et complétement
établie par écrit. « En matière d'état, dit-il, la preuve
« par témoins n'est reçue que dans le cas où la loi le per-
« met par une disposition expresse; or, notre article ne

(1) M. Delvincourt était un Français de l'ancien régime, qui, comme
MM. de Fontanes et Portalis, se soumit loyalement, sans arrière-pensée, à
l'ordre de choses établi par Napoléon Ier, *mais qui en aurait mieux aimé un
autre*, comme le reprochait le puissant empereur au président de son Corps
législatif, qui savait le louer avec tant de noble délicatesse et de gracieuse
indépendance. Notre Doyen devint, à la restauration des fils aînés de Saint-
Louis, franchement légitimiste, et mourut dans les mêmes sentiments pendant l'usurpation de la branche cadette.

(2) Bigot-Préameneux, procès-verbal du 21 ventôse an XI, n° 31. (Locré,
Législ., t. VI, p. 214.)

(3) M. Toullier n'était pas sympathique au *licencié* Doyen, qu'il ne croyait
pas digne de sa haute position. Il s'était, comme tant d'autres déçus d'un
rêve ambitieux, jeté dans l'opposition napoléonienne dite *libérale*, et fut
révoqué comme doyen, en 1816.

« permet de prouver par témoins que *le fait de l'identité*;
« donc le fait de l'accouchement ne pourra être prouvé
« que par écrit : *Qui dicit de uno, negat de altero* (1). »

Le Dumoulin du siècle reprend l'un et l'autre doyen
avec une égale sévérité. « Où donc est-il écrit, s'écrie-
« t-il, qu'il faut en matière d'état une disposition ex-
« presse de la loi, pour que la preuve par témoins soit
« reçue? Je le dis sans hésiter; nulle part..... Et le
« second argument de M. Toullier est encore plus
« étrange..... Que faudrait-il conclure de l'article 341
« combiné avec l'axiome : *Qui dicit de uno, negat de al-
« tero?* Rien autre chose, si ce n'est qu'il n'est pas be-
« soin d'un commencement de preuve par écrit pour
« faire recevoir la preuve de l'accouchement ; *consé-
« quence absurde* (2)..... *Car, si un commencement de
« preuve par écrit est légalement indispensable pour la
« preuve de l'identité qui n'est certainement que le fait
« accessoire, à plus forte raison le sera-t-il pour la preuve
« de l'accouchement même qui est évidemment le fait prin-
« cipal.....* Il n'est pas possible que la loi se montre
« moins sévère sur le mode de preuve de celui-ci, qu'elle
« ne l'est sur le mode de preuve de celui-là (3). »

Sans nous permettre de qualifier d'*absurde* ou d'*étrange*
la doctrine de nos anciens collègues et maîtres, nous
donnerons le prix à celle de leur rude antagoniste, laquelle est cependant encore loin de nous satisfaire. —
La preuve *préjudicielle* du fait de l'accouchement n'est
point réclamée par la lettre du Code, et est encore moins

(1) *Droit civil français*, t. I, n° 942, p. 270, 271.
(2) Merlin, *Répert.*, v° Maternité, n° 4, t. XVII, p. 188.
(3) Merlin, loc. cit., n° 3, p. 183.

dans son esprit. Nos législateurs n'ont pu raisonnablement vouloir, surtout avec leur intention de sauvegarder autant que possible la pudeur du sexe, que le soi-disant enfant fût admis à prouver un accouchement *douteux*, sans justifier en même temps de son identité. — Quoi! l'on flétrirait la mère comme *par provision*, sauf à reconnaître ensuite si le réclamant est ou n'est pas l'enfant dont elle est accouchée! — Le texte de l'article 341 no suppose pas *nécessairement*, comme l'a dit Merlin, l'accouchement déjà prouvé. Si ce fait capital se trouve antérieurement à la demande en reconnaissance établi par un acte régulier, rien de mieux pour l'enfant qui n'aura plus à prouver que son identité; mais si l'accouchement n'est lui-même que vraisemblable, aucune des expressions mêmes de la loi n'implique l'idée qu'il doive être prouvé *préjudiciellement* au fait de l'identité. — Tout commande alors que les deux faits soient prouvés simultanément, et comme essentiellement subordonnés l'un à l'autre; en d'autres termes, ce que demande ici le Code Napoléon, non moins que la loi morale et la raison philosophique, c'est une sorte de preuve complexe de la filiation même, comprenant *indivisiblement* et le fait de l'accouchement et le fait de l'identité.

Telle est la dernière interprétation des deux écoles: « Le législateur, dit l'une, n'a point exigé la preuve de « deux faits distincts, mais celle d'un fait complexe, en « soumettant cette preuve à une condition restric- « tive (1).—D'après la contexture grammaticale de l'ar- « ticle 341, dit l'autre, la preuve à faire par celui qui

(1) Ducaurroy, n° 500 *in fine*, t. 1, p. 338.

« recherche la maternité est, contrairement à ce que pro-
« pose M. Merlin, une preuve complexe qui doit porter
« tout à la fois sur l'accouchement et sur l'iden-
« tité (1). »

C'est beaucoup se rapprocher de la vérité; mais, pour
qu'on la puisse bien saisir, elle doit encore être dégagée
d'un doute sérieux.

Peut-il y avoir une preuve ou un commencement de
preuve par écrit de l'identité même; et ne doit-il pas
suffire au réclamant, pour être admis à prouver sa filiation par témoins, d'un commencement de preuve par
écrit du fait capital de l'accouchement?

Il semble que, par la force même des choses, une
preuve ou semi-preuve littérale de l'identité n'est pas
possible; car un écrit, en quelques termes qu'il soit
d'ailleurs conçu, ne saurait par lui-même prouver,
même imparfaitement, son application à la personne qui
le produit; et, comme le disait à ce sujet le ministre
de la justice : « Il n'y a un véritable commencement de
« preuve par écrit, que lorsqu'il est direct et relatif à la
« personne, *et non lorsqu'il peut s'appliquer à plu-*
« *sieurs* (2). »

Diverses explications du second alinéa de l'article 341
ont, à ce point de vue, été proposées, mais sans beaucoup
de succès.

Et pourquoi donc, a-t-on dit d'abord, l'écrit ne ren-
fermerait-il pas une indication précise et certaine de la
personne même du réclamant? Si cet acte annonce que
l'enfant, dont la mère prétendue est accouchée, porte un

(1) Zachariæ, § 570, note 9, t. IV, p. 79.
(2) Locré, *Législ.*, t. VI, p. 125.

certain signe distinctif, peut-être unique, par exemple, comme une célèbre famille de Thèbes, *un fer de lance sur le ventre,* ne sera-t-il pas un excellent commencement de preuve par écrit pour celui sur lequel se trouverait ce même signe particulier ?

Nous ne contesterons pas qu'un tel signalement ne puisse plus ou moins satisfaire au vœu de notre disposition. Mais l'on ne fait pas une loi pour une famille gratifiée *d'un fer de lance sur le ventre* ou d'une fleur de lys sur le cœur : *Ex his quæ forte uno aliquo casu accidunt jura non constituuntur.* — Une indication qui pourrait être moins rare, celle que l'enfant est boiteux, borgne ou bossu, serait aussi beaucoup moins décisive ; car avec nos lois de recrutement, et notre croissante démoralisation, nous ne manquons pas de ces constitutions défectueuses et malsaines. — Cette première explication de l'article 341, 2° alinéa, est donc au moins très insuffisante.

L'on en a donné une autre plus large ; mais elle conduirait à l'abrogation de la règle même, qui subordonne l'admission de la preuve testimoniale à un commencement de preuve par écrit. « Le seul moyen de sortir de « cette difficulté dont aucun auteur ne paraît s'être « douté, dit l'école allemande, c'est d'admettre le ré- « clamant, qui produit un écrit dont il entend faire ré- « sulter un commencement de preuve de son identité, « à prouver, au moyen de la possession d'état dont il « jouissait au moment de ce témoignage écrit, qu'il s'ap- « plique réellement à lui (1). » — Très bien, mais voilà

_____

(1) Zachariæ, loc. cit., note 8, t. IV, p. 78.

une preuve testimoniale de faits indicatifs de la filiation, admise au profit du réclamant, avant qu'on ne sache si l'écrit, qui seul autorise cette admisssion, s'applique véritablement à sa personne. Et ne serait-ce pas là une violation flagrante de l'article 341, qui défend de prouver l'identité par témoins, sans une semi-preuve littérale *préexistante?*

Quelques-uns, ne voyant là qu'un impasse infranchissable, ont pensé que, dans le 2ᵉ alinéa de l'article 341, le législateur n'avait pas précisément dit ce qu'il voulait dire, et que ce commencement de preuve par écrit dont il fait une condition *sine qua non* de l'admission de la preuve testimoniale pour établir l'identité, pouvait et devait même généralement porter sur l'accouchement même ; et d'autant mieux que ce fait capital prouvé peut raisonnablement faire présumer le fait accessoire de l'identité. Une première rédaction de l'article 341 disait formellement que *le registre de l'état civil constatant la naissance d'un enfant, dont le décès n'était pas prouvé, pouvait servir de commencement de preuve par écrit* (1). Et c'est ce que semblerait en définitive admettre notre école allemande : « Si la possession d'état est contestée, « la preuve pourra s'en faire par témoins, quoiqu'il n'y « ait pas de commencement de preuve par écrit, *pourvu* « *qu'il existe une preuve littérale ou un commencement de* « *preuve par écrit de l'accouchement* (2). »

Nous croyons fermement que notre article 341, 2ᵉ alinéa, a dit *ce qu'il voulait*, et mieux encore, *ce qu'il devait!*

(1) Locré, *Législ.*, t. VI, p. 30. — Demol., loc. cit., p. 508, 509.
(2) Zachariæ, loc. cit., § 570, t. IV, p. 76, 77.

dire ; ou, si l'on veut, que la rédaction de cette disposition rend très fidèlement la pensée de ses auteurs.

Une preuve littérale de l'accouchement, fût-elle complète et régulière, peut ne pas donner le plus léger indice
de l'identité, et ne saurait dès lors, suivant nous, déterminer en aucun cas l'admission de la preuve testimoniale de la filiation naturelle qui n'est pas établie par une
pleine, publique et constante possession d'état (proposition que nous aurons ailleurs à développer). Mais il n'y
a pas réciprocité ; une preuve ou semi-preuve littérale
de l'identité est en même temps une preuve ou semi-
preuve *implicite* mais *nécessaire* de l'accouchement. Une
femme ne peut pas, en effet, être mère sans accoucher,
ni dès lors reconnaître plus ou moins explicitement
qu'un tel est son fils, sans témoigner par là même *virtuellement* du fait de son accouchement tenu plus ou
moins secret. « Il est impossible de concevoir, dit l'école
« allemande elle-même, qu'un écrit qui formerait un
« commencement de preuve de l'identité d'un indi-
« vidu avec l'enfant dont une femme est accouchée,
« ne formât pas en même temps un commencement
« de preuve de l'accouchement (1). » En demandant, pour admettre la preuve testimoniale du fait
complexe de la filiation naturelle, un commencement
de preuve par écrit de l'identité, nos législateurs ont
donc, par là même, exigé qu'il y eût au même degré une
preuve littérale du fait de l'accouchement. S'ils se fussent
bornés à signaler comme condition de l'admission de la
preuve testimoniale le commencement de preuve par

(1) Zachariæ, § 570, note 11 *in fine,* t. IV, p. 80.

écrit de l'*accouchement*, leur rédaction eût été très infidèle à leur pensée législative. — Ainsi l'article 341, 2ᵉ alinéa, s'exprime avec une égale exactitude grammaticale et juridique; c'est peut-être la disposition la plus correcte de notre loi des enfants naturels, celle qui laisse le moins à désirer; et nous nous étonnons qu'elle ait donné lieu à tant d'interprétations diverses.

Il ne nous reste qu'à reconnaître comment, en cas de dénégation, le réclamant pourra convaincre le juge que la reconnaissance imparfaite qu'il lui présente comme un commencement de preuve par écrit s'applique à lui, et ne peut s'appliquer qu'à lui. — En thèse générale, sans doute, par la déclaration de ceux qui l'ont connu sous le nom et avec la qualité que lui donne l'écrit. — Mais ce ne sera point la preuve testimoniale, essentiellement subordonnée par notre article 341 au commencement de preuve par écrit lui-même. — L'on n'articulera point ici de faits caractéristiques d'une possession d'état plus ou moins imparfaite, qui tendrait à compléter la preuve de l'accouchement et de l'identité. — L'on demandera simplement à faire constater qu'on est bien la personne désignée dans l'écrit produit en justice, et à laquelle il était destiné; qu'on en est enfin le légitime possesseur. — C'est, par exemple, une lettre missive envoyée par la poste à *Jacques* ou *Martin, apprenti chez tel maître-ouvrier*, ou *commis dans tel magasin*. Sera-ce contrevenir à la règle prohibitive de l'article 341 que d'admettre le porteur de cette lettre à prouver qu'il est bien le Jacques ou le Martin apprenti ou commis auquel elle a été et dû être remise? Cette preuve acquise, remarquez-le bien, l'accouchement et l'identité n'en de-

viendront pas plus vraisemblables; le complément de
preuve à faire restera exactement le même ; l'instruction
démonstrative de la maternité réclamée n'aura point
avancé d'un pas. Seulement, il demeurera constant que
l'écrit confidentiel où la mère prétendue laisse entrevoir
que celui auquel elle ouvre ainsi son cœur et sa conscience, est le fruit d'une faiblesse qu'elle déplore,
s'adressait effectivement à ce *Jacques, apprenti* ou *Martin,
commis*, qui l'a actuellement entre les mains, et s'en
prévaut, comme d'un commencement de preuve littérale
de la filiation naturelle qu'il prétend, le plus souvent
avec une odieuse ingratitude, faire judiciairement reconnaître.— Nous ne voyons pas, en vérité, dans la loi,
ce cercle vicieux que plusieurs auteurs y signalent, tout
en l'excusant comme une indéclinable nécessité. Autre
chose est en effet d'établir, par des faits plus ou moins
isolés de possession d'état, son identité avec l'enfant
dont telle femme est accouchée, autre chose de prouver
qu'on est bien réellement l'individu, *fils ou* non *de cette
femme*, dénommé dans l'écrit dont on entend se faire
l'application pour remplir la condition du commencement de preuve par écrit, qui peut seule d'ailleurs rendre
recevable à établir par témoins la filiation contestée.

L'article 341 (Cod. Nap.) s'en réfère au droit commun pour caractériser le commencement de preuve
par écrit, sous la condition duquel il permet la preuve
testimoniale de la maternité naturelle. Il faudra donc
que cet écrit rende la maternité tellement vraisemblable
que la conscience du juge en soit pleinement rassurée
contre les redoutables dangers de la criminelle subor-

nation des témoins ou de leurs aveugles préventions,
beaucoup plus à craindre encore que leur complice vé-
nalité ; et que, de plus, il soit l'œuvre personnelle, et
ce n'est pas dire trop, *personnalissime* de la mère prétendue elle-même. C'est en vain que pour sortir ici de
la règle générale tracée par l'article 1347 (Cod. Nap.),
l'on invoquerait la disposition spéciale du chapitre *Des
preuves de la filiation légitime* (Cod. Nap., art. 324),
portant : « Le commencement de preuve par écrit (de-
« mandé par l'article précédent pour que l'enfant du
« mariage soit, à défaut de titre et de possession con-
« stante de son état, admis à prouver sa filiation par té-
« moins) résulte des titres de famille, des papiers do-
« mestiques du père ou de la mère, des actes publics et
« même privés, émanés d'une partie engagée dans la
« contestation ou qui y aurait intérêt si elle était vivante.»
Cette règle exceptionnelle ne saurait, et par la place
qu'elle occupe au Code, et par les termes dans lesquels
elle est conçue, et par l'esprit qui a présidé à sa rédaction, recevoir aucune application à la filiation illégitime.
Évidemment, il n'y a pas pour le bâtard de *titres de famille* et de *papiers domestiques*. Et, quant aux actes d'une
autre partie figurant au débat, ou d'une personne qui,
vivante, y serait nécessairement intervenue, nous concevons, et chacun concevra avec nous, que la reconnaissance de l'un des chefs de la famille légitime fasse admettre contre les autres une preuve testimoniale qui,
vraisemblablement, dissipera tous les doutes ; le lien
civil et religieux qui identifie juridiquement tous les
membres de cette sorte de personne morale, la solidarité qui, par la force même des choses, pèse sur eux, et

la communauté de leurs intérêts de fortune, ne permettent guère de suspecter la sincérité de cette reconnaissance isolée. — Les père et mère unis par le mariage et les enfants nés d'eux ne sont point réellement les uns à l'égard des autres *tierces personnes,* dans une question de filiation. — Mais quelle confiance pourrait inspirer une attestation plus ou moins équivoque de maternité extra-légale, par un homme civilement et religieusement étranger à la mère, et qui moralement et légalement est bien pour elle, un tiers, pouvant avoir, et ayant trop souvent des intérêts contraires aux siens (intérêts de passion, intérêts d'argent). Comment d'ailleurs concilier cette demi-force probante d'une déclaration de la maternité naturelle par le père, avec la disposition de l'article 336 (Cod. Nap.), qui veut qu'elle soit *de nul effet,* si elle a eu lieu sans l'aveu personnel de la mère elle-même ? — Et pour indiquer une autre application vraiment inacceptable de la théorie que nous repoussons, se figure-t-on des enfants compromettant l'honneur et l'existence sociale de leur mère par la révélation accusatrice ou inconsidérée d'un fait délictuel ou quasi-délictuel, sur lequel il serait de leur devoir de fermer les yeux ? — Enfin le législateur a pris le soin d'expliquer lui-même sa pensée de manière à prévenir tous les doutes ; il annonce dans la discussion vouloir établir une différence profonde entre la preuve de la filiation légitime et la preuve de la filiation naturelle, et il en développe ainsi les motifs : « Il n'en est point ici, comme « dans le cas où un enfant réclame les droits de la légi-« timité ; alors, toute espèce de preuve doit être admise. « Mais si l'on donne la même latitude aux enfants nés

« hors mariage, l'on expose une femme à craindre
« une action flétrissante pendant tout le cours de sa vie.
« Il est donc nécessaire de modérer cette action afin
« d'en prévenir les abus (1). »

La Cour régulatrice est allée plus loin. — Le commencement de preuve par écrit peut, d'après l'article 323
(Cod. Nap.) être suppléé, pour l'admission de la preuve
testimoniale d'une filiation légitime, *par des présomptions graves résultant de faits dès lors constants.* — Ces
présomptions naissant d'elles-mêmes de faits accomplis,
nous sembleraient avoir une tout autre valeur probante
que des témoignages étrangers suspects de sentiments
de haine et de vengeance, ou d'un sordide intérêt, ou
d'une coupable légèreté ; et nous n'aurions pas trop ré-
pugné à les admettre ici comme l'équivalent d'une semi-
preuve littérale. Mais la vérité est que cette équipollence
n'a été établie que par une disposition spéciale et pour
la preuve de la filiation légitime ; et il a paru au grand
jurisconsulte du siècle qu'elle ne devait pas être étendue
à la filiation naturelle. *Si l'article 341 avait voulu*, fait
remarquer Merlin, *que des présomptions simples pussent
tenir lieu du commencement de preuve par écrit, il l'aurait
dit.* « Il l'aurait dit, parce que l'article 323 l'avait déjà dit
« pour la filiation légitime ; il l'aurait dit, parce que l'ar-
« ticle 323 avait déjà fait entendre que *de présomptions, des
« indices résultant de faits dès lors constants* n'équipollent
« point par eux-mêmes à un commencement de preuve
« par écrit, et qu'ils ne peuvent tenir cette équipollence
« que d'une disposition expresse et spéciale de la loi ;

(1) Séance du Conseil d'État du 26 brumaire an X. (Locré, *Législ.*, t. VI,
p. 126.)

« il l'aurait dit pour prévenir l'induction contraire à
« laquelle aurait nécessairement conduit l'article 323 ;
« il l'aurait dit enfin pour empêcher qu'on n'appliquât
« à l'article 323, mis en parallèle avec l'article 341,
« l'axiome : *Qui dicit de uno, negat de altero* (1). » —
Et la Cour de cassation abondant en ce sens : « Attendu,
« dit-elle en son arrêt réformateur du 21 mai 1810, que
« ce n'est que dans le cas de la filiation légitime que
« l'article 323 permet de recevoir la preuve par témoins,
« lorsque les présomptions et indices résultant de faits
« dès lors constants sont assez graves pour déterminer
« l'admission ; qu'aucun article du Code n'étend cette
« faculté au cas de la filiation naturelle ; d'où il résulte
« qu'en admettant le mineur Abel à la preuve testimo-
« niale sur le fondement des présomptions et indices
« résultant des faits de la cause, la Cour de Rennes a
« violé l'article 341, et faussement appliqué l'arti-
« cle 323 (2). »

Quelques auteurs ont enseigné qu'une lettre missive
n'était point un acte, et ne pouvait dès lors remplir la
condition du commencement de preuve par écrit qui
rend admissible la preuve testimoniale de la maternité (3). Nous ne gâterons pas notre thèse si vraie, si
morale, par des piperies de mots. L'article 1347 (Cod.
Nap.) qui définit le commencement de preuve par écrit :
tout ACTE *par écrit...* a été emprunté à Pothier qui
donne comme exemple, en quelque sorte typique, d'un
commencement de preuve par écrit, les énonciations in-

(1) *Quest. de Droit*, v° Maternité, t. III, p. 400, 401.
(2) Dalloz, 1810, 1re part., p. 302, 314.
(3) Marcadé, t. II, sur l'art. 324, n° 2.

complètes d'une correspondance ; le mot *acte* doit juridiquement être pris dans le sens le plus large, et s'appliquer à tout écrit susceptible d'être produit en justice
pour établir la preuve d'un lien de droit. — Mais nous
disons que l'enfant naturel qui prétend se faire admettre
à la preuve testimoniale de la maternité, ne peut se
prévaloir d'une lettre de sa mère prétendue, qu'autant
qu'elle lui a été adressée à lui-même ; des lettres confidentielles à des tiers ne sauraient être un titre pour
lui, même alors que ce ne serait pas un abus de confiance qui les aurait mises entre ses mains. L'invio-
labilité du secret des correspondances privées ne lui
en permettrait dans aucun cas une communication
judiciaire. Si nos tribunaux étaient bien pénétrés de
cette maxime de haute moralité et de sécurité sociale,
ils préviendraient le scandale de beaucoup de ces ingrates recherches de maternité. Le plus souvent, en
effet, le commencement de preuve par écrit, dont le soi-
disant enfant étaye sa prétention, consiste en des lettres
écrites sous le sceau du secret aux personnes chargées
de le nourrir et de l'élever, et pleines de ces instantes re-
commandations qui témoignent d'une affection profonde
ou d'un devoir religieusement accompli. — Nous ne
connaissons qu'un arrêt qui ait écarté des débats de la
cause une telle correspondance et déclaré que le juge
n'y aurait aucun égard (1). Puisse cet exemple être généralement suivi et faire jurisprudence. — Imaginerait-
on un tribunal dépourvu du sens moral, au point d'ac-

(1) Arrêt de la Cour d'Amiens du 21 juillet 1821. (Merlin, *Répert.*, v° Lettre,
n° 5, et v° Maternité, n° 3, t. XVII, p. 135.)

cueillir comme commencement de preuve par écrit une
lettre de la mère prétendue au prêtre catholique qui
dirigerait sa conscience (1)!

Des juristes ont imaginé un moyen de déshonorer
doublement une femme peut-être irréprochable, et sans
lui permettre aucune défense, la délation du serment
décisoire sur une maternité dont les faits de la cause ne
présentent pas le plus léger indice probant. « Le serment décisoire, disent-ils, ne peut-il pas être déféré sur
quelque contestation que ce soit, et encore qu'il n'existe
aucun commencement de preuve de la demande sur
laquelle il est provoqué ? » (Cod. Nap., art. 1358,
1360.)

Nous ne repoussons pas, en principe, et loin de là,
l'application des théories fondamentales du Code Napoléon aux institutions d'ordre public, qui sont l'objet
spécial de son premier livre ; mais c'est aussi un axiome
du droit commun, que lorsqu'il y a lutte entre une disposition générale et une disposition spéciale, c'est celle-
ci qui doit l'emporter : *Illud potissimum habetur quod
ad speciem directum est* (2) ; d'où le brocard des praticiens : *Per specialia generalibus derogatur.* Or, il est
manifestement dans l'esprit de l'article 341 (Cod. Nap.),
que la demande en déclaration d'une maternité naturelle ne soit recevable qu'autant qu'elle s'appuie sur un
écrit préexistant de la mère elle-même, aveu libre,
spontané, que ne saurait remplacer l'équivoque présomption résultant d'un serment trop souvent calom-

nieusement déféré, et refusé par une conscience inquiète et timorée. Sans doute, une femme doit nécessairement savoir si elle est accouchée d'un enfant
naturel; mais sera-t-elle toujours bien assurée que cet
enfant est l'inconnu qui la réclame pour mère? Et
combien, parmi celles-là même dont la conduite offre
le moins de prise à la malveillance, à de calomnieux
propos, préféreront une condamnation au supplice de
prêter, entre les mains de juges prévenus, un serment
que des avocats accueilleraient d'un narquois sourire,
et où le monde s'obstinerait à ne voir qu'un parjure?
C'était, d'ailleurs, une maxime de notre ancienne jurisprudence que personne ne pouvait être contraint à confesser en justice sa propre honte; et cette maxime de
pudique humanité, qui était dans nos mœurs sans être
dans nos lois, n'a certainement pas été abolie par le
silence du Code Napoléon. « Il est des lois d'honnêteté
publique qui n'ont pas besoin pour obliger d'être ins-
crites dans un Code (1). »

Le dernier commentateur du Code Napoléon, qui
voit une question d'état dans une recherche toute judiciaire de maternité naturelle, a une autre raison de décider, à savoir, que la délation du serment décisoire
est l'offre d'une véritable transaction, et que l'enfant ne
peut, par une telle convention, aliéner son état (2). Nous
ne croyons pas que cette appréciation du serment décisoire soit exacte. La transaction suppose, sur les droits
mêmes qui en sont l'objet, des sacrifices mutuels, *une*

---

(1) Richefort, n° 338, t. II, p. 408, 409.
(2) Demol., loc. cit., t. V, n° 512, p. 512.

sorte d'abonnement, dont exclut toute idée un serment déféré pour suppléer une preuve qui fait défaut. Ce quasi-contrat judiciaire serait plutôt une sorte d'arbitrage forcé, imposé par l'une des parties à l'autre, ou un acquiescement conditionnel soit à la demande de celle-ci, soit à l'exception de celle-là (1). Mais transaction, arbitrage ou abandon conditionnel du droit litigieux, peu importe ici ; car l'on ne peut pas plus compromettre que transiger sur son état, et encore moins y renoncer, ne fût-ce que conditionnellement.

Un autre auteur, considérant le serment décisoire comme une sorte d'anormale et périlleuse preuve testimoniale, voudrait qu'il ne pût être déféré sur la question de maternité naturelle, que sous la condition du commencement de preuve par écrit de l'accouchement et de l'identité, tel que l'exige l'article 341 du Code Napoléon (2). Ceci, que nous reconnaissons moralement acceptable, pourra paraître bien subtil, et nous nous en tiendrons à notre première solution qui satisfait à tout, au droit du Code Napoléon, comme au droit philosophique et aux mœurs.

Tous les commentateurs et arrêtistes se demandent, sur cette recherche judiciaire de la maternité, si un acte de naissance désignant nommément la mère, ne prouverait pas et l'accouchement et la filiation naturelle, ou

(1) Le serment offert, disons-nous en notre *Dictée d'un Professeur* (t. I, p. 160), est, de la part de celle des parties qui l'a déféré ou référé, un *acquiescement conditionnel* à la demande formée contre elle ou à l'exception proposée contre sa demande, et forme, par rapport à l'autre partie, le lien d'une sorte de quasi-contrat judiciaire, qui la constitue arbitre forcé dans sa propre cause, en soumettant à son témoignage la décision du juge.

(2) Richefort, loc. cit., p. 409, 410.

du moins·no constituerait pas un commencement de preuve par écrit, entraînant l'admission de la preuve testimoniale.

Cette question est résolue par les théories que nous avons précédemment exposées; mais, aux risques de fatiguer l'attention. du lecteur, nous la reprendrons comme en sous-œuvre et l'examinerons sous ses diverses faces ; ce que nous ferons d'ailleurs très sommairement, par manière de résumé.

La femme a-t-elle fait elle-même la déclaration de naissance, ou personnellement ou par un mandataire fondé d'une procuration spéciale et authentique, dans la forme prescrite par la loi de 1843? Cet acte la dési-gnant comme mère sera, non pas seulement une preuve de l'accouchement et de la maternité, mais bien une reconnaissance légale produisant tous les effets attachés par le Code Napoléon à cette sorte de quasi-demi-légiti-mation. Il pourra, sans doute, arriver que l'enfant ayant perdu ou n'ayant jamais eu peut-être la posses-sion publique de son état, la famille le repousse comme n'étant pas celui auquel doit s'appliquer cette solennelle reconnaissance ; mais la question d'identité résolue en sa faveur, il n'y aura point, à proprement parler, une reconnaissance judiciaire ou forcée ; le jugement ne sera que déclaratif de la quasi-légitimation opérée par l'acte de naissance même, et il conférera rétroactivement, du jour même de cet acte, au réclamant réintégré dans son état, les droits de succession et autres qui constituent cet imparfait état de famille. Nous croyons d'ailleurs fermement qu'en cette hypothèse l'enfant ne serait, comme en l'autre, admis à la preuve testimoniale de son identité, qu'avec le commencement de preuve par écrit défini par l'article 1347 (Cod. Nap.). Les pharisiens les plus hostiles aux victimes de la séduction, ne prétendront pas sans doute qu'il faille, en dépit de l'article 341, qui ne distingue point entre les divers cas où il y a lieu à la recherche de la maternité naturelle, les soumettre aux règles exceptionnelles qui favorisent, en dehors du droit commun, la preuve d'une filiation légitime. (Cod. Nap., art. 323-324.) Et, comme nous l'avons annoncé, nous ne voulons pas autre chose à l'endroit de ces pères naturels, qui, après avoir, dans le premier entraînement d'une éphémère générosité, gratifié d'une reconnaissance authentique l'enfant de leur coupable amour, l'ont, d'un coup de leur botte à revers, jeté dans le monde, et l'y ont abandonné sans le moindre souci de leurs devoirs. Encore une fois, nous reconnaissons que le Code Napoléon n'a pu vouloir admettre en aucun cas, plus largement contre le père qu'il ne l'a fait contre la mère, la preuve d'une filiation illégitime.

La mère prétendue n'aura-t-elle concouru à l'acte de naissance que par un écrit privé contenant un aveu plus ou moins explicite de sa maternité? il n'y aura plus là qu'une preuve ou semi-preuve littérale du fait de l'accouchement, insuffisante pour faire admettre la preuve testimoniale de l'identité, qui n'aurait pas elle-même son commencement de preuve littérale. Si cet écrit privé ne demandait aucun complément de preuve; que seul et par lui-même il prouvât pleinement le fait de la maternité, et que son application à la personne de celui qui le produit ne fût ni contestable ni contestée, il suffirait.

comme nous l'avons fait pressentir et l'établirons avec plus de développement en traitant des effets de la reconnaissance, pour fonder une demande en secours alimentaires ; et reconnu ou vérifié en justice, il vaudrait, ainsi que nous l'établirons au même lieu, comme reconnaissance judiciaire ; il en aurait tout à la fois la force probante et la force exécutoire.

Enfin, la femme désignée comme mère dans l'acte de naissance y est-elle restée absolument étrangère ? Cet acte sera par lui-même absolument sans valeur juridique : « Il n'y a point d'aveu, ni conséquemment de « reconnaissance de la part de celle qui ne participe pas « à la déclaration, » dit très bien la Cour de Bourges (1). Il ne pourrait être invoqué que comme confirmatif d'une possession d'état plus ou moins pleine, plus ou moins constante, plus ou moins publique. La mère qui n'aurait point, en fait, reconnu l'enfant à elle attribué par une déclaration publique sans sa participation, serait parfaitement fondée à diriger contre le déclarant, quel qu'il fût, une action en diffamation et à faire radier son nom des registres de l'état civil.

Nous avons, pour mettre le sceau à notre discussion de la recherche permise de la paternité ou maternité naturelle, à examiner et à résoudre une dernière question capitale, et, comme on peut le prévoir, très ardemment discutée : Quelle est, au point de vue de son exercice et de sa durée, la nature spéciale de cette action dont est

(1) Arrêt du 2 mai 1837. (Dalloz, 1838, II, p. 41.)

investi l'enfant naturel méconnu et repoussé par ceux auxquels il prétend devoir le jour? Suivant les uns, elle aurait le double caractère de l'inaliénabilité et de l'imprescriptibilité; suivant les autres, elle serait avec le plus parfait antagonisme, aliénable par transaction ou autrement, et soumise au droit commun des prescriptions qui font présumer la renonciation. « La qualité d'enfant naturel, dit la Cour d'Aix (1), ne donne point un état réel de famille, puisqu'elle ne rattache par aucun lien civil aux parents légitimes; et la disposition du chapitre de la filiation des enfants du mariage (Cod. Nap., 328), qui déclare imprescriptible et par là même inaliénable l'action en réclamation d'état, n'ayant point été reproduite au chapitre de la filiation des enfants naturels, est restée étrangère à ceux-ci, qui peuvent dès lors valablement traiter conventionnellement de leurs droits prétendus, et d'autant mieux que de telles transactions, loin de blesser l'ordre public, préviennent de retentissantes discussions qui compromettent gravement le repos et l'honneur des familles. » La Cour de Grenoble ayant, sur le renvoi de la Cour de cassation, à juger la même cause, dans la même espèce, dira précisément le contraire : « L'enfant naturel est sans doute dans une position inférieure à celle de l'enfant légitime; mais il n'en a pas moins un état représenté dans une sphère moins honorable et plus restreinte par les droits et devoirs que la nature et la loi attachent à sa naissance, droits et devoirs de leur nature inaliénables : et cette prohibition d'ordre public s'élevant à perpé-

(1) Arrêt du 16 juin 1836. (Dalloz, 1838, II, p. 78, 79.)

tuité contre toute disposition qui porterait atteinte à sa position sociale telle que la loi l'établit, il s'ensuit que l'action pour les réclamer est imprescriptible (1). »

Nous nous donnerons encore ici pour mission de mettre d'accord les Cours souveraines ; et nous le ferons à l'aide de nos théories fondamentales qui doivent être et seront, nous aimons à l'espérer, comme une panacée universelle aux déplorables incertitudes de la doctrine et de la jurisprudence.

L'enfant naturel prétend-il produire et produit-il, en effet, une reconnaissance dans la forme prescrite pour opérer la quasi-légitimation ? La Cour de Grenoble est dans la vérité légale. Si cet enfant n'a point, à proprement parler, l'état de famille que lui suppose Treillard dans la discussion préparatoire du Code (2), il est, du moins, vis-à-vis du père ou de la mère qui le repousse après l'avoir solennellement reconnu, investi de droits et passible de devoirs, dont, par le droit commun, ne saurait le dépouiller ni l'affranchir aucune convention ou prescription, et qui lui constituent dans la société une sorte d'inaltérable état civil. Soumis à la même puissance paternelle, à la même autorité tutélaire que l'enfant légitime, sujet à la même suprême direction, à la même répressive correction, aux mêmes prudentes garanties de consentement ou d'actes respectueux pour le mariage (3), comment pourrait-il, par sa capricieuse volonté ou par l'arbitraire présomption du temps qui ne peut philosophiquement rien créer, se

(1) Arrêt du 18 janvier 1839. (Dalloz, 1839, II, p. 61.)
(2) Locré, *législ.*, t. VI, p. 198.
(3) Cod. Nap., art. 383 (376, 379, 877), 158 (148, 149, 151, 152, 153, 154), etc.

trouver déchu de cette haute et prévoyante protection que
réclame l'état social même? Et cela, en présence des
dispositions législatives qui interdisent de déroger par
des conventions particulières aux lois qui intéressent
l'ordre public et les bonnes mœurs (1), et ne permettent de disposer même par transaction, d'acquérir ou d'aliéner, fut-ce par la plus longue des jouis-
sances, que les choses qui sont dans le libre commerce
de la cité (2)! Comment pourrait-il répudier ou restreindre les droits éventuels de successibilité et de réserve légitimaire, attributs légaux de la quasi-légitimation, lorsque trois articles du Code Napoléon édictent
et proclament dans les termes les plus énergiques qu'*on
ne peut renoncer par quelque acte que ce soit à la succession d'un homme vivant, ni faire aucune stipulation sur
cette future et incertaine hérédité* (3)? A l'exemple de la
Cour de cassation (4) et de la Cour souveraine de Grenoble (5), nous n'invoquerons pas, à l'appui de cette
thèse, l'axiome du Code Napoléon (art. 328) : *L'action
en réclamation d'état est imprescriptible*, qui n'a été ainsi
formulé que pour la filiation légitime, et n'est d'ailleurs
que l'expression abrégée et une application spéciale des
dispositions que nous venons d'analyser.

Mais autre chose est de renoncer à l'état d'enfant
naturel légalement reconnu et aux droits éventuels qui
y sont attachés, autre chose de renoncer à des droits
actuellement échus, qui sont désormais *in bonis*. — Et

(1) Cod. Nap., art. 6, 1131, 1133.
(2) Id., art. 1128, 2015, 2226.
(3) Id., art. 791, 1130, 1600.
(4) Arrêt du 12 juin 1838. (Dalloz, 1838, I, 273.)
(5) Arrêt précité du 18 janvier 1839. (Dalloz, 1839, II, 61.)

il importerait peu, suivant nous, qu'en transigeant avec les héritiers légitimes de ses droits dans la succession ouverte du père ou de la mère dont il se dit *légalement reconnu*, l'enfant naturel eût abdiqué l'état même qui lui était contesté, et tous les droits qu'il pourrait dans l'avenir avoir à exercer en vertu de sa prétendue reconnaissance légale. Cette dernière stipulation serait sans doute nulle et de nul effet, mais ne saurait infirmer la disposition principale, parfaitement licite et valable en elle-même ; c'eût été l'avis du grand jurisconsulte romain Paul : *Duæ sunt quodammodo stipulationes : una utilis, alia inutilis;* NEQUE VITIATUR UTILIS PER HANC INUTILEM (1). — La Cour de cassation a, sous prétexte d'indivisibité, et en sortant d'une manière regrettable de ses attributions, méconnu cette règle de raison et d'équité, dans son célèbre arrêt *Martin*, auquel nous avons déjà plusieurs fois fait allusion (2). César Martin se prétendant fils naturel d'une dame Conférand, *décédée*, renonce, moyennant dix mille francs qu'il reçoit, «irrévoca- « blement et pour toujours à toute prétention sur la suc- « cession de cette dame, en qualité de fils naturel « d'icelle, » s'interdisant *de faire aucun usage de lettres missives*, qui, suivant lui, prouvaient sa filiation (lettres adressées à un prêtre), « ni d'en tirer aucune induction « ni avantage relatif aux contestations sur lesquels il « transige. » Si une nouvelle succession s'était ouverte, à laquelle César Martin eût pu prétendre comme enfant naturel de la dame Conférand, nous convenons que cette transaction n'aurait pas été un obstacle légal à l'exercice

(1) L. 1, § 5, Dig., *De verb. oblig.*
(2) Arrêt du 12 juin 1838. (Dalloz, 1838, I, 273.)

des droits qui lui seraient ainsi survenus, et malgré sa
promesse authentique de *ne plus jamais s'en prévaloir*, à
l'odieuse production des lettres sur lesquelles il avait
fondé son action. Mais ce n'était point là l'espèce de la
cause ; il croit reconnaître, *après dix-sept ans*, que les d'x
mille francs sacrifiés à son ingrate recherche n'étaient
point l'équivalent de la portion héréditaire qu'il aurait pu
se faire attribuer avec une reconnaissance légale, dans la
succession de sa mère prétendue ; et il réclame aux héritiers une sorte de supplément de légitime. -- Pouvait-
on raisonnablement dire, comme l'a fait la Cour de
Grenoble (1), et après elle la Cour de cassation sur un
autre pourvoi dans la même affaire, « que la somme at-
« tribuée à César Martin, par la transaction, était le
« prix *de sa renonciation à la recherche de la maternité*,
« et non la part à lui attribuée par convention dans la
« succession de sa mère naturelle (2)? » Ne serait-ce pas
manifestement tout le contraire? La renonciation implicite
à la qualité de fils naturel, n'est-elle pas purement accessoire à l'abandon très explicite de toutes prétentions sur la
succession ouverte? Y avait-il à scinder cette convention
qui était *une* dans son objet direct et principal, et demandait seulement à être, par une saine interprétation,
dégagée d'une équivoque abdication de qualité contraire
au droit public et à considérer juridiquement comme
n'ayant pas été dans la pensée des parties contractantes?
— *Equivoque abdication*, avons-nous dit ; et, en effet,
était-elle absolue? n'était-elle pas plutôt restrictivement
relative aux droits utiles actuellement échus? — Mais

(1) Arrêt précité du 18 janvier 1829.
(2) Arrêt du 12 avril 1840. (Dalloz, 1840, I, 280.)

allons plus loin; admettons que César Martin ait pu
paraître avoir traité *principalement* et *expressément*, et
de ses droits prétendus dans la succession ouverte, et de
sa litigieuse qualité de fils naturel, en stipulant un prix
unique pour sa double mais distincte renonciation. La
question d'indivisibilité aurait-elle pu être élevée, lorsque les héritiers légitimes disaient : « Nous ne vous demandons pas une ventilation à l'effet de répartir pro-
portionnellement les dix mille francs que nous vous
avons donnés, sur votre renonciation, à la succession de
la dame Conférand et sur votre abdication de la qualité
par vous prétendue d'enfant naturel de cette dame;
nous consentons, comme le demande la raison du droit,
à ce que ces dix mille francs par vous reçus, il y a dix-
sept ans, soient exclusivement et complétement impu·
tables sur la cession de vos contestables droits héréditaires qui venaient alors de s'ouvrir; et nous vous laissons
d'ailleurs parfaitement libre, sans prétendre à aucune
restitution, de poursuivre judiciairement un titre qui ne
peut vous être utile à rien, et ne vous procurera notamment aucun avantage pécuniaire. » Comment annuler
une transaction librement consentie sur des droits litigieux dont les parties pouvaient valablement disposer,
alors qu'elle recevrait ainsi toute l'exécution dont elle
était susceptible, et dans le plus grand intérêt de celui
qui voudrait l'écarter? La Cour de cassation, mieux inspirée, avait, le 17 janvier 1837, résolu dans le sens
que nous indiquons cette inextricable question de l'indivisibilité des conventions et dans une espèce où, soit
en fait, soit en droit, elle présentait assurément plus de
difficulté. — Un cadet de famille avait vendu *in globo*

à son aîné la succession du père commun récemment
décédé, et celle de la mère encore pleine de vie, sans
énonciation que la somme à payer fût le prix de l'une
plutôt que celui de l'autre. Au décès de la mère, le ven-
deur demande la nullité de cette double cession, comme
étant, par la force même des choses, indivisible. Mais
l'acheteur offrant le partage de la succession maternelle,
refuse celui de la succession paternelle à laquelle il déclare que le prix de la vente sera intégralement applicable; et ses conclusions sont favorablement accueillies
et par le tribunal de première instance et par la Cour
d'appel (1). Sur le pourvoi en cassation, l'on fait valoir
en vain que « n'y ayant pour la cession qu'un seul et
même prix, et rien n'indiquant dans quelle proportion
ce prix devait être réparti sur chacune des successions,
l'acte était *un*, et devait dès lors être annulé dans toutes
ses parties. » La Cour suprême reconnaît « que le défendeur s'étant soumis à faire porter l'intégralité du prix
stipulé au traité sur la succession échue du père, il n'y
avait d'annulable que la renonciation gratuite à la
succession non ouverte de la mère (2); » comme dans
l'espèce de César Martin, il n'y avait qu'à réputer non
écrite son abdication, sans stipulation de prix, de sa qualité contestée d'enfant naturel de la dame Conférand.

Revenons à la question de principes que cette discussion incidente, d'un intérêt secondaire, pourra paraître
nous avoir fait perdre de vue. — L'enfant naturel à la
recherche d'un père ou d'une mère, n'a-t-il pas cette

reconnaissance libre et solennelle qui lui vaudrait une imparfaite demi-légitimation? N'aspire-t-il qu'à la déclaration par jugement du fait de la paternité ou maternité, afin d'obtenir de ceux qui lui ont donné la vie, les moyens de la conserver? Nous dirons, avec l'autre Cour souveraine, celle d'Aix, qu'il est bien réellement sans état de famille; son action si elle est fondée, ne représente que des secours alimentaires (1), dont il peut valablement traiter. — La loi romaine, qui semblait interdire la transaction sur des aliments *légués par testament* (2) (et la reconnaissance judiciaire attribuant des aliments à l'enfant naturel serait plutôt un acte entre-vifs qu'un testament), n'a été reproduite par aucun de nos Codes. Et ce qu'elle prohibait d'ailleurs d'une manière absolue, ce n'était point la transaction, mais bien l'imprudente capitalisation des arrérages de la pension, capitalisation qui, au mépris de la sage sollicitude du testateur, devait bientôt laisser sans ressources ce prodigue *modico præsenti contentus.*

Et le jugement qui reconnaît et consacre le fait d'une paternité ou maternité déniée, devrait-il, contrairement à notre opinion conservatrice, donner les mêmes droits de famille qu'une reconnaissance libre et solennelle, encore faudrait-il qu'il fût rendu pour investir l'enfant de cet état inaliénable. L'opinion généralement professée, « que ce n'est point la reconnaissance volontaire ou forcée qui donne à l'enfant naturel un état; qu'elle ne fait que déclarer les rapports préexistants de filiation; et qu'à la différence de la légitimation parfaite qui, de

(1) V. *sup.*, p. 181 à 194, 289.
(2) L. 8, Dig., *De transactionibus.*

24

l'aveu de tous, ne confère à l'enfant les droits de famille que du jour du mariage qui le légitime, l'imparfaite doit rétroagir au moment de la naissance (1), » cette opinion est, ainsi que nous croyons l'avoir démontré (2), une flagrante erreur de doctrine, d'autant moins admissible qu'elle amène des conséquences iniquement absurdes, et notamment celle-ci : que le premier venu pourrait, au mépris des droits sacrés d'un conjoint survivant, s'emparer de la succession d'un enfant naturel à l'aide d'une reconnaissance mensongère, dix, vingt, trente ans après la mort de cet enfant renié et abandonné par son prétendu père, tout le temps qu'il a vécu. Que dirons-nous de cette autre, devant laquelle on a généralement reculé, nous ne savons en vérité pourquoi, *que le mariage contracté par l'enfant naturel, avant qu'il ait été reconnu librement ou forcément, serait nul, faute du consentement de ce père survenant* EX POST FACTO?

Si l'action en recherche d'une paternité ou maternité déniée est aliénable, elle devient par là même prescriptible; c'est ce que reconnaissent tous ceux qui marchent ici dans la même voie que nous (3). Quelle sera cette prescription? De quel moment courra-t-elle? C'est sur quoi ils montrent une timide discrétion qui nous surprend. — La réponse à cette double question se présente d'elle-même. Dans le silence de la loi spéciale, c'est au droit commun qu'il faut recourir. La prescription aura donc une durée de trente ans (4); et son point

---

(1) Demolombe, loc. cit,, n° 515 *in fine*, p. 517.
(2) V. *supra*, p. 213 et suiv.
(3) Carrette. (Devill., 1838, I, 699. — *Journal du Palais*, I, 366, note.)
(4) Cod. Nap., art. 2262 .

do départ serait l'instant même de la naissance de l'enfant (1), — dont le droit p ut en effet être actuellement exercé, — si, en vertu d'un autre principe, elle ne devait rester suspendue pendant tout le temps de la minorité, c'est-à-dire pendant vingt et un ans (2); de sorte qu'en définitive elle ne peut au plus tôt être acquise contre cet enfant, que lorsqu'il aura acccompli sa cinquante-unième année. C'est laisser assez longtemps une malheureuse femme, qui vraisemblablement aura satisfait à tout ce que pouvaient réclamer d'elle la religion et l'humanité, sous le coup d'une action judiciaire, dont le plus souvent devraient lui épargner la honte les plus vulgaires sentiments de reconnaissance.

Enfin, pour achever de caractériser l'action en recherche de la paternité ou maternité, nous croyons que, fût-elle fondée sur un titre, elle ne passerait point aux héritiers *ab intestat* ou testamentaires, et ne pourrait être exercée par des ayants-cause à titre particulier, créanciers ou cessionnaires. — C'est cependant un point qui n'est pas encore suffisamment éclairci, et sur lequel s'est partagée la magistrature parisienne.

Il y a certainement des droits exclusivement attachés à la personne, insaisissables par des tiers-créanciers, intransmissibles héréditairement; nos législateurs en ont proclamé l'existence en ces termes-là mêmes (3): mais ils ne les ont nulle part définis. Reconnaissant sans doute leur impuissance à le faire d'une manière précise et complète, ils se sont remis de ce soin à la doctrine

(1) Cod. Nap., art. 2257.
(2) Id., art. 2252, 388.
(3) Id., art. 1166, 1122, etc.

et au sens pratique de la magistrature. La Cour royale
de Paris a résumé en deux mots cette théorie dans son
arrêt réformateur du 13 mars 1837 : « Considérant, a-
« t-elle dit, que le Code qui prévoit (art. 1166) l'exis-
« tence de droits purement personnels, n'ayant point
« déterminé par des dispositions expresses quels étaient
« ces droits, en a nécessairement laissé l'appréciation
« à la prudence des tribunaux (1). » Eh bien! comment la
doctrine et la magistrature rempliront-elles cette mission?
En consultant les bienséances sociales, en se rattachant
aux traditions les mieux établies; en s'élevant aux considérations d'ordre public qui doivent dominer les intérêts privés ; en se pénétrant enfin profondément de
l'esprit de la loi dont elles auront, au point de vue dont
il s'agit, à déterminer le caractère. C'est ici surtout
que les opinions émises, les sentiments manifestés dans
les discussions préparatoires, doivent avoir une grande
autorité. — Or, les intérêts d'honneur et d'étroite et pai-
sible union de la famille légitime, qui sont assurément
d'ordre public et de bienséance sociale, ne demandent-
ils pas que l'action en recherche d'une maternité ou
paternité naturelle, ne puisse être exercée que par l'enfant lui-même? Cet enfant, qui aura reçu une saine et
religieuse éducation, et n'aura été mis sur la trace d'une
maternité qui se cache sous un pudique voile, que par
les bienfaits mêmes dont il a été comblé, pourra, par
un sentiment de reconnaissance, par un dévouement de
piété filiale, s'abstenir d'exercer une action qui déshonorerait sa bienfaitrice, et lui enleverait le confiant
amour d'un mari, l'affectueux respect d'enfants qui l'en-

(1) *Journal du Palais*, 1840, t. I, p. 265.

tourent et la saluent du nom de mère. Mais des créanciers
seraient toujours avidement impitoyables. Et quant aux
héritiers, aux donataires et légataires, qui ne le seraient
probablement guère moins, sont-ils assez dignes de
faveur pour que l'on proroge indéfiniment dans leur intérêt exclusif une action qui doit profondément troubler
le repos d'une famille, gravement altérer la considération dont elle jouit, l'atteindre peut-être au cœur; et
cela, alors que le législateur a manifesté la louable intention de restreindre dans les plus étroites limites une
recherche toujours pleine de scandaleuses incertitudes;
et l'a, en l'expliquant et cherchant à la justifier, qualifiée de *bénéfice* PERSONNEL? — *Il ne faut pas, en effet,*
dit, tout en concluant pour César Martin, l'avocat
général de la Cour de cassation, après avoir rappelé
cette appréciation doctrinale du droit de l'enfant par
lo Tribunat, *il ne faut pas prolonger au-delà de sa vie les
inconvénients inévitables d'une pareille action;* C'EST A
LUI SEUL QU'IL APPARTIENT DE RECHERCHER SA MÈRE, *et
de la punir, s'il le faut, par la publicité de la demande,
d'une dissimulation à laquelle il devrait d'être jeté dans le
monde sans nom et sans état* (1).

Et l'on ne concevra même pas qu'il en puisse être
autrement, si l'on considère que l'action en reconnais-
naissance d'une filiation légitime est elle-même, en
principe, intransmissible, et ne peut être exercée par
des héritiers, même en ligne directe, que très exceptionnellement, alors que l'enfant, qui n'avait point la possession de son état, est *décédé mineur ou dans les cinq*

(1) *Journal du Palais,* 1838, t. II, p. 367.

ans de sa majorité acquise (1). Supposera-t-on que nos législateurs aient voulu favoriser une scandaleuse inquisition qui divisera et dégradera la famille, plus qu'une réparatrice réclamation qui lui laissera toute sa dignité et ne peut blesser que des intérêts pécuniaires? Le contraire devrait assurément bien plutôt être admis. — C'est ce que remarque très judicieusement la Cour royale de Paris, dans son arrêt précité du 13 mars 1837 : «Si, en ce qui touche les enfants légitimes, dit-elle, le Code Napoléon n'a autorisé, en faveur de leurs successeurs, la recherche de l'état de famille que sous des conditions restrictives, à plus forte raison aurait-il aussi imposé des limites à l'action des successeurs de l'enfant naturel, s'il n'avait considéré le droit de celui-ci comme exclusivement attaché à sa personne même (2). »

Aussi les partisans les plus sérieux en théorie de la transmissibilité des droits prétendus de l'enfant illégitime, n'iront pas jusqu'à dire qu'elle doive, comme l'avait jugé le Tribunal de la Seine (3), s'opérer sans limites de temps, suivant les règles du droit commun en matière de droits cessibles; il leur répugne de donner plus de force et d'étendue à l'action en réclamation d'état de l'enfant qui doit le jour à une violation des lois divines et humaines, qu'à celle de l'enfant fruit d'une union consacrée par l'autorité publique et par la religion; suivant eux, la vérité serait dans l'assimilation de deux actions, c'est-à-dire, dans l'application pure et simple

(1) Code Napoléon, art. 329.
(2) *Journal du Palais,* loc. cit.
(3) Jugement du 28 janvier 1836, rapporté par Richefort, t. II, n° 337, p. 400 et 402.

à la filiation naturelle de la disposition restrictive précitée de l'art. 329 du Code Napoléon (1).

Cette assimilation ne nous sourit guère plus que l'incroyable faveur octroyée à la filiation illégitime par la
très forte magistrature parisienne du premier degré
(*quandoque bonus dormitat Homerus*), et justement condamnée par celle du second qui se montre rarement
au-dessous de sa haute et enviée position.

Il est, en premier lieu, manifestement dans l'esprit
du Code Napoléon que la réclamation d'état soit plus
difficilement admise de la part d'un enfant naturel, que
de celle d'un enfant légitime. C'est ainsi qu'elle est essentiellement subordonnée pour celui-là à une preuve écrite
qui, pour celui-ci, peut être remplacée par de simples
présomptions (Cod. Nap., art. 323, 341).

En second lieu, les principes généralement admis
en matière d'interprétation, ne permettraient pas qu'on
étendît, par une analogie plus que contestable, une
disposition d'un droit aussi arbitraire que cet article
329, doctrinalement inexplicable. — Je m'explique
très bien qu'une action s'éteigne avec la personne qui
en est investie; mais je ne m'explique pas qu'elle
passe à l'héritier, si cette personne meurt dans la quatrième ou cinquième, plutôt que dans la sixième ou
septième année de sa majorité acquise. Ma raison ne
saurait me conduire à cette solution législative. — Et
qu'on ne dise pas que notre Code Napoléon a vu, dans
le silence gardé par l'enfant depuis la majorité qui lui
donne le plein exercice de ses actions, une renonciation

---

(1) Demolombe, loc. cit., t. V, n° 524, p. 524, 525. — Ducaurroy, t. I,
n° 502, p. 357, 358. — Valette sur Proudhon, t. II, p. 153.

tacite rationnellement plus vraisemblable après cinq ans qu'après trois ou quatre; car il ne pouvait, sans se mettre avec lui-même dans la plus flagrante contradiction, établir une présomption de renonciation, là où, par ses dispositions mêmes, toute renonciation implicite ou explicite est impossible; l'enfant reste à vingt-six ans accomplis, comme il l'était à vingt-cinq, inviolablement investi de tous ses droits de filiation, et il les fera valoir sans qu'on puisse lui opposer les renonciations les mieux caractérisées. Si, dans les conditions de l'article 329, les héritiers n'en ont plus l'exercice, c'est que ces droits imprescriptibles, inaliénables, conservés comme tels à leur auteur, quel que soit son âge, sont instantanément devenus *héréditairement intransmissibles* par une volonté qui, à tort ou à raison, s'impose souverainement; c'est le *sit pro ratione voluntas* dans toute l'omnipotence dite parlementaire; c'est, s'il en fut jamais, du droit positif à restreindre rigoureusement dans ses termes.

L'on insiste cependant et l'on dit : Le chapitre consacré par les rédacteurs du Code Napoléon, serait évidemment insuffisant et défectueux, si l'on n'était autorisé à en combler les lacunes par celles des dispositions du précédent, *des preuves de la filiation des enfants légitimes*, auxquelles les siennes n'ont pas dérogé en termes exprès. Refusera-t-on, par exemple, d'appliquer à la filiation naturelle l'article 328, qui proclame l'imprescriptibilité de l'action en réclamation d'état, les articles 326 et 327, qui règlent la compétence des tribunaux devant lesquels elle peut être portée (1)?

---

(1) Demol., loc. cit., et n° 180, p. 466. — Ducaurroy, Valette sur Proudhon, loc. cit. — *Adde* Marcadé sur l'art. 313, n° 4, t. II, p. 175.

Nous disons que si la loi spéciale *de la reconnaissance des enfants naturels*, demande des dispositions complémentaires, il faut les chercher dans le droit commun et non dans une autre loi spéciale qui règle un ordre de choses différent. C'est ce que font ceux-là mêmes que nous devons nous étonner d'avoir ici pour adversaires. Ainsi, d'accord avec nous, ils professent que l'article 341 *n'expliquant pas de quels actes résultera le commencement de preuve par écrit*, qu'il exige comme un préalable essentiel à l'admission de la preuve testimoniale d'une filiation naturelle, *l'on doit y suppléer par la définition générale de l'article 1347, beaucoup moins large que celle de l'article* 323, dont ils reconnaissent, avec la Cour de cassation, que l'enfant naturel ne peut se prévaloir non plus que de l'article 324, bien qu'aucune disposition de ce chapitre *défectueux* ne déroge formellement ni à l'une ni à l'autre (1). A combien plus forte raison doit-il être interdit à ses héritiers de venir jeter le trouble dans une famille en invoquant la disposition bien autrement anormale de l'article 329!

Eh quoi! s'écrie-t-on, vous ne donnerez pas à la filiation naturelle et à la famille légitime, contre une recherche qui la blesse, la triple garantie de l'imprescriptibilité, de la compétence si sagement exclusive des tribunaux civils, de la prudemment défiante *tenue en état du criminel par le civil!*

Nous avons précédemment, sans appeler à notre aide l'article 328 (Code Nap.), largement pourvu par le droit commun, à la conservation des droits de l'enfant natu-

_____

(1) Ducaurroy, n° 500, t. I, p. 356. — Demolombe, loc. cit., n°° 503, 504, 506, p. 503 et suiv.

rel contre sa propre négligence et le cours rapide du temps ; nous trouverons également, comme on va le voir, dans le droit commun, l'attribution aux tribunaux civils d'un débat judiciaire qui intéresse au plus haut degré la famille légitime. — Et quant à l'exceptionnelle prééminence de la juridiction civile sur la juridiction criminelle, édictée par l'article 327, nous espérons bientôt convaincre nos lecteurs que le chapitre *de la reconnaissance des enfants naturels*, peut parfaitement s'en passer, et n'en sera point pour cela plus mauvais.

Reconnaissons donc, et acceptons comme une proposition certaine, que l'action en réclamation d'état que peut avoir un enfant naturel, ne passera à ses héritiers, ni par le droit commun qui la personnalise, ni par le droit spécial de l'article 329, exclusivement applicable à la filiation légitime. C'est ce qu'a pensé la Cour de cassation, contrairement à la Cour impériale de Paris (1).

Nous admettrions cependant volontiers un tempérament à cette intransmissibilité, dans le cas où le soi-disant enfant naturel méconnu et repoussé par la famille légitime aurait, avant de mourir, porté son action devant les tribunaux ; nous accorderions alors à ses héritiers la faculté de suivre l'instance commencée jusqu'au jugement définitif; à supposer, bien entendu, qu'il n'y ait pas eu de désistement ou de péremption, c'est-à-dire qu'il y ait encore une demande dont la justice soit régulièrement saisie, en un mot, une instance judiciaire. Ce serait, à nos yeux, une conséquence de l'axiome de droit commun, qu'un jugement doit, par une sorte de

---

(1) Cour de cassation, arrêt du 29 juillet 1861 ; arrêt cassé du 30 avril 1859. (*Journal du Palais*, 1861, p. 945; 1860, p. 691.)

rétroactivité très équitable, produire ses effets du jour
même de la demande, à laquelle il faudra, par l'autorité de la chose jugée, tenir pour constant que le défendeur s'est injustement refusé d'accéder. — C'est
ainsi, pour le dire en passant, que nous expliquerions
la règle traditionnelle du droit romain : qu'une action
qui s'éteint avec la personne du créancier, se perpétue
entre les mains du juge; *omnes actiones quæ morte*
pereu.., semel inclusæ judicio salvæ manent (1). Cet enfant naturel, dont la demande aurait été favorablement
accueillie par un jugement *postume*, devrait donc être
réputé juridiquement avoir été saisi *vivant* des droits qui
lui étaient contestés, et avoir transmis, même à ses successeurs irréguliers (le conjoint survivant ou l'hospice
qui l'aurait recueilli), ceux qui auraient été actuellement échus.

Remarquons bien d'ailleurs que si, ayant été librement et authentiquement reconnu, en un mot, *quasi-*
legitimé, l'enfant naturel était mort en pleine et publique
possession de cet état, ses enfants et descendants *lé-*
gitimes, non ses autres successeurs, seraient, en vertu de
l'article 759 (Code Nap.), subrogés, *ipso facto,* non pas
seulement à ses droits acquis, mais encore à ses droits
éventuels de successibilité et de réserve; et que dans
cette hypothèse, ils auraient à exercer, non une action
en réclamation d'état (on ne réclame point ce qu'on possède déjà), mais bien, les droits étant ouverts, une
action en pétition d'hérédité, dont ils auraient été, sans
aucune transmission, personnellement investis par la loi,

_____

(1) L. 139, Dig., *De reg. juris.*

et qu'ils ne tiendraient ainsi que d'eux-mêmes. — L'on peut voir par là combien s'égarent, et s'égarent doublement, ceux qui argumentent de cet article 759, clairement expliqué par l'article 757, auquel il se réfère bien évidemment, pour appliquer l'article 329 aux héritiers *quelconques* de l'enfant naturel qui n'avait ni titre, ni possession, ou qu'un titre irrégulier et une possession incertaine, au dire de la famille niant la filiation, qu'il n'aurait pas lui-même judiciairement réclamée. — Après cela, le titre et la possession sont-ils vraiment contestables? C'est une question de fait que la loi laisse et devait laisser à la souveraine appréciation du juge. *Ita jus est; facti autem quæstio per iudicem examinabitur.*

Un examen rapide de la question de compétence clora notre discussion sur la recherche judiciaire de la paternité ou de la maternité.

L'état de la personne est une propriété, sans doute la plus précieuse et la plus sacrée, mais enfin, quelque sainte et inviolable qu'elle puisse être, une juridique propriété; et dès lors l'action donnée à celui qui en est de fait dépouillé, à cette fin qu'il y soit réintégré par l'autorité du juge, est, dans le langage des jurisconsultes, essentiellement réelle, et, par le droit commun, de la compétence exclusive des tribunaux civils. Le législateur n'avait, non plus qu'aux titres du mariage et de l'adoption, à consacrer en celui de la paternité et de la filiation, par une disposition spéciale, cette règle fondamentale de juridiction; s'il l'a reproduite à l'article 326, en l'appliquant à l'action en réclamation d'une filiation légitime, c'est uniquement parce qu'il voulait, ce qu'il a fait par l'article suivant, attribuer à cette action, dans l'intérêt de la famille légitime, une prérogative exceptionnelle, tout à fait hors du droit commun, celle d'arrêter ou de suspendre le cours de la justice criminelle.

Ainsi un enfant naturel rejeté par celui qu'il dit être son père, prétend avoir été librement et solennellement quasi-légitimé par une reconnaissance légale qui aurait disparu des registres de l'état civil; il devra, sans aucun doute, réclamer devant les tribunaux civils l'imparfait état de famille qu'on lui conteste. C'est, comme nous venons de le dire, une question de haute propriété, dont il leur appartient exclusivement de connaître, n'y eût-il point au Code d'article 326, à notre point de vue, surabondant. Mais cette action, tant qu'elle n'aura pas été définitivement jugée ou n'étant pas même exercée, et, qui plus est, ne paraissant pas devoir l'être par défaut d'intérêt, impuissance ou collusion, sera-t-elle un obstacle insurmontable à la répression pénale du délit de suppression d'état, à l'exercice de l'action publique? En d'autres termes, devra-t-on appliquer à la filiation naturelle la disposition anormale de l'article 327, comme on lui applique la règle du droit commun, rappelée en l'article précédent?

Un criminaliste, dont le nom n'est pas sans autorité, enseigne, comme une doctrine à peu près hors de toute controverse, « que l'article 327 n'étant, par la place qu'il occupe au Code, relatif qu'aux questions d'état des enfants légitimes, on ne saurait l'étendre aux cas de suppression d'état d'un enfant naturel; que comme disposition exceptionnelle, il doit être soumis à la plus étroite interprétation (1). » Le grand jurisconsule Merlin professe la même doctrine, mais en en faisant une autre savante application qui n'est point d'une saisissante clarté (2).

Nous abonderons, nous, en ce sens, et très hardiment, malgré une apparente forte raison de douter que voici : Si l'exceptionnelle *tenue en état du criminel par le civil*, qui ne permet pas de substituer à la preuve testimoniale, étayée d'un commencement de preuve par écrit, une preuve testimoniale pure et simple, toute nue, en deux mots, à *l'enquête civile, l'information criminelle*, est une garantie due à la famille contre une demande en déclaration de filiation légitime, il semble qu'à plus forte raison elle doit lui être donnée contre la demande en déclaration d'une filiation naturelle, plus étroitement encore, par la loi même, dépendante d'une preuve écrite.

Mais cette disposition très anormale de l'article 327 est-elle d'une irréprochable sagesse? *Il s'en faut bien*, disent les auteurs mêmes qui en étendent l'application à la filiation naturelle; elle laisse trop souvent impuni un crime qui blesse au cœur la famille et la société même, le crime de suppression d'état; et elle ne vaut pas qu'on lui sacrifie de tels intérêts. Il serait sage, suivant eux, d'abolir cette innovation improvisée sans réflexion (3), et d'en revenir à notre droit ancien qui, en faisant au juge un devoir de veiller à ce que la plainte ne fût pas une voie détournée de s'affranchir des con-

---

(1) Leseyllier, *Traité de droit criminel*, t. IV, n° 1517.

(2) *Répert.*, t. XV, v° Parricide, n° 3, p. 350.

(3) Ducaurroy, loc. cit., n° 467, t. I, p. 326. — Demolombe, loc. cit., t. V, n°° 371, 371, p. 247 à 252. — Valette sur Proudhon, t. II, p. 95. — Etc.

ditions imposées par la loi civile à l'admission de la preuve testimoniale, consacrait cependant en principe qu'un enfant légitime pouvait réclamer son état par la voie criminelle (1). Plusieurs des Codes modelés sur le nôtre n'ont point admis la nouvelle disposition, ou l'ont du moins profondément modifiée. Tels les Codes de la Hollande et de la Belgique, autorisant « le ministère « public, si les parties intéressées gardent le silence, à « intenter l'action criminelle pour suppression d'état, « sous la condition d'un commencement de preuve par « écrit (2). » Heureuse conciliation, a-t-on dit, de la justice pénale avec la sécurité des familles.

Eh bien! cette heureuse conciliation, nous la trouverons pour la filiation naturelle dans le droit commun de nos Codes, et par là même nous n'aurons point à étendre hors du cas qu'il prévoit l'article 327, contrairement à la maxime qu'une disposition qui n'est point conforme à la saine raison du droit doit être rigoureusement renfermée dans ses termes : *Quæ contra juris rationem recepta sunt, ad similia non sunt trahenda.* — En effet, la preuve varie non suivant la juridiction, mais bien d'après la nature du fait allégué et dénié. — C'est ainsi qu'il n'est plus contesté qu'un tribunal ayant à juger un délit de violation de dépôt, doit exiger que le dépôt même soit préalablement prouvé, comme le demande le Code Napoléon qui, *en ce qui touche le mode de preuve,* dit la

---

(1) Mangin, *De l'action publique et de l'action civile,* n° 185, t. I, p. 410.— Arrêt de la Cour de cassation du 25 brumaire an XIII. — Dalloz, t. VIII, p. 594.

(2) Code hollandais, art. 323. Code Guillaume, tit. XIII, art. 18. (Antoine de Saint-Joseph, *Concordance entre le Code Napoléon et les Codes civils étrangers.*)

Cour de cassation, *étend son empire sur la procédure criminelle, comme sur la procédure civile* (1).— Or, le délit de suppression d'état présupposant l'état, comme le délit de violation de dépôt présuppose le dépôt, la doctrine de la Cour suprême conduit naturellement à décider que l'état d'enfant naturel reconnu, auquel il aurait été porté atteinte par un délit poursuivi correctionnellement, ne peut être prouvé par témoins devant le tribunal saisi de la plainte, qu'autant qu'il l'est déjà plus ou moins imparfaitement par un écrit qui satisfasse au vœu de la loi civile.

Nous avons logiquement établi et nettement formulé les principes; il nous reste à en développer les conséquences. — C'est ce que nous nous proposons surtout de faire en traitant spécialement des effets de la reconnaissance.

Des effets de la reconnaissance légale ou non légale, et en premier lieu de son irrévocabilité.

La reconnaissance légale ou quasi-légitimation doit être, avons-nous dit, l'œuvre d'une volonté libre et bienfaisante : la mère ne peut dès lors, non plus que le père, y être contrainte par le juge;— en cela du moins la condition des deux sexes sera la même;— la déclaration par jugement du fait d'une paternité ou maternité dé-

(1) Cour de cassation. Arrêts du 8 septembre 1813, 17 juin 1813, etc. (*Journal du Palais*, 1812, t. X, p. 713, 714 ; 3ᵉ édit.)

niée et la condamnation à des aliments ne sont point une reconnaissance légale. Dans la terminologie du Code Napoléon lui-même, ce n'est qu'une *recherche* (articles 340, 341); et cette recherche contredite, repoussée, ne saurait, comme nous croyons l'avoir démontré, amener les résultats d'un acte solennel, déterminé par une volonté personnelle et souveraine. La chose jugée doit sans doute être considérée comme la vérité même; mais ce qui est ici jugé et désormais indiscutable, c'est le fait délictuel ou quasi-délictuel de la paternité ou maternité obligeant à nourrir l'enfant qui est judiciairement reconnu en être né, et non une quasi-légitimation lui conférant plus ou moins largement un état de famille et des droits de successibilité et de réserve.

De là, tandis que la *reconnaissance* dite *forcée* (deux mots très surpris sans doute de se voir accouplés), n'a que les effets d'un jugement susceptible d'être rétracté, réformé, cassé, la reconnaissance volontaire est irrévocable, du moment où l'acte plus ou moins solennel qui la constitue se trouve accompli. C'est ainsi que nous avons décidé avec la Cour royale de Bastia (1) que celle-là même que renferme un testament essentiellement révocable dans toutes ses dispositions à cause de mort, donnait cependant à l'enfant reconnu en cette forme un droit absolu à des aliments. Le père, pour le lui enlever, userait en vain de l'inaliénable faculté de révoquer des dispositions purement testamentaires; il ne saurait reprendre une paternité qu'il a reconnue, et

(1) Arrêt du 5 juillet 1826 (Dalloz, 1827, II, 65). — Autre du 17 août 1829 (Dalloz, 1829, II, 229, 230).

s'exonérer des devoirs d'humanité qu'elle lui impose.

Et peu importerait que cette reconnaissance, quelle qu'elle soit; n'eût pas été acceptée par celui qui en est l'objet; consignée dans un acte non revêtu des formes instituées pour donner les droits de famille, c'est l'aveu extrajudiciaire de l'obligation délictuelle ou quasi-délictuelle préexistante de dommages et intérêts, se résolvant en secours alimentaires; avec ces formes solennelles, elle opérera en outre, et toujours par elle-même, un changement d'état qui n'exige, pas plus que la légitimation parfaite, l'intervention de l'enfant. De même que celui-ci, par le mariage des père et mère qui l'ont légalement reconnu, acquiert *ipso facto*, sans même le savoir, *ignorans*, tous les droits de la légitimité, il se trouvera également, *ipso facto*, *ignorans*, investi par la reconnaissance solennelle de l'imparfait état que par sa toute-puissance y attache la loi du Code Napoléon. — A quelque point de vue qu'on se place, il ne saurait y avoir, dans cet ordre de choses, un contrat à former par le concours de deux consentements, une pollicitation à rendre obligatoire par une acceptation formelle. L'obligation aux aliments est dans le fait même de la paternité ou maternité, dont l'aveu n'est que la manifestation juridique, et les droits de famille, dans la solennité même du suprême acte de volonté que le Code Napoléon appelle reconnaissance légale.

Cependant, tout en admettant qu'une reconnaissance d'enfant naturel ne peut pas être capricieusement rétractée, on s'est demandé si elle ne devrait pas tomber sur la preuve, administrée par son auteur même, qu'en fait elle est fausse; et l'affirmative paraît certaine à l'é-

cole allemande (1). « La reconnaissance, dit-elle, n'é-
tant, quant à sa force probante, qu'une présomption,
elle peut être critiquée et combattue par celui-là même
qui l'a faite, fût-ce en pleine connaissance de cause,
contrairement à la vérité. » Avouer pour sien, ajoutent
quelques auteurs de l'école française, un enfant dont on
sait qu'un autre est le père, c'est un acte contraire aux
bonnes mœurs et à l'ordre public, que celui qui l'a consenti doit, comme toute autre partie intéressée, être admis à dénoncer à l'autorité conservatrice des droits de
famille. Nul ne saurait d'ailleurs se créer arbitrairement
des liens de filiation en dehors de ceux de la nature et
du sang; ce serait une sorte d'adoption affranchie de
toute condition, que repoussent l'esprit et la lettre du
Code. Cette reconnaissance sciemment simulée ne s'é-
vanouira pas sans doute devant une simple dénégation;
elle doit être présumée vraie jusqu'à la preuve contraire; mais comment douter de la non-paternité, si
l'on offre d'établir, et que l'on établisse en effet, par des
documents et témoignages irrécusables, que pendant tout
le temps présumé de la conception, et bien au-delà,
l'on a été physiquement dans l'impossibilité absolue de
cohabiter avec la mère? L'on était, par exemple, soldat
dans un régiment envoyé à Pékin ou à Mexico, et l'on a
répondu chaque jour à l'appel de son caporal ou sergent
pendant l'année qui a précédé et celle qui a suivi l'accouchement de cette femme ayant, de l'aveu de tous,
constamment résidé en France. Si, en de telles conditions, l'enfant du mariage même pourrait être désavoué,

(1) Zachariæ, § 568 ter, texte et note 11, t. IV, p. 61.

pourquoi en serait-il autrement de celui du concubinage assurément moins digne de faveur? Cet argument,
tiré de l'art. 312, a paru sinon péremptoire, du moins
d'un grand poids au dernier commentateur du Code
Napoléon, et mériter une réfutation en forme (1).

La thèse dont nous venons d'esquisser les éléments
n'est point, suivant nous, bien sérieusement soutenable,
soit dans les principes du droit philosophique, soit d'a-
près les dispositions mêmes du droit purement positif, et
en particulier du Code Napoléon.

C'est un axiome de tous les temps et de tous les lieux
qu'un aveu libre fait pleine foi contre son auteur, et ne
peut être révoqué, ou plutôt tenu pour non obligatoire,
qu'autant qu'il a pour cause une erreur de fait bien
caractérisée (2). — La loi romaine va jusqu'à décider
que. quant aux dommages-intérêts, celui qui confesse
avoir tué un esclave est obligé par son aveu, alors même
qu'il apparaîtrait qu'un autre est le meurtrier : « Si is
« cum quo lege *Aquilia* agitur, confessus est *servum*
« *occidisse*, licet non occiderit, si tamen occisus sit
« homo, ex confesso tenetur (3). » Il s'est, sans espoir
de restitution, présomptivement obligé pour l'auteur du
délit, quel qu'il soit. L'on ne saurait donc, pour s'affranchir d'une charge qu'on s'est bien volontairement imposée, être admis à s'accuser d'un mensonge plus ou
moins bassement intéressé. La loi civile ne permet pas
plus que la loi morale de tirer de sa propre honte une
action ou une exception judiciaire : *Nemo auditur in*

(1) Demolombe, loc. cit., V, n° 437, p. 416, 417.
(2) L. 1 et 2, Dig. — Cod., l. unic., *De confess.* — Cod. Nap., art. 1356.
(3) Dig., l. 4, tit. cit.

jure propriam allegans turpitudinem suam. C'est, par exemple, une femme qui, peu soucieuse de sa réputation de chasteté, vend à prix d'or sa déclaration de maternité aux parents d'une jeune fille enceinte; ceux-ci espérant couvrir ainsi plus sûrement l'honneur de leur famille. Pourra-t-elle se la faire payer une seconde, une troisième fois, par d'avides menaces de révocation? — Autre hypothèse, malheureusement plus commune, où la question s'est présentée devant les tribunaux. Un grand seigneur, ou ce qui en tient lieu dans notre césarienne démocratie, un industriel, trois ou quatre fois millionnaire, a de l'une de ses vassales travailleuses un bâtard auquel il lui plaît de donner un état de famille; il le fait reconnaître par un commis qui doit ensuite le légitimer en épousant la mère industriellement dotée de quelques trente ou quarante mille francs. Cet homme devenu ou non le fortuné mari de la favorite, ayant reçu ou non la dot corruptrice, pourra-t-il décliner les conséquences juridiques de la reconnaissance légale ou de la légitimation même, en démontrant, par un *alibi* de trois ou quatre mois, l'ignominieuse fausseté, dont peut-être personne ne doute, de la paternité par lui solennellement déclarée? Encore une fois : *Nemo audiendus in jure allegans propriam turpitudinem suam.* Une telle rétractation serait un odieux scandale qu'un Code réparateur ne peut pas être gratuitement supposé avoir autorisé. — Si le cessionnaire d'un office peut lui-même demander la nullité d'une contre-lettre par laquelle il aurait promis un supplément de prix, il a fallu pour cela une loi exceptionnelle *contra juris rationem*, que la magistrature répugne d'appliquer même au cas prévu, et dont elle n'admettra pas sans doute qu'on puisse argumenter dans un autre ordre de choses. Elle accepterait plutôt, ce qu'a fait la Cour de Pau (1), comme confirmant notre doctrine, l'induction à tirer d'une loi de l'année néfaste 1793 (19 floréal an II), mais digne de meilleurs jours, laquelle proclame, alors qu'une femme croyait user de son droit en déclarant à un officier public que l'enfant dont elle venait d'accou-cher avait un autre père que son mari, *que l'état acquis à un enfant ne pouvait lui être ravi par le témoignage même de la mère* (2). — Nous dira-t-on avec le tribunal de la Seine que «la paternité est la cause efficiente de la reconnaissance, et que là où il n'y a réellement pas de paternité, l'acte est, comme le serait tout autre engagement, radicalement nul pour absence de cause (3).» Nous répondrons que juridiquement, par la force même des choses, il y a dans une reconnaissance d'enfant naturel émanant d'une volonté libre, pleine, exempte d'erreur, une présomption de paternité qui n'admet aucune preuve contraire de la part de son propre auteur. L'axiome formulé par le jugement auquel nous faisons allusion n'était bien d'ailleurs dans l'espèce, ainsi qu'on va le voir, qu'une considération de fait, en dehors du droit.

Et les textes de la loi spéciale sont ici d'accord avec les principes, et, au besoin, résoudraient à eux seuls la question dans le même sens. Si l'art. 339 autorise tout tiers intéressé à contester la reconnaissance soit du père, soit de la mère, il exclut par là même, dans la per-

---

(1) Arrêt du 5 prairial an XIII. (Sirey, VIII, II, 87, 88.)
(2) *Bulletin des Lois*, an II, n° 2352. (Rondonneau, t. IV, p. 1082).
(3) Jugement du 10 avril 1833, rapporté par Sirey, t. XXXIV, II, p. 70.

sonne de ceux-ci, la faculté du désaveu. Et, en second
lieu, s'il y avait aux chapitres de la filiation légitime une
disposition qu'on pût étendre, par analogie, à la filiation naturelle, ce serait non l'article 312 qui ne saurait
s'expliquer que par la présomption légale de paternité
attachée au mariage même, mais bien l'article 314, 2°,
qui, lorsque le mari a implicitement reconnu l'enfant
comme sien, lui interdit d'une manière absolue l'exercice du désaveu, quelque évidente que soit l'impossibilité de la cohabitation au temps de la conception, fût-ce
dans l'hypothèse d'un aventureux explorateur du globe
qui, après dix ans, arrive à l'improviste des régions hy-
perboréennes tout juste pour présenter à l'officier de
l'état civil un enfant né de la veille. Or, donner à un
père illégitime, après la reconnaissance la plus expresse,
la plus solennelle, une faculté de désaveu refusée au
mari qui n'a fait qu'assister à l'acte de naissance, ce
serait, l'on en conviendra, un bien étrange privilége accordé au concubinage.

Une explication toutefois est peut-être nécessaire pour
que l'on ne donne point à notre doctrine une portée fausse
et dont est bien loin notre pensée. Si l'auteur d'une reconnaissance d'enfant naturel ne peut être admis à la
révoquer comme mensongèrement simulée, il ne lui est
pas pour cela interdit de la repousser comme étant infectée d'un de ces vices radicaux qui excluent toute idée
de consentement. C'est essentiellement un acte de volonté, et dès lors elle ne saurait exister là où il n'y a
point de volonté, ou ce qui est la même chose, là où il
n'y en a qu'une fausse apparence, un vain simulacre.—
L'article 339 n'a ici rien à faire ; l'on ne peut avoir à

appliquer que les principes du droit commun, tels qu'ils ont été formulés par le Code Napoléon (article 1109 à 1113).

Ainsi, la reconnaissance sera nulle pour cause d'erreur portant sur son élément substantiel ; c'est l'enfant de Jeanne qui s'y trouve nommément désigné, et c'est celui de Marie qu'il est prouvé que le souscripteur de l'acte entendait reconnaître.

Elle sera également nulle, si la violence ou le dol en a été la cause déterminante. Mais ces vices radicaux de toute manifestation de volonté peuvent se présenter ici sous un autre aspect, et n'avoir pas précisément les mêmes caractères que dans les contrats formés par le concours de deux consentements. — Ce sera le plus souvent une indéfinissable combinaison de tyranniques contraintes et d'artificieuses séductions, aux étreintes desquelles ne saurait échapper un aveugle entraînement des sens ; la volonté est tout à la fois violentée et circonvenue, ou plutôt cet homme esclave de sa passion n'a pas d'autre volonté que celle de la femme qui, par ses menaces jointes à de feintes protestations d'amour dévoué, le tient sous son étroite dépendance. De là naîtrait l'action en captation et suggestion, sorte de variété de l'action en nullité pour cause de violence et de dol. — Une longue tradition la consacre comme spéciale aux dispositions à titre gratuit ; mais une reconnaissance légale ou quasi-légitimation d'enfant naturel, se rapproche beaucoup, ainsi que nous l'avons déjà plusieurs fois fait observer, de la nature des institutions d'héritiers et autres dispositions à cause de mort par actes entre vifs.

C'est ce qu'a parfaitement compris la magistrature pa-

risienne des premier et second degrés, qui cependant, à
nos yeux, ainsi que nous l'avons annoncé, aurait eu le
tort, assez léger sans doute, de transformer en un moyen
péremptoire de droit strict, ce qui ne pouvait être au
fond qu'une équitable considération de fait.

Un fils de famille, sortant à peine de sa minorité, et
jusque là surveillé avec une sollicitude toute maternelle,
reconnaît légalement, dans l'enivrement de sa première
passion, un enfant né de la femme qui, par les appas
de la volupté, l'avait enlevé à ses parents. — A quelques
mois de là, rendu au foyer paternel et désabusé d'un
amour dont il rougissait, il expose, sur la demande judiciairement dirigée contre lui en paiement d'une pension à son soi-disant enfant naturel reconnu, que de
l'aveu même de la mère, sa liaison avec elle n'avait commencé qu'une longue demi-année après la naissance
de cet enfant, *dont la conception*, disait l'impudente concubine, *était un secret, un mystère entre elle et son amant*
(avait-elle imaginé pour ce crédule jeune homme une
fécondité surhumaine?); et il en concluait que n'étant et
ne pouvant pas en être le père, *sa reconnaissance était
nulle pour défaut de cause*. Ce premier moyen, que les
juges d'instance et d'appel sembleraient d'abord avoir
adopté comme suffisant, n'était en réalité qu'une sorte
de prologue au drame de la défense, basée au fond sur
ce que la reconnaissance manquait de son élément substantiel, *la volonté*, et n'avait eu pour cause que l'impudique prostitution dont elle était le prix. C'est ce qu'a,
en effet, jugé par ses derniers considérants le tribunal
de la Seine, et après lui, la Cour royale de Paris. « Attendu, disent dans les mêmes termes le jugement et l'ar-

rêt, que si, en principe, on ne peut être admis à prouver par témoins le contraire de ce qu'on a reconnu par écrit, cette règle souffre exception, *lorsque le consentement donné à l'acte a été surpris par dol*, et n'a eu qu'une cause immorale ; attendu que si les derniers faits articulés par le prétendu père étaient prouvés, il en résulterait que la demoiselle Tard, abusant des passions de ce jeune homme sans expérience, *le tenait dans un état d'asservissement complet, et lui aurait extorqué par ses manœuvres et artifices*, l'acte de fausse reconnaissance qu'elle invoque, lequel ne pourrait d'ailleurs être que le prix de complaisances honteuses, et n'aurait pour cause qu'un immoral concubinage ; d'où la conséquence ultérieure que cet acte serait nul faute d'un consentement vrai et d'une cause licite (1). »

Nous dirons en outre que la théorie romaine sur le dol considéré comme vice du consentement dans les contrats, théorie subtile enseignée par Pothier, et que le Code Napoléon semble avoir adoptée, ne saurait recevoir aucune application à la reconnaissance d'un enfant naturel. — Suivant l'école papinienne, un consentement surpris par des manœuvres frauduleuses ne laissait pas que d'être un consentement suffisant pour former le lien d'une obligation civile. A la vérité, la partie qui avait usé de ces manœuvres étant équitablement obligée à indemniser l'autre du préjudice qui résulterait pour elle de l'engagement en voie d'exécution, devait par là même l'en tenir quitte à titre de dommages-intérêts ; car l'on ne saurait imaginer une indemnité plus rigoureusement

(1) Jugement du 10 avril 1833, et arrêt du 28 décembre suivant. (Sirey, XXXIV, II, 6 à 11. — Dalloz, 1834, II, 191.)

exacte. — Mais il s'ensuivait de là que, si l'auteur du
dol était un tiers, sans complicité de celui envers qui
l'obligation avait été contractée, comme il ne pouvait y
avoir lieu à l'annulation de cette obligation en guise de
réparation du préjudice souffert, le contrat était juridiquement maintenu, sauf l'exercice de l'action en dommages-intérêts contre le tiers coupable de la fraude qui
en avait formé le lien de droit strict. « Il faut pour que
le dol me soit une cause de rescision, disait Pothier, qu'il
ait été commis par la personne même avec qui j'ai contracté, ou que du moins elle en ait été participante; sinon, à moins que je n'aie d'ailleurs souffert une lésion
énorme, mon engagement est valable, et j'ai seulement
action contre le tiers qui m'a trompé, pour mes dommages-intérêts (1). » Et d'après tous les commentateurs,
que nous ne contredirons pas, parce que nous n'y voyons
ici aucun intérêt, c'est ce que le Code aurait décidé lui-
même par son article 1116, ainsi conçu : « Le dol est
« une cause de nullité de la convention, lorsque les ma-
« nœuvres pratiquées par *l'une des parties*, sont telles
« qu'il est évident que sans ces manœuvres *l'autre partie*
« *n'aurait pas contracté.* »

Que les rédacteurs du Code Napoléon aient entendu,
dans cette disposition, opposer au dol commis par la personne même de l'un des contractants, le dol commis
dans son intérêt par un tiers officieux, pour y attacher
des effets différents, nous nous permettrons d'en douter;
n'y aurait-il pas là une complicité présumée? *Is scelus
fecit cui prodest.* Mais, encore une fois, peu importe, au
point de vue sous lequel nous envisageons la question.

(1) *Traité des obligations,* n° 32.

La reconnaissance d'un enfant naturel doit, par la force même des choses, échapper à l'application de la théorie romaine; car il n'y a pas d'autre réparation possible du dommage résultant de cette reconnaissance, œuvre du dol, que son annulation même. Dans les contrats où ne sont en jeu que des intérêts pécuniaires, l'argent d'un tiers peut très équivalemment désintéresser la partie lésée; mais que le père légal d'un enfant naturel extorque frauduleusement une reconnaissance de ce même enfant à une femme qui n'en est pas ou affirme n'en pas être la mère, celle-ci serait-elle par de l'argent indemnisée des devoirs moraux que lui imposerait cette reconnaissance déclarée valable malgré le vice qui l'infecte, et des charges alimentaires, des droits de succession et de réserve qu'elle entraînerait? Le préjudice étant indéfini, actuellement inappréciable, et la lésion pécuniairement irréparable, il faudrait, dans l'opinion de Pothier lui-même, qui aurait servi de guide aux rédacteurs du Code Napoléon, prononcer une nullité qui seule peut satisfaire l'équitable raison du droit.

L'enfant n'est non plus admissible à répudier la reconnaissance, que ne serait le père à la révoquer; mais il pourra, lui, l'attaquer comme n'étant pas l'expression de la vérité. Il est certainement au premier rang des personnes *intéressées* auxquelles l'article 339 donne cette action. Ainsi, une jeune fille est enlevée, et devient enceinte tandis qu'elle est au pouvoir du ravisseur; celui-ci, afin de se mettre en garde contre l'action dont il est menacé, en recherche de la paternité, fait reconnaître le déplorable fruit de son crime par un misérable

sans feu ni lieu, qui n'a *ni sol ni maille*. L'enfant ne saurait être victime d'une telle reconnaissance, et si elle lui
était opposée, il l'écarterait par de simples présomptions,
sans être tenu de prouver une impossibilité absolue de
cohabitation, au temps de la conception, entre sa mère
et l'auteur de cette reconnaissance frauduleusement fic-
tive. Le mensonge et la fraude ne se présumeront pas
sans doute *ipso facto*, mais pourront s'établir par toute
espèce de preuve, et dès lors par ces probabilités humaines ou indices dont l'appréciation est entièrement confiée aux lumières et à la conscience du magistrat (Cod.
Nap., 1353); de telle sorte qu'au fond la preuve parat-
trait ici n'être à la charge exclusive d'aucune des parties,
et sortirait comme d'elle-même des faits diversement
appréciables de la cause en discussion.

C'est ce que la Cour royale de Rouen a, par son arrêt
du 15 mars 1826 (1), reconnu en principe et jugé en
fait. « Attendu, dit-elle sur le point de droit, qu'on ne
peut se créer un titre à soi-même ; que dès lors l'acte de
reconnaissance, n'étant que l'œuvre isolée du père prétendu, doit être seulement regardé comme une présomption de la classe des présomptions simples qui se détrui-
sent par des présomptions de même nature. » Et elle a,
dans l'espèce qui lui était soumise, trouvé la preuve
destructive de la présomption de paternité résultant de
l'acte de reconnaissance, en la triple ou quadruple circonstance : « que l'auteur de la reconnaissance contestée, se reconnaissant également père d'un second enfant
naturel de la même femme, a gardé un silence absolu

(1) Dalloz, 1827, II, p. 123, 124.

sur sa prétendue qualité de père du premier déclaré né d'un père inconnu ; qu'il a attendu, pour reconnaître celui-ci, que la mère fût décidée; que bien plus, au conseil de famille réuni pour constituer la tutelle des deux enfants de la défunte, il a, tuteur de l'un, concouru sans aucune protestation à donner à l'autre un tuteur étranger; qu'enfin il ne s'est déterminé à la tardive reconnaissance contestée, que lorsqu'il s'est vu enlever l'administration d'un riche patrimoine légué à l'enfant qui en était l'ob· ,et, si bien qu'il paraîtrait avoir obéi à un instinct de cupidité plutôt qu'au sentiment du devoir. »

Toutefois, si un enfant naturel avait été non pas seulement légalement reconnu, mais légitimé, nous ne pensons pas qu'il pût contester la reconnaissance pour faire tomber la légitimation et réclamer un autre état que celui dont il est en possession. L'enfant légitimé ayant acquis la même position sociale et les mêmes droits que l'enfant né du mariage même (Cod. Nap., 333), le principe consacré par l'article 322 au chapitre II de la filiation légitime, que « nul ne peut réclamer un état « contraire à celui que lui donnent son titre de nais- « sance et la possession conforme à ce titre, » lui devient très logiquement et directement applicable. L'on ne peut d'ailleurs plus dire que la reconnaissance est l'œuvre isolée du père: elle se trouve solennellement confirmée par le témoignage de la mère, et par le grave et saint engagement qui a consommé la légitimation. — L'on a vu, sous le règne de Louis XV, une *Marie-Aurore*, baptisée comme née du mariage d'honorables bourgeois de Paris, demander à être dégradée de son titre natal de fille légitime, pour être qualifiée *bâtarde* du célèbre Maurice de

Saxe, et un comte de Horn offrir de l'épouser, sous la condition qu'elle serait en effet judiciairement déclarée fruit de l'incontinence du vainqueur de Fontenoi, et que son acte de naissance serait rectifié en ce sens ; ce qui fut fait (1). Un tel scandale ne serait plus légalement possible ; le Code Napoléon est ici en progrès sur notre ancienne jurisprudence, qui n'avait pour régler l'état civil des personnes que des dispositions éparses et incomplètes.

La question s'est élevée de savoir si l'enfant naturel, usant de la faculté que lui reconnaît l'article 339, pouvait être admis, sans un commencement de preuve par écrit, à la preuve testimoniale des faits démentant la filiation que lui donne la reconnaissance par lui contestée. Il n'y a pas là, suivant nous, un point de droit discutable. Le contestant ne demande-t-il qu'à se dégager des liens d'une fausse paternité, se résignant à n'être qu'un bâtard sans filiation connue ? il lui suffira, comme nous l'avons exposé, de ces probabilités humaines ou présomptions simples dont la magistrature a la souveraine appréciation. Aspire-t-il à l'honneur d'une naissance légitime ? il ne pourra se donner une place dans la famille qui le repousse qu'avec le commencement de preuve par écrit défini par l'article 323, qui permet d'ailleurs d'y suppléer par des présomptions graves résultant de faits *dès lors constants*. Et se borne-t-il à invoquer une autre filiation illégitime ? la condition d'admissibilité de la preuve testimoniale sera contre la mère le commencement de preuve par écrit *du droit commun*, que requiert

(1) Nouveau Denizart, v° Bâtard, § 2.

impérativement l'article 341, sans admettre aucun équivalent ; et contre le père la circonstance aggravante d'un
enlèvement coïncidant avec l'époque de la conception :
à moins, toutefois, qu'il ne se trouvât investi par ses rapports natals de tous les jours, soit avec l'un, soit avec
l'autre, de cette possession d'état notoire qui, comme
nous l'avons annoncé et l'établirons plus tard, lui donnerait à des aliments les mêmes droits qu'une reconnaissance judiciaire.

Notre Code fondamental déclarant, par son article 339,
habiles à contester une reconnaissance d'enfant naturel,
tous ceux qui établiront y avoir *intérêt*, la doctrine a dû
se demander, et s'est en effet demandé, quelle sorte d'intérêt pouvait donner cette aptitude juridique.

Il est de tradition qu'une action judiciaire a essentiellement pour base et pour mesure un intérêt présent, juridiquement appréciable ; de telle sorte qu'un intérêt
probable, mais non encore né, ou un intérêt moral,
même actuel, d'honneur, d'affection, d'humanité, tout
puissant qu'il puisse paraître, ne saurait l'autoriser.

Cet intérêt juridique, pour l'enfant auquel nous avons
précédemment supposé qu'appartenait en premier ordre
le droit d'agir, s'est produit au moment même de la
fausse reconnaissance dont il aurait été à son préjudice
calomnieusement gratifié. Il serait, en effet, dès lors soumis à l'obligation alimentaire envers ce père prétendu,
qui ne l'aurait reconnu que pour dilapider le patrimoine
dont il se trouverait pourvu par la libéralité d'un tiers,
probablement son père véritable. — Il lui importerait,
d'ailleurs, de n'être pas obligé de répondre à un nom
déshonoré, et surtout de n'être point soumis à l'autorité

protectrice d'un homme indigne d'être père. Il y aurait
là, non point un intérêt purement moral, mais un dommage réel susceptible d'une appréciation pécuniaire. —
Nos tribunaux, à l'exemple des Anglais, n'évaluent-ils
point en francs et centimes l'honneur du mari, dont ils
ont, sur sa poursuite, condamné la femme comme ayant
violé la foi conjugale?

La personne qui a fait l'aveu solennel d'une paternité
ou maternité naturelle, est également tout d'abord essentiellement intéressée à ne pas se laisser enchaîner
par les liens d'une fausse et calomnieuse filiation qui lui
enlèverait ou l'obligerait à partager son autorité paternelle et ses droits alimentaires, et, ce qui serait plus
grave encore, lui interdirait la légitimation par un mariage
avec le vrai père ou la vraie mère, empêché par quelque
grave considération sociale de se déclarer légalement.

Que si un homme bienfaisant s'était attaché à un
malheureux enfant délaissé sur la voie publique, et, sans
témoigner par aucun acte qu'il en fût le père, lui avait
donné ces soins qui peuvent conduire à l'adoption, il ne
serait point pour cela admissible à contester une reconnaissance légale émanant d'un tiers; il n'y aurait là
pour lui qu'un intérêt de charitable affection impuissant
à lui donner cette habilité judiciaire. — Mais il pourrait
provoquer officieusement un conseil de tutelle, se faire
déférer l'office légal de tuteur, et, en cette qualité, agir
au nom et dans l'intérêt du pauvre orphelin pour l'affranchir des devoirs et des charges d'une paternité ou
maternité mensongèrement simulée, peut-être en haine

26

de lui-même; car il se produit sur la scène du monde d'étranges passions.

Les enfants légitimes ou légitimés, ou même simplement quasi-légitimés, de l'auteur supposé de la reconnaissance infectée d'un vice de nullité, soit défaut de volonté, soit défaut de sincérité, pourront sans doute la contester. Mais y aura-t-il pour eux cet intérêt actuellement né qui les autoriserait à exercer immédiatement leur action? L'on pourrait dire que leur nom patronymique est une propriété personnelle, *personalissime*, et qu'ils sont dès à présent intéressés à ne point le laisser porter par un étranger, qui peut-être le souillerait d'une tache ineffaçable. Cependant, dans l'esprit de notre société et de nos lois, l'usurpation d'un nom. vieux sobriquet sous lequel se seraient produites plusieurs centaines de familles étrangères les unes aux autres, ne saurait guère donner lieu à une action répressive; nos romanciers commettent journellement ce délit, sans que personne ait jamais eu la pensée de s'en plaindre: le nom de *Goriot*, dont le génie modèle de l'époque, *Balzac*, a fait le type de la plus lâche et honteuse complicité paternelle aux désordres des enfants, est lettre pour lettre celui d'un honnête père de famille de mon village, qui n'a nul souci qu'on lui impute les ignominies du fictif *père Goriot*. Nous admettrions volontiers une règle exceptionnelle pour les familles glorieusement historiques; mais depuis qu'un décret impérial peut faire des *Montmorency*, l'on doit tenir un peu moins à l'honneur exclusif du nom, quel qu'il soit; surtout s'il le faut payer d'un procès où l'on ne serait peut-être pas soi-même épargné,

et par son propre avocat. Aussi paraît-on généralement
d'accord que l'intérêt et le droit d'agir ne naîtraient ici
que de l'ouverture de la succession de l'auteur de la
reconnaissance contestable. Les enfants dont la filiation
est hors de litige, demanderaient la nullité de cet acte,
afin d'écarter du partage le frère prétendu qui s'en prévaudrait pour se présenter comme leur cohéritier, et
restreindre ainsi leurs droits héréditaires à une moindre
part. Et c'est bien là, nous le croyons, la pensée intime
de notre Code. Il y a un très bon argument d'analogie à
tirer en ce sens de son article 187 (au titre de mariage),
décidant que, lorsque l'action en nullité d'un mariage
appartient à toutes les personnes intéressées, comme
dans les cas de bigamie et d'inceste, elle ne peut cependant être exercée par les enfants d'un autre mariage
qu'à la mort de celui des soi-disant époux, dont ils sont
appelés à recueillir la succession ; parce que c'est alors
seulement qu'ils auraient l'intérêt *né et actuel*, fondement et mesure de toute action judiciaire.

Ce que nous disons des enfants nous l'appliquerons à
tous les ordres d'héritiers, même irréguliers ; nous sou-
mettrons l'exercice de leur action à la même condition
d'une succession ouverte à recueillir et à partager, mais
nous la leur donnerons avec la même force et la même
étendue. Les collatéraux successibles du degré le plus
éloigné, et, à défaut de parents, le conjoint survivant et
l'État, sont sans contredit, aussi bien que les héritiers
en ligne directe, les ayants-cause du prétendu père défunt,
et comme tels, habiles à exercer l'action qu'il aurait eue
pour faire tomber une reconnaissance légale à lui
extorquée par la violence ou surprise par des manœu-

vres frauduleuses; et il ne nous paraît pas douteux qu'ils ne puissent également, et alors de leur propre chef, s'attaquer à la sincérité même de l'acte; leur auteur pouvait bien directement disposer à leur préjudice de toute sa succession par une donation à cause de mort ou testamentaire, mais non indirectement par la reconnaissance légale d'une filiation naturelle *simulée*. Il y a là une nullité d'ordre public que, suivant nous, pourraient faire valoir même de simples légataires. — Nous étendrions donc notre doctrine, et sans y voir aucun sérieux motif de douter, aux héritiers testamentaires et à plus forte raison aux héritiers contractuels saisis, du vivant même de l'instituant, d'un droit irrévocable.

Il pourrait arriver que plusieurs hommes ou plusieurs femmes se disputassent une même paternité ou maternité; l'on a vu au dernier siècle deux ducs ou marquis revendiquer l'un contre l'autre l'honneur d'avoir donné le jour à l'enfant d'une courtisane. Il ne saurait y avoir là de questions de principes; ce serait un débat plus ou moins scandaleux à juger par une malséante et difficile appréciation des faits. Les passions y joueront le plus souvent un rôle tel, qu'il serait très aventureux de s'en rapporter au témoignage même de la mère, pour choisir entre deux prétendants un père à cet enfant d'une éhontée prostitution. — Nous ne nous y arrêterons pas, et passerons à l'examen d'une dernière question, dans cet ordre d'idées, question d'ailleurs assez complexe: L'action en nullité d'une reconnaissance d'enfant naturel est-elle, au double point de vue sous lequel nous l'avons envisagée, susceptible de s'éteindre par une ratification, soit expresse, soit tacite, ou par l'une des prescriptions de droit commun ou spéciales que consacre le Code Napoléon?

Une reconnaissance d'enfant naturel étant essentiellement une manifestation de volonté, il nous semble d'abord très logique et dans la plus stricte raison du droit philosophique, de la soumettre en principe, pour tout ce qui tient à l'élément substantiel du consentement, aux mêmes règles qu'une convention ; de telle sorte que les vices d'erreur, de violence et de dol seraient couverts, soit par une possession d'état donnée à l'enfant avec une entière liberté et en pleine connaissance de cause; soit par un acte qui, souscrit en temps *habile*, c'est-à-dire avec la même volonté libre et dégagée de toute erreur, témoignerait, conformément aux sages exigences du Code Napoléon (art. 1338, 1" al.), d'une intention ferme et bien réfléchie, de rendre obligatoire cette reconnaissance vicieuse à laquelle il se réfère; soit, enfin, par un silence de dix longues années, depuis que l'on a pu et dû se pourvoir en justice pour en faire reconnaître et prononcer la nullité. Cette persistante et toute volontaire inaction ne saurait en effet s'expliquer, pour une reconnaissance d'enfant naturel comme pour une convention, que par l'absence même du vice si tardivement allégué, ou par une renonciation, au moins de for intérieur, à s'en prévaloir judiciairement. Nous ne voyons pas, en vérité, ce qu'ajouteraient à la force de cette présomption les vingt ans que l'école allemande voudrait de plus (1), afin d'arriver à la prescription de trente

---

(1) Zachariæ, loc. cit., § 568 ter, t. IV, p. 61.

ans, que le Code Napoléon établit en termes généraux pour toutes les actions tant réelles que personnelles (art. 2262). Nous trouverions la prescription décennale, spéciale aux vices du consentement dans les conventions, déjà beaucoup trop longue ; surtout aujourd'hui que nos communications avec les pays les moins abordables et les plus éloignés, sont, devenues si faciles et si rapides. — Nous ne tarderons pas assurément à être plus voisins les uns des autres dans nos trois ou quatre vieux et nouveaux mondes, que ne l'étaient nos bons aïeux dans leur Île de France.

La doctrine allemande semblerait se justifier par cette considération, que notre reconnaissance légale, donnant à l'enfant qui en est gratifié un nouvel état social, se rattache par là même à l'ordre public, et ne saurait dès lors être soumise à une règle de pur droit privé établie pour les conventions ordinaires ; l'application de chaque loi devant d'ailleurs se faire à l'ordre de choses pour lequel elle a été établie.

Nous nous garderons bien de contester que la reconnaissance légale d'un enfant naturel n'intéresse, dans une certaine mesure, la société même ; mais nous disons que, dans la raison du droit et dans l'esprit du Code Napoléon, ce serait un motif de restreindre plutôt que d'allonger démesurément la prescription qui peut la purger d'un vice radical. Il importe surtout à l'ordre public, en ce qui touche l'état des personnes, qu'il ne s'y trouve rien de précaire ni d'incertain, et que, s'il n'est pas tout d'abord inébranlable, il ne reste pas un tiers de siècle en suspens. Nos législateurs ont abondé en ce sens et énergiquement adopté cette vue législative, lors-

que, par leur art. 181, au titre du mariage, ils ont réduit à une demi-année la décennalité de l'art. 1304, et
décidé qu'après ce bref délai du jour de la cessation de
la violence ou de la découverte de l'erreur, l'action en
nullité du mariage pour cette double cause ne serait
plus recevable. Six mois! c'est peu, bien peu, pour se
décider et se préparer à une lutte judiciaire aussi grave
et qui doit si profondément bouleverser deux positions
sociales, si ce n'est pas trois et un plus grand nombre.
Aussi, malgré une analogie frappante et doctrinalement
décisive en l'absence de toute disposition *ad hoc*, nous
ne nous sommes pas un instant arrêté à la pensée d'étendre la prescription exceptionnelle de l'art. 181 à l'action
en nullité d'une reconnaissance d'enfant naturel fondée
sur ces mêmes vices de violence, de dol et d'erreur. —
Mais *dix ans!* les deux tiers de ce que Tacite appelle *un
long espace de la carrière humaine*, « quindecim annos,
« longum spatium ævi humani, » assurément, c'est
autre chose, et plus de temps qu'il n'en faut pour envi-
sager toutes les conséquences de l'action judiciaire qui
nous préoccupe et en rechercher et réunir tous les éléments. Si nous avions à faire la loi, nous ne voudrions
pas plus de trois ans; cinq nous paraîtraient un terme
extrême. Mais dans l'état de notre législation, nous
sommes heureux de trouver, entre le délai de six mois,
qui serait à nos yeux insuffisant, et celui de trente ans,
qui nous paraît dérisoirement excessif, un terme moyen
de dix ans; et cela dans une disposition spéciale, applicable, par les termes dans lesquels elle est conçue et par
la place qu'elle occupe en notre Code, à toute juridique
manifestation de volonté.

Un second exemple de l'application de ces principes en fera mieux encore peut-être ressortir la vérité et l'utilité pratique.

Une adoption qualifiée *rémunératoire* est surprise à un riche vieillard par une coupable intrigue dont l'innocente *tante Aurore* et le *légataire universel* d'un beaucoup plus fâcheux exemple, ont pu donner l'idée. Le contrat consommé, l'on découvre et l'on acquiert, par des témoignages irrécusables, la preuve que les flammes dont l'adoptant a été heureusement retiré avaient été allumées par le sauveur lui-même; lequel s'était en même temps habilement ménagé un acte de dévouement qui ne devait nullement mettre ses jours en danger; ou que les féroces assassins, qui ont levé leur homicide poignard sur l'un et ont été tout à point mis en fuite par le courage héroïque de l'autre, étaient tout simplement des complices appelés à partager les bénéfices de ce vol original, que nos jurés pourraient bien absoudre, de petit-arrière-neveu à grand-grand-oncle. Il y aurait certainement nullité du contrat malgré sa solennité extérieure. Mais conçoit-on qu'un état d'enfant adoptif consacré par une double homologation solennelle de l'autorité judiciaire des deux degrés, et les droits de successibilité *ab intestat* et de réserve qui y sont attachés, puissent être, comme le veut l'école allemande, tenus en suspens pendant trente années du jour de la découverte de la fraude, parce que c'est là, suivant le titre *Des prescriptions* du Code Napoléon, le terme extrême de toutes les actions personnelles et réelles (1); tandis

(1) Zachariæ, § 538, note 13, 14, t. IV, p. 75.

qu'un précédent titre, s'appliquant à tous les engagements conventionnels sans distinction, dont la même
école cite textuellement plusieurs dispositions pour établir la nullité de l'adoption extorquée par la violence ou
surprise par des manœuvres frauduleuses (1), en renferme une très formelle, qui limite à dix ans toute action en nullité fondée sur l'un de ces vices radicaux du
consentement ?

La prescription et les faits de possession confirmatifs
de la reconnaissance pouvant faire présumer, aussi
bien qu'une ratification qui serait nécessaire, la non
existence du vice radical invoqué peut-être inconsidé-
rément, et comme on dit au palais, en désespoir de
cause, l'acte contesté aura par lui-même et du jour de
sa date tous les effets que la loi y attache, eu égard à sa
forme extérieure ; mais il n'en sera point ainsi dans le
cas de la ratification expresse, qui doit, en témoignant
d'un nouveau et vrai consentement, mentionner le motif
de l'action en nullité (Code Nap., art. 1338, 1er al.). La
reconnaissance, obligatoire de fait et de droit, est alors
évidemment tout entière dans cet acte même ; et s'il n'a
pas été reçu comme le prescrit la loi de 1843, il ne produira point la quasi-légitimation ; comme nous l'exposerons sous le paragraphe qui suit, il ne donnera droit
qu'à des aliments.

La nullité qui résulte du défaut de sincérité de la reconnaissance, n'est, par la force même des choses, susceptible d'être couverte par aucune ratification soit expresse, soit tacite, soit présumée. Aucune prescription

---

(1) Zachariæ, loc. cit., note 5, p. 73.

n'est dès lors opposable aux successeurs universels ou donataires qui invoqueraient la nullité pour repousser, de la succession de son prétendu père, le soi-disant enfant naturel reconnu. Le temps ne peut, non plus que la fausse déclaration de paternité ou de maternité, créer une filiation qui n'existe pas dans la nature. — Que si cet enfant s'était mis en possession des biens héréditaires de l'auteur de la reconnaissance, en vertu de cet acte mensonger, les successeurs universels ou donataires devraient sans doute agir dans les trente ans; mais c'est parce que trente ans sont la prescription de droit commun, à laquelle est soumise toute action en pétition d'hérédité. L'on ne saurait même se prévaloir contre eux de la possession d'état qu'ils auraient reconnue ou confirmée dans la personne de ce prétendant à l'hérédité au faux titre d'enfant naturel, comme s'ils avaient été membres d'un conseil de tutelle réuni pour lui nommer un subrogé-tuteur, ou pour autoriser son émancipation; car ils n'ont pu lui donner le sang successible qui lui manquait, ni renoncer à des droits de succession qui n'étaient pas encore ouverts. Les actes postérieurs ne seraient pas moins impuissants à couvrir ce vice de la reconnaissance; mais il pourrait en résulter une renonciation aux droits acquis, de leur nature aliénables; ce serait encore une de ces appréciations de fait où le juge est souverain.

Si nous n'avons pas traité sous ce paragraphe de ce que les commentateurs appellent *les vices de formes de l'acte authentique*, ce n'est point oubli. Nous pensons, d'une part, qu'il n'y a point ici, à proprement parler, de nullité de forme: tout acte de reconnaissance muni de la force probante qui est de droit commun, a une valeur relative; s'il ne produit point la quasi-légitimation, il ne sera pas pour cela dépourvu de tout effet juridique, comme nous l'exposerons bientôt. D'autre part, nous ne croyons pas moins fermement qu'aucune prescription ou ratification gisant en fait ne peut suppléer à la solennité des formes instituées pour donner à l'enfant naturel un plus ou moins imparfait état de famille. Ces formes extérieures deviennent substantielles, c'est-à-dire essentiellement constitutives du droit même. Si, dans la fausse supposition d'une reconnaissance légale, telle que la requièrent le Code Napoléon et la loi de 1843, un bâtard avait été, par la famille légitime, admis à un partage de succession, le temps pourrait lui donner une exception contre l'action en restitution à laquelle il serait en butte, mais non le re... dans l'avenir habile à succéder comme enfant qu.. légitimé; il n'aurait toujours que ce même droit à des a...ents que pouvait lui attribuer sa possession d'état plus ou moins caractérisée, ou l'acte privé qui atteste sa filiation; c'est ce que nous aurons encore bientôt à développer. L'on conçoit parfaitement qu'une reconnaissance d'enfant naturel soit purgée d'un vice de dol ou de violence, par le temps qui, sans rien créer, peut faire présumer tout ce qui est possible; mais non qu'elle revête une forme solennelle qui ne lui a pas été donnée; elle serait toujours là pour démentir cette transformation radicale, laquelle ne pourrait résulter que d'un nouvel acte reçu, comme le prescrivent les deux lois spéciales de l'an XI et de 1843, et ne produirait ses effets qu'à la date de cet acte réparateur, au moins vis-à-vis des tiers. (C. Nap., 1338, 3e al. *in fine*.)

De l'obligation alimentaire que produit activement et passivement la filiation naturelle, spontanément reconnue ou judiciairement prouvée.

Nos législateurs, qui, dans leur philosophisme humanitaire, n'ont, comme nous l'avons déjà fait entendre, rien moins qu'amélioré le sort de l'enfant naturel, ont-ils au moins conservé à cette victime d'aveugles préjugés l'action que lui donnaient le droit romain, le droit canonique et toutes nos vieilles coutumes féodales, contre le père vivant, pour en obtenir actuellement des moyens d'existence? Quelques juristes en ont douté, sur ce que le Code Napoléon, d'une part, n'impose par ses textes précis cette obligation alimentaire qu'à des époux père et mère légitimes (203), et, d'autre part, n'accorde des droits aux enfants naturels légalement reconnus que *sur les biens de leurs père et mère* DÉCÉDÉS (750).

Mais la Cour suprême, se montrant ici digne de sa haute mission, remonte tout d'abord aux grands principes qui dominent toutes les législations et leur demande la solution de la question, sans trop se préoccuper du mutisme de ce Code, dont trop souvent elle respecte la lettre au-delà de ce que réclamerait une saine interprétation. Voici les premiers considérants de son arrêt, que nous reproduirons avec tout le développement doctrinal qu'elle leur a donné, parce que nous aurons malheureusement bientôt à les lui opposer à elle-même.

« Attendu que la nature elle-même, *indépendamment*

« *de toute loi positive*, impose aux pères l'obligation de
« fournir des aliments à leurs enfants ; et que cette
« obligation, qui dérive nécessairement du fait de la
« paternité, s'applique au père qui a reconnu son en-
« fant naturel comme au père d'un enfant légitime ;

« Que la novelle LXXXIX (cap. XII) donne à cet
« égard les mêmes droits aux enfants naturels qu'aux
« enfants légitimes, et qu'ils leur étaient accordés en
« France par une jurisprudence constante et uni-
« forme ;

« Qu'à la vérité, le Code civil ne contient aucune dis-
« position expresse, quant aux aliments, en faveur des
« enfants naturels reconnus ; mais que, dans le silence
« de la loi positive il faut recourir au droit naturel. »

Qu'il doit suffire qu'il n'apparaisse d'aucune disposition
contraire ;

Que ce Code fondamental ne s'occupant, aux art. 756
et 757, *que du règlement de la succession, devait néces-*
sairement, d'après la maxime VIVENTIS NULLA HÆREDI-
TAS, *supposer le décès qui seul pouvait l'ouvrir ;*

« Mais qu'il n'en résulte pas que le père vivant ne
« doive pas d'aliments à l'enfant naturel qu'il a re-
« connu ; que l'on doit d'autant moins présumer que les
« auteurs du Code Napoléon aient voulu affranchir les
« pères naturels de l'obligation la plus sacrée, du devoir
« le plus impérieux de la paternité, »

Que l'un d'eux, parlant au nom du gouvernement,
proclamait :

« Que la loi serait à la fois et impuissante et bar-
« bare qui voudrait étouffer le cri de la nature entre
« ceux qui donnent et ceux qui reçoivent l'existence ;

« et que les pères ont envers leurs enfants naturels des
« devoirs d'autant plus grands qu'ils ont à se reprocher
« leur infortune (1). »

En terminant, la Cour régulatrice a surabondamment
voulu fortifier sa thèse par deux arguments de texte que
nous ne ferons qu'indiquer, parce qu'ils ne nous paraissent pas très heureux. Par le premier, elle conclut,
des rapports établis par la loi des successions entre les
père et mère naturels et l'enfant qu'ils ont reconnu, à
la dette mutuelle des aliments; comme si cette réciprocité n'existait pas quant au droit de succéder *ab intestat*,
pour des frères, pour des cousins, pour des collatéraux
au 12ᵉ degré, entre lesquels tout le monde est d'accord
qu'il n'y a aucune obligation alimentaire. — Le second,
qui consiste à dire que le Code, accordant, par l'art. 762,
des aliments aux enfants de l'inceste et de l'adultère, ne pouvait pas les refuser à ceux qui sont nés de
personnes libres, est plus spécieux, mais ne fait au fond
que résoudre la question par la question ; car cet art. 762
ne décide rien autre chose, si ce n'est que les droits
de succession attribués aux bâtards simples légalement
reconnus sur les biens des père et mère décédés, seront
pour le bâtard incestueux ou adultérin rigoureusement
limités à des aliments; ce que confirmeraient au besoin
les art. 763 et 764, voulant, l'un que les aliments dont
il s'agit soient réglés eu égard au nombre et à la qualité
des héritiers légitimes, l'autre que ce malheureux fruit
du crime ne puisse, lorsque le père ou la mère lui auront
donné une éducation professionnelle, utile n'élever au-

_____

(1) Arrêt du 27 août 1811. (*Journal des audiences de la Cour de cassation,*
année 1811, p. 156.)

cune réclamation contre leurs successions. Ces secours alimentaires dus par la successsion pourront-ils d'ailleurs être réclamés aux père et mère vivants? La question reste entière pour l'enfant même auquel s'applique cet art. 762, et à plus forte raison pour cet autre auquel il ne s'applique pas, et qui, la succession ouverte, y prendra, au lieu de nécessiteux aliments, une réserve établie sur de plus larges bases.

S'il faut cependant trouver dans la législation civile, de création arbitraire, la confirmation d'une solution que commandent la raison et l'humanité, voici un raisonnement qui nous paraîtrait plus concluant que ceux de la Cour de cassation.

L'enfant naturel reconnu n'est pas seulement successible *ab intestat*, il est, comme nous l'avons annoncé et l'établirons plus tard, réservataire, à l'instar des enfants légitimes ou légitimés. Or, la réserve n'est, en principe, que l'acquittement par la succession de la dette alimentaire dont aurait été pendant sa vie grevé le défunt. L'obligation des successeurs universels suppose celle de l'auteur. C'est l'observation que fait avec un sens profond le grand jurisconsulte de la Hollande, Voët, sur la double ordonnance (1) par laquelle Justinien impose aux héritiers du père qui par son testament n'a rien laissé à ses enfants naturels, la charge de pourvoir à leur subsistance : *Dum post obitum patris naturalis, hæredes ejus obligantur ad alimenta liberis ejus naturalibus subministranda, præsupponitur ipsum patrem adhuc viventem longe magis ad eos alendos fuisse devinctum* (2).

---

(1) Novelle XVIII, c. v; — Nov. LXXXIX, c. xii, § 4.
(2) J. Voët, *Comm. ad Pandect.*, lib. XXV, tit. iii, n° 5.

C'est certainement aussi la pensée de l'estimable auteur
d'un nouveau traité du mariage, lorsqu'il dit : «Sans
« contredit, les parents sont obligés, pour le temps de
« leur vie, à garantir la subsistance des enfants, aux-
« quels ils sont tenus de laisser une partie de leurs
« biens... En établissant la protection de la puissance
« paternelle et un droit de succession (et *de réserve*)
« pour les enfants naturels simples, on a reconnu vir-
« tuellement l'obligation première des aliments (1). »

Au surplus, nous nous écririons au besoin : A quoi
bon des textes et des arguments d'école? N'est-ce pas
pour une telle discussion qu'aurait été formulé cet
axiome frondeur : *Quærere legem ubi habemus rationem
naturalem infirmitas est intellectus ?* Aussi, malgré l'esprit de contradiction qui égare trop souvent la raison
humaine, il n'est pas un jurisconsulte digne de ce nom
qui n'ait applaudi à la doctrine de la Cour de cassation.
— *Ce serait une impiété*, disait un avocat célèbre, *que
de la mettre seulement en problème.*

L'équitable et courtoise humanité de nos grands-aïeux
faisait presque exclusivement peser sur le père la charge
alimentaire du bâtard; la mère, victime, sinon innocente
du moins excusable d'une irrésistible séduction, en était
à peu près affranchie. L'on reconnaissait bien qu'elle
devait allaiter l'enfant: *obligatio lactandi respicit matrem;*
mais elle en était exceptionnellement dispensée, notamment lorsqu'elle n'aurait pu remplir ce devoir sans
interrompre le travail par lequel elle gagnait sa vie ou
sans donner atteinte à sa réputation, *sine dedecore;* de

(1) Vazeille, *Traité du mariage*, n° 199, t. II, p. 317.

telle sorte que la règle paraissait réduite à un cas méta-
physique irréalisable (1). — Le père était tellement considéré comme l'obligé principal, et la mère comme tenue
d'une manière purement subsidiaire, que celle-ci ayant
nourri l'enfant, on lui donnait un recours intégral sur
les biens de celui-là. Cependant dans le cours du XVII°
siècle, l'on en vint à décider généralement, par l'autorité
de Pothier qui avait exprimé ce sentiment sur l'art. 187
de la coutume de Bourbonnais, que lorsque la mère était
majeure aussi bien que le père, la dette était égale, ou
plus exactement, revêtait le même caractère et pour l'un
et pour l'autre; et en conséquence on les condamnait à
l'acquitter conjointement. C'est certainement ainsi qu'en
thèse générale, on devrait le juger aujourd'hui. Seulement nous ferons remarquer, en ce qui touche la qualité de majeur, à laquelle les parlements semblaient
subordonner l'obligation même, que ce qu'il faut considérer dans la personne de la mère, comme dans celle
du père, ce n'est point la majorité légale, mais bien la
capacité de fait, en d'autres termes, la capacité de s'o-
bliger par délit ou quasi-délit.

Cette double obligation alimentaire s'étendra sans doute
aux enfants et petits-enfants légitimes de l'enfant naturel reconnu qui est prédécédé; car, d'une part, la voix
de l'humanité ne la réclame pas moins éloquemment
p[...]r eux que pour le père; et d'autre part, la loi positive leur donne absolument les mêmes droits de succession et de réserve : d'où nous avons fait juridiquement
sortir la dette même des aliments (Code Nap., 756).

(1) Daguesseau, *Dissert. sur les Bâtards*, t. VII, p. 433.

Ils représentent tellement leur père que, comme nous l'avons établi ailleurs, ils pourraient être, à son défaut, quasi-légitimés par l'aïeul.

Quant aux enfants naturels de l'enfant naturel reconnu, le Code Napoléon, les excluant de tout droit de succession et de réserve, semble leur interdire par là même l'exercice de l'action alimentaire. Il ne pourrait y avoir là qu'une obligation naturelle excluant la répétition du *non dû* et pouvant être la cause d'un engagement civil.

Par les mêmes motifs, les enfants naturels d'un enfant légitime ne sauraient être admis à réclamer directement en leur nom propre une pension alimentaire aux père et mère de celui-ci. La reconnaissance légale étant un acte essentiellement personnel qui n'oblige que son auteur, ces aliments, à défaut de tout lien juridique, ne pourraient être dus qu'à titre de dommages-intérêts ; et celui-là seul qui est coupable du fait délictuel ou quasi-délictuel, peut être personnellement passible d'une semblable action. Serait-il juste et moral que des parents qui n'ont donné à leur enfant que de chastes exemples subissent la honte et la charge de ses désordres ?

C'est ce qu'a encore pensé la Cour de cassation. « Attendu, dit-elle en son arrêt du 7 juillet 1817, que « l'art. 756 Code Nap. portant : *La loi n'accorde aucun* « *droit aux enfants naturels sur les biens des parents de* « *ses père et mère*, exclut, par sa généralité, non seule- « ment tout droit sur les successions, mais encore tout « droit à des aliments ; que cette exclusion, commandée « par la raison comme par la morale, est d'ailleurs con- « forme aux principes consacrés par la lettre et l'esprit du

« Code Napoléon, à savoir que les enfants naturels,
« tout en acquérant des droits do famille contre celui qui
« les reconnaît légalement, n'entrent pas pour cela dans
« la famille même ; que, n'y ayant ni droits ni devoirs
« réciproques, l'on ne peut admettre que les parents
« do l'auteur de la reconnaissance soient obligés de
« fournir des aliments à ces enfants naturels qui leur
« restent étrangers (1). »

L'on reconnaît à peu près unanimement que l'obligation alimentaire doit, de droit commun, être réciproi-
que entre les parents et les enfants dits naturels, comme
elle l'est dans la famille qui repose sur la sainte institution du mariage. — Il a paru souverainement équitable
qu'au droit d'exiger des secours corresponde toujours
l'obligation de les fournir. Cette réciprocité a été établie
par le droit romain classique entre la mère et ses enfants
sans père connu : *Ergo et matrem cogemus, præsertim
vulgo quæsitos liberos alere : necnon ipsos, eam* (2) ; et
elle est trop conforme au vœu de la nature, pour n'avoir
pas été consacrée et généralisée par le grand législateur
des Novelles : *Sicut parentes prospiciunt naturalibus filiis,
et ipsi parentes compensent, sive in successionibus,* SIVE IN
ALIMENTIS (3). — Nos anciens parlements, tout en
accueillant avec plus de faveur la demande des père et
mère légitimes, que celle des père et mère naturels, ont
constamment jugé que les uns comme les autres avaient
droit à des secours (4). Notre Conseil d'Etat a, dans la

---

(1) *Jurisp. de la Cour de cassation,* t. XVI, part. II, p. 164. — Sirey, 1817
I, 289. — Deues , ·..7, I, 516.
(2) Texte d'Ulpien. — Dig., l. 5, § 1, *De agnosc. et alend. lib. vel parent.*
(3) Nov. LXXXIV, cap. XIII.
(4) *Répert.,* v° Aliments, § 2, n° 2 *in fine.*

discussion de son projet de Code civil, en 1802, proclamé comme un principe incontestable *que le droit aux aliments était essentiellement* (dites plutôt *de sa nature*) *réciproque.* — Il n'en a point, il est vrai, fait l'application par des textes formels, aux père et mère illégitimes; mais il n'y a point dérogé, et loin de là.— Qu'un enfant naturel décède sans postérité, le père ou la mère qui l'a reconnu aura sur la succession les mêmes droits, et même, suivant les commentateurs, des droits plus étendus que ceux qui lui seraient donnés par une paternité ou une maternité légitime ; des frères ou sœurs, même nés d'un mariage qu'aurait contracté l'autre parent prédécédé (ce que toutefois nous n'admettons pas), ne lui en enlèveraient aucune partie. Et, comme nous l'établirons sous l'un des paragraphes qui suivront celui-ci, il y aura, non pas seulement un droit de succession ab intestat, mais bien un droit de réserve représentant la charge alimentaire. Or, de même que du droit de réserve attribué à l'enfant naturel, nous avons dû conclure pour lui à la créance actuelle des aliments; de même, dans le droit de réserve que nous reconnaissons aux père et mère, nous devons trouver pour eux celui d'obtenir de l'enfant vivant les secours qui leur deviendraient nécessaires. L'humanité le demande ; et ce père ou cette mère qui a spontanément assumé et rempli tous les devoirs de la paternité ou de la maternité, est bien digne de quelque intérêt :

« Dieu fit du repentir la vertu des mortels. »

La magistrature parisienne va plus loin : elle assimile, quant à l'obligation alimentaire, l'alliance dans la filia-

tion naturelle à l'alliance dans la famille légitime; et
voyant, par exemple, dans le mari d'une fille naturelle,
reconnue par sa mère, un gendre ou un quasi-gendre
de celle-ci, elle lui applique l'article 206 (Cod. Nap.)
voulant que « le gendre veuf *ayant des enfants de son ma-*
« *riage*, doive des aliments à la belle-mère qui *n'a point*
« *passé à de secondes noces* (1). »

La cause des aliments est en elle-même si favorable,
que nous ne repousserons pas, comme pourrait le faire
une rigoureuse doctrine, cette interprétation extensive
d'une disposition qui appartient à la loi civile, du
moins par les conditions auxquelles elle soumet l'exercice du droit qu'elle consacre. L'on a objecté, sans doute
avec raison, devant la Cour royale de Paris, que la reconnaissance légale ne faisant pas entrer l'enfant qui en
est l'objet dans la famille légitime, cet enfant reconnu
ne pouvait juridiquement donner à son conjoint un
beau-père ou une belle-mère. — Mais s'il ne devient
pas, en un sens absolu, membre de la famille, il acquiert
activement et passivement, dans une certaine mesure, les
droits de famille vis-à-vis de l'auteur même de la reconnaissance; et il n'est point contraire à la raison qu'il
les communique à une personne avec laquelle il s'est
identifié par le mariage, comme nous avons annoncé
qu'il les transmettait aux enfants nés de cette solennelle
union. — Nous ne mettrons pas d'ailleurs, pour cela,
au même rang, comme on le verra bientôt, et nous ne
gratifierons pas avec la même générosité des biens du
gendre ou quasi-gendre, la mère par un concubinage

(1) Arrêt du 28 mars 1840. (Dalloz, 1840, II, p. 176.)

plus ou moins coupable et scandaleux, et la mère par
l'austère accomplissement d'un devoir que lui imposent
la loi civile, la loi morale et la religion.

Ajoutons que, dans l'espèce proposée, l'action en secours alimentaires devrait être avant tout exercée contre les enfants eux-mêmes qui auraient recueilli les
biens de leur mère prédécédée, fille naturelle légalement
reconnue, et qui étant, eux, enfants du mariage, seraient
investis de cette même action contre leur grand'mère
par reconnaissance légale, à supposer qu'au lieu d'être
pauvre, elle fût riche : de telle sorte que l'obligation du
gendre ou quasi-gendre envers celle-ci, ne serait que
subsidiaire.

Quelque disposé que nous soyons à étendre l'obligation des aliments, nous n'admettrons pas cependant que,
dans le cas de la reconnaissance dite *judiciaire*, ce père
par l'autorité de la chose jugée, tenu, bien malgré lui,
de pourvoir aux besoins du réclamant, soit jamais fondé
à exercer lui-même une action alimentaire contre l'enfant
qu'il a outrageusement repoussé. Si, comme nous croyons
l'avoir fortement établi, cette reconnaissance forcée n'entraîne pas la quasi-légitimation, et ne donne pas en conséquence les droits de famille, et notamment ceux de succession et de réserve, les aliments ne sont dus qu'à titre
de dommages-intérêts ; et évidemment il n'y a point, et
il ne peut y avoir de réciprocité dans cette obligation
délictuelle.

A plus forte raison, nous ne donnerions pas cette
même action aux père et mère incestueux ou adultérins;
outre que leur crime est un obstacle insurmontable à la
quasi-légitimation, ils échoueraient devant la maxime,

qu'on ne saurait trouver dans un acte criminel le principe d'une action en justice : *Nemo ex proprio suo delicto actionem et emolumentum consequi potest.* — Nous ne pouvons que les recommander à la pitié de ces enfants qui leur doivent la plus misérable des existences et le pire état social. — C'est la réflexion que fait l'auteur précité d'un traité du mariage. « Il n'existe pas de liens de famille pour ces tristes victimes de la grande offense faite à l'ordre moral et à la religion; et ils ne sauraient devoir la réparation d'un crime dont ils ont tant à souffrir dans leur propre personne (1). »

Nous arrivons à la question la plus grave, et malheureusement la plus pratique du sujet; et disons tout d'abord que les doctes et saisissantes démonstrations que nous allons reproduire en les complétant l'une par l'autre, sont de pur luxe, un surabondant *jura juribus addendo.*— Si, comme nous nous en sommes précédemment convaincu par les arguments mêmes des dissidents, l'enfant naturel peut se faire donner par son père, à titre de dommages-intérêts, de plus ou moins larges secours alimentaires, en établissant conformément au droit commun, ainsi que la mère artificieusement séduite est elle-même autorisée à le faire, la preuve des relations coupables auxquelles il doit sa déplorable existence, la question que nous annonçons se trouve par là même résolue en sa faveur, et par un péremptoire *a fortiori.* — Une reconnaissance de paternité spontanée, incontestable et incontestée, prouvera, certainement beaucoup

___

(1) Vazeille, *Traité du mariage,* n° 503, t. II, p. 322, 323.

mieux qu'une contestable notoriété publique, le fait délictuel, fondement juridique de son action.

Cela compris, suffira-t-il à l'enfant naturel, pour
obtenir les aliments qui lui sont dus, d'une reconnaissance donnée librement, en pleine connaissance de
cause, mais non revêtue des formes solennelles auxquelles est attachée la quasi-légitimation ?

Notre raison et notre logique n'admettraient pas
même un doute ; mais il faut bien le croire possible
lorsque tout fort que nous sommes de l'appui de nos
maîtres, nous avons à lutter laborieusement avec le
prince des jurisconsultes du siècle, et à combattre de
front une jurisprudence constante, uniforme, qui,
d'après les derniers interprètes, ne permettrait plus de
discussion.

Qu'il y ait pour un père naturel, comme pour un père
légitime, obligation de nourrir son enfant, c'est une proposition sur laquelle nous n'avons pas à revenir, et qui,
grâce à Dieu, n'a plus de contradicte   Toute la difficulté est donc de savoir :

D'une part, si cette obligation de droit humanitaire
est juridiquement prouvée par une déclaration formelle
du fait d'où elle dérive, déclaration qui, en vertu du
droit commun, doit, jusqu'à la preuve contraire, être
réputée l'expression vraie de la volonté de son auteur ;

D'autre part, si se prévaloir de cette déclaration spontanée, précise, dix, vingt, cent fois reproduite dans une
longue correspondance, afin d'obtenir de celui qui vous
a donné la vie, les moyens de la conserver, c'est se livrer
calomnieusement à la recherche interdite d'une paternité désavouée.

Il est parfaitement dans la raison du droit que, de même qu'un enfant naturel ne peut être légitimé que par l'acte civil le plus solennel et le plus à l'abri de l'inconstance des passions humaines (le mariage), il ne puisse être quasi-légitimé ou reconnu légalement que par un acte authentique essentiellement irrévocable; nous trouvons même très sage, et tout à fait dans l'esprit de cette moderne institution, que l'acte de reconnaissance ait été soumis par une loi spéciale à la formalité irritante de la présence des témoins à la lecture et à la signature. « La quasi-légitimation, a très bien dit la Cour royale de Nancy (1), crée à l'enfant un droit nouveau, auquel il n'avait aucun titre, et que rien n'obligeait à lui conférer; c'est une faveur, un bienfait, une sorte d'institution d'héritier, se rattachant étroitement au droit civil; et le législateur a pu très raisonnablement la soumettre à des formes extérieures qui doivent en assurer la parfaite liberté, et en prévenir les abus. La dette des aliments est au contraire une obligation de conscience qu'il n'est pas permis de méconnaître. — « C'est la nature même, a dit la Cour de cassation dans le célèbre arrêt précité, qui, sans qu'il soit besoin d'aucune loi, oblige le père à nourrir son enfant; » et il serait au plus haut degré illogique et contradictoire, de subordonner cette obligation de pur droit naturel à des conditions de pur droit civil. C'est bien assez que nous astreignions l'enfant malheureux qui en poursuit l'accomplissement contre un refus inhumain

(1) Arrêt du 20 mars 1816. (Merlin, *Rép.*, v° Aliments, § 1, n° 8, t XVI, p. 71, 72.)

à en prouver l'existence, comme le prescrit le droit commun des engagements conventionnels ou quasi-conventionnels ; et parmi ces modes de preuve, se présente au premier rang ce que Pothier appelle la *confession* et le Code l'*aveu*. Quoi! voilà un homme qui, parfaitement libre, n'obéissant qu'au cri de sa conscience, se déclare le père d'un enfant nouveau-né, et prend surabondamment l'engagement de le nourrir ; et il pourrait, au gré de sa passion du moment, se jouer de cette promesse sacrée, parce qu'il ne l'aurait pas faite par le ministère d'un notaire, avec les formalités prescrites par les lois de l'an XI et de 1843!

« Nous voudrions pouvoir nous ranger à votre opi-
« nion (dit le camp opposé où nous nous affligeons de
« trouver la Cour régulatrice), parce qu'elle paraît fon-
« dée en raison ; parce qu'elle est appuyée sur de très
« puissants motifs d'humanité ; parce qu'il y a de très
« fortes présomptions que l'individu qui a reconnu un
« enfant naturel, même par un simple acte sous seing
« privé, en est vraiment le père (1). » — « Vous triom-
pheriez certainement dans le for de la conscience par le droit philosophique ; mais nous avons un autre grand principe dont il faut bien que nous tenions compte, et le voici : *La paternité est indivisible ; l'on ne peut être père pour un cas et ne l'être pas pour un autre*; père pour le droit aux aliments, et non père pour les droits de successibilité ; or, comme il faut pour ceux-ci une reconnaissance légale, authentique, il la faudra nécessairement pour celui-là (2). »

(1) Chabot, *Commentaire sur la loi des successions*, art. 766, n° 43, *init.* (5e édit., t. II, p. 136.)
(2) Chabot, et arrêt de cassation du 3 ventôse an XI, section civile (rap-

Nous professerons nous-même que la paternité est indivisible, si l'on entend par là qu'on ne peut ni physiologiquement, ni civilement être père à demi (et, chose étrange, ce n'est pas l'avis des plus chauds partisans de la célèbre maxime); mais non en ce sens que les mêmes droits et les mêmes devoirs doivent être toujours, et essentiellement attachés à cette indivisible paternité : « que « *père* pour une chose on doit l'être pour toutes (1). » — Tout en soutenant que la reconnaissance par acte sous seing privé ne donne pas à l'enfant au profit duquel elle est faite, le droit de réclamer des aliments, l'école allemande n'en professe pas moins que « l'indivisibilité « de la paternité n'entraînerait pas, nécessairement l'in- « divisibilité des droits et des obligations qui en déri- « vent (2). » — Quoi de plus conforme, en effet, à l'ordre de choses établi par l'institution même de la reconnaissance légale, que la paternité impose des devoirs plus ou moins étendus, suivant qu'elle est civile, ou simplement légale, ou purement naturelle? L'enfant naturel légitimé par un mariage judiciairement déclaré nul, se trouvera-t-il, par le jugement qui le déclare inhabile à succéder comme enfant légitime, déchu même des droits résultant pour lui de la reconnaissance authentique qui, d'après le droit nouveau, était une condition préalable de la légitimation? Et, si cette reconnaissance authentique, suivant la loi de l'an XI, ne témoignait pas expressément de la présence des témoins

porté par Loiseau, p. 567 à 569). — Autre du 4 octobre 1812 (rapporté par Merlin, *Répert.*, v° Aliments, § 1, art. 2, n° 8, t. XVI, p. 73). — Denev., 1813, I, p. 25. — Etc.

(1) Arrêt de Pau, 18 juillet 1810 (rapporté par Merlin, loc. cit., p. 74).

(2) Zachariæ, § 568 *ter*, note 9, t. IV, p. 57.

à la lecture et à la signature, conformément à la loi
de 1843, perdrait-il même le bénéfice de l'aveu du fait
délictuel ou quasi-délictuel de la paternité illégitime? —
Le Code Napoléon ne reconnaît-il pas, au surplus, par des
dispositions expresses, une paternité adultérine ou incestueuse qui n'obligera qu'aux secours alimentaires ;
et la Cour de cassation elle-même, comme nous le verrons dans une autre partie de cet essai, une sorte de paternité légale qui, ne donnant pas à l'enfant les droits de
successibilité, l'investira néanmoins de tous les autres ;
à savoir celle qui n'aura été déclarée par acte authentique, qu'après un mariage contracté avec une autre
femme que la mère?

Si la paternité n'est point scindée par ces dispositions
législatives, ou interprétations doctrinales, le sera-t-elle
davantage lorsqu'on obligera, par le droit de la raison et
de l'humanité, à payer la dette des aliments, celui qui
s'est déclaré père par un acte ayant la même force probante qu'un acte authentique (1), bien que non revêtu
des formes solennelles auxquelles sont attachés les droits
de famille?

Y aurait-il dans nos Codes un texte inexorable qui
nous contraindrait à dire : *Perquam durum, sed ita lex
scripta est?* Ce texte serait-il par hasard l'article 334,
portant : « La reconnaissance d'un enfant naturel sera
« faite par acte authentique? »

« C'est précisément cela, s'écrie-t-on de toutes parts.
Cette disposition, fondement de la nouvelle législation
sur les enfants naturels, dépouille la reconnaissance par

(1) Code Napoléon, art. 1322 et suiv.

acte sous signature privée de toute force probante(1). Là
où il n'y a point d'acte authentique dans la forme prescrite par le droit civil, il n'y a point, aux yeux de la loi du
Code Napoléon, de paternité même purement naturelle;
et là où il n'y a aucune sorte de paternité, il ne peut pas
plus y avoir de dette alimentaire que de droits de successibilité; l'obligation aux aliments, comme l'aptitude
à succéder, n'a pas d'autre cause que la filiation
légalement prouvée (2). En un mot, à défaut de reconnaissance authentique, l'on ne peut être réputé père à
aucun égard, et notamment à l'effet d'être passible d'a-
liments, la paternité, encore une fois, étant essentiellement une et indivisible (3). »

L'article 334 est sans contredit la disposition fondamentale de la nouvelle institution de la reconnaissance
légale des enfants naturels ; mais cette nouvelle institution, est-ce le droit primitif, immuable, *indépendant*, dit
la Cour de cassation, *de toute loi positive*, religieusement
maintenu et reproduit par toutes les législations anciennes et du moyen âge, droit romain, droit canonique,
droit coutumier, qui oblige le père à nourrir son enfant ?
Qui ne voit, à moins de se mettre un bandeau sur les yeux,
que l'institution dont l'artilce 334 serait le fondement est
bien restrictivement cette demi-légitimation donnant un
anormal état de famille, « une sorte de condition inter-
« médiaire entre la légitimité et la bâtardise (4), » et
d'indéfinissables droits de successibilité ? — Cela est si

---

(1) Chabot, loc. cit., p. 137. — Merlin, loc. cit., p. 72.
(2) Demolombe, loc. cit., n° 424, t. V, p. 402, 493.
(3) Arrêt de la Cour royale de Dijon, du 24 mai 1817 (rapporté *cum laude*
par Merlin, loc. cit., p. 75, 76.)
(4) Arrêt précité du 24 mai 1816, de Nancy. (Merlin, loc. cit., p. 72.)

vrai que, lorsque de subtils esprits ont, comme nous venons de l'exposer, imaginé de soutenir doctrinalement que notre Code avait aboli l'obligation imposée au père par la nature même, de faire vivre son enfant, ils n'ont invoqué que son prétendu silence.

Notre reconnaissance légale de droit arbitraire reste donc étrangère à l'obligation des aliments indépendante de toute loi positive, dont l'existence pourra dès lors être établie, à moins d'une prohibition textuelle, par tous les modes de preuve qu'admet le droit commun. Or, y a-t-il dans le Code Napoléon une disposition qui interdise à l'enfant naturel réclamant des aliments de fonder sa demande sur une déclaration de paternité libre, spontanée, multiple, exempte de tout vice de surprise et d'obsession? Nous l'y chercherions vainement, et nous y trouverions au besoin la pleine confirmation de notre proposition. Qu'on nous permette ici une discussion qui, bien qu'incidente, n'en tient pas moins au cœur même du sujet.

Lorsque, par son article 762, le Code Napoléon accorde des aliments aux enfants adultérins ou incestueux, et que par son article 335 il prohibe rigoureusement leur reconnaissance légale, l'on ne saurait supposer, sans lui faire injure, que ce qu'il donne d'une main, il entende le retirer de l'autre. Sans s'inquiéter de subtiles théories, les gens de médiocre entendement, pour lesquels, d'après Montaigne et Montesquieu, les lois doivent être faites, ont tout d'abord compris que ces malheureux enfants du crime devaient obtenir l'aumône que leur fait la loi civile, du moment où leur filiation se trouvait constatée par un mode de preuves du droit des gens ou de la raison universelle ; et ils établissent ainsi, sans aucun effort d'imagination, une parfaite harmonie entre les deux articles précités du Code, dont les docteurs, après les avoir à leur faux point de vue, déclarés révocatoires l'un de l'autre, cherchent vainement la conciliation en des distinctions arbitraires et devinatoires.

Partant de là, nous tomberons d'accord que, dans la cause des aliments, la filiation adultérine de l'enfant désavoué par un mari est prouvée, sans acte de reconnaissance, du moins contre la mère, par le jugement même qui admet le désaveu ; que pareillement il n'est pas besoin d'une reconnaissance formelle pour constater la filiation incestueuse ou adultérine des enfants d'un mariage déclaré nul comme contracté entre parents au degré prohibé ou au mépris d'un premier lien conjugal encore subsistant. Mais nous ne restreindrons pas à ces hypothèses spéciales l'application d'une disposition de pressante humanité, qui, outre qu'elle est d'un droit au-dessus de la loi positive, se trouve conçue en des termes aussi généraux que l'est l'article 762. L'on ne peut soumettre à une interprétation restrictive une loi qui, alors même que, par son texte littéral, elle paraîtrait se renfermer dans telle ou telle espèce, n'en devrait pas moins, par son esprit, être étendue à tous les cas imprévus réclamant la même solution. C'est ce que nous croyons avoir, dans nos premiers paragraphes, mis assez en évidence pour être dispensé de nouveaux développements.

Nous pensons donc avec Merlin qu'une reconnaissance authentique, interdite comme moyen de conférer à l'enfant un bénéfice dont le crime auquel il doit la vie le rend incapable, justifiera néanmoins juridiquement une demande en secours alimentaires. Une telle reconnaissance n'est point, pour parler le langage du grand jurisconsulte, viscéralement nulle (1); elle ne l'est par le texte même de la loi, et ne peut raisonnablement l'être que comme reconnaissance légale. Qu'elle ne confère pas les droits de famille, le nom, l'aptitude à succéder, rien de mieux; mais comment, lorsqu'elle prouverait pleinement une paternité bâtarde simple, laisserait-elle incertaine une paternité incestueuse ou adultérine? Toute sa force probante s'évanouira-t-elle au moment où apparaîtra l'inceste ou l'adultère dans la conjonction illicite à laquelle elle s'applique?

« Oui, dit-on (2), ces déclarations honteuses d'inceste et d'adultère outragent les bonnes mœurs, offensent la pudeur sociale; l'ordre public est essentiellement intéressé à ce qu'on les empêche; or, le seul moyen de les empêcher, c'est de ne leur donner aucun effet. » —
« L'on doit donc, pour la morale publique, repousser
« l'opinion qui veut en faire résulter un droit à des ali-
« ments... Est-il possible de croire que le législateur
« ait voulu déroger à cette disposition si morale de l'ar-
« ticle 335 par celle de l'article 762? qu'après avoir
« formellement prohibé les reconnaissances d'enfants
« incestueux ou adultérins, il les ait autorisées, d'une
« manière indirecte, en les déclarant valables sous cer-
« tains rapports? Et ne serait-ce pas les avoir déclarées
« valables que d'en avoir fait résulter des droits légaux
« en faveur de ces enfants illégalement reconnus?... »

(1) *Répert.*, t. XVI, p. 356.
(2) Chabot, loc. cit., art. 762, n° 2, t. II, p. 284 et suiv.

Et c'est le sens dans lequel paraîtrait, en effet, avoir
abondé la Cour de cassation en une longue série d'arrêts
de 1815 à 1841, et par delà (1).

Merlin a réfuté d'un mot cette sophistique argumentation. « La criminalité du fait avoué a-t-elle jamais été
« un motif pour soustraire son auteur à l'obligation
« dont il s'est par là reconnu lui-même tenu envers la
« victime (2) ? » Eh! voyez donc un peu où vous conduit la doctrine de la Cour de cassation si aveuglément
accueillie par l'école et le barreau! L'infâme corrupteur
d'une nièce, de la femme d'un ami, trouverait dans
l'inceste ou l'adultère le droit monstrueux de laisser en
proie à une misère mortelle l'enfant qu'il aurait authentiquement reconnu! Qu'il ait, par cet acte solennel,
voulu braver la loi même qui le défend, plutôt qu'obéir
à un sentiment de justice et de commisération, sera-ce
un motif de faveur pour lui doublement coupable, et
de condamnation à mort pour l'innocente victime?
Necare videtur qui alimonia denegat. Il y avait, quoi
qu'on en ait dit, un moyen moins dérisoire d'empêcher
ces honteuses révélations : c'était de frapper leur auteur
de la double peine correctionnelle proposée par la Cour
d'appel de Lyon (six mois de prison et une amende de
deux années de revenus). Mais nos législateurs n'en ont
point voulu; leurs Codes, du moins, ne l'ont pas édictée;
et il serait difficile de l'y suppléer. Ce que l'on demande
donc pour le concubinaire par l'adultère ou l'inceste,

(2) Arrêt du 28 juin 1815 (rapporté par Chabot, loc. cit., p. 307, et par
Jalbert-Dalloz, 1815, p. 349 à 362); arrêt précité du 4 décembre 1837; arrêt
du 6 avril 1820 (Laporte-Dalloz, 1820, I, p. 331); arrêt du 3 février 1841 (Dalloz, 1841, I, p. 104); etc.
(3) *Répert.*, loc. cit., v° Filiation, n° 22, t. XVI, p. 372.

28

c'est, outre la plus complète impunité, l'étrange privilége de se jouer, avec une révoltante inhumanité, du
plus sacré des devoirs. — Nous l'avons déja fait entendre (1); mais nous ne saurions trop insister sur une vérité de sentiment et de haute raison, si profondément
méconnue, jusque là qu'un grave commentateur se dit *in-
timement convaincu qu'elle est en opposition directe avec le
respect dû aux bonnes mœurs* (2). Quelle audacieuse dérision!

Cependant quelques bons esprits ont su résister à
l'entraînement général. La Cour de Bruxelles, l'une des
plus fortes du premier Empire, considérant que «lorsqu'il accorde indistinctement des aliments aux enfants
incestueux ou adultérins, le Code Napoléon n'a pu vouloir leur enlever en même temps la faculté d'établir,
par la preuve la plus certaine, qu'ils sont nés de ceux
auxquels ils les réclament,» décide franchement que,
*bien que la reconnaissance qu'en auraient faite les parents,
même par acte authentique,* «ne fût pas légale» *et ne pût
leur attribuer les mêmes avantages qu'aux enfants naturels d'un commerce libre,* «elle renfermait néanmoins un
« aveu de fait qui leur restait et suffisait pour leur pro-
« curer des aliments (3).» Et elle a été suivie dans cette
voie par les Cours royales ou impériales qui ont montré
le plus de judicieuse et ferme indépendance, celles de
Toulouse (4), de Lyon (5), de Paris (6) et de Rennes (7).

(1) V. *supra*, p. 109, 119.
(2) Chabot, loc. cit., t. II, p. 281.
(3) Arrêt du 29 juillet 1811. (Décisions notables de la Cour d'appel de
Bruxelles, t. XXIII, p. 193. — Rapporté par Merlin, *Répert.*, v° Filiation,
n° 23, t. XVI, p. 369.)
(4) Arrêt du 5 mars 1827. (Sirey, XXVII, II, 162. Dalloz, XXVII, II, 154.)
(5) Arrêt du 25 mars 1835. (Sirey, XXXV, II, 242. Dalloz, XXXV, II, 117.)
(6) Arrêt du 14 décembre 1835. (Sirey, XXXVI, II, 63.)
(7) Arrêt du 31 décembre 1834. (Sirey, XXXVI, II, 506.)

Merlin, en adoptant cette jurisprudence, la justifie en grand jurisconsulte tel qu'il est : « Est-ce à dire qu'en prohibant la déclaration solennelle de l'inceste ou de l'adultère, l'article 335 soit entré dans toutes les idées de la Cour d'appel de Lyon (qui voulait qu'un tel acte fût considéré comme non avenu et biffé à la diligence du commissaire du gouvernement) (1), et que l'on doive en conclure que la reconnaissance authentique d'un enfant naturel, que d'autres renseignements prouvent être incestueux ou adultérin, ne lui donnera pas même une action à fin d'aliments contre la personne qui l'a reconnu? Non, assurément. Et la preuve du contraire résulte non seulement de ce que l'article 335 ne dit pas, comme le proposait la magistrature lyonnaise, que ces sortes de reconnaissances ne pourront donner aucune action, mais encore et surtout de ce que l'article 762 déclare indistinctement et avec une généralité d'expression exclusive de la restriction arbitraire dont l'humanité se soulève, que la loi accorde des aliments aux enfants incestueux ou adultérins. Cette vérité deviendra encore bien plus sensible si l'on se reporte aux observations de la même Cour sur le titre des successions. Elles ne tendaient à rien moins qu'à faire supprimer en entier les dispositions que remplacent aujourd'hui les articles 762 et 763. — Attendu, disait-on, que la morale, l'ordre social, la loi ne permettent pas de supposer qu'il existe des enfants naturels adultérins ou incestueux, ou du moins qu'on en puisse reconnaître. — Eh bien ! le législateur a-t-il admis cette proposition? A-t-il

(1) V. *supra*, p. 107.

au moins exclu de la disposition générale de l'article 762 l'enfant adultérin ou incestueux qui ne fonderait son action à fin d'aliments que sur une reconnaissance authentique de paternité? Il n'a fait ni l'un ni l'autre. Il a donc rendu cette disposition commune à tous les enfants adultérins ou incestueux, quel que soit leur titre, pourvu qu'il en résulte une preuve juridique de l'obligation contractée envers eux, soit expressément, soit d'une manière implicite et par le fait même, de pourvoir à leurs besoins (1). »

Si une reconnaissance civilement interdite peut néanmoins, lorsqu'elle a eu lieu en dépit de la loi, servir de fondement à une action alimentaire, à combien plus forte raison devons-nous reconnaître cette même vertu à une reconnaissance juridiquement autorisée, par cela même qu'étant d'ailleurs conforme au droit commun, elle ne se trouve défendue par aucune loi spéciale. C'est le cas de l'application de cet axiome : *Quidquid non reperitur prohibitum hoc ipso videtur permissum.* — Puis une confession de paternité consignée en des actes privés, en de simples lettres confidentielles, ne doit point par elle-même produire le scandale dont semble s'être surtout préoccupé le législateur : celui qui résulterait de la déclaration solennelle, sur des registres publics, d'un concubinage incestueux ou adultérin; car elle n'aurait et ne pourrait avoir que la publicité des débats judiciaires auxquels donnerait lieu un injuste et inhumain refus, par son auteur ou ceux qui le représentent, de remplir un devoir d'humanité, une obligation sacrée. Il

(1) *Répert.*, loc. cit., t. XV°, p. 373, 2° col.

y a dans le secret d'un tel aveu comme une humble soumission aux justes rigueurs de la loi. C'est un général Ramel écrivant à la femme qu'il a séduite par l'excès même de sa passion coupable : *Déplorablement engagé dans les liens d'un mariage stérile, je ne puis solennellement donner mon nom à notre cher enfant; une loi sévère que je dois respecter me le défend; mais autant qu'il m'est permis de le faire, je réparerai ma faute envers vous et ce cher fils, mon vivant portrait. Il recevra une éducation qui le rendrait digne de prendre rang dans ma famille; et vous, tous les secours nécessaires pour vous donner dans le monde une position décente* (1). — Y aurait-il là une offense à la pudeur sociale? Et si d'avides héritiers collatéraux refusent, comme cela est arrivé, de payer la réparatrice pension alimentaire, où sera le scandale? — Nous ne concevons pas, en vérité, comment une Cour impériale a pu dire que « lorsque la loi prohibe une reconnaissance même par acte authentique, elle la prohibe encore plus rigoureusement par acte privé, puisque l'un et l'autre produiraient le scandale qu'elle a voulu éviter (2). » Nous croyons fermement que la raison est encore sur ce point du côté des Cours plus nombreuses qui ont pensé et jugé que « par cela seul que le Code Napoléon défend de reconnaître authentiquement des enfants adultérins ou incestueux, il permet de les reconnaître par des actes sous seing privé, à l'effet de leur assurer des aliments (3). »

Nous pensions nous appuyer encore ici sur l'autorité

---

(1) Dalloz, 1820, I, p. 331.
(2) Arrêt précité de Pau, du 18 juillet 1810 (rapporté par Merlin, loc. cit., t. XVI, p. 75).
(3) Merlin, *Répert.*, loc. cit., t. XVI, p. 368.

du grand jurisconsulte de l'époque. — Nous lisons, en
effet, dans son répertoire, au mot *Filiation*, n° 6 (1) : « En
« disant qu'un enfant adultérin ou incestueux ne peut
« être reconnu *par acte authentique*, l'article 335 n'a eu
« qu'un seul objet : c'est d'empêcher que, par la recon-
« naissance authentique d'un enfant incestueux ou adul-
« térin, on ne lui confère les droits successifs que les
« articles 757 et 758 assurent aux enfants naturels re-
« connus. Il n'entend point par là dispenser de nour-
« rir un bâtard incestueux ou adultérin, la personne qui,
« *soit par un acte authentique*, *soit* PAR UN ACTE SOUS
« SEING PRIVÉ, s'en est reconnu le père ou la mère. »

Mais un erratum inapercevable, et plus encore inexplicable dans un volume supplémentaire, semble témoigner qu'il entendait que, pour donner des aliments à
l'enfant incestueux ou adultérin, la reconnaissance fût
authentique : « 1" colonne, lignes 22 et 23 de la 4' édi-
« tion (page 252), et 2' colonne, ligne 1" de la 3' (même
« page) *au lieu de*, soit par un acte authentique, soit
« par un acte sous seing privé, *lisez*, par un acte au-
« thentique (2). »

Sans nous livrer à une réfutation qui nous semble superflue, nous nous demanderons quelle plus grande autorité pourrait donner à la reconnaissance, une authenticité civilement interdite. La loi, qui ne permet pas
qu'un enfant incestueux ou adultérin soit reconnu par
acte authentique, aurait-elle néanmoins voulu qu'il le
fût en cette forme solennelle, pour l'admettre à récla-

(1) T. V, p. 252, 4° édit.
(2) T. XVI, *Suppl. du Répert.*, p. 369.

mer les moyens de conserver la vie qu'un crime lui a
donnée, et qu'un autre crime va lui ravir? Nous croyons
que Merlin, à supposer qu'il y ait eu lieu à un erratum
dans une double édition de son répertoire, aurait bien
fait de suivre l'exemple du père de notre poésie classique,
qui doit à une faute typographique, qu'il s'est bien
gardé de corriger, la plus touchante et la plus poétique
de ses célèbres strophes à son ami Dupérier (1).

Revenant aux enfants naturels nés d'un commerce
libre, comment une reconnaissance sous signature privée ne leur suffirait-elle pas pour obtenir des secours
alimentaires, lorsqu'elle les assurerait au bâtard incestueux ou adultérin? Comment raisonnablement supposer que la loi ait voulu se montrer moins facile pour
ceux-là qu'elle ne l'était pour celui-ci? C'est donc avec
raison que nous avons annoncé que les principes qui
faisaient impérieusement sortir l'obligation alimentaire
d'une reconnaissance sous seing privé, comme d'une
reconnaissance authentique, loin d'être contredits par
le Code, y trouveraient au besoin leur confirmation.

Notre tâche cependant n'est pas encore accomplie; ce
premier système d'étroite et subtile interprétation écarté,
nous nous trouvons en face d'un autre, plus spécieux
peut-être, et non moins exclusif de la théorie que nous
entendons faire prévaloir; et nous devons l'examiner

(1) Au lieu de :
    Et rose, elle a vécu ce que vivent les roses,
le manuscrit disait, avec deux *t* mal barrés :
    Et Roselte a vécu...
Roselte était le nom donné à la jeune fille dans l'intimité du foyer domestique.

avec d'autant plus de soin, que sans lui prêter l'appui de sa puissante logique, Merlin, décidément hostile à toute reconnaissance par acte sous seing privé, rapporte comme le consacrant plusieurs arrêts de Cours impériales et de la Cour suprême (1).

Vous ne voulez point, nous dira-t-on d'abord, de notre doctrinal axiome : *La paternité est indivisible.* Eh bien ! nous vous en donnerons un autre que vous ne récuserez pas sans doute (car ce sera textuellement un article du Code même), et qui va péremptoirement décider contre vous la question que vous agitez. — Un écrit privé, continuera-t-on, est, dans le langage des praticiens, sujet à l'*avération;* c'est-à-dire que son auteur vrai ou supposé peut le désavouer, et par là obliger la partie qui le produit à en prouver la vérité par une procédure spéciale appelée *vérification des écritures* (2). La reconnaissance non authentique d'un enfant naturel n'établira donc point par elle-même la paternité méconnue; il faudra, pour qu'elle acquière cette force probante, une demande à fin de vérification, une instance, une instruction, un jugement; et ne sera-ce pas là une recherche indirecte de paternité, qui, toute basée qu'elle paraîtra l'être sur un acte, ne se trouvera pas moins proscrite par ce texte draconien qui n'admet aucune distinction : « La recherche de la paternité est interdite (3). »

Nous répondrons d'abord que nous n'entendons pas qu'un écrit privé puisse jamais devenir, par l'instance

(1) *Répert.*, loc. cit., v° Aliments, § 1, art. 2, n° 8, t. XVI, p. 74, 75, 76; v° Filiation, n° 21, p. 368, 369.
(2) Cod. de proc., liv. II, tit. x, art. 193 et suiv.
(3) Duranton, loc. cit., n° 136, p. 221. — Demolombe, loc. cit., n° 410, p. 398, 399.

en vérification, une reconnaissance légale emportant les droits de famille. Alors même que l'auteur de cet écrit avouerait en présence du juge l'avoir donné librement, et en pleine connaissance de cause, il n'y aurait là qu'une reconnaissance judiciaire ou quasi-judiciaire n'obligeant qu'à des aliments. — Les droits de l'enfant ne doivent pas être étendus au-delà de ce qu'a voulu le père ; or, comme l'a très bien exprimé le premier doyen de Dijon, notre maître, *autre chose est de consentir un acte privé qui ne peut donner lieu qu'à une demande de secours alimentaires, autre chose de souscrire un acte authentique qui doit entraîner des droits de successibilité.* « Un jugement « de reconnaissance d'écriture ne serait donc pas suffi-« sant pour assurer tous les droits de filiation que la loi « accorde à la classe des enfants naturels. Peu impor-« terait même que le père eût paru, et confessé en jus-« tice que l'acte était émané de lui; parce que recon-« naître la vérité d'un écrit, ce n'est pas reconnaître un « enfant dans la vue de lui accorder plus de droits que « ceux qui résultent de l'écrit même (1). »

Mais nous ne nous en tiendrons point là, de peur que nous ne paraissions vouloir décider une question que nous ne jugions pas d'abord susceptible d'une discussion sérieuse, par une autre question, où, en dépit de notre conviction personnelle, le doute nous a paru raisonnablement permis (2).

Tous sont d'accord qu'une reconnaissance sous seing-privé vaudrait contre la mère, soit comme preuve entière et parfaite, soit au moins comme semi-preuve de sa ma-

(1) Proudhon, *État des personnes*, t. II, p. 112, 1re édit.
(2) V. *supra*, p. 181.

ternité (1). — Est-ce ainsi qu'on l'a dit, parce que la recherche de la maternité est toujours permise? Non, mille fois non; car à défaut d'un commencement de preuve par écrit, l'enfant n'est pas plus admissible à rechercher sa mère, qu'il ne l'est, en thèse générale, à rechercher son père; et il est évident que cet écrit sujet à l'*avération* ne saurait être le commencement de preuve, condition fondamentale de la recherche. Emane-t-il réellement de la mère prétendue? C'est ce que l'on ne saura que par le jugement même. Cependant l'on convient, et l'on est bien obligé de convenir que pour conclure à la vérification de l'écriture, l'enfant n'aura pas besoin d'un commencement de preuve par écrit en dehors du sous seing désavoué qu'il produit (2). Et pourquoi? parce que cet acte, une fois reconnu pour vrai, l'aura toujours été, dans le passé, comme dans le présent et l'avenir. Ce sera Minerve sortant tout armée du cerveau de Jupiter.— Et si, comme nous en avons mille exemples en nos recueils de jurisprudence, nous supposons une lettre ainsi conçue : *Je vous reconnais et vous reconnaîtrai toujours pour mon fils. En conséquence je pourvoirai convenablement à vos besoins, et ferai les frais d'un établissement qui vous procurera une existence telle que vous devez la désirer; mais dans l'intérêt de mon honneur et de ma famille, je ne vous donnerai pas mon nom par un acte public;* que resterait-il à prouver de la part de l'enfant, outre, en cas de dénégation, la vérité de l'écriture

(1) Zachariæ, loc. cit., § 568, notes 12 et 13, t. IV, p. 59; § 570, note 14, t. IV, p. 81. — Marcadé sur l'art. 334, t. II, p. 434. — Demolombe, loc. cit., n°° 422, 423, 506, p. 100, 101, 506, 507. — Etc.
(2) Duranton, loc. cit., n° 227, p. 223.

et de la signature? Rien, absolument rien. — Ainsi la
demande en vérification d'une franche et complète reconnaissance par écriture privée de la mère prétendue,
n'est point et juridiquement ne saurait être une recherche de la maternité; et dès lors la demande en vérification d'une reconnaissance semblable du père prétendu
ne peut être davantage une recherche prohibée de la
paternité. Il y a dans ce cas-ci une paternité, comme il
y a dans l'autre une maternité avouée, pleinement
avouée. L'on n'a donc point à la rechercher, mais seulement à en réclamer les effets; Merlin le fait lui-même
entendre jusqu'à trois fois, en disant, après les orateurs
du gouvernement : « La recherche de la paternité *non*
« *avouée* est interdite (1). » — Le père étant supposé,
comme la mère, s'être fait connaître très volontairement
(j'écarte, bien entendu, les cas exceptionnels de contrainte et de surprise) par un acte qu'il ne saurait rejeter
sans mentir à sa conscience, il ne s'agit que de s'assurer
qu'il l'a en effet écrit et signé; *et il n'en sera pas autrement*, fait justement observer le premier doyen de Rennes, *de la plus authentique des reconnaissances* (2). —
Seulement, pour en contester la vérité, au lieu d'un
simple désaveu, il faudra une inscription de faux.

Admettons, comme vous le voulez, nous dira-t-on
enfin, que la demande en vérification d'un acte sous
seing privé de reconnaissance ne soit pas la recherche
prohibée de la paternité, qu'y gagnerez-vous? « Le jugement pourra bien prouver le fait matériel de l'écriture

(1) *Répert.*, t. I, p. 698; t. III, p. 318; t. V, p. 252.
(2) Toullier, loc. cit., t. II, n° 931, p. 179.

et de la signature, mais non la liberté et la plénitude du
consentement; la reconnaissance, en quelques termes
qu'elle soit conçue, se trouvera toujours de droit, et
dans un sens absolu, empreinte d'un vice irrémédiable
de violente obsession et de dolosive surprise (1). »

Ainsi, d'après la doctrine que nous combattons, la
reconnaissance d'un enfant naturel par un acte entièrement écrit, daté et signé, à l'instar d'un testament olographe, de la main de celui que tout le monde sait et
dit être le père, cette reconnaisance, disons-nous, d'ailleurs donnée après les plus mûres réflexions, avec la
plus libre et la plus ferme volonté, spontanément re-
nouvelée cent fois, mille fois dans le cours de plusieurs
longues années, devrait être juridiquement considérée
comme n'étant que l'œuvre du dol et de la violence; et
ce serait une présomption doctrinalement dite *juris et de
iure*, exclusive de toute preuve contraire.

La loi civile pourrait-elle, pour permettre à un
homme sans entrailles de laisser mourir de faim son
enfant, établir une présomption aussi iniquement invrai-
semblable et barbare? Ne serait-ce pas là consacrer en
principe que chacun aura la liberté de se jouer d'une
promesse sacrée et des premiers devoirs de l'humanité?
Ne serait-ce pas, suivant l'expression aussi vraie qu'énergique du grand Bossuet, « faire du droit contre le droit?»
Et une telle loi ne serait-elle pas, à sa promulgation
même, frappée d'impuissance, une loi mort-née?

C'est ce qu'en auraient certainement pensé nos anciens parlements; et ils l'auraient laissée sans aucune

_____

(1) Demolombe, loc. cit., nos 420 et 421, t. V, p. 398, 399, 403. — Merlin,
Rép., vo Aliments, t. XVI, p. 70, 71; vo Filiation, p. 356, 357.

application, comme les dispositions de l'ordonnance de 1673, qui semblaient autoriser la violation de la foi promise, en prononçant la nullité viscérale d'un contrat de société, faute d'une publication qui n'intéressait que les tiers (1). Mais, à supposer qu'il en doive être autrement, aujourd'hui que nos Cours souveraines sont soumises à la censure d'un Tribunal conservateur du droit établi quel qu'il soit, Tribunal dont, pour le dire en passant, les membres ont le privilége de conserver jusqu'à 75 ans la science, le jugement, la force morale que tous les autres magistrats perdent disciplinairement à 70, — puissent-ils justifier une telle faveur ! — au moins faudrait-il que cette loi, contraire à toutes les notions de la justice, au plus vulgaire bon sens, s'imposât aux consciences les plus rebelles par des expressions nettes, précises, franchement hostiles au droit et à la raison ; que ce fût, à ne pas s'y méprendre, le *Sic volo, sic jubeo, sit pro ratione voluntas* des testateurs romains ; qu'elle dit enfin, sans timide équivoque, sans pudibonde ambiguïté : « Toute reconnaissance de paternité par un acte non revêtu des formes extérieures, caractéristiques de l'authenticité civile, sera de droit présumée, et sans que le juge puisse, en aucun cas, admettre la preuve contraire, avoir été extorquée à son auteur par la violence, ou lui avoir été surprise par des manœuvres frauduleuses ; elle ne pourra, en conséquence, avoir le moindre effet juridique, et notamment fonder une action tendant à de simples secours alimentaires. »

En serions-nous là ? Non, assurément, Dieu merci !

___

(1) Ordonnance de mars 1673, art. 2 et 6 du tit. iv. — Commentaire de Jousse, conseiller au présidial d'Orléans.

Qu'en décrétant que la reconnaissance d'un enfant naturel serait faite par acte authentique, lorsqu'elle ne l'aurait pas été dans son acte de naissance (Cod. Nap., art. 334), nos législateurs aient voulu « en garantir la « liberté et la sincérité (1), » soit; mais ont-ils par là même décidé qu'il n'y aurait ni liberté, ni sincérité dans une reconnaissance, œuvre toute personnelle de son auteur, spontanée, multiple, confirmée chaque jour, de loin comme de près, par des protestations manifestement exclusives de toute idée de contrainte et de surprise? Il y a tout un monde entre ces deux conceptions juridiques; conclure de l'une à l'autre, ce serait la plus illogique des argumentations; ce serait en vérité vouloir que de l'œuf d'un colibri sortît un éléphant.

Et remarquez bien que cette présomption légale, divinatoire, irrationnelle au plus degré, d'une volonté violemment obsédée ou égarée par d'insidieuses suggestions, serait le privilège du sexe le plus fort et le plus éclairé! La femme faible et sans expérience resterait soumise au droit commun; son écriture privée, après reconnaissance ou vérification en justice, serait, comme l'acte authentique, une preuve complète, ou une irrésistible semi-preuve de sa maternité (Cod. Nap., art. 1322) (2), entraînant même, d'après l'opinion commune, toutes les charges de la quasi-légitimation. — Et notre Code modèle consacrerait implicitement de telles anomalies, lorsqu'il veut, d'ailleurs très raisonnablement et très humainement, que, dans l'appréciation des vices du consentement aux obligations conventionnelles, l'on

(1) Demolombe, loc. cit., p. 398.
(2) Duranton, loc. cit., nos 228, 237, t. III, p. 222, 224.

ait égard au sexe et à la condition des personnes (Cod. Nap., art. 112) ! — Concevrait-on ce renversement de tous les principes pour protéger le fort contre le faible ? Soyons donc au moins d'accord qu'une reconnaissance d'enfants illégitimes, par acte sous seing privé, ne serait pas une preuve plus suspecte de la paternité, qu'elle ne l'est de la maternité.

A la vérité, de telles déclarations, quelque confiance qu'elles puissent inspirer par leur spontanéité et leur multiplicité, n'auront pas le caractère de stabilité et d'irrévocabilité que nous rencontrons dans un acte accompli avec les solennités que prescrivent les lois de l'an XI et de 1843; mais aussi n'imposeront-elles qu'une charge temporaire et de pure humanité. *Il convient*, disait très sensément à ce sujet le Conseil des anciens, *que l'enfant naturel produise un titre plus solennel, plus authentique pour succéder, que pour obtenir des aliments* (1). Et cette vue législative, en si parfaite harmonie avec les exigences sociales, a été justement indiquée et savamment développée par la Cour de Nancy, en son arrêt précité du 14 décembre 1816 (2). « La reconnaissance légale, dit-elle, ayant pour but d'élever l'enfant naturel à une sorte de légitimation, de lui créer des droits héréditaires, devait être assujettie à des formes qui en écartassent toute incertitude, et reposer sur une base inébranlable; mais, ces points accordés, il serait irrationnel d'en conclure que l'adultérin exclu de la reconnaissance légale, ou le bâtard simple au profit duquel une telle reconnaissance aurait pu être faite, mais qui ne l'a pas obtenue,

(1) Séance de floréal an VI (cit. par Loiseau, loc. cit., p. 120).
(2) Jalbert-Dalloz, 1817, II, p. 95.

se réduisant l'un et l'autre à la simple demande d'aliment, fussent tenus d'appuyer cette demande des mêmes titres qui seraient nécessaires pour fonder une demande en délivrance de tout ou partie des biens délaissés par leur père ou mère ; cette interprétation présenterait un système sans base, en ce qu'il ne peut y avoir de justes motifs de soumettre aux mêmes conditions des droits aussi divers dans leur principe, dans leur nature, dans leurs effets. » En reviendra-t-on au ridicule axiome de la paternité indivisible pour nier, contrairement au texte formel de l'article 762, l'obligation alimentaire, là où il n'y a point de droits successifs? Nous ne pensons pas qu'aucun jurisconsulte soit désormais tenté de le faire.

Faisons sans aucun ménagement, dans l'intérêt de la vérité, tomber le masque hypocrite dont nos jurisconsultes humanitaires cherchent à se couvrir. Conçoit-on un ancien orateur du tribunal, conseiller à la Cour de cassation, inspecteur général des Écoles de droit, rejetant, si nous l'en croyons, à son grand regret, une opinion qu'il confesse, en ces termes mêmes, *être fondée sur la raison, sur les plus puissants motifs d'humanité, sur les plus fortes présomptions de paternité;* et pourquoi? *parcequ'elle lui paraitrait d'ailleurs contraire aux principes d'ordre public* (1)! Quel est donc cet intérêt d'ordre public inconciliable avec la raison, l'humanité et le droit commun des nations civilisées en matière de preuves? Nous avons bien peur que ce ne soit l'intérêt égoïste de ces hautes vertus républicaines ou parlementaires, qui voulaient n'avoir aucun désagrément à craindre de leurs re-

(1) Chabot, loc. cit., sur l'art. 768, n° 43, p. 136.

lations plus ou moins publiques avec des femmes de
mœurs équivoques.— Nos maîtres Proudhon et Delvincourt, qui ont plaidé avec une si sincère et si profonde
conviction la cause des enfants naturels, étaient les plus
fidèles et chastes époux, les plus purs modèles du père
de famille. Qu'on nous permette de confirmer par
leur autorité notre laborieuse démonstration, — personne ne sera tenté de nous reprocher la longueur de
cette double citation.— Nous ne devons, d'ailleurs, rien
épargner pour le triomphe d'une cause sainte, à peu près
abandonnée à l'école et au barreau.

Écoutons d'abord Proudhon :

« La reconnaissance faite par acte sous seing privé suffit-elle
pour autoriser l'enfant naturel qui est dans le besoin, à ouvrir
une action contre son père, pour forcer celui-ci à lui fournir des
aliments?

« L'affirmation nous paraît incontestable par les raisons que
nous allons développer.

« 1° Le seul fait de la paternité impose au père l'obligation de
fournir des aliments à l'être faible auquel il a donné le jour :
abandonner un enfant au dénûment et à l'état d'impuissance dans
lequel il vient au monde, c'est lui donner la mort : *Necare vide-*
tur non tantum is qui partum præfocat, sed et is qui abjicit; et qui
alimonia denegat; et qui publicis locis misericordiæ causa exponit,
quam ipse non habet (1). Aucune loi ne peut approuver un crime
qui répugne si essentiellement à la nature. Aussi le Code civil
reconnaît cette obligation dans le père, même à l'égard des enfants adultérins ou incestueux (762). — Il est donc impossible
que la paternité soit constante et que la créance ne le soit pas,
puisque l'une dérive nécessairement de l'autre; il y aurait une
contradiction révoltante à juger que celui qui avoue la paternité

(1) Dig., l. 4, *De agnosc. et al. lib.*, lib. XXV, tit. 3.

est admissible à refuser le paiement de la dette qui en est inséparable.

« 2° Un acte de reconnaissance, quoique sous seing privé, ne
peut être fait sans dessein et pour rester absolument stérile ; un
enfant n'est reconnu que pour reconnaître les obligations que la
paternité impose à son égard ; l'acte doit donc valoir au moins
comme un simple traité, ou une promesse de lui fournir des
aliments, ayant pour cause le devoir naturel de celui qui l'a
souscrit.

« 3° Quoique le Code civil exige que la reconnaissance des
enfants naturels soit faite par acte authentique, pour produire
tous les droits que la loi attache à cette forme, il ne faut pas conclure de là que la reconnaissance faite par acte privé ne doive
produire aucun effet. — Il n'est pas permis de confondre la simple dette d'aliments qui résulte de l'aveu de la paternité, avec
les droits d'une tout autre importance qui dérivent d'une reconnaissance authentique, pour en conclure que le titre doit être
revêtu des mêmes formes dans un cas, comme dans l'autre. —
Par la reconnaissance authentique, l'enfant naturel acquiert un
état personnel qu'il n'avait pas ; s'il était né d'une mère étrangère, il devient français ; il prend le nom du père qui l'a reconnu ;
il passe sous sa puissance paternelle ; il se trouve investi du droit
de recueillir un jour une partie ou la totalité de ses biens, comme
le père, de son côté, acquiert le droit de succéder à son enfant
naturel mort sans postérité. — L'on conçoit que pour obtenir
tous ces avantages décrétés par la loi civile, il faut avoir rempli
les formes civiles auxquelles elle en soumet le titre ; on conçoit
encore que l'acte qui produit des droits aussi importants doit
être conservé dans un dépôt public, parce que c'est la seule voie
légale de constater l'état civil des citoyens ; le législateur a eu
soin d'établir des registres pour y consigner la preuve authentique de la filiation ; ces registres sont établis pour tous en général ; c'est là que tous les pères sont appelés à consigner l'aveu de
leur paternité. Si donc la reconnaissance d'un enfant naturel
n'est pas prouvée par ces registres, il faut qu'elle soit faite par
acte authentique, conservé dans un dépôt public, sans quoi elle

ne serait pas équivalente à celle qui résulterait du registre de l'état civil; et par conséquent elle ne pourrait servir de fondement à l'état qu'il veut conférer à son enfant.— Ainsi, par l'acte de reconnaissance sous seing privé, le père n'acquerra pas la puissance paternelle sur son enfant naturel; et celui-ci n'aura pas les droits de successibilité irrégulière qui résulteraient d'une reconnaissance authentique, parce que tous ces avantages sont des droits purement civils qu'on ne peut acquérir sans satisfaire aux formes publiques dont ils dépendent. — Mais les aliments ne sont point une dette civile; le père doit nourrir son enfant par la seule raison qu'il en est le père; la reconnaissance de cette dette ne suppose dans l'état du père ni du fils, aucun changement qui doive être constaté par un acte authentique; la créance de l'enfant ne porte que sur de simples intérêts pécuniaires, pour lesquels l'aveu du débiteur est toujours suffisant; l'enfant peut donc faire valoir son action, s'il n'y a ni défense de l'intenter, ni fin de non-recevoir à lui opposer; or, on ne trouve pas de défense dans la loi civile, puisqu'au contraire elle reconnaît la dette, même à l'égard des enfants adultérins ou incestueux; il ne peut y avoir non plus de fin de non-recevoir à opposer à l'enfant, puisque nous raisonnons dans une hypothèse où la paternité est avouée par le père.

« 4° La simple parenté naturelle est un obstacle au mariage entre les ascendants et les descendants de tous les degrés (161), et entre les frères et sœurs (162); exigera-t-on une reconnaissance authentique pour être admis à proposer cet empêchement? — Supposons qu'un père, qui a reconnu sa fille par acte privé, veuille la donner en mariage à l'un de ses autres enfants, la justice pourrait-elle l'y autoriser? Pourrait-on dire que la production de cet acte ne serait pas suffisante pour mettre obstacle à une alliance aussi monstrueuse? — Il faut donc convenir que la reconnaissance de la paternité, faite par acte sous seing privé, n'est pas sans effet; et alors ne serait-elle pas suffisante pour contraindre le père à fournir des aliments à son enfant, puisque la nature lui en impose le devoir (1)? »

(1) *État des personnes*, t. II, p. 112. — Edit. Valette, t. II, p. 174.

La discussion de Delvincourt n'est pas moins forte.

« ..... Nonobstant la jurisprudence..... j'oserai encore soutenir..... que l'enfant reconnu par des actes privés ne peut, à la vérité, prétendre à aucun droit de succession, mais qu'il a au moins celui de demander des aliments ; et voici mes motifs :

« Il faut distinguer avec soin, dans les différents droits qui peuvent être exercés, ceux que produit le droit civil, et ceux qui naissent du droit naturel. La loi qui accorde les premiers a bien pu en attacher l'exercice à l'observation de telle ou telle formalité ; mais, quant aux seconds, ils ne doivent être soumis qu'aux règles générales et communes du droit. C'est ainsi que la loi refuse au mort civilement le droit de succéder, soit *ab intestat*, soit par testament, et qu'elle lui accorde cependant la faculté de recevoir à titre d'aliments. Les successions sont de droit civil, en ce sens que c'est la loi qui les défère et détermine l'ordre dans lequel elles doivent être recueillies ; elle peut donc n'y admettre que ceux qui ont rempli telle ou telle condition. Mais les aliments sont de droit naturel, indépendants de toute disposition civile ; et la loi qui dispenserait le père de nourrir ses enfants, serait une loi impie, digne des temps les plus barbares. — Or, si le droit de demander des aliments n'est pas du domaine de la loi civile, elle n'a pu en subordonner l'exercice à l'observation de certaines formalités. Que pour éviter les procès scandaleux l'on prohibe la recherche de la paternité, la disposition est déjà assez dure ; mais quand cette paternité est prouvée d'une manière qui serait suffisante pour prouver toute espèce d'obligations, quand il ne peut y avoir de procès, si ce n'est une simple vérification d'écriture, en cas de dénégation, vérification qui ne peut entraîner aucun scandale, l'on ne voit pas comment le père pourrait se soustraire à l'obligation de fournir des aliments, et comment un acte qui, dans une affaire ordinaire, serait jugé suffisant pour le constituer débiteur de quelque somme que ce fût, ne suffirait pas pour donner à l'enfant naturel le droit de demander des aliments.

« L'on ne peut, dit-on, *scinder la paternité* : cela est un pur sophisme. Sans doute, il n'est pas possible que la même personne soit et ne soit pas, tout à la fois, père du même enfant. — Aussi n'est-ce pas, dans notre système, la paternité qui est scindée ; ce sont ses effets, dont les uns étant de droit naturel, et les autres de droit civil, peuvent être l'objet de dispositions différentes. Il est très possible qu'un enfant puisse exercer un des droits de la filiation, et ne puisse pas en exercer tel autre. Ainsi l'enfant adultérin ou incestueux peut réclamer des aliments et n'est point admis à la succession. Le fils du mort civilement peut être tenu, du moins nous le pensons, de fournir des aliments à son père ; et il n'y a cependant entre eux aucun rapport civil de paternité et de filiation. Dans le cas de l'article 202, le père de mauvaise foi serait père à l'effet de transmettre sa succession aux enfants du mariage putatif contracté avec l'épouse de bonne foi, et ne le serait pas à l'effet de recueillir leur propre succession. Enfin y a-t-il rien qui paraisse plus indivisible que la qualité d'héritier ? Et cependant ne peut-il pas arriver que la même personne soit et ne soit pas tout à la fois héritière du même individu à l'égard de personnes différentes (1)? Concluons donc que l'impossibilité prétendue de scinder la paternité est une chimère.

« L'on insiste, en disant : Sans doute le père est tenu de fournir des aliments à son fils naturel, mais pour cela il faut, même d'après le droit naturel, lui prouver qu'il est le père ; or la loi civile n'admet d'autre preuve de la paternité que l'acte de naissance ou un acte authentique. Je réponds d'abord qu'il est contradictoire de dire, d'un côté, que, de droit naturel et indépendamment de toute loi civile, le père est tenu de nourrir son enfant ; et d'un autre côte, de subordonner cette obligation à une formalité qui n'est pas exigée pour les obligations même civiles. Je réponds en second lieu que l'article 762 accorde des aliments à l'enfant adultérin ou incestueux, qui cependant ne peut être re-

---

(1) L'auteur renvoie, pour l'intelligence de cette proposition, à ses notes sur le titre *Des successions*, et fait probablement allusion au cas où, après le temps fixé pour la prescription, le successible serait, suivant lui, présumé *acceptant* ou *renonçant*, suivant l'intérêt de celui avec lequel il aurait à lutter. (*Cours de Code civil*, édit. de 1819, t. II, note 6 de la page 31.)

connu, ni par son acte de naissance, ni par un autre acte authentique. — D'ailleurs la cause est si favorable, qu'y eût-il du doute, la question devait être décidée en faveur de l'enfant (1). »

Nous sommes de plus en plus vivement frappé de ce parfait et franc accord, dans la question des aliments, de deux hommes puissamment doués, qui avaient reçu une éducation juridique si différente et étaient aux antipodes sur toutes les théories capitales: l'un ayant religieusement conservé toutes les traditions de nos siècles monarchiques; l'autre ayant, au contraire, embrassé avec ardeur toutes les innovations de 1789 à 1792 ; l'un le Cujas, l'autre le Doneau du Code Napoléon ; enfin, n'ayant guère en commun qu'une haute moralité chrétienne (2).

---

(1) *Cours de Code civil*, t. I, note 4 de la p. 90, p. 895.

(2) Delvincourt, comme nous l'avons dit (*supra*, p. 311, note 3), s'était, dans nos mauvais jours, noblement réfugié à l'armée, et, de simple licencié de l'ancienne Université, avait été improvisé docteur par Napoléon, consul. — Proudhon, élevé au grand-séminaire de Besançon, avait fait les plus fortes études et rempli des fonctions judiciaires, jusqu'au moment où il fut appelé à professer le droit. Il n'avait pas d'ailleurs, en dépit de ses doctrines révolutionnaires, cessé d'être un bon catholique, et il en remplissait régulièrement les devoirs. Seulement, il lui arrivait quelquefois d'intervertir les rôles, et de faire la leçon au modeste prêtre qui dirigeait sa conscience : *Eh! que dites-vous-là, mon Père? Ce sont choses que je sais mieux que vous. Écoutez!* — De plus, il s'était gravement compromis, sous le régime de la Terreur, en cachant chez lui des prêtres non assermentés ou *réfractaires*, et en faisant passer à quelques malheureux émigrés en Suisse des secours pécuniaires; il aurait payé de sa tête ces courageux sentiments d'humanité sans son extrême popularité au pays qui se l'était, comme d'une seule voix, donné pour juge de paix.

En adoptant la législation de 1792, Proudhon n'avait pas même reculé devant le divorce, qu'il cherchait à justifier par l'ordonnance de Justinien de l'année 536 (Nov. XXII, ch. 5), déclarant *le mariage dissous par les vœux monastiques de l'un ou l'autre des époux*, avant sa consommation, et surtout par ce canon du concile de Trente (Sess. 24, can. 6) : *Si quis dixerit matrimonium ratum, non consummatum, per solemnem religionis professionem alterius conjugum non dirimi, anathema sit.* « Qu'importe, disait-il, la non-« consommation du mariage? Ce contrat n'est-il pas parfait par le seul con-

Dans la discussion à laquelle nous venons de nous livrer, nous ne nous sommes point préoccupé de l'hypothèse très commune où, en reconnaissant son enfant illégitime, le père a formellement pris l'engagement de pourvoir à ses besoins. Nous ne pensons pas que cette promesse surabondante doive juridiquement changer ou modifier l'état de la question. Tous, en effet, reconnaissent que l'obligation de fournir des aliments à l'enfant est essentiellement inhérente à la reconnaissance même de sa filiation. Suivant Merlin, *cette reconnaissance, fût-elle sous seing privé, équivaudrait à une convention expresse par laquelle le père se serait obligé à nourrir l'enfant qui en était l'objet.* « En ajoutant, con-
« clut-il, à la reconnaissance de l'enfant naturel l'obli-
« gation de pourvoir à sa subsistance, l'on n'y ajoute
« réellement rien qu'elle ne contienne déjà implicite-

« sentement des parties dans les formes voulues par la loi ? » (*État des personnes*, Mariage, section x, t. I, p. 281. Edit. Valette, p. 476 à 481.) *Nuptias non concubitus, sed consensus facit* (Dig., l. 30, *De reg. jur.*; l. 6 et 7, *De rit. nupt.*). — Il avait, pour prouver son patriotisme et répondre aux dénonciations qui devaient l'envoyer à l'échafaud de Louis XVI, professé solennellement cette doctrine devant un redoutable commissaire de la Convention. — Mais, étudiant de première année, je lui ai entendu dire, au mois de mai 1807, dans la chaire qu'il inaugurait, et, ce qui m'avait alors surtout frappé, avec un redoublement d'accent franc-comtois qui fit partir d'un éclat de rire homérique tout l'imberbe auditoire, au surplus déjà trop disposé à cette irrespectueuse manifestation : *Oui, Messieurs les rieurs, je suis d'avis du divorce, mais* NON DU REMARIAGE. — C'est-à-dire que son divorce n'était qu'une séparation de corps (*divortium a mensa et thoro*) faisant cesser, comme l'a décidé notre chambre républicaine de 1848, sur la proposition du religieux professeur de Paris, Demante, l'application de l'axiome : *Is est pater quem justæ nuptiæ demonstrant*. C'était une transaction probablement convenue avec son orthodoxe directeur ; et la vérité est que Justinien et le concile de Trente n'avaient fait qu'établir, pour un cas tout spécial, la présomption légale d'un empêchement dirimant. *Locus singularis*, disaient de ce canon les plus savants interprètes.
Tout ce que notre maître écrivait était, pour lui, comme jeté en bronze. Devenu son collègue, je me permis, à un concours dont nous étions juges,

« ment (1). » Or, s'il est vrai, comme le faisait observer
l'avocat général Jaubert, que la reconnaissance et la
promesse alimentaire se tiennent étroitement, au point
d'être inséparables, évidemment, la première étant nulle,
la seconde, qui n'en est que le résultat et la conséquence, ne peut être valable (2).

Cependant des sentiments d'humanité et de justice,
dont les cœurs les plus froids se défendent difficilement,
ont quelquefois triomphé de cette intraitable logique,
surtout dans la magistrature. Et la doctrine elle-même,
malgré son attachement au point de droit, s'est plus ou
moins engagée dans cette voie, en demandant grâce à
deux genoux pour une distinction « plus spécieuse que
« solide, mais qui, quelque subtile qu'elle paraisse, peut
« seule expliquer quelques inexplicables et exceptionnels
« arrêts de la Cour de cassation (3). » Veuillez un peu,

de lui faire observer, avec force précautions oratoires, que, dans la rédaction
d'une question par lui proposée en droit romain, les épilogueurs pourraient
trouver un solécisme. Il s'émut d'abord vivement de ma respectueuse critique; mais se remettant à l'instant même : *Ca restera, mon jeune collègue,*
QUOD SCRIPSI, SCRIPSI. Et ça est resté, aucun de mes autres collègues n'ayant
eu le courage de venir à mon aide. Cela peut expliquer sa formule constante
de réimpression : *Deuxième édition, exactement conforme à la première.* —
L'édition Valette, de son *Etat des personnes,* et l'édition Curasson, de son
Domaine public, ont été pour lui un terrible purgatoire, dans ce monde que
bien des gens appellent meilleur, par la crainte qu'il leur inspire. Il n'avait
pas dans le cerveau le moindre coin de libre pour donner l'hospitalité à
l'opinion tant soit peu dissidente de son meilleur ami. — Je ne m'excuserai
pas de rappeler ces traits d'originalité de l'auteur du premier Traité qui ait
mis en relief les principes consacrés par le 1er livre du Code Napoléon; du
grand *Traité de l'usufruit,* si riche en savantes et belles théories; de ce
Traité du Domaine public, ouvrage de sa vieillesse, qui, à ce que m'a assuré
un ancien collègue, membre du Conseil d'Etat, a encore plus d'autorité auprès de ce grand corps que le *Traité de la compétence administrative,* de son
successeur actuel.

(1) *Répert.,* loc. cit., v° Aliments, p. 71, 76.
(2) Id., loc. cit., P. 77.
(3) Duranton, loc. cit., n° 231, t. III, p. 223.

pour votre édification, écouter ce que disait à ce sujet, devant la Cour impériale de Paris, un avocat général (de Vallée), qui n'a pas su, d'ailleurs, se dégager des entraves d'une jurisprudence qu'au fond certainement il condamnait ; évidemment, *tanquam e vinculis sermocinabatur* : « Sans doute, une obligation alimentaire ne « peut naître ni de la recherche, ni de l'aveu de la pa- « ternité.... Ainsi, le sieur Mont pouvait, dans ses « *longues* relations avec la fille Block, avoir eu d'elle « *plusieurs* enfants, *les délaisser, les livrer avec leur mère* « *à la misère;* il n'avait aucun compte à en rendre, il « pouvait, en un mot, *profiter de cette protection que* « *l'article* 340 *du Code Napoléon accorde à ceux qui ne* « *veulent à aucun prix, dans cette vie de désordre, subir* « *le poids de la paternité.* » (Je me demande avec un pénible étonnement quel intérêt social il peut y avoir en cette scandaleuse protection.) « Mais alors le sieur Mont « ne devait point prendre d'engagement écrit. S'il en a « pris, la situation est changée; l'article 340 est désin- « téressé. Cet engagement ne vaudra pas, en effet, « comme un aveu de paternité; mais il s'agit de savoir « s'il n'est pas l'exécution d'une obligation naturelle. « — Sans contredit, une obligation naturelle peut naî- « tre dans les circonstances où s'est trouvé Mont, et de « ces circonstances mêmes. Il a pu croire à sa pater- « nité; il a pu croire, de sa part, à une dette de con- « science. Il avait fait baptiser ces enfants; il avait « pourvu à leurs premiers besoins; il a pu se considé- « rer comme obligé à les maintenir dans cette position; « il y a là très certainement, à côté des articles 334 et

« 340, la base d'une obligation (1)... » La logicienne école allemande elle-même, après avoir posé en principe qu'une *reconnaissance sous seing privé ne donne pas même à l'enfant au profit duquel elle a été faite le droit de réclamer des aliments*, décide avec une assurance qui nous confond que, « si celui qui s'est reconnu par acte sous seing privé père d'un enfant naturel s'oblige par le même acte ou par un acte postérieur, aussi sous seing privé, à lui fournir des aliments, il sera valablement obligé; parce que, dit-elle, l'on peut, d'un côté, contracter par acte sous seing privé l'obligation civile de nourrir un enfant, aux besoins duquel on est déjà obligé de pourvoir en vertu d'une obligation naturelle; et que, d'un autre côté, l'existence de cette obligation naturelle se trouve, d'après les principes qui régissent la preuve de la cause des contrats, suffisamment justifiée par la reconnaissance de la paternité dans un acte sous seing privé (2). »

Mais, réplique impitoyablement le dernier commentateur du Code Napoléon, si, d'après vous-même, la filiation naturelle ne peut être juridiquement prouvée que par un acte authentique, même pour les plus nécessiteux aliments, il faut bien que vous reconnaissiez que la promesse sous signature privée d'en fournir plus ou moins largement, exprimât-elle une seconde fois l'aveu de la paternité, n'en resterait pas moins sans cause (3); car une cause qui n'est pas prouvée et ne peut l'être n'existe pas: *de his quæ non sunt, et de his quæ non apparent, idem*

(1) *Journal du Palais*, année 1861, p. 197, 1ᵉ col. *in medio*.
(2) Zachariæ, loc. cit., § 568 *ter*, nᵒ 9 *in fine*, t. IV, p. 57, 58.
(3) Demolombe, loc. cit., nᵒ 126, p. 106, 107.

est judicium. Vous devez donc vous résigner, pour le plus grand honneur des principes, à supprimer l'une des conditions que le Code Napoléon (art. 1108), comme la loi romaine, dit être essentielles à la validité d'un engagement, la cause.

C'est, ainsi que nous l'avons annoncé, ce qu'ont fait, pour obéir à un sentiment d'humanité, plusieurs Cours souveraines, qui ne se piquent pas d'une logique sévère, et notamment celle de Bordeaux, par deux arrêts rendus à quelques mois d'intervalle, les 5 août 1847 et 5 janvier 1848 : « Attendu, dit le dernier, que ce serait
« aller contre la prohibition de la loi que de puiser en
« des écrits privés la preuve qu'un individu s'est re-
« connu le père d'un enfant naturel, pour l'obliger, en
« cette qualité, à lui fournir des aliments; mais que
« celui qui, dans la pensée qu'il peut être le père d'un
« enfant naturel, s'engage d'une manière expresse à
« pourvoir à ses besoins, ne fait que remplir un devoir
« de conscience et acquitter une obligation naturelle;
« qu'un tel engagement, quand il est, d'ailleurs, libre
« et spontané, n'a rien que la morale n'avoue et qui ne
« doive être sanctionné par la justice; qu'il ne puise pas
« sa cause dans la qualité de père et dans un aveu sans
« valeur aux yeux de la loi, mais dans un sentiment in-
« time, dans un scrupule honorable qui peut très bien
« subsister, alors que la paternité demeure incertaine,
« même aux yeux de celui qui s'oblige (1). »

Ainsi, la vague présomption d'une paternité douteuse aura la force obligatoire et probante qui manquerait à

(1) *Journal du Palais*, 1848, t. 1, p. 679, 681.

l'aveu le plus exprès de la paternité la plus certaine ! A quelles aberrations peuvent entraîner l'oubli des principes et une équité cérébrine !

La Cour royale de Dijon avait, le 24 mai 1817, rendu une décision semblable, mais en des circonstances qui, d'après Merlin, appelaient l'application d'autres principes ; et nous croyons, d'ailleurs, que le grand jurisconsulte a fait de vains efforts pour absoudre cet arrêt d'équité d'avoir méconnu la cause première et véritable de l'engagement dont il ordonnait et réglait arbitrairement l'exécution.

Dans l'espèce, après une reconnaissance irrégulière, qui ne pouvait avoir plus de force qu'un acte privé (elle avait été faite devant un commissaire de police, faute d'argent pour payer les frais d'un acte notarié), le père (un sieur Griffon) avait, de l'armée à laquelle il fut en dernier lieu attaché comme officier de santé, vivement recommandé à la mère (Espérance Joly) *de ne rien épargner pour l'éducation de leur enfant, promettant de lui rendre tout ce qu'elle aurait avancé et de pourvoir lui-même à cette dépense aussitôt que sa position le lui permettrait.* Il protestait, d'ailleurs, dans cette active correspondance, de sa fidélité à remplir tous ses engagements, et notamment de sa ferme volonté d'assurer son nom à ce cher fils par un mariage qui ne rencontrerait plus d'opposition dans sa famille. Hélas ! cette juvénile passion, qui avait résisté à neuf ans d'absence, s'évanouit devant les charmes flétris d'Espérance Joly. Neuf ans font, en effet, un terrible ravage dans les fraîches couleurs d'une fille de seize ! Puis, la modeste artiste blanchisseuse, dont le travail avait suffi à l'accomplisse-

ment de ses devoirs de mère, et même à quelques petits
envois d'argent à son besogneux amant, longtemps simple aide-chirurgien, n'avait pas d'autre dot que cette édu-
cation-là même et son amour désintéressé. Ce n'était
plus l'affaire de l'officier de santé, vieilli de cœur autant
et plus que de visage, et l'ingrat Griffon publie ses bans
de mariage avec une plus jeune et plus riche héritière.
La pauvre délaissée réclame alors 2,400 fr. pour frais
communs de nourriture et d'éducation et une pension
annuelle de 300 fr. jusqu'à ce que l'enfant ait atteint
l'âge de 18 ans. A quoi Griffon ne répond que par des
conclusions tendant à ce que la reconnaissance soit déclarée radicalement nulle, et qu'il soit défendu à la demoiselle Joly de donner à son enfant le nom de Griffon.
Et les premiers juges accueillent purement et simplement ses conclusions, déclarant, en outre, la demoiselle
Joly non recevable dans sa demande, qu'ils considèrent
comme la recherche prohibée d'une paternité que Griffon, en fait, n'avait pas eu du moins l'impudente mauvaise foi de désavouer. Les juges du second degré
sont, comme ceux du premier, d'avis que *la déclaration
de paternité, réduite à sa qualité d'écriture privée, ne peut
conférer même le droit d'exiger des aliments, parce que
l'obligation de nourrir un enfant a essentiellement pour
base la paternité, qui, d'après le Code, ne peut jamais être
prouvée que par un acte authentique ;* « que faire résulter
« cette obligation d'un acte sous seing privé, ce serait vé-
« ritablement admettre la recherche de la paternité, une
« écriture privée ne pouvant produire d'effet qu'autant
« qu'elle est reconnue et vérifiée. » Mais ce sacrifice fait
au droit prétendu du Code Napoléon, considérant que,

« si Griffon ne peut être condamné, *à titre de paternité*, à
« fournir des aliments à l'enfant d'Espérance Joly, il
« n'en résulte pas moins des lettres *nombreuses*, écrites
« à celle-ci et *non déniées par lui*, qu'il avait contracté
« l'engagement de nourrir et d'élever cet enfant. » Ils
pensent « que c'est le cas d'avoir égard à ces promesses
« qui n'ont rien de contraire aux lois, et dont l'équité
« réclame l'exécution. » Et, là-dessus, transformant et
dénaturant la demande d'Espérance Joly, sans plus se
soucier du principe qui interdit au juge d'adjuger à un
plaideur autre chose ou plus qu'il ne demande, que de
cet autre qui ne permet pas qu'une obligation vaille
sans cause, au lieu des 2,400 fr. et de la pension de
300 fr. auxquels concluait la demanderesse, ils lui accordent 3,000 fr. « par forme de remboursement des
« dépenses qu'elle a faites pour l'enfant. (1) »

Merlin cherche à justifier doctrinalement cet arrêt
par l'action *mandati contraria* : « La Cour royale de
« Dijon a jugé, dit-il, que de même que le prétendu
« père, qui a fourni des aliments à l'enfant naturel illé-
« galement reconnu, ne peut pas les répéter, de même
« aussi il ne peut pas, après les avoir fait fournir par un
« *tiers,* se dispenser d'en rembourser la valeur à celui-
« ci; et il n'y a rien dans cette décision que de parfai-
« tement d'accord avec les principes. En effet, si m'é-
« tant obligé illégalement à une dette dont je n'étais
« pas tenu, je charge un tiers de la payer, c'est, d'après
« la maxime *Qui per alium facit, per seipsum facere vi-*

(1) V. l'arrêt rapporté par Merlin, *Rép.*, v° Aliments, § 1, art. II. n°° 8 et 9,
t. XVI, p. 75 et 77; et plus complètement par Denevers, année 1817, 2° part.,
p. 111.

« *detur*, comme si je payais moi-même ; et non seule-
« ment je ne suis pas recevable à en répéter le montant
« contre celui qui l'a reçu, si elle avait une cause na-
« turelle ; mais je dois moi-même à mon mandataire
« le remboursement des avances qu'il a faites pour me
« libérer (1). » Argument sans doute digne d'un savant
et profond docteur ! — Mais, sans nous demander si
Espérance Joly, nourrissant et élevant son propre enfant, pourrait, en fait, être considérée comme un tiers
mandataire, n'était-ce pas uniquement et exclusivement
comme père que Griffon l'aurait chargée de faire ces
dépenses de nourriture et d'éducation ? Et n'aurait-il pas
été restituable contre ce mandat prétendu, en prouvant
que ses multiples reconnaissances de paternité lui auraient été extorquées par de violentes obsessions ou sur-
prises, par des suggestions frauduleuses dont le soi-disant mandataire aurait été lui-même l'auteur ou le
complice ? Or, dans le système d'interprétation doctrinale
de l'arrêt et de Merlin, cette preuve, comme nous venons de le mettre en relief, ne se trouverait-elle pas de
droit acquise par une indiscutable présomption de la loi
même ? Une seconde, une troisième reconnaissance privée serait-elle plus authentique que la première, et
échapperait-elle à la présomption, restrictivement pour
une pension alimentaire, ou les frais de gésine ? — Indépendamment de son espèce de *quote mal taillée* ULTRA
ou EXTRA PETITA, la Cour royale de Dijon aurait donc,
même au cas particulier, bien réellement encouru le
reproche de valider un engagement qu'elle déclarait
sans cause.

(1) Merlin, *Rép.*, loc. cit., p. 79.

Encore une fois, ne sortira-t-on pas enfin de ce dédale d'argumentations contradictoires et de ce subtil droit contre le droit, qui torture la conscience du magistrat et l'amène à fouler aux pieds les principes qu'il doit le plus respecter, en reconnaissant, comme le veut d'ailleurs le Code Napoléon lui-même, d'après les orateurs du gouvernement qui en ont le mieux saisi l'esprit, deux sortes de paternités illégitimes : l'une purement délictuelle, qui n'oblige qu'à des secours alimentaires, et peut être établie par les modes de preuve du droit commun; l'autre revêtant un caractère semi-légal, qui donne en outre à l'enfant un imparfait état de famille, et doit avoir pour base un irrévocable et solennel acte de reconnaissance?

Si une reconnaissance par des écrits privés oblige à des aliments, celle qui résulte d'une possession d'état plus ou moins longue, continue et persévérante, ne doit pas être moins efficace. Un engagement manifesté *rebus ipsis et factis*, par d'irrécusables faits d'exécution, apparaît mieux établi, plus certain que celui qui repose sur un muet écrit, resté à l'état de simple promesse, et témoignant seulement d'une intention qui n'aurait encore été éprouvée par aucun sacrifice. La possession d'état doit, en effet, comme nous l'avons fait observer plus haut, consister, ici surtout, en des soins donnés assidûment à l'enfant à titre de paternité. Et combien n'importe-t-il pas à la société même, qu'ils lui soient continués pendant tout le temps qu'ils paraîtront nécessaires, indispensables? Si avant le terme de l'éducation professionnelle qui doit le mettre à même de se suffire, ils lui sont tout à coup capricieusement retirés, que deviendra ce malheureux paria? Ne vaudrait-il pas mieux, mille fois, qu'il eût été, dès l'origine, abandonné à la commisération publique et jeté dans un hospice d'enfants trouvés? Un substitut, digne collaborateur de Merlin, devenu une autorité pour son chef lui-même, Daniels, a, dans la célèbre affaire Peterlon, pour ainsi dire buriné, par d'énergiques paroles, cette haute considération morale : « Quoi! des père et mère qui auraient d'abord obéi au sentiment du devoir, pourraient ensuite refuser des aliments à leur enfant naturel, et, l'exposant à toutes les horreurs de la misère, auraient le droit de lui dire : Nous vous avons donné la vie, il est vrai, et nous vous avons même reconnu au moment de votre naissance; aujourd'hui nous vous abandonnons, puisque tels et tels jurisconsultes nous assurent que nous en avons la faculté. Vous allez peut-être périr de faim; mais consolez-vous. Si des êtres plus compatissants que vos père et mère vous trouvent par hasard, et qu'ils vous donnent des secours, vous aurez le temps de vous réconcilier avec le genre humain... — Je demande si, pour adopter un système aussi absurde, on ne doit pas d'abord renoncer au sens commun (1)! » *Ce serait une étrange maxime,* avait dit Merlin lui-même, *qu'après avoir pris soin d'un enfant, il fût permis de l'abandonner, parce qu'il a eu le malheur de ne pas naître à l'ombre d'une union légitime* (2).

Que la possession d'état la mieux caractérisée soit impudemment déniée, cela peut arriver, et n'arrive, en effet, que trop souvent; il faudra bien alors, à défaut

(1) Sirey, année 1809, 1re part., p. 113.
(2) Répert., vo Bâtard, sect. 1, no 5, t. I, p. 697.

de documents écrits plus ou moins explicites, qui, à la vérité, manqueront rarement, recourir à la preuve testimoniale. Mais il ne saurait y avoir, en droit, aucune difficulté à l'admettre. — Ce mode de preuve est, en effet, la loi commune pour les obligations délictuelles ou quasi-délictuelles : et à notre point de vue actuel, il ne s'agit pour l'enfant que d'obtenir la moins arbitraire et la plus juste réparation d'un délit ou quasi-délit, dont il est la première victime. Après cela, en fait, le juge doit user de toute sa prudence pour ne pas autoriser le scandale d'une preuve qui ne pourrait aboutir, ou ne ferait que favoriser une calomnieuse persécution.

Nous nous sommes, à propos d'autres questions, accidentellement expliqué sur la nature et l'étendue de la dette alimentaire, entre enfants et parents illégitimes ; il convient qu'une sommaire exposition doctrinale des principes d'après lesquels elle doit généralement être réglée, termine ce paragraphe.

Le Code Napoléon n'a, quant au règlement de la dette alimentaire, que deux dispositions, et d'un ordre différent : l'une de droit commun, pour la famille légitime, et l'autre spéciale pour les bâtards incestueux ou adultérins ; la première au titre du mariage (art. 205), ainsi conçue : « Les aliments ne sont dus que dans la propor- « tion du besoin de celui qui les réclame, et de la for- « tune de celui qui les doit ; » la seconde au chapitre des successions irrégulières (art. 763), disant que « les « aliments accordés à l'enfant incestueux ou adultérin « seront réglés eu égard aux facultés du père ou de la « mère, au nombre et à la qualité des héritiers légi- « times. »

Ces dispositions sont-elles applicables aux bâtards simples, et comment? C'est ce que nous devons tout d'abord examiner.

Le premier élément d'appréciation de la créance alimentaire est certainement pour le bâtard, comme pour l'enfant du mariage, la fortune du père débiteur; car, il n'y aurait ni justice, ni humanité, à priver celui-ci du nécessaire, pour donner à l'autre ce qui, dans son obscure condition, serait du superflu.

Le second (les besoins du réclamant) doit être également une règle commune; mais il est plus variable et plus difficile à déterminer pour les enfants naturels. — Un père de famille doit à son fils l'éducation qu'il a reçue lui-même, et une position sociale égale, sinon supérieure à la sienne; c'est une obligation traditionnelle à laquelle il fait rarement défaut, et qu'il est plutôt porté à s'exagérer. Une paternité ou maternité illégitime n'impose ce devoir qu'en des limites plus ou moins restreintes. — S'il y a une reconnaissance légale ou quasi-légitimation, celui qui en est l'auteur, ayant par là donné à l'enfant, avec son nom, un terme moyen d'état de famille et de droits éventuels de successibilité, il faut que, de son vivant, il lui donne aussi un terme moyen d'éducation et de position sociale. Ce serait le cas du *prout decet spurios enutriri volumus*, de la Novelle LXXXIX, chap. XII, de Justinien.

Si la reconnaissance ne résulte que d'écrits privés, ou de soins donnés à titre de paternité ou de maternité, il doit suffire à l'enfant d'une éducation professionnelle qui le mette à même de se maintenir dans la position qui lui a été faite. L'éducation commencée deviendrait donc, par la force même des choses, un troisième élément d'appréciation de la pension qui serait réclamée pour lui donner son dernier complément. C'est ainsi que le parlement de Paris jugeait, en principe, que les aliments de l'enfant naturel devaient être proportionnés à l'éducation qu'il avait reçue, et que si cette éducation lui avait créé des besoins au lieu de lui procurer des ressources, le père devait y suppléer (1).

Lorsque les aliments de l'enfant naturel non reconnu ou reconnu contre le vœu de la loi, dans la forme authentique, n'auront pas été réglés avec les père et mère vivants, il y aura un quatrième élément d'appréciation que le Code Napoléon consacre formellement pour les bâtards adultérins ou incestueux, à savoir, le nombre et la qualité des héritiers. Nous croyons que l'enfant naturel, alors même que sa filiation ne serait point souillée par l'inceste ou l'adultère, devrait moins obtenir contre des enfants et petits-enfants ou des neveux et petits-neveux en plus ou moins grand nombre, que contre un collatéral éloigné pour qui la succession serait une sorte d'épave. — C'est, comme nous le verrons, l'esprit de la loi des successions.

Enfin le vice d'adultère ou d'inceste plus ou moins flagrant, plus ou moins monstrueux, serait un cinquième élément d'appréciation.— Il est d'intérêt social, et bien évidemment dans l'intention et le vœu de la loi, que l'enfant qui a eu le malheur de naître d'un crime, reste obscurément dans la plus humble condition. Les père et mère repentants auront rempli leur devoir envers lui, en

(1) Arrêt du 9 juillet 1763, sur les conclusions de l'avocat-général Séguier. (*Rép.*, v° Batard, sect. 1, n° 5, t. I, p. 697.)

en faisant un artisan plus ou moins habile. C'est ce que décide en termes exprès l'article 764, au chapitre des successions irrégulières : « Toute réclamation est inter- « dite à l'enfant incestueux ou adultérin lorsque son « père ou sa mère lui aura fait apprendre un art *méca-* « nique,* à moins qu'il ne se trouve, sans sa faute, dans « l'impossibilité de gagner sa vie. »

Nous déciderions, par d'analogues considérations d'in- térêt social et d'honnêteté publique, que les aliments qu'on a jugé être dus aux père et mère naturels, par le mari ou la femme légitime de leur enfant légalement re- connu, devraient être renfermés dans une plus étroite me- sure que si ces alliés nécessiteux étaient père et mère par la sainte solennité du mariage, au lieu de l'être devenus par une reconnaissance légale plus ou moins tardive.

Lorsqu'un bâtard, auquel il n'est dû que le strict né- cessaire, l'a obtenu de l'un de ses père ou mère, il ne peut plus rien demander à l'autre ; c'est ce que décide encore textuellement l'article 764 précité du titre des successions : « Toute réclamation lui est interdite lors- « que son père ou sa mère lui a assuré des aliments. » Mais il n'en sera pas de même pour l'enfant naturel, qui peut être et a été légalement reconnu ; ses droits ali- mentaires n'étant pas rigoureusement limités à ses be- soins, et devant être proportionnés à la fortune des père et mère, ce que donnera l'un de ceux-ci n'acquittera pas nécessairement la dette de l'autre.

La question capitale, ici, serait de savoir si l'enfant naturel, réclamant simultanément une pension alimen- taire à tous deux, pourrait obtenir contre chacun une condamnation solidaire.

Sans entrer profondément, après tant d'au'res, dans la discussion du point de droit, nous disons que la répartition proportionnelle à la fortune exclut nécessairement la solidarité de droit; mais que le juge pourrait la prononcer, si chacun des père et mère avait des biens suffisants, et par delà, pour satisfaire à tous les besoins de l'enfant; et d'autant mieux que si cette dette n'est point solidaire *ipso facto*, elle pourrait être, attendu qu'on ne saurait vivre à demi, considérée comme indivisible, du moins *solutione*; sorte d'indivisibilité imparfaite que, sur la foi de Dumoulin et de Pothier, le Code Napoléon consacre, sans trop la comprendre, par ses articles 1218 et 1221-5°, doctrinalement inconciliables.

Le père qui se trouverait dans la dure condition de réclamer une pension alimentaire à plusieurs enfants naturels qu'il aurait, avec l'aveu de la loi, authentiquement reconnus, pourrait à plus forte raison se faire appliquer cette solidarité judiciaire.

Que s'il avait en outre des enfants nés d'une union légitime, devrait-il s'adresser aux uns plutôt qu'aux autres? Guidé par le sentiment des convenances sociales, nous déciderions, avec Pothier (1), que la charge alimentaire doit exclusivement incomber aux enfants du mariage, lorsqu'ils pourront y suffire. Ne mettons que le moins possible en présence les enfants d'un coupable concubinage et ceux d'une union consacrée par la loi, la morale et la religion; et n'appelons pas, à moins d'une impérieuse nécessité, des bâtards à l'acquittement d'une pieuse dette, au devant de laquelle doivent courir des

(1) *Contrat du mariage,* II, p. 16, édit. in-12, 1772.

enfants bien nés. Quelles inextricables difficultés soulèverait d'ailleurs une répartition de cette charge de famille, entre des enfants si diversement admis aux honneurs et aux avantages qui y correspondent?

De l'autorité paternelle et tutélaire, à laquelle une reconnaissance légale ou quasi-légitimation soumet l'enfant naturel qui en reçoit le bénéfice.

Il n'est point d'autorité paternelle, et juridiquement il n'en peut être, pour celui qui n'a donné à l'enfant aucun droit de famille, et est vis-à-vis de lui étroitement resté dans les liens de l'obligation délictuelle se résolvant en secours alimentaires. — Il n'y a pas autre chose à faire pour cet enfant que de veiller à ce que la pension soit régulièrement acquittée et remplisse sa destination. Cet office est ordinairement dévolu par le tribunal qui prononce la condamnation, au magistrat, qui remplit près de lui les fonctions du ministère public, et a pour mission spéciale la protection des personnes incapables de se protéger elles-mêmes. C'était la pratique des anciens parlements (1); et c'est encore ainsi que la Cour royale de Paris, condamnant *Montélegier à placer son fils naturel Adolphe-Auguste en une pension, l'oblige à justifier dans le mois au procureur du roi de l'accomplissement de ce devoir* (2). Si l'enfant encore mineur se trouvait avoir besoin d'une protection plus active et plus

(1) *Repert.*, v° Aliments, *passim.*
(2) Arrêt précité du 28 juillet 1831. (V. plus haut. p. 310.

étendue, comme s'il se disposait à contracter un mariage ou à se donner en adoption, ou qu'il devînt par un acte de bienfaisance, testament ou donation, propriétaire de biens qui demanderaient un administrateur, le juge de paix, autre protecteur des faibles, pourrait, sur un avertissement officieux, convoquer un conseil de tutelle et lui donner un tuteur investi d'une mission soit spéciale, soit permanente. Nous n'avons donc à nous préoccuper ici que de l'enfant naturel légalement reconnu ou quasi-légitimé selon le vœu de la loi.

Un effet immédiat de la reconnaissance légale est de donner le nom de son auteur à l'enfant qu'elle quasi-légitime. Le Code ne le dit pas ; mais il l'a certainement voulu. C'était, par la vieille tradition française, un avantage attaché à la reconnaissance solennelle du bâtard, quoiqu'elle ne dût d'ailleurs lui donner que le bénéfice d'une éducation plus ou moins libérale et d'un établissement plus ou moins honorable, sans aucun droit de successibilité. — La transmission du nom en était ordinairement, et en est encore aujourd'hui, très souvent le motif déterminant et la condition essentielle. — Le parlement de Paris, par un arrêt du 18 juin 1707 (1), a même fait l'application de ce droit traditionnel à un bâtard adultérin ; privilége de grand seigneur féodal heureusement aboli par notre Code égalitaire, qui interdit sans distinction de personnes la reconnaissance authentique de tout enfant qui doit sa néfaste existence à l'adultère ou à l'inceste.

Nous croyons dans l'esprit du Code Napoléon que

(1) *Répert.*, v° Nom, § 1, n° 2, t. VIII, p. 581.

l'acquisition du nom par l'enfant soit, non pas seulement une conséquence naturelle, mais une indéclinable loi de la quasi-légitimation par reconnaissance légale, comme elle l'est de la légitimation par mariage subséquent. Il nous paraîtrait contre la nature même des choses, qu'un homme refusât son nom à un enfant qu'il appelle à sa succession en qualité d'héritier réservataire. Il pouvait ne pas le reconnaître légalement ; mais l'ayant fait, il ne peut lui interdire de prendre son nom, pas plus qu'il ne pourrait l'écarter de sa succession. Le nom patronymique est l'indispensable premier droit de famille, et le signe indicatif de tous les autres ; il est à ce point de vue, comme une nécessité sociale. C'était la pensée du grand Napoléon, lorsque, par son décret du 20 juillet 1808 (1), il ordonnait que *les Juifs qui, jusqu'à présent, n'avaient pas eu de nom de famille, seraient dans les trois mois, tenus d'en adopter un, à peine d'être expulsés de l'empire* (art. 1 à 7). Et pour mieux atteindre son but, le puissant empereur, au risque de les *déshébraïser*, leur interdisait de tirer ce nom de l'Ancien-Testament (art. 3).

Que dans notre ancienne jurisprudence l'enfant n'eût pas le droit de prendre le nom de son père, lorsque celui-ci lui en avait donné un autre dans l'acte de reconnaissance, comme l'a jugé la Cour d'Aix (2) dans une espèce née avant le nouvel ordre de choses, cela se conçoit : la reconnaissance, quelque solennelle qu'en fût la forme, n'attribuant alors à l'enfant aucun droit de successibilité ou autre semblable droit de famille. Mais la

(1) *Bulletin des Lois,* 4e série de 1808, no 3,589.
(2) Arrêt du 18 avril 1817.

quasi-légitimation de la loi de brumaire et du Code Napoléon semble demander impérieusement l'hérédité du nom comme celle des biens.

Il n'y aurait à élever sur ce point, d'ailleurs d'une médiocre importance, qu'un seul doute quelque peu sérieux. Quel est celui des père et mère dont l'enfant devrait prendre le nom, s'il avait été reconnu par l'un et par l'autre? — Celui du père, répond-on unanimement sans hésitation aucune :

> Du côté de la barbe est la toute-puissance.

L'enfant ne prendra le nom de sa mère que lorsqu'il n'aura été reconnu que par celle-ci (1).

Sans trop nous étonner de cette solution incontestée, nous la croyons peu exacte. Que les enfants du mariage reçoivent exclusivement le nom de famille de leur père, rien de plus rationnel. Comment la mère pourrait-elle leur en donner un autre, lorsqu'elle-même a pris le nom de son mari avec lequel elle ne fait plus qu'une seule et même personne civile et morale? Mais il n'en est point ainsi dans les unions dites *libres*; la mère conserve, avec sa personnalité, son nom natal ; elle marche partout rivale du père et doit jouir des mêmes prérogatives. Il y a d'ailleurs, ici, pour les enfants affiliation à deux familles parfaitement distinctes, et ils doivent dès lors justifier par une double quasi-légitimation et un double nom patronymique des droits également distincts qu'ils ont à exercer dans l'une et dans l'autre. D'après cela

(1) Zachariæ, § 571 *in fin.*, t. IV, p. 88. — Demolombe, t. V, n° 513, p. 531. — Toullier, t. II, n° 973, p. 293. — Proudhon, t. I, p. 105. — Etc.

nous pensons que, lorsque l'enfant naturel a été reconnu
légalement et par son père et par sa mère. il doit porter
cumulativement le nom de l'un et de l'autre. Et la mère
aura-t-elle la première rempli ce devoir de civile justice,
son nom restera le premier ; il y aura pour elle une
sorte de droit acquis dont elle ne peut être dépouillée
par la reconnaissance postérieure du père. — La reconnaissance a-t-elle été simultanée, nous voulons bien que
la dignité prétendue du sexe masculin l'emporte et que
le nom du père soit en tête : nous demandons seulement
que celui de la mère vienne modestement après ; non
pas que cette thèse de priorité ne puisse être longuement discutée par deux rhéteurs grecs, mais dans notre
démocratique société bourgeoise sans passé et sans
avenir.

> . . . . . Il n'importera guère
> Que *pata* soit devant ou *pata* soit derrière.

L'enfant portant le nom de famille du père ou de la
mère qui l'a reconnu, semble devoir être par là même
soumis à son autorité paternelle ou tutélaire ; mais y
aura-t-il pour les père et mère naturels les mêmes attributs, les mêmes droits utiles et honorifiques que pour les
père et mère légitimes?

Un grave auteur. jouant sur les mots , dit « ne pas
comprendre comment la puissance paternelle étant
écrite au code de la nature n'appartient pas dans toute
sa plénitude aux père et mère naturels (1). » Sérieusement, la paternité ou maternité de *droit naturel* est celle
du mariage institué par Dieu même pour la propagation

(1) Valette sur Proudhon, t. II, p. 237

du genre humain ; l'autre n'appartient à ce droit primitif que comme la faute ou le crime qui en est la
source impure.

Cependant il est un pouvoir, ou plutôt un devoir, d'é-
ducation physique et morale, de protectrice surveillance,
d'instante direction, essentiellement inséparable de toute
paternité ou maternité, fût-elle adultérine ou incestueuse. Il faut, pour que l'enfant qui vient de naître
continue à vivre, qu'il reçoive à la fois et les aliments du
corps et ceux de l'intelligence; mais ce n'est point là
l'autorité paternelle et tutélaire, instituée avec le mariage
et organisée par la loi dans l'intérêt de la famille même,
autant qu'en celui de l'enfant destiné à la perpétuer. Que
la reconnaissance légale ou quasi-légitimation attribue,
dans une certaine mesure, les prérogatives de cette autorité des père et mère sur l'enfant d'une union légitime
à la paternité ou maternité dite naturelle, cela est juridiquement possible ; le Code Napoléon l'a exceptionnellement admis, et logiquement il devait le faire ; mais
il résulte de là même que les père et mère naturels ne
peuvent, en vertu de leur reconnaissance légale, réclamer, des attributs juridiques de la puissance paternelle,
que ceux qui leur sont expressément ou implicitement
accordés par des textes formels et précis de la loi civile, et
que nous devons surtout bien nous garder de les gratifier de pouvoirs que n'auraient pas les père et mère par
le mariage; car ce serait un grossier contre-sens, ce serait, sinon, comme l'a dit le premier doyen de Paris,
une immoralité (1), du moins une blessure profonde aux
convenances sociales et une insulte à la légitimité.

(1) Note 2 de la page 93, p. 407.

Ajoutons que si , comme tous le reconnaissent, la puissance paternelle a été chez les nations modernes (et nous nous ferions fort d'établir que, sauf la différence des mœurs, il n'en était pas autrement chez les Romains mêmes) conçue et réglementée, non dans l'intérêt direct et personnel des père et mère, mais avant tout en considération de l'enfant, pour le diriger et maintenir dans la voie du bien, et de la famille, pour y faire régner l'ordre. Cela est, ici surtout, d'une incontestable vérité; il serait contre toute raison que la loi fît profiter les père et mère de la violation même de ses préceptes, les récompensât en respects, honneurs et, mieux encore, en argent, du mépris de ses sages et impérieuses prescriptions.

Voilà les principes. Il ne s'agit plus, pour remplir notre tâche actuelle, que d'en rechercher et développer les conséquences.

Le Code Napoléon étend en ces termes aux père et mère naturels le droit de correction dont il a investi les père et mère légitimes ;

« Les articles 376 , 377, 378 et 379 , porte l'article « 383, seront communs aux père et mère des enfants « naturels légalement reconnus. »

Ainsi, le père naturel aura certainement le pouvoir de faire détenir pendant un temps qui pourra s'étendre jusqu'à trente jours, l'enfant reconnu qui n'est point encore entré dans sa seizième année, et cela comme juge souverain, ou, pour parler le langage des commentateurs, *par voie d'autorité*, c'est-à-dire que le président du tribunal, qui peut seul donner la force exécutoire à son jugement, devra, sans entrer dans la discussion des

motifs qui lui ont fait prendre cette grave détermina-
tion, délivrer immédiatement sur sa demande l'ordre
d'arrestation. C'est ce qu'édicte l'article 376 pour le
père légitime.

Ainsi certainement encore, si l'enfant a quinze ans
accomplis, ou, comme parle la loi, *seize ans commencés*,
le père naturel n'aura que la faculté de requérir la détention, c'est-à-dire qu'il devra soumettre sa demande
au même président du tribunal qui, après en avoir conféré avec le procureur impérial, délivrera ou refusera
l'ordre d'arrestation. Il pourra d'ailleurs toujours, sans
aucun doute, demander que la pénale ou répressive mesure qu'il juge nécessaire s'étende à six longs mois, sauf
au magistrat délégué de l'autorité publique à restreindre
plus ou moins la durée requise. s'il y voit un excès de
sévérité préjudiciable à l'enfant et sans utilité pour la
famille. C'est la disposition de l'article 377 pour la
paternité du mariage.

De même, le père naturel jouira de l'honorable prérogative du droit de grâce ou pardon; et, revenant à des
sentiments d'indulgence que lui commandent ses propres écarts, et dont plus que son enfant peut-être il
aurait eu besoin lui-même, pourra toujours abréger la
détention ordonnée ou requise. C'est la précieuse faculté
que consacre l'article 379 en faveur du père qui, ne s'é-
tant point écarté de l'étroit sentier de l'honneur et de la
vertu, aurait le droit de se montrer plus sévère que celui qui ne peut accuser son fils sans s'accuser lui-même.

Le père naturel n'aura également pas à craindre que
son droit de correction, de quelque manière qu'il
l'exerce, laisse des traces fâcheuses. Il n'y aura aucune

siguification ou formalité judiciaire, et ni l'ordre d'arrestation ni sa révocation ne seront motivés. C'est la sage discrétion qu'assure à la paternité légitime le 1er alinéa de l'article 378, et qui n'est pas moins nécessaire à l'autre déjà dégradée par son origine même.

Enfin, le père naturel, ordonnant ou requérant la détention disciplinaire de son enfant, devra se soumettre à lui fournir les aliments convenables, eu égard à son âge et à son éducation, et à payer tous les frais. C'est une charge imposée par le 2e alinéa de l'article 378 à l'honorable paternité du mariage, et dont ne pouvait être affranchie la honteuse paternité du concubinage ou de la séduction.

Ces cinq propositions sont en dehors de toute controverse, même sur les bancs de l'école. Mais l'application, non moins rationnelle et plus pressante, à la paternité *semi-légale* de quelques autres dispositions du titre de la puissance paternelle, non *textuellement* rappelées dans l'article 383, a donné lieu à des discussions dignes de nos rhéteurs grecs et amené des solutions dont s'accommoderait à peine la logique de ce tribunal anglais décidant, dans l'hypothèse d'un legs de jouissance à une femme mariée, *pour le temps qu'elle resterait sur la terre,* que le mari (un certain Wan Butchel), *ayant fait une momie de la légataire défunte et l'ayant fidèlement gardée dans la chambre nuptiale,* avait dû, à titre d'époux commun en biens, conserver jusqu'à sa propre mort la jouissance léguée.

Première question, si question il y a : La détention *par voie d'autorité* d'un enfant qui n'a pas quinze ans révolus, enlevée par l'article 380 au père légitime qui,

veuf, se *remarie* : — « Si le père est remarié, porte cet
« article, il sera tenu, pour faire détenir son enfant du
« premier lit, lors même qu'il serait âgé de moins de
« seize ans, de se conformer à l'article 377, » — sera-t-
elle conservée au père naturel qui se *marie* avec une autre
femme que la mère de son enfant légalement reconnu,
laquelle pourrait être encore vivante ?

Eh ! oui, sans doute, nous dit-on avec une impertur-
bable logique ; les rapports qui ont existé entre les père
et mère d'un enfant naturel ne sont point un premier
mariage, et dès lors on ne peut pas dire que le père se
REmarie, lorsqu'abandonnant la mère, il se *marie* avec
une autre femme. Donc, l'article 380, par les termes
mêmes dans lesquels il est conçu, n'est point applicable ; et aussi n'a-t-il point été rappelé par l'article 383,
qui, s'arrêtant à l'article 379, n'a évidemment pas voulu
que le suivant pût être invoqué contre le père naturel (1).

Nous ne voyons là, comme nous l'avons fait pressentir, qu'un aveugle asservissement à la lettre de textes
incompris ; et nous nous abstiendrions d'une réfutation
sérieuse, si de graves et respectables jurisconsultes n'a-
vaient, en dépit de leur propre raison, acquiescé ou paru
acquiescer à cette interprétation étroitement judaïque,
qui, proposée tout d'abord par un praticien habile avocat, est restée longtemps sans contradicteur.

Il est reconnu et admis par tous que la restriction
apportée par l'article 380, à l'exercice du droit de cor-

(1) Ducaurroy, n° 562, t. I, p. 598. — Proudhon, *Etat des personnes*, t. II,
p. 157. — Zachariæ, § 571, t. IV, p. 83. — Duranton, n° 560, t. III, p. 549.
— Vazeille, *Mariage*, t. II, p. 272. — Etc.

rection, a pour cause cette malveillance proverbiale d'une marâtre, poétisée par Virgile:

Est mihi namque domi pater; est injusta noveria (1),

et l'irrésistible ascendant d'une femme jeune encore sur un mari qui ne l'est plus, et devient, par faiblesse ou par une aveugle passion, l'instrument docile de préventions intéresssées. Or, l'épouse succédant à une concubine verra-t-elle d'un œil moins défavorable un bâtard, reconnu aux temps d'une jeunesse orageuse en quelque babylonienne capitale où les mariages mêmes peuvent être tenus secrets, dont jusqu'au *oui* fatal on lui aura dissimulé l'existence, et qui n'en prendra pas moins part aux biens héréditaires qu'elle semblait autorisée à regarder comme devant être exclusivement le patrimoine de sa jeune famille? Ce malheureux enfant, innocent d'un silence mensonger, comme de la faute qui lui a donné le jour, ne réclame-t-il pas dès lors, par la voix de l'humanité, la même protection que celui qui est né d'une femme légitime, et que la seconde, en devenant sa marâtre, aura pris sur ses genoux et embrassé avec une effusion de tendresse maternelle probablement alors sincère.

Et il en aura bien autrement besoin. L'enfant d'un premier mariage a toute une famille pour le défendre d'inhumaines sévérités. La sollicitude législative de l'article 380 est pour lui presque du luxe; avec de bons grands-parents, avec des oncles et tantes animés des

(1) Eglogue III :

D'une marâtre injuste et d'un père sévère,
Comme moi, tu n'as pas à craindre la colère !

31

mêmes sentiments, avec un subrogé-tuteur qui a pour mission spéciale de le protéger contre les abus d'autorité du père tuteur, il pouvait, en vérité, se passer d'une telle garantie. *Cette famille*, fait bien justement remarquer le doyen de Caen (1), *pourra même sans agir, contenir par sa seule présence, les injustes ressentiments de la marâtre.* Et quelle puissante influence n'exercera pas l'opinion publique sur cette femme qui, en recevant les félicitations d'usage, aura cent fois protesté de son intention d'être une seconde mère pour les orphelins enfants de son futur mari? Mentira-t-elle sans pudeur à ces promesses généreuses qui ont ému et touché toute une ville?

Dans son funeste isolement, le pauvre bâtard aura encore contre lui toutes les préventions de la société à laquelle appartient l'épouse légitime; et l'intervention des parents ou amis de la mère, et de cette mère elle-même, à supposer qu'elle soit vivante, ne ferait certainement qu'aggraver son sort. Combien ne s'aviveraient pas les sentiments d'hostilité de la marâtre mère de famille, en présence de cette rivale qui paraîtrait venir lui disputer le cœur de son faible époux? Et, loin de les modérer, des parents, des amis, des voisins *compatissants* les exagéreront par d'imprudentes condoléances : *Ah! pauvre femme! faudra-t-il qu'indignement trompée, vous ayez encore sous les yeux cet ignoble enfant, cette vile prostituée!* Et le mari, sous le poids de sa faute et d'une caducité qui aura devancé l'âge, n'ayant pas, comme Abraham, un désert à sa disposition, ordonnera,

(1) *Cours de droit civil*, t. VI, nᵒ 643, p. 521.

d'une voix mal assurée et néanmoins impitoyable, que l'une soit jetée dans la rue, sans qu'on lui donne même un morceau de pain et un verre d'eau; et que l'autre soit envoyé à la prison des malfaiteurs avec vingt francs pour sa nourriture d'un mois.

Si l'article 380 n'était pas au C de, c'est certainement pour le bâtard plutôt que pour l'enfant légitime qu'il faudrait l'y suppléer. Et il y est bien assurément pour l'un comme pour l'autre; car, en rappelant, pour l'appliquer au père naturel, l'article 376, l'article 383 rappelle virtuellement toutes les dispositions accessoires qui peuvent expliquer et modifier la disposition capitale, et notamment celle dudit article 380. Le plus aventureux commentateur du Code est parfaitement dans le vrai lorsqu'il dit: *En renvoyant aux quatre articles 376-379, les rédacteurs du Code ont évidemment entendu que le système s'appliquait dans son ensemble.* « Ils pensaient que « la proclamation formelle de ces règles principales « consacrait suffisamment par l'analogie les autres « règles qui s'y rattachent (1). » C'est ce que le doyen précité, nous nous plaisons à lui rendre cet hommage, explique encore plus nettement et plus savamment : « Il « aura paru suffisant au législateur de rappeler, dans « l'article 383, les règles *principales* du droit de correc- « tion, règles dont les articles 380-382 ne sont que la « suite et le complément; il aura pensé qu'en déclarant « applicables aux père et mère naturels les articles « 376-379, il les déclarait applicables tels qu'ils le sont

---

(1) Marcadé, *Elements de droit civil français,* sur l'art. 385, n° 8, t. II, p. 378, 379.

« seulement en effet, c'est-à-dire sous les conditions et
« modifications inséparables qu'y apportent les arti-
« cles 380-382 (1). »

Quelques-uns des plus fourvoyés dans la fausse doctrine que nous discutons presque à regret, ne pouvant
se dissimuler combien leur thèse blessait le sens intime
et la raison philosophique, ont cherché à la justifier par
des considérations d'ordre public et, qui plus est, par
l'intérêt même de l'enfant. « Il importe à la famille et à
la société, ont-ils dit, que celui à qui manque l'autorité
morale soit investi d'une autorité légale plus énergique,
et cela pour le plus grand bien de l'enfant lui-même,
qui, mécontent de son sort, doit être plus difficile à
maintenir dans la ligne du devoir que le respectueux
enfant du mariage (2). »

C'est prêter aux rédacteurs du Code Napoléon une vue
législative que très évidemment ils n'avaient pas. Il faut
bien reconnaître que lorsque l'enfant a plus de quinze
ans, le père naturel ne peut jamais, non plus que le
père légitime, exercer son droit de correction que par
voie de réquisition. Or, ce serait surtout vis-à-vis d'un
fils de 16 à 21 ans qu'il aurait pu paraître nécessaire
de suppléer à l'autorité morale, qui ferait défaut à ce
père naturel, par une autorité légale plus libre et plus
forte. L'intervention du magistrat dans cet acte de rigueur
est, disons-le, une mesure en thèse générale pleine de
sagesse, et ne peut guère offrir d'inconvénient, appliquée
à un enfant incapable d'en apprécier la portée juridique.
Ne privons pas, par une argumentation sophistique, de

(1) Demolombe, t. VI, n° 643, p. 321.
(2) Duranton, loc. cit.

cette providentielle garantie le bâtard, peut-être encore dans les premières années de l'enfance, à qui son père a donné une marâtre, et pis qu'une marâtre. Une femme ayant une conscience tant soit peu éclairée et quelques sentiments d'honneur se croira du moins obligée à des ménagements vis-à-vis d'enfants d'un premier lit, dont elle a volontairement accepté la charge; mais la mieux née, la plus profondément pieuse, se croira tout permis contre *un misérable sortant on ne sait d'où*, *qui vient souiller de sa présence le foyer domestique et dérober à la famille un patrimoine sacré.*

Seconde question, pendant de la première : La mère légitime qui, veuve, se REmarie, perd complétement le droit de correction, comme attribut de la puissance paternelle. Elle ne pourra désormais requérir la plus brève détention d'un fils insoumis que comme tutrice, avec l'autorisation préalable de ce même conseil de famille qui l'aura, malgré son convol, jugée digne des prérogatives de la maternité, et spécialement du droit de garde et de correction (Code Nap., 381, 468). Eh bien ! la mère dite naturelle qui se *marie* avec un autre homme que le père de son enfant restera-t-elle, *ipso facto* et intégralement, investie des mêmes pouvoirs qu'elle avait avant son mariage, pouvoirs qui, suivant nous, seraient aussi étendus que ceux de la veuve, mère légitime, et le seraient beaucoup plus, suivant le nombreux camp opposé?

En pourrait-il donc être autrement? s'exclament encore ici avec un touchant accord ces mêmes docteurs, qui semblent s'étudier à n'être sur aucune question du même avis. Comment pourriez-vous frapper la fille.

mère qui se *marie*, c'est vrai, mais ne se REmarie pas,
d'une déchéance qui n'a été prononcée que contre la
veuve passant à de secondes noces? Évidemment encore
le législateur n'a point voulu qu'on pût invoquer contre
la mère naturelle l'article 381, omis sans doute à dessein dans le rappel de l'article 383. L'on a dû aussi lui
donner en pouvoirs ce que l'enfant lui refusait en respect.

Et notez que, d'après nos docteurs, la mère naturelle
aurait, *non mariée*, et dès lors *même mariée*, ce que n'a
jamais la mère légitime veuve, *remariée* ou *non remariée*,
à savoir le droit de correction *par voie d'autorité* sur
l'enfant qui n'a point seize ans commencés.

Laissant provisoirement en question ce dernier point,
sur lequel nous reviendrons dans un instant pour dissiper tous les doutes, pourquoi la mère légitime, *veuve
remariée*, n'a-t-elle plus le droit de faire détenir son enfant, même par voie de simple réquisition? Il n'est personne qui ne réponde, comme le font entendre à qui
mieux mieux les orateurs du gouvernement : « Parce
que, passant sous la domination d'un mari, ce n'est
plus elle qui exercerait le droit de correction, mais bien
ce parâtre étranger et trop souvent hostile à l'enfant (1).»
Or, la fille-mère qui se *marie* sera-t-elle moins soumise
à l'autorité maritale que la veuve qui se REmarie? Et
l'aventurier qui donne son nom à une femme déshono-
rée, doit-il inspirer plus de confiance que l'honnête
homme qui, avec l'assentiment de deux familles honorables, épouse une chaste veuve, dont les enfants de-

_____

(1) Locré, *Esprit du Code Nap.*, t. V, p. 336. — Procès-verbal du 26 ven-
tôs an XI.

viendront les siens? — Celui qui épouse la mère illégitime d'un enfant qui ne lui appartient pas, ne sera pas
nécessairement sans doute un homme de sac et de
corde, et le second mariage de la veuve ne se présentera
pas toujours, nous en convenons, sous l'aspect favorable
où nous l'envisageons ici; mais c'est pour remédier au
mal qui arrive le plus communément que doivent se
faire les lois: *Quod plerumque evenit respiciunt et meden-
tur legislatores* (1).

Quant au prétendu défaut de rappel, dans l'article 383,
de l'article 381, et à l'idée gratuitement prêtée au législateur de rendre l'autorité légale d'autant plus forte et
pressante que l'autorité morale pouvait l'être moins, l'on
nous dispensera d'une nouvelle réfutation de ce double
argument.

Dira-t-on qu'en privant la veuve qui convole, des attributs de la puissance paternelle, la loi lui offre en
même temps un moyen de conserver, au moins comme
utrice, avec la garde et l'éducation de l'enfant, le droit
de correction; à savoir la convocation d'un conseil de
famille, qui, si les intérêts de fortune, et surtout de
moralité de l'orphelin n'en doivent point souffrir, la
maintiendra dans la tutelle légale, en lui donnant son
second mari pour *cotuteur* (Cod. Nap. 395, 396)?
tandis que, faute d'une disposition analogue, la mère naturelle qui se marie se trouverait, peut-être au grand
détriment de l'enfant même, irrémissiblement déchue
du droit de correction, et par voie de conséquence, du
droit de garde et d'éducation. — Ce serait une erreur;

1. Diz., l. 3, t. 5, 6, *De legibus*.

qu'une fille-mère qui se marie avec un autre homme
que le père de son enfant puisse exceptionnellement,
très exceptionnellement, être digne des prérogatives de
la maternité légitime, nous l'admettrons ; mais nous ne
voyons rien dans le Code Napoléon qui s'oppose à ce
qu'elle aille prier le juge de paix, en le mettant dans la
confidence du mariage qu'elle veut contracter, de réunir
un conseil de tutelle, qui, à défaut de parents, se com-
posera de personnes connues pour avoir eu des relations
d'amitié ou de bon voisinage plus ou moins étroites soit
avec le père, soit avec elle-même, et portant un intérêt
plus ou moins vif à l'enfant (Cod. Nap., 409); et que
ce conseil lui conserve, à titre de tutelle dative, avec la
garde et l'éducation de cet enfant, le droit de correction
qui, comme nous allons le dire, en est inséparable, et
qu'elle exercera, suivant le droit commun des tutelles,
avec son autorisation (Cod. Nap., 468). — Nous lui
faisons ainsi absolument la même condition qu'à la mère
légitime; et si ce n'est point trop, c'est certainement assez.

Troisième semblant de question. Tandis qu'aux termes
de la disposition accessoire et restrictive de l'article 382,
le père par une union sainte et solennelle ne peut faire
détenir que par *voie de réquisition* l'enfant, même au-
dessous de quinze ans, qui a des biens personnels ou
exerce un état, le père par une séduction ou un concubinage plus ou moins coupable et scandaleux, conti-
nuera-t-il en cette même hypothèse, faute d'un rappel
exprès, surabondant dudit article 382 en l'article 383, à
jouir du droit de correction *par voie d'autorité,* dans toute
sa plénitude?

Il semble que ce soit se moquer des gens que de leur

proposer un doute semblable; si nos législateurs ont
craint qu'un père légitime, avide ou dissipateur, n'abu-
sât du droit de correction pour contraindre l'enfant à
couvrir de son silence quelque acte de dilapidation, ou
pour lui arracher ses salaires ou gains quotidiens dans
l'exercice d'un art ou d'un métier, auront-ils donné
une confiance aveugle au père illégitime? Une vie de désordres aura-t-elle été pour eux, à l'opposé de celle du
bon père de famille, une présomption absolue de sentiments d'honneur et de délicatesse? Et cela, lorsque tant
de pères naturels, comme le témoignent nos recueils de
jurisprudence, ne se déterminent à une reconnaissance
tardive et suspecte, que lorsque l'enfant a recueilli la
succession de sa mère? Ou si, — comme le disent d'autres
docteurs auxquels cette disposition paraît inexplicable
par les sacrifices qu'un mauvais père tenterait fort inutilement d'extorquer d'un enfant civilement incapable
de s'obliger (1), — la fortune et l'industrie ont droit, dans
l'état actuel de la civilisation, à plus d'égards et de ménagements que la personne même, est-ce que la dignité
du propriétaire ou la bonne renommée et la progressive
clientèle de l'artisan seront moins compromises par les
sévérités du père naturel que par celles du père légitime? Aussi, l'un des plus graves dissidents reconnaît
que le père naturel ne peut ici, de même que le père légitime, procéder que par voie de réquisition; et qu'on
objecterait en vain que « l'article 382 n'est point compris dans l'énumération de l'article 383, parce qu'il ne
faut pas s'attacher trop littéralement à cette énuméra-

(1) Duranton, t. III, p. 345, note 2. — Valette sur Proudhon, t. II, p. 242,
note *a*. — Demolombe, t. VI, n° 335.

tion (1). »— Nous croyons superflu, nous, de faire remarquer que la disposition de l'article 382 est, comme explicative et accessoire, virtuellement rappelée dans l'article 383, aussi bien que celles des articles 380 et 381.

Nous nous étonnons bien sincèrement d'entendre la sérieuse et profonde école allemande proclamer, comme axiome d'une vérité et d'une justice incontestables, sans paraître soupçonner la possibilité d'une objection, que « le droit de correction des père et mère naturels est « plus étendu que celui des père et mère légitimes, en « ce qu'il n'est pas, comme ce dernier, soumis aux res- « trictions résultant des articles 380 à 383 (2). » Et nous voyons avec un vrai chagrin que notre maître, le premier doyen de Dijon, persiste en sa judaïque interpréta- tion, même quant à l'article 382. Il en donne une rai- son qui est bien réellement *sans valeur aucune*, comme le dit son habituel antagoniste, notre autre maître, le premier doyen de Paris (3).—C'est « qu'il est difficile de « supposer un état et des biens dans la personne d'un « enfant naturel de moins de quinze ans (4). » *Il nous est impossible de concevoir*, dit son annotateur, professeur de Paris, *pourquoi l'on ne pourrait supposer un état à l'enfant, à raison de son illégitimité, lorsque la loi recom- mande spécialement d'en donner un au bâtard incestueux ou adultérin* (5). Et quant à la fortune, est-il impossible que l'enfant ait précédemment,—ce qui, comme nous en

(1) Ducaurroy, sur l'art. 383, t. I, p. 398.
(2) Zachariæ, § 571, t. IV, p. 83.
(3) Delvincourt, note 2 de la p. 93, t. I, p. 406.
(4) Proudhon, *État des personnes*, t. II, p. 157.
(5) Valette sur Proudhon, t. II, p. 319, note a.

avons fait la remarque, détermine ordinairement la reconnaissance du père, —recueilli la succession de la mère,
ou, comme nous en avons cité des exemples, qu'il ait
été gratifié d'un legs opulent, par un tiers qui, sous le
voile de l'anonyme, pourrait bien avoir été son vrai père?

Nous reconnaîtrons du reste bientôt que, du moment
où un enfant naturel se trouve avoir une fortune à
administrer, il doit régulièrement être constitué en
tutelle.

Si le père naturel n'a, comme le père légitime, que
la *voie de réquisition* contre l'enfant au - dessous de
quinze ans qui possède des biens personnels, ou exerce
un état, l'on ne saurait raisonnablement, dans la même
hypothèse, donner plus à la mère naturelle, alors même
qu'à la différence de la mère légitime que ses vertus feraient suffisamment respecter, elle devrait avoir pour
mieux remplir sa mission un pouvoir plus énergique, la
voie d'autorité, contre ce même enfant de moins de
quinze ans qui serait sans état et sans biens personnels.

Mais la mère naturelle aurait-elle, en effet, la voie
d'autorité là où la mère légitime n'a que la voie de réquisition? Nous exagérant la portée du principe d'ailleurs si vrai que, dans la famille dite *naturelle*, la mère
est l'égale du père, — la mère est l'égale du père, oui, dans
ses rapports avec le père même, mais non nécessairement dans ses rapports avec l'enfant, — nous avions, en
notre *Dictée* de 1830-1831, admis l'affirmative de cette
quatrième question, par dérogation à notre autre grand
principe, qu'*un pouvoir refusé aux père et mère légitimes
ne saurait appartenir aux père et mère naturels.* — La
difficulté pourrait paraître ici juridiquement très sé-

rieuse. — L'article 383, déclarant commune à la mère comme au père naturel la disposition de l'article 376 qui donne au père légitime la voie d'autorité, si l'enfant a moins de seize ans commencés, la question semblait textuellement résolue; et nous avons dit nous-même, *tanquam e vinculis sermocinans* : « Et afin de suppléer à « l'autorité de respect qui peut manquer à la mère na- « turelle, par une autorité coercitive plus indépendante, « la loi lui confie, relativement au droit de correction, les « mêmes pouvoirs qu'au père (1); » comme si le recours à ce moyen de rigueur ne supposait pas le fils ingrat aussi désespérément rebelle à la mère légitime qu'il pourrait l'être à la mère naturelle; comme si la puissance paternelle étant établie en premier ordre pour l'enfant, le législateur n'avait pas dû se préoccuper du mauvais usage qu'il était possible qu'en fissent les parents, plutôt que de ce qui pouvait leur manquer en autorité morale! Mais au cours triennal suivant, un examen plus attentif de la loi nous a ramené à ce que, depuis trente-six ans, nous croyons bien fermement être son véritable esprit. Ainsi que nous l'avons établi plus haut (page 483), le Code, en paraissant se borner au rappel des dispositions capitales, a bien réellement étendu le droit de correction, dans tout son ensemble, aux père et mère naturels; la disposition accessoire et limitative de l'article 381 est intentionnellement dans l'article 383, tout aussi bien que celle de l'article 376, qui ne peut dès

---

(1) De la puissance paternelle, sect. ii, t. I, p. 318 de la *Dictée d'un Professeur de Droit français*, ayant pour épigraphe :

Majores majora sonent; mihi parva locuto
Sufficit in vestras sæpe redire manus.

lors s'appliquer qu'au père naturel, comme il ne s'applique qu'au père légitime. Nous nous félicitons de ne paraître encore ici que l'écho du dernier commentateur du Code Napoléon : « L'article 383, dit-il, ne mentionne « pas seulement l'article 376; il y ajoute les articles 377, « 378 et 379; et il n'en résulte pas dès lors que l'arti- « cle 376, applicable au père naturel, doive l'être aussi « également à la mère, lorsque les autres articles et les « motifs de la loi s'y opposent (1). » -- Et combien, en effet, l'esprit du Code ne démentait-il pas notre première interprétation ? Pourquoi ses rédacteurs ont-ils refusé à la mère la voie d'autorité, alors même que l'enfant est au-dessous de quinze ans?—« Parce que, disent-ils, « la femme, avec un caractère faible, un esprit léger, un « cœur passionné, pourrait être trop prompte à s'alar- « mer et recourir imprudemment à des moyens extrêmes, « que dès le lendemain elle-même regretterait amère- « ment (2). » Or, comme l'a dit la Cour de Caen (3), la mère naturelle doit, par le fait même de sa maternité, être suspecte d'une légèreté passionnée, bien autrement que la mère par la chaste et sévère union du mariage, et n'a pas, à un moindre degré, besoin d'être garantie contre elle-même d'un entraînement irréfléchi, et pro- tégée dans le cœur de son enfant contre une irritante précipitation. — Et puis, où s'arrêterait-on dans cette inintelligente interprétation, où nous avions fait nous- même un premier pas d'écolier? La mère naturelle in- vestie du droit de correction par la voie d'autorité, que n'a

(1) Demolombe, t. VI, n° 647, p. 523.
(2) *Exposé des motifs.* Procès-verbal du 26 ventôse an XI, t. II, p. 612.
(3) Arrêt du 27 avril 1828.

jamais une mère légitime, l'aura-t-elle encore, alors que l'enfant de moins de seize ans commencés aura recueilli la succession de son père ou le riche patrimoine d'un tiers bienfaiteur, et qu'elle lui aura en outre donné, par un mariage plein d'inconvenance, un avide et hostile parâtre?

Nous irons plus loin, et jusqu'au bout: en d'autres termes, resterions-nous seul sur la brèche, nous ne re· culerons pas devant le dernier complément de notre théorie.

La mère légitime n'en est pas seulement réduite à la voie de réquisition; le Code, pour la mettre encore mieux à l'abri d'une imprudente et regrettable précipitation, veut qu'elle ne puisse exercer son droit ainsi limité qu'avec le concours de *deux parents paternels et les plus proches* (art. 381); d'où notre premier doyen concluait (c'est bien le *quandoque bonus dormitat Homerus*), que « s'il n'y avait aucun parent paternel, ce moyen de « correction ne pourrait avoir lieu, comme subordonné « à une condition qu'elle ne pourrait remplir (1).» Nous partageons l'avis du savant annotateur disant sur cette proposition qu'*il lui paraîtrait plus raisonnable de remplacer les deux parents paternels par deux amis du père, comme on appelle au conseil de famille des amis à défaut de parents ou alliés* (3). Nous préférons cette solution à celle d'un autre professeur de Paris, qui veut qu'à défaut de *parents*, que suivant lui des *alliés* mêmes, et les plus proches, ne pourraient remplacer, *la mère légitime*

---

(1) Proudhon, *État des personnes*, t. II, p. 156.
(3) Valette sur Proudhon, t. II, p. 247, note *a*.

*ait par elle-même une autorité suffisante pour requérir la
détention* (1).

La mère naturelle ne sera-t-elle pas, elle du moins,
affranchie de cette condition du concours de deux *parents paternels* qui ne peuvent ici juridiquement exister,
la loi n'établissant, alors même que la paternité est certaine, aucun lien de famille entre l'enfant et les parents
du père? Le premier doyen de Paris a fait, sur ce point
secondaire, une concession au faux système d'interprétation, qu'il a, le premier, courageusement combattu :
Pourquoi, dit-il, *l'article* 383 *n'a-t-il pas déclaré communs aux père et mère naturels, avec les articles* 376-379,
ceux qui suivent 380 *à* 382? « Quant à l'article 381, il y
« en a, ajoute-t-il, une raison sensible ; c'est que l'en-
« fant naturel n'ayant pas d'autres parents que ses père
« et mère, et restant, quant aux rapports civils, absolu-
« ment étranger aux parents de ceux-ci, l'on ne pou-
« vait exiger le concours de parents paternels (2). » En
nous inclinant respectueusement devant notre second
maître, nous lui demanderons la permission de ne pas
le suivre en ce sentier divergent; et sans y mettre une
étroite et judaïque rigueur, nous déciderons, avec le
dernier commentateur et l'annotateur de l'*Etat des personnes*, que la condition du concours de deux parents,
prescrite par l'article 381, « doit être appliquée à la mère
naturelle autant qu'elle peut l'être eu égard au caractère de cette filiation (3), et que, suivant les circonstances, le magistrat doit exiger, soit le concours du

(1) Ducaurroy, n° 557, t. I, p. 395.
(2) Delvincourt, note 9 de la p. 93, t. I, p. 406.
(3) Demolombe, t. VI, n° 647, p. 523.

père, s'il est connu (la mère exerçant d'ailleurs le droit de correction, comme ayant la garde de l'enfant), soit le concours de deux amis du père décédé ou incapable (1). » Nous croyons moralement et juridiquement impossible d'accorder plus de confiance à la mère naturelle qu'à la mère légitime. C'est notre premier et dernier mot. Le droit de correction, même par voie de réquisition, ne doit pas être abandonné à la capricieuse et mobile volonté de celle qui est le moins digne de l'exercer, lorsqu'il est subordonné pour l'autre à la coopération de deux personnes dont une affection déréglée ne peut égarer le jugement et qui doivent froidement juger de l'opportunité d'une séquestration repressive ou pénale.

Enfin, nous admettrions que, de même que la mère légitime, la mère naturelle pourra, avec le concours des personnes qui lui auront été adjointes pour l'exercice du droit, faire cesser ou abréger la détention par elle requise. Nous savons qu.) beaucoup d'auteurs, parmi lesquels nous avons encore la douleur de voir figurer notre premier doyen (tant il est vrai que les plus fortes organisations participent toujours plus ou moins aux faiblesses de l'humanité), s'attachant étroitement au texte de l'article 379, qui ne parle que du père, refusent à la mère *légitime* la prérogative du pardon, tout en en gratifiant d'une manière absolue la mère *naturelle* à laquelle, suivant eux, notre article 383 appliquerait exceptionnellement la disposition de l'article 379 précité (2). Mais, en vérité, nous ne voyons pas pourquoi la mère de fa-

(1) Valette sur Proudhon, t. II, p. 250, 251, note *a*.
(2) V. notamment Valette sur Proudhon, t. II, texte et note *b*, p. 247 ; et texte et note *a*, p. 250.

mille serait plus irritable par l'esprit et par le cœur et
plus variable dans ses maternels sentiments, qu'une concubine ou fille-mère; et nous entendons bien d'ailleurs,
malgré notre instinctive répugnance à les placer ainsi
sur deux lignes parallèles, que l'une et l'autre n'usent de
cette précieuse faculté de remettre une peine reconnue
inutile et par là même périlleuse, qu'en s'adjoignant de
nouveau les parents ou amis dont les sages conseils auraient déterminé ou affermi leur première rigoureuse
résolution (1). *Contraria contrariis tolluntur.* Nous y
croyons profondément engagée la moralité même de
l'enfant auquel nous devons tout notre intérêt.

En accordant aux père et mère naturels le droit de
correction institué pour les père et mère légitimes, le
Code Napoléon leur a par là même reconnu ou confirmé
le droit de garde et d'éducation. L'un est, en effet,
étroitement dépendant de l'autre ; ce sont comme deux
éléments également substantiels d'une même attribution
de pouvoir; et l'intérêt de l'enfant, comme la raison,
exige impérieusement qu'ils soient réunis dans la même
main. *Le droit de correction*, disent tous nos docteurs,
avec lesquels nous nous mettrons ici à l'unisson, *ne peut
exister que comme accessoire au droit de garde et d'éducation;... il ne saurait se concevoir là où ne serait point le
droit de surveiller et diriger la personne de l'enfant* (2).

La première difficulté qui se présente en ce nouvel
ordre d'idées est de savoir à qui, du père ou de la mère,

(1) *Dictée* précitée, t. I, p. 316.
(2) Marcadé sur l'art. 383, n° 4, t. II, p. 379, 380. — Demolombe, t. VI,
n°ˢ 617, 637, p. 501, 515.

si l'enfant est reconnu par l'un et par l'autre, appartiendra ce double attribut de la puissance paternelle par rapport à la personne. Et nous allons, au début, nous trouver plus isolé que jamais, à peu près seul; mais nous reconnaîtrons avec la plupart, que le plus souvent le fait dominera le droit, et triomphera de toutes les dissidences.

Que dans le mariage la prépondérance appartienne de droit au père, c'est comme une nécessité légale, la mère se trouvant elle-même soumise à l'autorité maritale. Mais hors du mariage la supériorité du sexe s'efface; et en principe la préférence pour le droit de garde et d'éducation, comme pour la prédominance du nom, est due à la priorité de la reconnaissance. Il y a de l'un à l'autre des père et mère un droit acquis qui doit être juridiquement maintenu, à moins que l'intérêt de l'enfant ne demande qu'il soit confié à l'auteur de la seconde reconnaissance; car, en ce qui concerne celui-là même pour lequel la puissance paternelle a été et dû être instituée, *son plus grand avantage*, comme l'a proclamé la Cour royale de Paris, à la suite des anciens parlements, *est la règle unique qui doit guider les tribunaux* (1). On laissera donc l'enfant à la mère qui l'a tout d'abord reconnu de fait et de droit; et il est vrai de dire qu'il ne peut guère être mieux : *nulli magis quam matri educatio committenda est*, dit la loi romaine (2) ; *nam*, ajoute un commentateur, *maternus amor cæteros omnes affectus vincit* (3). Mais si cette femme incontinente re-

---

(1) Arrêt du 12 février 1823. (*Journal du Palais*, 1822-1823, p. 130.)

(2) Cod., l. 1, *L'bi pupil. educentur*, lib. V, tit. XLIX.

(3) Perez. in Cod., lib. V, tit. XXIV, n° 3.

commence une vie de désordres avec d'autres hommes, on devra le lui enlever pour le donner au père qui le réclame : *præcipue evitandi sunt qui pudicitiæ impuberis possunt insidiari* (1). Que si l'un et l'autre se montrent également indignes de l'élever, la justice le confiera à un tiers ami ou voisin, sur la réquisition du ministère public, gardien des mœurs et protecteur des orphelins, ou spontanément d'office. C'est l'esprit de la jurisprudence fondée sur des raisons de pressante analogie tirées des articles 267, 302 et 303 du Code Napoléon, au titre aboli du divorce : « Les enfants seront confiés, porte « l'une des dispositions précitées (celle de l'article 302), « à l'époux qui a obtenu le divorce, à moins que le tri- « bunal, sur la demande de la famille ou du ministère « public n'ordonne, *pour le plus grand avantage des en-* « *fants*, que tous ou quelques-uns seront confiés aux « soins soit de l'autre époux, soit d'une tierce per- « sonne. » Tous les commentateurs ont fait justement remarquer que le père et la mère d'un enfant naturel sont à peu près entre eux, au point de vue légal, ce que deviennent l'un pour l'autre deux époux à la rupture de leur mariage par le divorce. Si donc, relativement aux père et mère légitimes divorcés, les tribunaux sont in- vestis par la loi même d'un pouvoir *discrétionnaire* à l'ef- fet de prévenir ou de réprimer les abus de la typique puissance paternelle, et au besoin d'en suspendre ou pa- ralyser l'exercice, ils ne sauraient avoir les mains liées lorsqu'il s'agit de défendre un malheureux bâtard d'une tyrannique cupidité ou, ce qui est pire, d'une hideuse

(1) Dig., l. 5, *Ubi pupil. educ.*, lib. XXVII, tit. II.

démoralisation, contre une puissance paternelle anormale, imparfaitement définie et assurément d'un ordre inférieur.

Dans le cas d'une reconnaissance simultanée par un
seul et même acte, nous déciderions *en principe*, comme
le faisaient les anciens parlements, au témoignage de
Merlin qui reproduit une longue série d'arrêts (douze)
rendus en ce sens (1), *que l'enfant devrait être laissé à
la mère jusqu'à l'âge de cinq à sept ans, ou de douze à
quatorze, et par delà soumis à l'autorité du père. — En
principe*, disons-nous; car, ici surtout, quelle prépondérance le fait n'aurait-il pas sur le droit? C'est plus
que jamais le cas de dire avec Dumoulin : *Minima cir-
cumstantia facti jus mutat.*

Suivant les auteurs les plus accrédités, *si le père et la
mère vivaient ensemble* MARITALEMENT, c'est au premier
qu'il faudrait nécessairement attribuer l'éducation de
l'enfant (2), parce qu'on la donnerait bien inutilement à
la femme subissant un joug, celui d'une passion criminelle, mille fois plus pesant que l'autorité légale d'un
mari. Nous pensons, nous, qu'il faudrait la leur enlever
à tous deux. Quelle funeste influence un concubinage
persistant n'exercerait-il pas sur cette éducation? Une
discrète séparation, une pudique rupture, une cessation
absolue de tous rapports coupables, peut faire supposer
des sentiments de repentir qu'exclut une scandaleuse
cohabitation. Nous approuvons fort le Châtelet de Paris

(1) *Répert.*, vº Education, § 2, De l'éducation des enfants naturels, t. IV,
p. 492 à 496.
(2) Valette sur Proudhon, t. II, p. 218, note *a*. — Demol., t. VI, nº 629,
p. 510. — Etc.

ordonnant, en une espèce semblable, par une sentence
de 1760, «qu'un garçon âgé de quatre ans serait immédiatement interné et élevé dans un collège, et qu'une
fille mise en nourrice y resterait jusqu'à ce qu'elle pût
être placée dans un couvent. »

Il est quelquefois arrivé que le père et la mère d'un enfant naturel, chacun vivant de son côté, ont amiablement
réglé par qui et comment il serait élevé. Plus fréquemment un testateur, lui léguant tout ou partie de sa fortune,
a pris le même soin. De telles conventions ou de telles
conditions apposées à une libéralité, sont en elles-mêmes
nulles de droit, comme portant sur un objet qui intéresse
l'ordre public et n'est point à la disposition d'une volonté
privée; mais si les magistrats reconnaissent qu'elles sont
à l'avantage de l'enfant et qu'elles doivent lui assurer la
meilleure éducation physique et morale que l'on puisse
espérer pour lui, ils se les approprieront et les consa-
creront par les dispositions mêmes de leur jugement,
en vertu du pouvoir discrétionnaire dont nous avons reconnu qu'ils étaient investis.

C'est par la théorie qui vient d'être exposée que nous
expliquerons l'article 158, dont dès lors, à notre sens,
l'on argumente bien à faux pour donner au père, en
premier ordre, l'anormale autorité paternelle de l'illégitimité (1). Les expressions *père et mère*, dans cette disposition, désigneraient au besoin, suivant nous, la
personne officieuse à laquelle le droit de garde et de
direction aurait été juridiquement confié. Quelle garantie trouverait-on pour l'enfant qu'il faut défendre d'un

(1) Duranton, t. III, n°360, p. 351, 352. — Demol., t. VI, n° 639-2°, p. 511.

mariage malheureux, dans l'intervention peut-être hostile d'un homme jugé indigne de l'élever? — Le juge de paix, en pareil cas, convoquerait un conseil de tutelle qui, conformément à l'article 159, nommerait une sorte de tuteur *ad hoc*, pour remplir cet office spécial de la paternité.

C'est avec cette même hardiesse d'interprétation que nous appliquerions à l'enfant naturel l'article 346, qui oblige l'adopté à rapporter le consentement donné à l'adoption par ses père et mère.

Mais ce sont là des questions secondaires sur lesquelles nous n'insisterons pas. Nos législateurs n'y ont certainement pas pensé, et ce n'est point le cas d'une application bien rigoureuse ou bien régulière du droit commun.

Telle est la mesure dans laquelle il nous a paru que devaient être exercés par les père et mère naturels les attributs de la puissance paternelle qui se rattachent à la personne. Qu'en sera-t-il des attributs qui ont trait aux biens? — Une reconnaissance légale donnera-t-elle à son auteur la souveraine administration de tous les biens de l'enfant qui en est l'objet, et de plus, la pleine jouissance de ceux que cet enfant recueillerait héréditairement ou à titre de donation entre vifs ou testamentaire?

Sous la pression des préjugés révolutionnaires qui favorisaient les unions formées sans aucun lien légal plus que le mariage, même dissoluble aussi capricieusement que possible, l'affirmative avait été tout d'abord admise sans discussion. Il n'y aurait eu, par le Code consulaire.

qu'une seule et même puissance paternelle pour les père
et mère naturels et les père et mère dits légitimes (1).
Mais par le progrès des idées d'ordre, cette opinion,
condamnée par les textes mêmes dont elle s'étayait
aveuglément, non moins que par la raison et le droit
commun des nations civilisées, est aujourd'hui, en ce
qui touche l'attribut d'usufruit du moins, abandonnée
sur toute la ligne, même par l'école la mieux disposée,
suivant que nous l'avons vu, en faveur de la paternité
ou maternité de la simple nature, et qui, sur ce point,
formule ainsi sa doctrine : « Les père et mère naturels
« n'ont aucun droit d'usufruit légal sur les biens de
« leurs enfants (2). »

Il y avait cependant ici un apparent motif de doute et
d'hésitation qui manquait ailleurs, pour absoudre ou
excuser des solutions à rebours du droit et de la raison.
Cet argument spécieux, dont l'avocat des père et mère
naturels fait *une raison décisive et sans réplique* (3), c'est
que *l'usufruit paternel aurait été établi comme une équitable compensation des frais* « de nourriture, d'entretien
et d'éducation » (C. Nap., 385, 2°), *charge imposée aux
père et mère naturels comme aux père et mère légitimes.*

Retraçons en quelques mots les traditionnels et vrais
caractères de l'usufruit paternel. Ce droit de jouissance
temporaire a été un droit absolu de propriété, alors que,
par la barbare grossièreté des mœurs, il fallait, pour garantir la famille de rixes sanglantes qui l'auraient dis-

(1) Loiseau, ch. IX, § 2, p. 530, 531. — Salviat, *De l'usufr.*, t. II, p. 110. —
'avard, *Répert.*, v° Enfant naturel, § 2, n° 2.
(2) Zachariæ, § 571, t. IV, p. 87.
(3) Loiseau, loc. cit., p. 530.

soute, que la puissance du père sur les enfants fût celle
et plus que celle du maître sur l'esclave, le droit toujours menaçant de vie et de mort, *jus vitæ ac necis*. Mais
par les progrès séculaires de la civilisation, et en dernier
lieu par le triomphe du christianisme, l'enfant ayant
cessé d'être une propriété et pouvant être propriétaire
lui-même, le droit du père sur les biens a subi et dû
subir les mêmes transformations que son droit sur la
personne ; d'illimité et perpétuel qu'il était originaire-
ment, il a été plus ou moins restreint dans son étendue
et dans sa durée, et il n'a plus été qu'une faveur toute
spéciale, qui demandait à être consacrée, comme tout
... d'une nature exceptionnelle, par un texte précis de
la loi positive : *Attribuer à un individu*, s'écrie l'annotateur de l'État des personnes, *la jouissance de tous les
biens d'un autre, n'est-ce pas quelque chose d'exorbitant* (1)?

Ce texte précis, nous l'avons pour les père et mère
légitimes dans l'article 384 du Code Napoléon : « Le
« père *durant le mariage, et après la dissolution du ma-
« riage* le survivant des père et mère auront la jouis-
« sance des biens de leurs enfants jusqu'à l'âge de dix-
« huit ans accomplis, ou jusqu'à l'émancipation. » C'est
un bénéfice éventuel, anormal, qui, attaché au mariage, pierre angulaire de l'édifice social, peut se justifier par de hautes considérations morales et d'intérêts
de famille ; mais l'on ne saurait chercher et puiser un
juste motif de l'étendre, en dépit de toutes les traditions
romaines et coutumières, à des père et mère entre les-

(1) Valette sur Proudhon, p. 253, note. — Abbé Demolombe, t. VI, n° 64,
p. 524.

quels il n'existe aucun lien civil et religieux, dans l'obligation même qui leur est imposée de conserver à leur
malheureux enfant la vie qu'ils lui ont donnée par le fait
délictuel d'une fortuite séduction des sens ou d'un commerce prémédité plus coupable encore. Aussi cette
extension scandaleuse, insidieusement glissée au projet du Code, a-t-elle été en définitive signalée, condamnée et repoussée par la saine majorité du Conseil d'État
et du Corps législatif. En effet, l'article 383, dans sa primitive rédaction, paraissait appliquer aux père et mère
illégitimes, sans distinction, toutes les dispositions du
titre de la puissance paternelle, celles qui suivaient
comme celles qui précédaient : « Les articles du *présent*
« *titre* seront communs aux père et mère des enfants na-
« turels actuellement reconnus (1). » L'orateur du gouvernement l'exprimait encore plus catégoriquement dans
l'exposé des motifs : « Un des articles du projet accorde la
« *même puissance* et les *mêmes droits* aux père et mère
« des enfants naturels légalement reconnus (2). » Mais
les conservateurs, précisément et surtout afin que les
père et mère illégitimes ne pussent pas réclamer l'honorable et utile prérogative de l'usufruit légal et que
le Code ne parût pas accorder une sorte de récompense
pécuniaire au mépris et à la violation de ses dispositions
qui se rattachent le plus étroitement à l'ordre public,
ont demandé franchement et hautement que l'art. 383 se
bornât à rappeler les articles qui consacraient et organi-
saient le droit de correction. Et cette disposition, équivoque par son numéro d'ordre, a subi la modification

(1) Locré, *Légist.*, t. VII, p. 14.
(2) Fenet, t. X, p. 521.

qu'ils réclamaient, sans que leurs adversaires aient même osé la contester ouvertement (1).

Ainsi, la tradition, la morale, la raison, le texte et l'esprit de la loi refusent également aux père et mère illégitimes, un droit utile qui serait encore un appât aux reconnaissances tardives et frauduleuses. — Quant à ce que dit l'article 385, 2° que *la nourriture, l'entretien et l'éducation des enfants, selon leur fortune, est une charge de la jouissance attribuée aux père et mère*, cette disposition secondaire a un double objet tout à fait étranger à la question : c'est, d'une part, que ceux-là soient élevés sans parcimonie pour la position sociale que semble leur garantir le patrimoine dont ils déjà pourvus ; d'autre part, que si ceux-ci n'ont rien ou n'ont que des ressources insuffisantes à l'acquittement de leurs engagements envers des tiers, tous ces frais de nourriture, d'entretien et d'éducation, largement réglés, deviennent une sorte de créance privilégiée sur leur usufruit légal. Le droit des enfants propriétaires est vraiment sacré.

La question, en ce qui touche le droit d'administration, en apparence moins lésif des intérêts de l'enfant, mais au fond non moins compromettant, est encore aujourd'hui vivement débattue, et nous paraît partager en deux camps de force égale l'école et la magistrature. — Une même Cour se déjuge à quelques mois d'intervalle. Nous voyons :

(Sont marqués d'une astérisque ceux des arrêts ci-dessous indiqués qui ont été l'objet d'un pourvoi en cassation.)

(1) Discussion au Conseil d'Etat, Séance du 8 vendémiaire an IX.

D'un côté, Delvincourt (1); Vazeille (2); Zachariæ (3); etc., etc. — Toulouse, 1er septembre 1809 (4); * Bruxelles, 4 février 1811 (5); Riom, 13 juin 1817 (6); Grenoble, 21 juillet 1836 (7), etc., etc.

De l'autre, Marcadé (8); Duranton (9); Valette sur Proudhon (10), etc., etc.—Toulouse, 25 juillet 1809 (11); Paris, 9 août 1811 (12); * Amiens, 23 juillet 1814 (13); * Grenoble, 5 avril 1810 (14); Agen, 10 février 1830 (15), etc., etc.

Pour abréger la discussion, nous poserons tout d'abord en principe ce qu'enseignait notre dictée de 1830-1831 (16) : *Que du moment où l'enfant naturel a des biens ou exerce une profession qui peut lui en donner, il doit,* soit à sa propre demande (pourquoi n'agirait-il pas lui-même s'il a le sentiment de son droit?) soit sur la provocation officieuse d'un ami ou voisin, membre présumable du conseil à convoquer, soit d'office par un vigilant juge de paix, *être régulièrement constitué en tutelle,* au moins par la nomination d'un subrogé-tuteur. Il est sur ce premier point peu de dissidents. — Aux

(1) Note 1 de la p. 103, t. I, p. 425.
(2) N° 478, t. II, p. 274 à 279.
(3) § 571, t. IV, p. 86.
(4) *Journal du Palais,* VII, 1808-1809, p. 822.
(5) Dalloz, 1811, II, p. 84 à 87.
(6) *Journal du Palais,* t. XIV, 1817-1818, p. 287.
(7) Dalloz, 1837, II, p. 157.
(8) Sur l'art. 390, n° 11, t. II, p. 626 à 638.
(9) N° 431, t. III, p. 420, 421.
(10) N° 8 de la p. 257, t. II, p. 290, 291.
(11) *Journal du Palais,* t. VII, 1808-1809, p. 710.
(12) Dalloz, 1812, II, 99.
(13) Id., 1815, I, p. 483.
(14) Id., 1820, I, p. 420.
(15) Id., 1831, II, p. 251.
(16) T. I, p. 317.

termes de l'article 389 (Cod. Nap.), le père n'a, en cette qualité, l'administration des biens personnels de ses enfants que *durant le mariage ;* de telle sorte que, le *mariage dissous*, il ne peut, non plus que la mère, si c'est elle qui survit, être investi de cette même administration, ainsi que le dit d'ailleurs nettement l'article qui suit, que comme tuteur, sous la surveillance d'un subrogé-tuteur qui doit être nommé immédiatement, et avec la garantie d'une hypothèque générale prenant rang, sans inscription, du jour même de ce changement de qualité connu de lui et accepté par une entrée quelconque en fonction ; d'où il suit invinciblement que comme il n'y a point de mariage entre les père et mère d'un enfant naturel; les biens de cet enfant ne peuvent jamais, et par la force même des choses, être soumis à l'administration légale de la puissance paternelle, et qu'il s'ouvre nécessairement au moment de l'acquisition des biens, une tutelle à organiser suivant sa nature que nous caractériserons dans la seconde partie de cette discussion. — Concevrait-on que soit le père, soit la mère illégitime, eût cette administration souveraine exempte des conditions de conservation sévères auxquelles sont soumis les père et mère par le mariage? Ne serait-ce pas encore une prime d'encouragement donnée, au grand détriment de l'enfant, à ces unions libres qui envahissent nos villes, nos campagnes, et doivent dans un prochain avenir tuer notre société?

Sans doute tant qu'un mariage durera, le père administrera légalement; mais l'enfant trouvera dans sa mère présente au foyer domestique, et toute-puissante par l'esprit de famille, des garanties morales équivalentes à celles que lui donnerait la tutelle.

Et quand on considérerait les père et mère par un commerce honteux, dont ils rougissent eux-mêmes, d'un œil aussi favorable que des loyaux et honorables époux, s'il arrivait qu'un seul de ceux-là reconnût légalement l'enfant, se trouverait-il dans une autre position que le survivant de ceux-ci? Et néanmoins aurait-il encore, par le privilége du concubinage, une administration légale affranchie de subrogé-tuteur et d'hypothèque?

Il y aura donc lieu à une tutelle, sans nul doute; mais cette tutelle, que sera-t-elle? légale, dative, au besoin testamentaire? L'école allemande, dans ses tendances en faveur des père et mère naturels, va de la première à la troisième (1). Et cette déduction est juste; mais la seconde ne doit-elle point dans tous les cas prévaloir sur les deux autres? Là est la difficulté, et nous ne la croyons pas encore très sérieuse.

Une tutelle légale étant une création de la loi, l'on doit se demander en quel texte du Code Napoléon se trouverait celle dont il s'agit. Serait-ce en l'art. 390 portant qu'à *la dissolution du* MARIAGE, *par la mort d'un des* ÉPOUX, *la tutelle des enfants, appartient de plein droit au survivant?* Mais sera-t-il permis de transformer ainsi en légitimes époux les père et mère d'un bâtard, devenus peut-être étrangers l'un à l'autre (ce dont il faudrait les féliciter), et les emportements sensuels qui les ont accouplés en une sainte union, au besoin présumée *dissoute* par le refus de l'un d'eux de reconnaître

(1) Zachariæ, § 371-e, note 16, t. IV, p. 87.

légalement le déplorable fruit de son délictuel égarement?

Ceux des partisans de cette tutelle légale, qui se res-
pectent, ne vont point jusque là; ils argumentent péniblement, bien étrangement de quelques dispositions
secondaires du Code Napoléon, en les isolant de celles
qui les expliquent. — La tutelle de plein droit, disent-
ils, *résulte forcément* de l'article 405 qui n'admet la
tutelle *dative* que pour les enfants *restés sans père ni
mère*. Les articles qui réglementent la tutelle légale
supposent, il est vrai, les père et mère *mariés*, et disent
que cette tutelle ne commence qu'à la *dissolution du mariage;* mais le mariage n'en est pas déclaré une *condition indispensable;* il n'est considéré que comme un obstacle à son établissement, et si cet obstacle, au lieu de
disparaître, se trouve n'avoir jamais existé, ce n'est point
logiquement une raison pour la repousser, surtout alors
que toute autre est légalement impossible. Ainsi le Code
n'est pas, comme on le suppose généralement, muet sur
la question ; les articles 389 et 390 impliquent la tutelle
légale des père et mère naturels, comme une conséquence
nécessaire de la théorie qu'ils consacrent. — Les tutelles sont d'ailleurs exclusivement dans l'intérêt personnel de l'enfant, et le privera-t-on de celle qui doit le
plus efficacement le protéger? Trouvera-t-il chez un
étranger le dévouement de ces père et mère qui, par une
reconnaissance libre, spontanée, ont témoigné de leur
affection pour ce malheureux déshérité des droits de
famille? Cette tutelle dite légale est essentiellement une
institution de droit naturel, et pour l'exclure, il ne faudrait rien moins qu'un texte formel et précis de la loi

positive; or, loin do prononcer cette exclusion, de
rompre violemment les liens qui rattachent l'enfant aux
père et mère, le Code Napoléon a revêtu ceux-ci de la
plupart des attributs de la puissance paternelle, dont la
tutelle n'est que le complément, et notamment du droit
de correction, d'opposition au mariage.— Et quant aux
biens, à qui seraient-ils mieux confiés qu'à ceux qui sont
personnellement intéressés à leur conservation, comme
pouvant être appelés à les recueillir dans la succession
de l'enfant décédé sans postérité (1)?

Il est un pouvoir ou plutôt un devoir tutélaire qui,
comme nous l'avons exprimé plus haut, ne peut faire
défaut à aucune paternité ou maternité. — Il faut que,
du jour même de sa naissance, l'enfant soit nourri,
vêtu, abrité, qu'il vive enfin; et il doit trouver ces secours indispensables en ceux qui lui ont donné l'existence. Ce sera là, si l'on veut, une tutelle naturelle qui
ne demande pas à être consacrée par la loi positive. C'est
ainsi que la Cour de Colmar a jugé que la mère naturelle avait, *comme protectrice née de l'enfant, qualité suffisante* pour faire partager au père la charge *alimentaire*
qu'elle avait seule jusque là supportée tout entière (2).
Mais autre chose cette tutelle de la nature, autre chose
la tutelle légale décrétée et organisée par le Code Napoléon. Celle-ci ne peut appartenir qu'aux personnes pour
lesquelles elle a été établie; et elle ne l'a été que pour

(1) Aux chefs prénommés de ce camp (Delvincourt, Vazeille), ajoutez :
Cadrès, *Des enfants naturels*, n° 180, p. 220 à 223; et aux arrêts précités :
Poitiers, 5 mai 1838; Douai, 13 février 1841. (*Journal du Palais*, 1839, t. LXX,
430; t. I de 1846, p. 63.)
(2) Colmar, 24 mars 1813. (Sirey, 1814, II, p. 2; *Journal du Palais*, t. II,
1813, p. 231.)

les père et mère légitimes. A la vérité, elle ne s'ouvre qu'à la dissolution du mariage ; mais le mariage en est, par là même encore, reconnu une condition nécessaire ; car il ne peut y avoir un *mariage dissous* qu'autant qu'il y a eu un *mariage contracté*. — L'article 405 portant : « Lorsqu'un enfant mineur et non émancipé restera « sans *père ni mère*, ni tuteur élu par ses père et mère, « ni ascendants mâles, comme aussi lorsque le tuteur « de l'une de ces qualités se trouvera dans un cas d'ex- « clusion, ou valablement excusé, il sera pourvu par « un conseil de famill à la nomination d'un tuteur, » où les dissidents, qui ont le plus d'autorité, conviennent qu'*il est très probable qu'en supposant l'enfant* « resté sans père ni mère, » *l'on n'a point eu en vue le prédécès des père et mère naturels* (1), cet article 405, disons-nous, n'a pas été conçu dans un autre esprit ; il doit nécessairement s'expliquer par les dispositions qui précèdent ; et dès lors il ne signifie rien autre chose, sinon que, lorsque le mariage étant dissous, il ne peut y avoir lieu, ni à la tutelle instituée par l'article 390 du survivant des époux qui s'excuserait ou serait incapable, ni à la tutelle testamentaire autorisée par les articles 397 à 400, ni à la tutelle des ascendants organisée par les articles 401 à 404, il faudra recourir à la tutelle dite *dative*, que défère un conseil de parents ou d'amis, convoqué à la diligence du juge de paix. Or, c'est là précisément le cas de l'enfant naturel qui, de l'aveu de tous, n'a point d'*ascendants* et pour lequel il ne peut pas plus y avoir de tutelle testamentaire que de tutelle légale de l'époux

---

(1) Vazeille, loc. cit., p. 176.

survivant, l'une étant, aux termes de l'article 397, essentiellement dépendante de l'autre. L'on ne saurait donc
concevoir pour lui qu'une tutelle dative, sorte de tutelle
qui est, en cette matière, le droit commun. — Et c'est
très sagement que le Code Napoléon en a ainsi disposé.
Il peut se rencontrer un père ou une mère illégitime,
offrant les garanties généralement requises d'une bonne
administration ; mais tout le monde conviendra que ce
n'est point là l'hypothèse la plus commune ; or, *ex his
quæ plerumque fiunt jura constituuntur.* — Ces malheureuses victimes de la séduction n'ont, pour la plupart,
ni habitudes d'ordre, ni patrimoine qui puisse répondre
de leur mauvaise administration ; elles meurent ordinairement sur la paille, après avoir vécu quelques années
couvertes de diamants. D'après le tribunal de la Seine,
trop préoccupé peut-être de la hideuse corruption qu'il
a sous les yeux, ce serait, non pas seulement la conservation de la fortune, mais surtout l'intérêt des mœurs
qui *exigerait impérieusement que la tutelle des enfants
naturels fût dative* (1). L'on restera, du moins, parfaitement dans le vrai, en disant avec la Cour de Lyon, dont,
pour conclure, nous reproduirons textuellement la doctrine sur le point de droit en discussion, que le législateur *ne pouvait raisonnablement donner la même confiance
aux père et mère illégitimes, qu'aux père et mère par le
mariage, et que* SOUVENT *l'intérêt de l'enfant naturel,
d'accord avec celui des bonnes mœurs, peut réclamer que la
tutelle soit exercée par d'autres que par les parents,* « à la
« faute ou à la conduite licencieuse desquels il doit la

---

(1) Jugement du 28 juin 1811, confirmé par arrêt du 9 août, même année.
(Dalloz, 1812, II, 90.)

« tache de sa naissance. » — Notre défiant droit coutumier, qui a partagé l'influence du droit écrit sur le Code
nouveau, allait plus loin, et n'admettait pas, en principe,
la tutelle de droit, même dans la famille légitime. Il voulait que l'autorité publique intervînt toujours dans la
nomination des tuteurs ; c'est le juge qui, sur l'avis des
parents, instituait tuteurs les père et mère eux-mêmes.
— « C'était, en considération et pour le plus grand in-
« térêt des mineurs, disait le rapporteur au Tribunal,
« que ce système s'était établi (1). »

Quant à l'argument du droit de correction, ou d'opposition au mariage, nous nous en remettrons entièrement du soin d'y répondre, à l'arrêt que nous venons
d'annoncer, rendu le 11 juin 1856, sous la présidence
de Monsieur le Premier Gilardin, dont il est digne ; nous
n'essaierons pas témérairement de mieux dire ; nous nous
permettrons seulement d'ajouter qu'en faisant participer les père et mère naturels à certains droits ou attributs de famille spécialement et limitativement désignés,
le Code Napoléon leur aurait plutôt par là même dénié
tous les autres, et notamment la tutelle *de plein droit* :

« Considérant qu'il n'y a de tutelle légale que celle qui est instituée par une déclaration expresse de la loi ; — qu'aucun texte
de loi ne défère au père ou à la mère la tutelle de leur enfant naturel reconnu ; — qu'il ne peut donc y avoir lieu qu'à une tutelle
dative ; — considérant que, pour suppléer au silence du législateur, on invoque vainement le droit naturel, en prétendant que
la tutelle du père ou de la mère est une protection aussi nécessaire à l'enfant naturel qu'à l'enfant légitime, et que la loi a dû
ranger ces tutelles sur la même ligne ; — que ce genre d'argu-

(1) Rapport du 3 germinal an XI au Tribunal, par Huguet.

ment ne saurait être admis dans la matière des tutelles qui sont des charges publiques et qui relèvent essentiellement des disposi·tions du droit civil... — Considérant que vainement aussi l'on voudrait ne voir dans la tutelle légale qu'une suite de la puissance paternelle, et l'on prétendrait faire ainsi dériver la tutelle des enfants naturels reconnus de la puissance paternelle qui est conférée à leurs père et mère par l'article 383; — que la puissance paternelle et la tutelle légale ont, il est vrai, une étroite affinité et remontent toutes deux, en théorie, à des origines communes du droit naturel ; mais que, civilement, elles se distinguent ; que le législateur a réglé chacune par un système de dispositions à part, et qu'on ne saurait dès lors conclure que l'une doive entraîner l'autre ; — qu'au surplus les père et mère des enfants naturels n'ont sur ceux-ci qu'une puissance paternelle incomplète, limitée dans ses effets par l'article 383; que de même que les règles de la puissance paternelle ont été modifiées à l'égard des enfants naturels, les règles de la tutelle ont pu subir à leur égard, dans les intentions du législateur, une modification analogue ; que, par conséquent, quels que soient les rapports qui unissent en théorie les deux institutions, on ne peut, dans le silence de la loi, inférer de l'existence d'une puissance paternelle diminuée, une tutelle légale semblable à celle qui accompagne la puissance paternelle dans toute sa plénitude ; qu'il suffit, pour ruiner complétement une pareille induction, que la tutelle légale ne soit pas une suite nécessaire et inséparable de la puissance paternelle, et que ce point est hors de doute, puisque le survivant des père et mère légitimes reste investi de la puissance paternelle, en même temps que la tutelle de l'enfant peut, par suite d'excuse, de refus, de convol ou de destitution, passer en d'autres mains (1). »

Reste la considération bien secondaire tirée de l'intérêt hypothétique qu'auraient les père et mère naturels à la conservation des biens de l'enfant, comme pouvant être un jour appelés à les recueillir héréditairement.

(1) *Journal du Palais*, t. LXVIII, 1837, p. 56, 57.

L'on nous permettra de ne pas nous en préoccuper plus
que no l'ont fait la Cour de Lyon, et le savant et judicieux rédacteur de son arrêt.

Telle est la question dont la Cour régulatrice a, par
trois fois, renvoyé la solution à un plus ample informé;
trois fois elle subordonne le point de droit à une question de fait, qu'elle dit avoir été souverainement décidée
par la Cour royale ou impériale; ce qui la dispense de
juger elle-même. — Dans une première espèce (celle de
l'arrêt de Bruxelles, du 4 février 1811), l'enfant au nom
duquel agissait la mère comme *tutrice naturelle et légale*, serait décédé *presqu'à l'origine du procès*, et se serait trouvé par là hors de l'instance qui n'avait pu dès
lors être poursuivie par la prétendue *tutrice légale* qu'en
qualité de mère *naturelle et d'héritière* (1). — Dans une
seconde espèce (celle de l'arrêt d'Amiens, du 23 juillet 1814), la mère naturelle, à supposer qu'elle fût investie de la tutelle *légale*, l'aurait perdue de plein droit
en donnant à l'enfant un *quasi beau-père*, sans se conformer à l'article 395 qui oblige la veuve *tutrice légale
qui se remarie* à convoquer préalablement un conseil de
famille pour décider si la tutelle doit lui être conservée (2). — Enfin, dans une troisième espèce (celle de
l'arrêt de Grenoble, du 5 avril 1819), la mère naturelle
aurait, en un procès-verbal d'inventaire, formellement
renoncé à cette tutelle qu'elle a ensuite capricieusement
réclamée (3).

Nos magistrats quasi-législateurs auraient pu, très

(1) Cassation, arrêt du 8 au 22 juin 1813. (Dalloz, 1813, I, p. 360.)
(2) Id., arrêt du 31 août 1815. (Dalloz, 1815, I, p. 482-485.)
(3) Cassation, arrêt du 7 juin 1820. (Dalloz, 1820, I, p. 417 à 430.)

certainement, sans empiéter sur les attributions souveraines des Cours d'appel, se prononcer sur le point de
droit qui leur était soumis, et avait été d'ailleurs très
fortement développé, notamment par l'arrêt d'Amiens ;
l'application à la mère *naturelle* qui se *marie*, d'une déchéance frappant la mère *légitime* qui se *remarie*, y était
à peine indiquée, et comme un surabondant *jura juribus
addenda* : « qu'au surplus et surabondamment, la dame
« Lemire eût-elle droit à la tutelle, elle l'eût perdue…»
Mais ils ne l'ont point voulu ; il semble être dans leurs
traditions de décliner, d'*éluder*, disent crûment les docteurs (1), la question de droit, toutes les fois qu'ils peuvent le faire sans paraître abdiquer leurs fonctions. Nous
ne supposons pas qu'il soit dans leur arrière-pensée de
multiplier par là les pourvois, et d'accroître ainsi leur
importance ; nous aimons mieux croire qu'ils cèdent à
cette paresse d'esprit si naturelle à l'homme : *Voilà une
question scabreuse qui demanderait de fatigantes recherches, une longue méditation ; nous pouvons à toute force
nous décharger aujourd'hui de cette rude tâche ; nous verrons plus tard.* — Oserons-nous dire, nous, vieux professeur émérite de province, qu'ils comprendraient
bien mieux leur rôle, rempliraient bien plus utilement
leur haute mission, en saisissant, au contraire, la première occasion qui se présenterait d'éclairer un point
de droit obscur, de fixer le sens d'une disposition douteuse? Ainsi, sans sortir de nos espèces, s'ils avaient
cassé l'arrêt de Bruxelles ou consacré la doctrine de celui
d'Amiens, ils auraient probablement épargné plusieurs
pourvois ruineux à de pauvres mineurs doublement or-

---

(1) Vazeille, p. 279. — Richefort, t. II, p. 222. — Etc.

phelins, qui, malgré la protection de la loi, subissent *la peine du téméraire plaideur*, en d'autres termes, *paient les dépens* du procès perdu sous leur nom. — Peut-être l'arrêt de Lyon, ce qui serait doctrinalement regrettable, manquerait à nos recueils de jurisprudence. — Dans les célèbres *chambres* (stanze) de Raphaël, la jurisprudence a deux visages, comme devant, avec le présent et le passé, embrasser l'avenir.

Cependant la question paraîtrait avoir été enfin résolue *in terminis*, le 20 avril 1850 (arrêt *Levillain*) (1), par le grand corps judiciaire investi d'une sorte d'omnipotence interprétative; mais elle ne l'aurait été qu'au point de vue restreint de l'application d'une disposition pénale, et afin de frapper d'une peine plus forte la paternité ou maternité illégitime, bien plutôt que pour lui conférer de plein droit une mission de confiance; et cet arrêt *Levillain* de la Chambre criminelle, d'ailleurs assez légèrement motivé, pour ne rien dire de plus, ne saurait, quoi qu'en disent les arrêtistes, avoir aucune autorité en matière civile. — Une mère naturelle avait inhumainement abandonné son enfant dans un lieu solitaire; et il s'agissait de savoir si elle était passible de l'aggravation de peine édictée par l'article 350 du Code pénal *contre les tuteurs ou tutrices, instituteurs ou institutrices de l'enfant exposé.* Évidemment ce qu'a ici considéré le législateur, c'est la *tutelle de fait*; les *tuteurs* et *tutrices* sont mis sur la même ligne que les *instituteurs* et *institutrices* dont l'autorité sur l'enfant n'a point un caractère légal; et l'arrêt dit lui-même, « qu'il serait *peut-être difficile,*

(1) *Journal du Palais*, t. II de 1852 (t. LIX, p. 202-203).

après la discussion au Conseil d'État, en la séance du 12 novembre 1803, de ne pas déclarer que l'article 350 du Code pénal doit être appliqué *indistinctement* aux père et mère de l'enfant exposé, tuteurs ou non tuteurs légaux; » mais il ajoute que cette question *peut être réservée*, et il la réserve, en effet, pour décider malencontreusement « que la mère naturelle d'un enfant reconnu étant son seul parent, son seul appui, son unique protecteur au monde, *elle est par conséquent sa tutrice légale*; » comme s'il fallait qu'elle fût *tutrice* légale, pour subir l'aggravation de peine due à son crime; et comme si l'on pouvait conclure, de ce devoir d'humanité de faire vivre l'enfant, à l'autorité d'ordre public, dont la paternité ou maternité légitime doit, par la seule volonté de la loi, sans aucune intervention de la famille, porter l'honorable charge.

Il n'y a donc réellement point d'arrêt de la Cour de cassation à opposer à celui de la Cour de Lyon, dont rien ne semble pouvoir infirmer l'autorité. — Loin de là, l'on pourrait, au besoin, en trouver la confirmation dans l'arrêt du 31 août 1815, qui rejette le pourvoi formé contre celui de la Cour d'Amiens, du 23 juillet 1814, disant que la *loi ne pouvait ôter* EXPRESSÉMENT *à la mère naturelle qui se marie* (avec un autre que le père de son enfant) *une tutelle que la même loi ne lui accordait* EXPRESSÉMENT *nulle part* (1). — Est-ce qu'une tutelle *légale*, ferait-on observer à la Cour de cassation, ne doit pas être instituée par un texte précis de la loi même? N'auriez-vous pas, comme malgré vous, résolu par là

---

(1) Dalloz, 1815, I, p. 485.

implicitement la question dont vous aviez d'abord déclaré *faire abstraction?* — Mais, comme on l'a vu, nous
avons mieux qu'une induction à tirer des considérants
d'un arrêt voulant juger et jugeant, en effet, une autre
question, sur laquelle nous aurons encore à donner notre
avis.

Ainsi, l'enfant naturel, resté sous la garde du père ou
de la mère qui l'a reconnu légalement, devient-il propriétaire? Ses biens seront, à sa propre requête ou par
l'intervention d'un tiers lui portant un affectueux ou
charitable intérêt, soumis au régime essentiellement
conservateur de la tutelle dative; le conseil qui la défé-
rera, formé, sous la garantie du juge de paix, d'amis ou
de voisins concourant spontanément à cette œuvre d'humanité, en vaudra bien un autre, dont les membres, parents plus ou moins éloignés, ne se rendraient du bourg
voisin à la convocation officielle du juge de paix que
comme contraints, et en maugréant contre une parenté
qui leur impose une irréparable perte de temps et un
déplacement onéreux :

> La parenté m'excède et ces liens, ces chaînes
> De gens dont on partage et les torts et les peines,
> Tout cela : préjugés, misères des vieux temps;
> C'est pour le peuple, enfin, que sont faits les parents (1).

Et qui est peuple aujourd'hui?

Et puis, y a-t-il bien des parents dans un conseil de
famille, lorsque les chemins de fer et les bateaux à vapeur, venant en aide à la frénétique passion des emplois,

---

(1) Gresset, *le Méchant*, acte II, scène III.

au désir immodéré d'une fortune rapide, dispersent les frères et sœurs même dans nos quatre-vingt-neuf départements, ou dans les cinq parties du monde actuel ? Qui est-ce qui reste dans sa ville ou bourgade natale ?

Mais, dira-t-on, si le père naturel ou la mère se trouve investi du droit de garde et de correction, scindera-t-on la tutelle, en donnant à une autre personne l'administration des biens ?

Eh ! oui, sans doute ; c'est, ainsi que l'a fait très juste· ment remarquer la Cour de Lyon (1), ce qui peut arriver pour les père et mère légitimes eux-mêmes. Qu'un père s'excuse de la tutelle, qu'une mère s'en déclare incapable, ils conserveront tous les attributs de la puissance paternelle, le droit de direction, celui de correction, même l'usufruit légal des biens ; et la tutelle, à peu près réduite à l'administration de tout ou partie de ces mêmes biens, sera déférée à un tiers parent ou ami. Mais il y aura ici quelque chose de spécial aux père et mère naturels. Le conseil de tutelle doit nécessairement participer au pouvoir discrétionnaire dont, sur le fondement de l'article 302 (Cod. Nap.), la jurisprudence a, par rapport à ceux-ci, investi l'autorité judiciaire. Cette autorité étant appelée à réviser, à réformer au besoin ses délibérations, il faut bien que ce qu'elle établirait en définitive, il puisse tout d'abord l'établir lui-même. — Voilà une fille-mère qui donne à son enfant d'un an ou dix-huit mois, les soins les plus dévoués ; on lui laissera la personne, quand même il surviendrait à cet enfant, par le décès du père ou autrement, une fortune de capitaux

_____

(1) V. *suprà*, p. 515.

mobiliers, qu'il serait plus que périlleux, d'une impru-
dence coupable, d'abandonner à une *tutrice naturelle*
d'un caractère facile et peu soucieux de l'avenir ; capitaux dont l'on confiera, en conséquence, le recouvre-
ment et le placement à un tiers, tuteur datif, offrant les
garanties requises de fait et de droit ; la tutelle, *pour le
plus grand avantage de l'enfant*, sera en effet scindée.
— Mais si cet enfant, avançant en âge, demandait une
autre direction que celle d'une mère du demi-monde,
qui ne saurait lui inspirer beaucoup de respect, les deux
tutelles, toujours pour son plus grand avantage, pourraient et devraient être, par l'omnipotent pouvoir discrétionnaire, réunies sur la tête du tiers jugé digne de cette
double mission. — Il n'y aurait pas, comme pour les
père et mère légitimes tuteurs légaux, une révocation
ou destitution préalable à prononcer.

Examinons enfin la question secondaire que l'arrêt
précité du 31 août 1815 semblerait avoir confusément
débattue, plutôt que franchement décidée, celle de savoir si l'article 395, *obligeant la mère tutrice qui veut
se remarier, à obtenir préalablement d'un conseil de famille son maintien dans la tutelle*, est applicable à la
mère naturelle qui se double d'un mari étranger à son
enfant.

Un doyen de Grenoble, qui s'est mis à la suite de
l'école allemande, prenant ici les devants, ne veut point
que *le mariage de la mère naturelle*, suivant lui, *tutrice
légale, modifie en rien son caractère actuel, ni même son
droit de choisir, en mourant, le tuteur qui doit lui succéder*, le mari ou quasi beau-père sans doute. « Il ne faut
« pas, dit-il, introduire en un ordre de choses unique-

« ment fondé *sur la grande loi de la nature*, les modifi-
« cations *civiles* que la loi écrite a cru devoir adopter
« par des considérations personnelles aux enfants légi-
« times (1). » — Ainsi la fille-mère aura la même tutelle *légale* que la mère de famille, *favores ampliandi;*
et quand l'une la perd *ipso jure*, l'autre la conservera,
elle, également *ipso jure,* sans avoir à craindre aucune
déchéance, quel que soit le quasi beau-père qu'elle doive,
par son mariage, donner à son malheureux bâtard,
odiosa restringenda. Telle est la logique de *la grande loi
de la nature*.

La logique des mœurs et du bon sens veut que la
concubine ne reste pas *de droit* investie de l'honorable
charge d'une tutelle, là où l'épouse légitime en est *de
droit* irrévocablement déchue. Et, en vérité, nous croyons
celle-ci, toute vulgaire qu'elle est, plus sûre et plus concluante que l'autre, d'une transcendante doctrine. —
Nous reconnaîtrons qu'une disposition juridiquement
pénale ne peut être suppléée dans un Code muet, ou
étendue par analogie, ou par *a fortiori*, hors du cas formellement prévu. — Mais se trouver déchu ou exclu
d'une tutelle pour cause de *suspicion*, ce n'est point être
frappé d'une peine juridique; et si le hâtif convol d'une
veuve tutrice doit inspirer de justes défiances, l'aventureux mariage d'une tutrice fille-mère n'est guère plus
rassurant. — A supposer que la déchéance de celle-ci
ne fût pas dans le texte même de la loi, elle serait incontestablement dans le pouvoir discrétionnaire du conseil
de tutelle et de l'autorité judiciaire.

(1) Taulier, *Théorie raisonnée du Code civil*, t. II, p. 22-23; *adde* p. 17 à 19.

C'est en ce même esprit que nous étendrions au quasi beau-père la disposition de l'article 396 (C. Nap.) voulant que, lorsque la tutelle sera conservée à la veuve qui convole, son second mari devienne un *cotuteur solidairement responsable de la gestion postérieure au mariage*. L'intérêt de l'enfant réclame cette cotutelle ou obligation solidaire ; et il suffit, à n'en point douter, pour qu'elle soit permise, que le Code ne l'ait point prohibée.

Nous avons sous les yeux l'exemple d'une délibération de conseil de tutelle, mettant pour terme conditionnel à l'administration qu'elle donnait à une mère naturelle, des biens de son enfant dont elle avait la garde, un mariage contracté avec un autre individu que le père.— Une telle prévision n'a rien, suivant nous, de contraire à l'ordre public, et doit, à quelque point de vue qu'on se place, avoir la force obligatoire d'une loi individuelle. — Mais nous la jugeons superflue et en outre périlleuse, parce qu'elle peut amener, au lieu d'un mariage inconvenant, un concubinage plus ou moins secret qui serait un plus grand mal encore. — Nous pensons d'ailleurs que, par ce criminel subterfuge, la mère naturelle n'échapperait à l'omnipotent pouvoir discrétionnaire, pas plus que la veuve incontinente à la honte d'une destitution ou révocation judiciaire.

Nous croirions volontiers que, par son arrêt de rejet du 31 août 1815, que ne citent pas les auteurs mêmes qui citent tout, la Cour régulatrice aurait en effet, résolu affirmativement cette question de déchéance de la mère naturelle qui se marie ; si son argumentation doctrinale est embarrassée et semble peu concluante, elle aurait au moins clairement manifesté sa pensée en ce *considérant*, grammaticalement peu correct, emprunté au fait : *que si la loi se méfie et traite avec rigueur une mère qui n'a donné aucune preuve de faiblesse, à bien plus forte raison elle a dû se méfier et traiter avec la même rigueur une mère qui n'est point sans reproche* (1). — Mais voici encore sur ce point de droit un arrêt modèle de la Cour de Lyon, probablement rédigé par son Premier Président, que nous reproduirons dans toute son étendue, comme le meilleur résumé que nous puissions donner de nos dernières théories; nous n'omettrons rien, même de la discussion du point de fait, qui nous enseignera, dans un langage plein de modération et de noblesse, comment l'on peut concilier les intérêts d'un enfant naturel avec les égards toujours dus à une mère, quelque peu estimable qu'elle soit.

« Considérant qu'aucune disposition de la loi n'attribue au père ou à la mère de l'enfant naturel la tutelle légale de celui-ci; que cette attribution existât-elle en droit commun, elle cesserait dans l'espèce du procès où la mère, depuis la naissance de l'enfant naturel, a contracté mariage avec une personne étrangère à cet enfant ; qu'il est manifeste, en effet, que la mère illégitime ne saurait garder la tutelle là où ne la conserverait pas la mère

---

(1) Pour la plus grande satisfaction de nos lecteurs, nous donnerons en note le texte complet des premiers considérants de cet arrêt singulier :

« Attendu qu'abstraction faite de la question de savoir si la mère naturelle d'un enfant par elle reconnu est de droit tutrice de cet enfant, il est, d'après l'art. 396 (Cod. Nap.), constant, en droit, que la mère qui se remarie, sans avoir convoqué le conseil de famille pour décider si la tutelle lui sera conservée, la perd de plein droit; — que, dans l'espèce, la demanderesse a donné à sa fille un beau-père sans remplir ce préalable; — que par là, en la supposant même *tutrice légale* de sa fille naturelle, elle aurait perdu sa tutelle de plein droit, — qu'à la vérité l'article cité, en parlant d'un second mariage, en suppose un premier, et que par conséquent il ne parle pas, au moins expressément, d'une mère naturelle qui antérieurement n'était astreinte par le lien d'aucun mariage; — mais, attendu *que la loi ne pouvait ôter expressément à la mère naturelle une tutelle que la même loi ne lui accordait expressément nulle part......* » (Dalloz, 1815, I, p. 485.)

légitime elle-même ; — que l'appelante semble avoir reconnu elle-
même l'autorité de ces principes, en se bornant à demander, dans
ses conclusions, l'administration de la personne de son enfant ; —
considérant sur ce point que l'attribution à la mère naturelle du
droit de correction par l'article 383, et par voie de conséqu   ,
des droits de garde et d'éducation, dont il n'est que le complément et la sanction, a pour cause, et dès lors pour mesure, l'intérêt de l'enfant ; — que cette attribution ne saurait être tournée
contre son but et sa raison d'être ; — qu'il y a lieu d'appliquer
à l'enfant naturel, par analogie, le principe posé pour l'enfant légitime dans l'article 302 (Cod. Nap.); — que c'est ce que la jurisprudence a généralement admis en décidant qu'il appartient
aux tribunaux de modifier l'exercice du droit des père et mère
naturels, dans le cas où il est constaté que l'exige l'intérêt de
l'enfant ;

« Considérant, en fait, que, sans consigner ici des détails qui
pourraient avoir, entre autres inconvénients, celui d'affaiblir la
déférence que la fille doit à sa mère, quels qu'aient été ses torts,
il suffira de rappeler les faits qui sont de notoriété publique, à
savoir : qu'Antoinette Montgirard, après la naissance de sa fille,
a eu un autre enfant naturel ; qu'elle n'a rempli à l'égard de sa
première enfant aucun des devoirs qu'impose la maternité ;
qu'elle l'a fait inscrire sous un faux nom sur les registres de
l'état civil ; qu'elle l'a entièrement abandonnée à la pitié et à la
charité des étrangers qui l'ont recueillie ; que sa sollicitude maternelle n'a paru se réveiller qu'au moment où cet enfant est
devenue riche par l'institution testamentaire de son bienfaiteur ;
que les habitudes de vie d'Antoinette Montgirard sont d'ailleurs
profondément inconciliables avec le genre d'éducation que des
dons généreux ont mis la jeune fille à même de recevoir : —
qu'en présence de tous ces faits, et des autres renseignements
de la cause, la Cour a l'intime conviction que l'intérêt moral, non
moins que l'intérêt pécuniaire de l'enfant, exige impérieusement
que son éducation soit placée en d'autres mains que celles de sa
mère..... (1) »

(1) Lyon, arrêt du 8 mars 1859. (*Journal du Palais*, 1868, t. LXXI, p. 835.)

Nous avons indiqué et analysé toutes les dispositions
du titre de la puissance paternelle qui, suivant nous,
sont applicables aux enfants naturels légalement reconnus. — « Ah! pour le coup, voilà, même au point de
vue de la pure morale, une grosse et très grosse
erreur! s'écrie-t-on de toutes parts, *magna voce*, avec
un désespérant accord des camps les plus opposés;
quoi! l'enfant naturel ne serait pas, comme le veut
l'article 372, placé, jusqu'à sa majorité ou son émancipation, sous l'autorité de ses père et mère! Il pourrait,
contrairement à l'article 374, s'affranchir quand bon lui
semblerait de leurs droits de garde et d'éducation, par
un désolant et irrémédiable enrôlement volontaire! Il
ne leur devrait pas, à tout âge, comme le proclame l'article 371, honneur et respect! Il pourrait, *proh pudor!*
au gré de ses plus mauvaises passions, se jouer de ce
précepte sacré que nous appliquons, nous, sans hésitation même à l'enfant incestueux ou adultérin (1)! —
« ..... Assurément ces questions n'en sont point; les
« articles 371, 372 et 374 sont donc aussi communs
« aux père et mère des enfants naturels; et si le
« législateur ne s'en est pas formellement expliqué,
« c'est parce que ce ne pouvait être l'objet d'aucun
« doute (2). »

(1) Demol., t. VI, nos 618, 620, 608, p. 502, 503, 498; *adde* t. V, n° 598,
p. 615.
(2) Duranton, t. III, n° 360, p. 348, 349; et *tutti quanti*, Zachariæ, § 571-*d*;
Toullier, t. II, p. 1075; etc., etc.

Nous persisterons dans notre thèse, et seul au départ, à l'arrivée peut-être nous trouverons-nous entouré non de la foule (Dieu nous en garde!) mais de quelques intelligences d'élite ayant toujours en leur hospitalier cerveau un coin de libre, pour loger l'opinion sincère et bien mûrie d'un vieil ami.

Si l'article 383 déclarait encore communs aux père et mère naturels tout le titre de la puissance paternelle, sans en rien excepter, il faudrait bien, ce qui à nos yeux ne serait pas facile, concilier avec la loi morale la raison juridique et les doctrines du Code lui-même, l'application qu'on serait obligé de faire à l'enfant, non pas seulement des articles 371, 372 et 374, mais encore de l'article 373 dont l'on ne parle point, portant que *durant le mariage le père seul exerce l'autorité paternelle*. Mais heureusement nous n'en sommes point là; la rédaction définitive de l'article 383 renferme très catégoriquement, comme nous l'avons vu, le parallélisme des deux paternités légitime et bâtarde, dans les dispositions qui décrètent et organisent le droit de correction. Or, les articles qui dans ce moment nous préoccupent sont tout aussi étrangers au droit de correction, que ceux qui établissent cet utile droit d'usufruit, dont nos unanimes dissidents reconnaissent pour la plupart, presque tous, que les père et mère naturels ne peuvent, en aucun cas, réclamer l'honorable bénéfice. Ainsi, par la règle des inclusions, les textes sont, sans contredit, pour nous.

Mais en dépit de la lettre qui tue, l'esprit qui vivifie demanderait-il impérieusement qu'il fût ici suppléé à l'insuffisance de l'article 383, et qu'aux dispositions qui y sont expressément ou virtuellement rappelées concer-

nant le droit de correction, on ajoutât officieusement,
sinon celles qui suivent, établissant le droit d'administrer
les biens et d'en jouir, du moins celles qui précèdent
déterminant l'ordre, l'étendue et la durée de l'autorité
paternelle sur la personne même? — Nous disons que ce
serait précisément tout le contraire ; que l'esprit de la
loi écrite est, ainsi que le droit de la morale et de la raison, en parfaite harmonie avec les textes ; et nous ne
nous contenterons pas de le dire ; nous le prouverons.

Et d'abord, quant à l'article 372, si, comme l'enseignent les plus éminents docteurs, et comme la jurisprudence le consacre en principe, les magistrats sont autorisés par le Code à transférer à un *tiers tuteur*, avec
l'administration des biens de l'enfant naturel reconnu, la
garde et la direction de sa personne, du moment où son
intérêt le réclamera, il n'est plus vrai de dire que cet
enfant *reste sous l'autorité de ses père et mère jusqu'à sa
majorité ou son émancipation.* Qu'un indigne père de famille soit exclu ou destitué de la tutelle de ses enfants,
pour cause d'inconduite notoire ou d'infidélité, c'est une
déchéance accidentelle, heureusement bien exceptionnelle, qui ne fait que confirmer la règle. Mais par rapport aux père et mère naturels, cet omnipotent pouvoir
discrétionnaire qui, *pour le plus grand avantage de l'enfant,* met à leur autorité un terme autre que la majorité ou l'émancipation, en devient comme un élément
substantiel ; *c'est une de ses conditions constitutives,* dit
très bien le dernier commentateur du Code (1), que

(1) Demolombe, t. VI, n° 621, p. 503.

34

nous nous étonnons de rencontrer ici parmi nos adversaires ; et la règle de l'article 372 se trouve ainsi pour
eux virtuellement abolie. — Le Code se serait donc
contredit lui-même en leur appliquant cette disposition.

Le non rappel de l'article 374, en l'article 383, s'explique encore plus facilement. — L'on pouvait déplorer,
même sous le régime militaire le plus absolu qu'un peuple ait jamais subi, que l'obséquiosité du Conseil d'État,
et l'opposition même du républicain Tribunat, eussent,
pour favoriser les passions ambitieuses de l'homme qui
a pesé si désastreusement sur la France, autorisé un fils
de famille à dérober à la sainte autorité d'un père profondément pénétré du sentiment de ses devoirs, par un formidable engagement qui n'est le plus souvent qu'un
coup de tête d'où la volonté est absente, trois de ses années les plus précieuses pour son éducation et son établissement dans le monde. Mais il était assurément moins
regrettable qu'un fils *aux armes brisées*, né d'un père ou
d'une mère qu'on n'ose avouer, pût, même deux ou trois
ans plus tôt, secouer les humiliations de sa condition sociale et rompre ou relâcher des liens qui le blessent vivement au cœur, en se hâtant d'entrer dans une carrière
qui peut, d'un cours rapide, le porter au premier rang
dans cette société qui le repousse. S'il ne doit pas devenir un Luxembourg ou un Maurice de Saxe, on reconnaîtra du moins que la discipline militaire lui vaudra
mieux que l'autorité dégradée d'un père ou d'une mère
contre lesquels il nourrit des sentiments d'aigreur, qui se
développeront chaque jour davantage, et iront peut-être

jusqu'à une parricide haine. — Le grand homme de
guerre n'entendait pas d'ailleurs bien certainement que
son Code interdît à un bâtard, quel que fût son âge, *de se
mettre sur les traces du héros qui subjuguait le monde* (style
des orateurs du Conseil d'Etat et du Tribunat); et l'intérêt social, bien compris, était ici d'accord avec son intérêt de chef militaire d'une nation qui avait à lui fournir,
au prix négatif de tous ses droits politiques, — quel
peuple a plus frappé à la porte de la liberté, et se l'est
moins fait ouvrir! — huit ou dix millions de soldats.

Arrivant enfin à l'indéclinable article 371, nous an-
noncerons sans aucune précaution oratoire, que c'est
celui dont l'omission, dans le rappel limité de l'article 383, se justifie le mieux, et juridiquement et moralement. — Ce précieux texte n'est point un axiome de
droit positif; ce n'est qu'un précepte religieux qui peut
étonner dans un Code où le nom de Dieu ne se trouve
pas une seule fois. Aussi avait-il été proposé au Conseil
d'Etat de l'en faire disparaître, *comme n'étant pas une
disposition législative* (1). — Tous les commentateurs
sont aujourd'hui d'accord qu'il ne peut avoir d'autres
conséquences obligatoires au for extérieur, que celles
que la loi aurait elle-même consacrées en termes exprès:
« Tout en louant les rédacteurs du Code, dit l'un d'eux,
« d'avoir inscrit ce principe sacré en tête de leur titre,
« il faut le reconnaître entièrement insignifiant en
« droit (2). » — Ainsi c'est sans aucune utilité pratique
que ce Code, rééditant la société civile sur la base des

(1) Rapport de Vesin au Tribunat. (Locré, *Législ.*, t. VII, p. 28.)
(2) Marcadé sur l'art. 371, t. II, p. 588. *Adde* Demol., t. VI, n° 275, p. 217.

mœurs, aurait hautement décrété *honneur* et *respect* au
concubinage, aux impudiques caprices d'une passion
éphémère; et par surcroît, au rapt, au viol, à l'inceste,
à l'adultère. — Si nous y voyions écrit en toutes lettres,
comme dans *le droit civil théorique français* de l'école
allemande : « Les enfants incestueux et adultérins doi-
« vent honneur et respect à leurs père et mère (1), »
nous n'en croirions pas nos yeux; cette blasphématoire
équipollence du crime à la vertu n'y est pas, très heureusement; et il faudrait que la doctrine l'y suppléât,
simplement pour l'édification des honnêtes gens! Il
semble, en vérité, que ce soit là un jeu d'esprit, et d'assez
mauvais goût. Qu'un bâtard doive à sa mère des sentiments de déférence, des procédés pleins d'égards, des
témoignages de filial intérêt, nous en sommes d'accord;
mais qu'il l'honore du fond du cœur, lorsque lui-même
porte le poids honteux de sa faute, ne serait-ce pas, sauf
en des circonstances très exceptionnelles, lui demander
l'impossible?

Nous n'affirmerions pas, cependant, que, parmi nos
législateurs d'alors, il n'y en eût aucun qui voulût pour
les *unions libres*, même souillées d'inceste et d'adultère,
la même honorabilité que pour le mariage. Combien, en
effet, dans ces temps d'anarchie politique et morale, n'en
avaient eux-mêmes jamais formé d'autres! Ne voyons-
nous pas sur nos places publiques des statues élevées à
tel ou tel grave sénateur qui a laissé pour toute postérité
une fille naturelle légalement reconnue? Mais ce n'était
plus là, Dieu merci, l'esprit des conservateurs qui ont

---

(1) Zacharie, § 572-1°, t. IV, p. 96. *Adde* § 571-1-2, t. IV, p. 89.

exigé et obtenu que le rappel de l'art. 383 fût strictement restreint aux articles qui instituent et réglementent le droit de correction. — Eh! mon Dieu! l'opposition révolutionnaire elle-même se serait-elle beaucoup souciée qu'on lui octroyât le bénéfice du commandement de Dieu, tiré du Deutéronome (1) : *Honora patrem et matrem, ut sis longævus in terra, quam Dominus Deus tuus daturus est tibi?*

Permettons aux jurés qui auraient à condamner un fils pour injures à sa mère, de trouver, dans sa qualité de bâtard incestueux ou adultérin, une circonstance *atténuante!* Dieu veuille qu'ils n'abusent pas autrement de la faculté qui leur a été donnée d'abaisser le degré des peines prononcées par le Code pénal!

(1) v, 16.

ÉPILOGUE

J'aurais encore à traiter :

1° De la nationalité des enfants naturels légalement reconnus ;

2° Des droits de successibilité, de réserve, de rapports, de réversion, etc., que confère activement et passivement à l'enfant naturel la reconnaissance légale ou quasi-légitimation ;

3° Des incapacités civiles inhérentes à la filiation naturelle reconnue ou non légalement ;

4° De la quasi-légitimation par reconnaissance légale, comme condition de la légitimation parfaite par le mariage.

Ce doit être la matière d'un second volume déjà commencé ; mais mon intelligence se trouvant un peu fatiguée de ce travail juridique, je vais, pour lui donner un repos nécessaire, l'occuper à un petit traité d'hygiène médicale et philosophique ; après quoi je reviendrai, si Dieu le permet, aux enfants naturels.

Mais ne me fût-il pas donné de mettre la dernière

main à mon courageux Essai, — c'est bien le cas de se dire, avec Horace :

In spatio brevi spem longam reseces,

lorsque l'on court, comme à grande vitesse, sa quatre-vingt-troisième année, — tous ses lecteurs sérieux, quelque imparfait qu'il soit, en tireront avec moi cette double conclusion :

D'une part,

Que pour rendre au mariage sa native et protectrice dignité, et toute sa puissante influence sur la civilisation européenne, la quasi-légitimation ou reconnaissance légale, faisant entrer un bâtard dans la famille et lui conférant des droits de successibilité et de réserve en concours avec ceux des enfants du mariage, doit être radicalement abolie; et qu'en attendant, il faut, pour obéir aux textes mêmes du Code Napoléon, ne l'admettre que très exceptionnellement; que c'est ainsi que la *reconnaissance* dite *forcée* (deux mots *hurlant d'effroi de se voir accouplés*), la reconnaissance, par un testament même *authentique*, la reconnaissance par un acte notarié, délivré en simple brevet, etc., la reconnaissance par la possession d'état la mieux caractérisée ne peuvent donner droit qu'à des aliments plus ou moins généreusement réglés, eu égard à la qualité de l'enfant;

D'autre part,

Que pour prévenir l'odieuse violation des premiers droits de l'humanité, et sauver ce qui nous reste de mœurs, et l'ordre social même menacé dans ses fondements, la recherche de la paternité, telle que l'avaient comprise en dernier lieu nos anciens Parlements, doit être de nouveau consacrée en principe ; et que d'ailleurs, dans l'esprit des dispositions prohibitives des articles 335, 340 et 342 du Code Napoléon, ce n'est point rechercher la paternité que de réclamer à titre de dommages-intérêts, en vertu des principes du droit commun, de plus ou moins larges secours alimentaires pour l'enfant, victime innocente de la faute ou du crime qui lui a donné, avec la vie, une déplorable condition sociale.

APPENDICE

CONSULTATION QUASI-POÉTIQUE

RÉSOLVANT A PARIS

LA QUESTION AGITÉE PAGES 232-249

L'incapacité produite par l'interdiction judiciaire s'applique-
t-elle au mariage et au testament? — Celui qui en est frappé
sera-t-il, alors même qu'il jouit de la plénitude de sa raison,
incapable de se marier et de tester?

L'AVOCAT CONSULTANT.

Ne cédez point, Madame, à vos vives alarmes ;
Qui donc, voyant couler vos éloquentes larmes,
Ne sentira d'abord que votre cher enfant
D'un débat odieux doit sortir triomphant ?
Lui bâtard ! non, jamais dévoûment plus sublime
Ne sut unir deux cœurs d'un nœud plus légitime.
De vos accents émus, si je les ai saisis,
En style d'avocat, voici le froid précis.

Un amour plein de chaste et naïve innocence
Vous avait fiancée au trop heureux Delmance;
Et, par un tendre père, au jour le plus prochain
Devait se consommer le don de votre main.

Mais une déloyale et sordide avarice
A de votre bonheur renversé l'édifice ;
Votre père, voyant au loin dans l'avenir,
A cinq cent mille francs entendait vous unir ;
Il ne fallait pas moins pour que sa noble fille
Pût noblement porter le poids d'une famille.
Un vieil oncle a promis le demi-million
En un legs entre-vifs de sa succession ;
Mais lorsqu'il faut souscrire à ce don égoïste,
Parjure, il s'y refuse, et subtil casuiste :
Mon neveu n'est-il pas mon unique héritier ?
De quoi dès lors aurais-je à le gratifier ?
L'on prend en vain la voix la plus persuasive ;
Il a du mot *donner* une horreur instinctive.
De ce manque de foi votre père irrité
Déchire de sa main le nuptial traité,
Et.....

L'ÉPOUSE CONSULTANTE.

Veuillez épargner, Monsieur, mon pauvre père ;
Il a trop expié cette brusque colère.

L'AVOCAT.

Et c'est, vous l'avez dit, contre sa volonté
Que cet incident rompt votre hymen projeté.
Mais l'amour, l'amitié, tout contre vous conspire ;
Et le notaire *actant* sans acte se retire.
Vous, d'ailleurs tout entière au sévère devoir,
Seule gardez encore un légitime espoir ;
Delmance, hors de lui, gémit, s'indigne, passe
De la prière en pleurs au ton de la menace.
Par des cris qui, dit-on, décelaient la fureur
Dans sa propre famille il porte la terreur...

LA CONSULTANTE.

Ses suppliants efforts inspirer de la crainte !
Ah ! Monsieur, ce n'était qu'une perfide feinte ;
Un prétexte allégué par un oncle inhumain
Pour éloigner de lui le plaintif orphelin.

L'AVOCAT.

Le souverain du lieu par un acte arbitraire,
Sans raison ni merci, comme fou l'incarcère.

LA CONSULTANTE.

Comme fou ! quelle inique et menteuse rigueur !
La raison manque-t-elle où parle ainsi le cœur ?

L'AVOCAT.

Madame, il suffira d'un lucide intervalle
Pour rompre et déjouer cette trame infernale.

Un autre grand malheur sur vous vient fondre alors ;
Souffrant par votre cœur, torturé de remords,
S'imputant à forfait sa sage prévoyance,
S'imposant avec vous un douloureux silence,
Votre malheureux père, encor loin du déclin,
Succombe entre vos bras à son secret chagrin.

LA CONSULTANTE.

Jamais douleur ne fut si vive et si profonde ;
Trop bon père !

L'AVOCAT.

       Voilà vos seize ans seuls au monde,
Sans parents, sans amis qui puissent les guider.
Un pieux devoir parle, et va seul commander ;

Il veut que vous luttiez contre un ordre barbare,
Et qu'en dépit d'un oncle aussi cruel qu'avare,
Vous sauviez par vos mains l'infortuné neveu.

LA CONSULTANTE.

De mon père, Monsieur, c'était le dernier vœu.

L'AVOCAT.

Vous armant, presqu'enfant, d'une force virile,
Vous affrontez des fous le redoutable asile ;
Seule vous...

LA CONSULTANTE.

Ma nourrice accompagnait mes pas.

L'AVOCAT.

Des refus obstinés ne vous rebutent pas;
Par votre irrésistible héroïque constance
Vous triomphez de tout, et jusques à Delmance,
Sous des barreaux de fer cruellement tenu,
Votre jeune courage est enfin parvenu ;
Il vous voit, vous entend, et la raison perdue
A ce fou furieux aussitôt est rendue...

LA CONSULTANTE.

Fou furieux! Monsieur, grande et fatale erreur!
Un si fidèle amour, est-ce de la fureur?
Sous ses traits amaigris, sous sa pâleur mortelle,
Des mêmes chastes feux son regard étincelle;
Et tombant à mes pieds, embrassant mes genoux :
— Vous, Marie, en ces lieux! est-il vrai? venez-vous
A mon persécuteur arracher sa victime?
Ah! que Dieu, comme moi, lui pardonne son crime!

Je lui dois aujourd'hui plus de félicité
Qu'aucun homme ici-bas n'en a jamais goûté.
Quoi ! j'ai toujours été présent à la pensée
De l'ange que j'osai nommer ma fiancée !.....
— Comment en ce cachot êtes-vous demeuré ?
Dis-je, en l'interrompant ; usant d'un droit sacré...
— *Contraint de renoncer à l'amour de Marie,*
Reprend-il, *qu'importait ma liberté, ma vie ?*
Mais, lorsque des mortels je suis le plus heureux,
Que cette prison s'ouvre à l'instant, je le veux.
Et je vivrai pour toi, noble et vaillante femme,
Qui d'un prix sans égal viens couronner ma flamme,
Pour toi seule... D'un fou sont-ce là les accents ?

L'AVOCAT.

Madame, c'est du cœur le chaleureux bon sens ;
Et tout chez lui prenant un normal équilibre,
Sur avis médical il est déclaré libre ;
Le garde oppose en vain l'ordre venu d'en haut,
Votre saint dévoûment l'emportera d'assaut.
A quelques jours de là, vous épousez Delmance ;
Le vieil oncle confus garde un prudent silence ;
Jusqu'aux larmes émus, d'une unanime voix,
Parents, amis, voisins approuvent votre choix ;
Un conseil que le juge et convoque et préside
Couvre enfin vos seize ans de sa légale égide.
Saignant encore d'un triste et funeste débat,
Votre cœur généreux ne veut point de contrat ;
Mon Delmance n'a rien ; eh bien ! que ma fortune,
Pour une part du moins, lui devienne commune !
Dites-vous. — Cet hymen tristement différé
Semble réaliser votre rêve doré ;

L'époux a do l'amant les yeux et le langage ;
Sa raison, chaque jour, s'affermit davantage ;
Et bientôt, de son nom l'espérance et l'honneur,
Un fils va le combler de joie et de bonheur.

A ce touchant tableau resté seul insensible,
L'harpagon est soudain frappé d'un mal horrible ;
Et le voilà mourant. Des affamés essaims
De prétendus amis et d'arrière-cousins,
L'assiègent vainement sur sa funèbre couche ;
Le mot *donner* ne peut s'échapper de sa bouche.
Le notaire éloquent, le juriste retors
Auront tenté sur lui d'inutiles efforts ;
Il meurt *ab intestat*, et le pauvre Delmance
Est saisi par la loi d'un patrimoine immense.
Seul enfant d'une sœur, il est seul héritier,
Non d'un demi, mais bien d'un million entier.

LA CONSULTANTE.

Ah ! Monsieur, que n'a-t-il de ce grand héritage
Répudié d'abord le funeste avantage !
Il serait plein de vie, heureux de mon amour,
Et d'un fils à ses yeux aussi beau que le jour.

L'AVOCAT.

Dans ces biens cependant étaient ceux de sa mère,
Indignement acquis par un avide frère.

LA CONSULTANTE.

Mon Dieu ! c'étaient les seuls qu'il voulut conserver ;
Ce monde de cousins qu'il allait élever,
Doter, sortir enfin d'une longue misère,
Aurait de tout le reste été le légataire.
Ainsi devaient par lui ces tas d'or s'ennoblir.

L'AVOCAT.

Ce généreux programme, il n'a pu le remplir.
Votre heureuse grossesse arrivait à son terme;
Doux et terrible instant! la santé la plus ferme,
Les plus habiles soins, les plus savantes mains
N'en sauraient conjurer les périls incertains.
Vous avez défié la plus vive souffrance;
Mais, du prudent docteur dédaignant l'ordonnance,
Un autre dévoûment met vos jours en danger!
Tandis que votre amour ne peut le protéger,
Et que de longues nuits de sombre inquiétude
Sont déjà pour son cœur une épreuve trop rude,
Delmance est tout à coup par un parent ingrat
Sommé de *comparoir* devant le magistrat ;
Six autres, prétextant un passager délire,
Ont formulé l'avis qui tend à l'interdire;
Un vil praticien, dit avocat *marron*,
Pour dépouiller l'enfant leur a fait la leçon.
Ne vous ayant point là pour soutien et pour guide,
Delmance, interrogé par une voix rigide
D'un ton d'autorité qui semble l'outrager,
Aux choses de ce monde apparaît étranger.

LA CONSULTANTE.

Non, Monsieur, ce n'est point une aveugle démence
Que cet égarement d'une douleur immense ;
Le danger que je cours frappe seul son esprit;
C'est par là qu'il répond à tout ce qu'on lui dit.
Eh quoi! le deuil profond dont son âme est remplie,
Pour vos grands magistrats serait de la folie !

L'AVOCAT.

Que n'avez-vous été, Madame, son Berryer?
Tous vous l'auraient rendu sur un tel plaidoyer.

Mais que peut d'un parleur la logique glacée?
L'interdiction est brusquement prononcée;
Et le fou par arrêt recevra pour tuteur,
De ce meurtre moral le détestable auteur.

Une nouvelle tombe auprès de vous s'entr'ouvre,
Des voiles de la mort le front déchu se couvre.

LA CONSULTANTE.

Déchu! Delmance fut toujours mon noble époux.

L'AVOCAT.

L'interdit, à ses yeux, n'est plus digne de vous;
Et son âme s'empreint d'une mélancolie
Qui tarit vite en lui les sources de la vie.
Vous l'eussiez tout d'abord ranimé d'un regard;
Mais quand vous accourez, hélas! il est trop tard;
L'impitoyable mort étreint déjà sa proie.

LA CONSULTANTE.

En me voyant, Monsieur, de quels éclairs de joie,
S'illuminent encor ses grands yeux expirants?
C'est à toucher les cœurs les plus indifférents;
Il me presse les mains, et de sa voix mourante :
Vous, à mon lit de mort, si faible et si souffrante!
C'en est trop, et je meurs, de mon sort satisfait.
Vous, vivez pour ce fils, votre vivant portrait;
Donnez-lui vos vertus, votre mâle courage...
D'un fou, je le répète, est-ce là le langage?

L'AVOCAT.

Non, c'est bien la raison d'accord avec le cœur;
Et dans ce testament dont il est seul l'auteur,

Qu'il écrit de sa main, que par le cœur il pense,
Combien encor de vive et noble intelligence !
En partageant ses biens entre son fils et vous,
Qu'il s'élève au-dessus d'un sentiment jaloux !
Lorsque vous remplirez vos grands devoirs de mère,
Daignez, dit-il, daignez parler un peu du père.
En ce bienheureux jour qui ne doit point finir,
Au sein même de Dieu, ce pieux souvenir,
En attendant qu'au ciel mon âme vous revoie,
La fera tressaillir d'une ineffable joie.
Mais je ne prétends pas m'engager votre foi
Trop au delà du deuil commandé par la loi.
Pour un long avenir, vous si jeune et si belle,
Notre union d'un jour vous enchaînera-t-elle ?
Quand j'ai coûté, vivant, tant de pleurs à vos yeux,
Mort, serai-je pour vous un tyran odieux ?
Acceptez d'une main plus digne et plus heureuse
Un bonheur dont par moi l'espérance trompeuse...

LA CONSULTANTE.

Je n'aurai comme lui, Monsieur, qu'un seul amour.
Mais c'est bien là l'éclat du couchant d'un beau jour;
J'y trouve tout entier le cœur de mon Delmance...
Vos *jugeurs* croiront-ils encore à sa démence ?

L'AVOCAT.

Non, sans nul doute, alors qu'en ce touchant écrit,
Son cœur si noblement conseille son esprit ;
Et certes, moins encore au jour où l'hyménée
Pour jamais à la vôtre unit sa destinée.
L'acte seul prouverait, à toute extrémité,
De ce présumé fou la saine volonté;
Et déclarer ici sa personne inhabile,
Ce serait le frapper de cette mort civile,

Que par un préjugé faux, autant qu'inhumain,
Nous avions empruntée au vieux Code romain,
Et que vient d'abolir un nouveau droit plus sage.
Conférer un bienfait, nouer un mariage,
Ne peut être, en effet, l'office d'un tuteur ;
Car on ne peut aimer que par son propre cœur ;
Et donner, c'est aimer ; et qui prend une femme,
Un mari, donne tout : ses biens, son corps, son âme.

LA CONSULTANTE.

Très bien, Monsieur, très bien.

L'AVOCAT.

Conservez tous les droits
Qu'avec le testament vous assurent nos lois ;
Et surtout pour ce fils inhabile par l'âge
Ne répudiez pas un utile héritage.
Vous méconnaîtriez la voix de votre époux,
Et donneriez par là des armes contre vous.
Que de tous ces cousins l'avide ignominie
Par la perte des biens tout au moins soit punie.

Tout est pour vous, Madame, en ce nouveau procès ;
Et j'ose vous promettre un prompt et plein succès.
Ce droit en nous inné, qui partout régit l'homme,
Notre vieux droit français, celui même de Rome,
L'esprit du nouveau Code et ses textes précis
Commandent le respect des droits de votre fils.

Honorez nos *jugeurs* de plus de confiance ;
Une première fois déçus par l'apparence,
Eux-mêmes ont bientôt déploré leur erreur ;
Ils ont autant que vous l'injustice en horreur.

Comptez sur la faveur d'un retour équitable ;
Liés par un arrêt à leurs yeux regrettable,
Ils devront s'incliner sous son *dispositif ;*
Mais ils le purgeront de tout blessant motif.
En confirmant au fils son titre hériditaire,
Ils voudront le venger de l'affront fait au père.

Et porteur honoré d'un honorable nom,
Sur vos nobles vertus élevant sa maison,
En âme généreuse usant de sa fortune,
Avec tous les malheurs faisant cause commune,
D'un courage héroïque, enfin digne de vous,
Ce fils vous tiendra lieu d'un père et d'un époux.

FIN

DIJON, IMP. J.-E. RABUTÔT.

DIJON, IMPRIMERIE J.-E. RABUTÔT, PLACE SAINT-JEAN

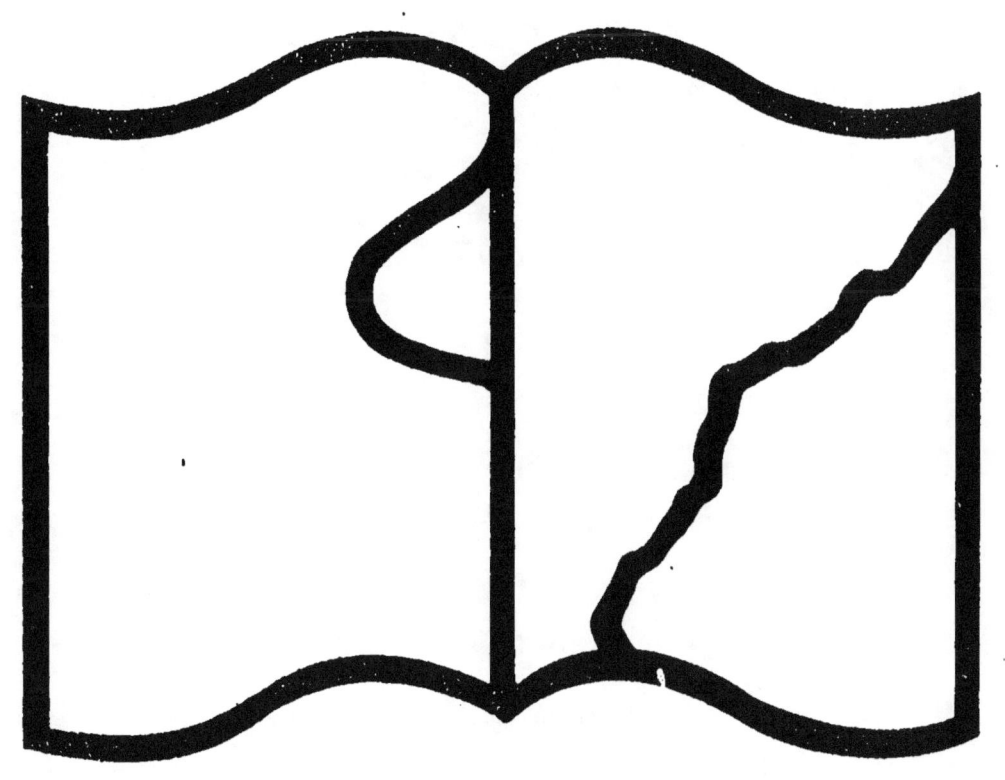

Texte détérioré — reliure défectueuse

NF Z 43-120-11

www.ingramcontent.com/pod-product-compliance
Lightning Source LLC
Chambersburg PA
CBHW070349030726
47504CB00001B/116